Programando Excel VBA Para leigos

As teclas de atalho do Excel permitem que você realize certas tarefas usando apenas o teclado. A ideia é que você aumente sua eficiência ao limitar o número de vezes que suas mãos precisam ir e voltar do teclado para o mouse. Desenvolver o hábito de usar essas teclas de atalho pode ajudá-lo a trabalhar com mais eficácia ao usar o Visual Basic Editor.

TECLAS DE ATALHO PADRÕES DO VISUAL BASIC EDITOR

Ao trabalhar com o Visual Basic Editor, transite pelas janelas usando atalhos do teclado em vez de pegar no mouse. Esses atalhos possibilitarão a navegação pela interface do Visual Basic Editor.

O que Pressionar	O que Acontece
Alt+F11	Alterna entre as janelas do VBE e do Excel.
Shift+F10	Exibe o menu de atalho da janela ativa (replica o clique com o botão direito do mouse).
Ctrl+R	Abre a janela Projeto (ou Project Explorer).
F4	Abre a janela Propriedades.
F2	Abre o Pesquisador de Objetos (ou Object Browser).
F1	Abre a Ajuda do VBA.
F7	Ativa a janela abrir módulo.

TECLAS DE ATALHO PARA TRABALHAR NA JANELA DE CÓDIGO DO VISUAL BASIC EDITOR

Em certo ponto, você pode se ver trabalhando com muitas macros ao mesmo tempo. Pode ser chato tentar navegar entre e dentro de procedimentos de macro clicando com o mouse. Estes atalhos de teclado possibilitam pular para um procedimento-alvo, navegar pelos módulos e até encontrar o ponto inicial de variáveis.

O que Pressionar	O que Acontece
Ctrl+seta para baixo	Seleciona o próximo procedimento
Ctrl+seta para cima	Seleciona o procedimento anterior
Ctrl+Page Down	Desde uma tela.
Ctrl+Page Up	Sobe uma tela.
Shift+F2	Vai para a função ou variável selecionada
Ctrl+Shift+F2	Vai para a última posição.
Ctrl+Home	Vai para o começo do módulo.
Ctrl+End	Vai para o final do módulo.

Ctrl+seta para a direita	Move-se uma palavra para a direita.
Ctrl+seta para a esquerda	Move-se uma palavra para a esquerda.
End	Move-se para o fim da linha.
Home	Move-se para o começo da linha.
Tab	Recua a linha atual.
Shift+Tab	Remove a indentação da linha atual.
Ctrl+J	Lista as propriedades e os métodos do objeto selecionado.

TECLAS DE ATALHO PARA DEPURAR O CÓDIGO NO VISUAL BASIC EDITOR

Depurar seu código é uma parte importante de trabalhar com macros do Excel. Embora haja maneiras de usar os recursos de depuração por meio das opções do menu do Visual Basic Editor, você pode achar estes atalhos de teclado muito mais eficazes para depurar seu código.

O que Pressionar	O que Acontece
F5	Executa o procedimento atual ou continua depois de pausar.
Ctrl+Break	Interrompe o procedimento executado no momento.
F8	Vai para o modo de depuração e executa uma linha de cada vez.
Ctrl+F8	Executa o código até encontrar o cursor.
Shift+F8	Examina a linha atual enquanto está no modo de depuração.
F9	Ativa/desativa um ponto de interrupção para a linha selecionada atual.
Ctrl+Shift+F9	Limpa todos os pontos de interrupção.
Alt+D+L	Compila o projeto Visual Basic atual.

TECLAS DE ATALHO PARA NAVEGAR NA JANELA PROJETO DO VISUAL BASIC EDITOR

Quer navegar pelos seus projetos Visual Basic sem colocar a mão no mouse? Tente usar estes atalhos de teclado para se mover entre projetos e módulos:

O que Pressionar	O que Acontece
Seta para cima	Sobe a lista do projeto um item de cada vez.
Seta para baixo	Desce a lista do projeto um item de cada vez.
Home	Move-se para o primeiro arquivo na lista do projeto.
End	Move-se para o último arquivo na lista do projeto.
Seta para a direita	Maximiza a pasta selecionada.
Seta para a esquerda	Minimiza a pasta selecionada.
F7	Abre a janela de código do arquivo selecionado.

Programando Excel® VBA

para
leigos

Programando Excel VBA

Para leigos

Tradução da 5ª Edição

Michael Alexander e John Walkenbach

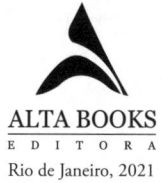

ALTA BOOKS
E D I T O R A
Rio de Janeiro, 2021

Programando em Excel VBA Para Leigos® — Tradução da 5ª Edição
Copyright © 2021 da Starlin Alta Editora e Consultoria Eireli. ISBN: 978-85-508-0853-6

Translated from original Excel VBA Programing For Dummies®, 5nd Edition Copyright © 2019 by John Wiley & Sons, Inc. ISBN 978-1-119-51817-4. This translation is published and sold by permission of John Wiley & Sons, Inc, the owner of all rights to publish and sell the same. PORTUGUESE language edition published by Starlin Alta Editora e Consultoria Eireli, Copyright © 2019 by Starlin Alta Editora e Consultoria Eireli.

Todos os direitos estão reservados e protegidos por Lei. Nenhuma parte deste livro, sem autorização prévia por escrito da editora, poderá ser reproduzida ou transmitida. A violação dos Direitos Autorais é crime estabelecido na Lei nº 9.610/98 e com punição de acordo com o artigo 184 do Código Penal.

A editora não se responsabiliza pelo conteúdo da obra, formulada exclusivamente pelo(s) autor(es).

Marcas Registradas: Todos os termos mencionados e reconhecidos como Marca Registrada e/ou Comercial são de responsabilidade de seus proprietários. A editora informa não estar associada a nenhum produto e/ou fornecedor apresentado no livro.

Impresso no Brasil — 1ª Edição, 2021 — Edição revisada conforme o Acordo Ortográfico da Língua Portuguesa de 2009.

Publique seu livro com a Alta Books. Para mais informações envie um e-mail para autoria@altabooks.com.br

Obra disponível para venda corporativa e/ou personalizada. Para mais informações, fale com projetos@altabooks.com.br

Produção Editorial	**Produtor Editorial**	**Marketing Editorial**	**Vendas Atacado e Varejo**	**Ouvidoria**
Editora Alta Books	Thiê Alves	marketing@altabooks.com.br	Daniele Fonseca	ouvidoria@altabooks.com.br
Gerência Editorial		**Editor de Aquisição**	Viviane Paiva	
Anderson Vieira		José Rugeri	comercial@altabooks.com.br	
		j.rugeri@altabooks.com.br		
Equipe Editorial	Ian Verçosa	Raquel Porto	**Equipe Design**	
	Illysabelle Trajano	Thales Silva	Larissa Lima	
	Maria de Lourdes		Marcelli Ferreira	
	Borges		Paulo Gomes	
Tradução (1ª Edição)	**Copi / Trad**	**Revisão Gramatical**	**Revisão Técnica**	**Diagramação**
Juliana Morais Missina	Samantha Batista	Eveline Vieira Machado	Kleber Kilhian	Joyce Matos
		Thaís Pol		

Erratas e arquivos de apoio: No site da editora relatamos, com a devida correção, qualquer erro encontrado em nossos livros, bem como disponibilizamos arquivos de apoio se aplicáveis à obra em questão.

Acesse o site www.altabooks.com.br e procure pelo título do livro desejado para ter acesso às erratas, aos arquivos de apoio e/ou a outros conteúdos aplicáveis à obra.

Suporte Técnico: A obra é comercializada na forma em que está, sem direito a suporte técnico ou orientação pessoal/exclusiva ao leitor.

A editora não se responsabiliza pela manutenção, atualização e idioma dos sites referidos pelos autores nesta obra.

Dados Internacionais de Catalogação na Publicação (CIP) de acordo com ISBD

A374p	Alexander, Michael
	Programando em Excel VBA / Michael Alexander, John Walkenbach ; traduzido por Samantha Batista. - Rio de Janeiro : Alta Books, 2021.
	416 p. ; 16cm x 23cm. – (Para leigos)
	Inclui índice.
	ISBN: 978-85-508-0853-6
	1. Programação. 2. Excel. 3. VBA. I. Walkenbach, John. II. Batista, Samantha. III. Título.
2018-1501	CDD 005.733
	CDU 004.43

Elaborado por Vagner Rodolfo da Silva - CRB-8/9410

Rua Viúva Cláudio, 291 — Bairro Industrial do Jacaré
CEP: 20.970-031 — Rio de Janeiro (RJ)
Tels.: (21) 3278-8069 / 3278-8419
www.altabooks.com.br — altabooks@altabooks.com.br
www.facebook.com/altabooks — www.instagram.com/altabooks

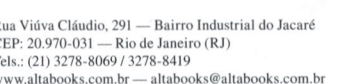

Sobre o Autor

Michael Alexander é Microsoft Certified Application Developer (MCAD) e autor de vários livros sobre análise avançada de negócios com Microsoft Access e Microsoft Excel. Tem mais de 20 anos de experiência em consultoria e desenvolvimento de soluções Microsoft Office. Mike foi nomeado Microsoft MVP por suas contribuições contínuas à comunidade Excel. Encontre ele em www.datapigtechnologies.com [conteúdo em inglês].

Sumário Resumido

Introdução 1

Parte 1: Começando com a Programação Excel VBA 7
CAPÍTULO 1: O que É VBA? 9
CAPÍTULO 2: Mergulhando 17

Parte 2: Como o VBA Trabalha com o Excel 29
CAPÍTULO 3: Trabalhando no Visual Basic Editor 31
CAPÍTULO 4: Apresentando o Modelo de Objeto do Excel 51
CAPÍTULO 5: Procedimentos Function e Sub no VBA 65
CAPÍTULO 6: Usando o Gravador de Macro do Excel 79

Parte 3: Conceitos de Programação 91
CAPÍTULO 7: Elementos Essenciais da Linguagem VBA 93
CAPÍTULO 8: Trabalhando com Objetos Range 115
CAPÍTULO 9: Usando VBA e Funções de Planilha 131
CAPÍTULO 10: Controlando o Fluxo de Programa e Tomando Decisões 145
CAPÍTULO 11: Procedimentos e Eventos Automáticos 165
CAPÍTULO 12: Técnicas de Tratamento de Erros 187
CAPÍTULO 13: Técnicas de Extermínio de Bugs 201
CAPÍTULO 14: Exemplos de Programação em VBA 215

Parte 4: Comunicando-se com Seus Usuários 239
CAPÍTULO 15: Caixas de Diálogo Simples 241
CAPÍTULO 16: Princípios Básicos de UserForm 259
CAPÍTULO 17: Usando os Controles de UserForm 277
CAPÍTULO 18: Técnicas e Truques do UserForm 297
CAPÍTULO 19: Acessando Suas Macros Através da Interface de Usuário 323

Parte 5: Juntando Tudo 335
CAPÍTULO 20: Criando Funções de Planilha — E Sobrevivendo para
Contar a História 337
CAPÍTULO 21: Criando Add-Ins do Excel 357

Parte 6: A Parte dos Dez 369

CAPÍTULO 22: Dez Dicas Úteis do Visual Basic Editor 371
CAPÍTULO 23: Recursos para Ajuda VBA 379
CAPÍTULO 24: Dez Coisas para Fazer e Não Fazer no VBA 385

Índice 391

Sumário

INTRODUÇÃO 1
    Sobre Este Livro 1
    Seção Obrigatória das Convenções Tipográficas 2
    Verifique Suas Configurações de Segurança 3
    Penso que... 4
    Ícones Usados Neste Livro 5
    Arquivos de Amostra Online 5
    De Lá para Cá, Daqui para Lá 6

PARTE 1: COMEÇANDO COM A PROGRAMAÇÃO EXCEL VBA 7

CAPÍTULO 1: O que É VBA? 9
    Tudo Bem, Então o que É VBA? 9
    O que Você Pode Fazer com o VBA? 10
        Inserindo um monte de texto 11
        Automatizando as tarefas executadas com frequência ... 11
        Automatizando operações repetitivas 11
        Criando um comando personalizado 12
        Criando um botão personalizado 12
        Desenvolvendo novas funções de planilha 12
        Criando add-ins personalizados para o Excel 12
    Vantagens e Desvantagens do VBA 12
        Vantagens do VBA 13
        Desvantagens do VBA 13
    VBA Resumido 14
    Compatibilidade do Excel 16

CAPÍTULO 2: Mergulhando 17
    Começando pelo Começo 17
    O que Você Fará 18
    Dando os Primeiros Passos 18
    Gravando a Macro 19
    Testando a Macro 21
    Examinando a Macro 21
    Modificando a Macro 23
    Salvando Pastas de Trabalho que Contêm Macros 24
    Entendendo a Segurança de Macro 25
    Revelando Mais sobre a Macro NomeEData 27

PARTE 2: COMO O VBA TRABALHA COM O EXCEL 29

CAPÍTULO 3: **Trabalhando no Visual Basic Editor** 31
O que É Visual Basic Editor? 31
    Ativando o VBE 32
    Entendendo os componentes do VBE 32
Trabalhando com a Janela Projeto 34
    Adicionando um novo módulo VBA 35
    Removendo um módulo VBA 36
    Exportando e importando objetos 36
Trabalhando com uma Janela Código 37
    Minimizando e maximizando janelas 37
    Criando um módulo 38
    Inserindo código VBA em um módulo 39
    Inserindo o código diretamente 39
    Usando o gravador de macro 42
    Copiando o código VBA 44
Personalizando o Ambiente VBA 45
    Usando a guia Editor 45
    Usando a guia Formato do Editor 48
    Usando a guia Geral 49
    Usando a guia Encaixe 50

CAPÍTULO 4: **Apresentando o Modelo de Objeto do Excel** 51
Excel É um Objeto? 52
Descendo pela Hierarquia de Objetos 52
Enchendo Sua Cabeça com Coleções 53
Referenciando Objetos 54
    Navegando pela hierarquia 55
    Simplificando referências a objetos 55
Mergulhando nas Propriedades e nos Métodos do Objeto 56
    Propriedades do objeto 58
    Métodos de objeto 59
    Eventos de objeto 61
Descobrindo Mais 61
    Usando o sistema de Ajuda do VBA 62
    Usando o Pesquisador de Objeto 63
    Listando propriedades e métodos automaticamente 64

CAPÍTULO 5: **Procedimentos Function e Sub no VBA** 65
Entendendo Subs versus Functions 65
    Observando os procedimentos Sub 66
    Observando os procedimentos Function 66
Nomeando Subs e Functions 67
    Executando procedimentos Sub 68
    Executando o procedimento Sub diretamente 70
    Executando o procedimento a partir da
    caixa de diálogo Macro 71

Executando uma macro usando uma tecla de atalho 71
Executando o procedimento a partir de um botão ou forma 73
Executando o procedimento a partir de outro procedimento 75
Executando procedimentos Function 75
Chamando a função a partir de um procedimento Sub 76
Chamando uma função a partir de uma fórmula de planilha ... 76

CAPÍTULO 6: Usando o Gravador de Macro do Excel 79
O Básico sobre Gravação 80
Preparando-se para Gravar 81
Relativo ou Absoluto? 82
Gravando no modo absoluto 82
Gravando no modo relativo 83
O que É Gravado? 84
Opções de Gravação 86
Nome da Macro 86
Tecla de atalho 87
Opção Armazenar Macro Em 87
Descrição 87
Isso É Eficiente? 87

PARTE 3: CONCEITOS DE PROGRAMAÇÃO 91

CAPÍTULO 7: Elementos Essenciais da Linguagem VBA 93
Usando Comentários em Seu Código VBA 93
Usando Variáveis, Constantes e Tipos de Dados 95
Entendendo as variáveis 95
O que são tipos de dados do VBA? 97
Declarando e estendendo variáveis 98
Trabalhando com constantes 104
Constantes pré-fabricadas 105
Trabalhando com strings 106
Trabalhando com datas 107
Usando Declarações de Atribuição 108
Exemplos de declaração de atribuição 108
Sobre aquele sinal de igual 109
Operadores regulares 109
Trabalhando com Arrays 111
Declarando arrays 111
Arrays multidimensionais 112
Arrays dinâmicos 113
Usando Rótulos 114

CAPÍTULO 8: Trabalhando com Objetos Range 115
Uma Revisão Rápida 115
Outras Maneiras de Fazer Referência a um Range 117
A propriedade Cells 117
A propriedade Offset 118

Sumário xiii

Algumas Propriedades Úteis do Objeto Range 119
    A propriedade Value. 120
    A propriedade Text. 121
    A propriedade Count 121
    As propriedades Column e Row. 121
    A propriedade Address 122
    A propriedade HasFormula. 122
    A propriedade Font. 123
    A propriedade Interior 124
    A propriedade Formula 125
    A propriedade NumberFormat. 126
Alguns Métodos Úteis do Objeto Range 127
    O método Select 127
    Os métodos Copy e Paste 127
    O método Clear. 128
    O método Delete. 129

CAPÍTULO 9: Usando VBA e Funções de Planilha 131

O que É Função? 131
Usando Funções VBA Integradas 132
    Exemplos de função VBA. 132
    Funções VBA que fazem mais do que retornar um valor 135
    Descobrindo funções VBA. 135
Usando Funções de Planilha no VBA. 138
    Exemplos de função de planilha 139
    Inserindo funções de planilha. 141
    Mais sobre o uso de funções de planilha. 142
Usando Funções Personalizadas 143

CAPÍTULO 10: Controlando o Fluxo de Programa e Tomando Decisões 145

Seguindo o Fluxo, Cara. 145
A Declaração GoTo 146
Decisões, Decisões 148
    A estrutura If-Then 148
    A estrutura Select Case 152
Fazendo Seu Código Dar um Loop 155
    Loops For-Next 156
    Loop Do-While. 161
    Loop Do-Until. 161
Usando Loops For Each-Next com Collections 161

CAPÍTULO 11: Procedimentos e Eventos Automáticos 165

Preparando-se para o Grande Evento. 165
    Os eventos são úteis?. 167
    Programando procedimentos que lidam com eventos 168
Aonde Vai o Código VBA?. 168
Escrevendo um Procedimento que Lida com Eventos. 170

Exemplos Introdutórios......................................171
   O evento Open para uma pasta de trabalho...............171
   O evento BeforeClose para uma pasta de trabalho.........174
   O evento BeforeSave para uma pasta de trabalho..........175
Exemplos de Eventos de Ativação..........................176
   Ativar e desativar eventos em uma planilha................176
   Ativar e desativar eventos em uma pasta de trabalho.......177
   Eventos de ativação de pasta de trabalho..................178
Outros Eventos Relacionados à Planilha....................179
   O evento BeforeDoubleClick..............................179
   O evento BeforeRightClick...............................180
   O evento Change......................................180
Eventos Não Associados a Objetos........................182
   O evento OnTime......................................182
   Eventos de teclas pressionadas..........................184

CAPÍTULO 12: Técnicas de Tratamento de Erros...............187

Tipos de Erros..187
Um Exemplo Errôneo....................................188
   A macro não está perfeita..............................189
   A macro ainda não é perfeita...........................190
   A macro já está perfeita?..............................191
   Desistindo da perfeição................................192
Lidando com Erros de Outra Maneira......................192
   Revendo o procedimento RaizQuadrada..................192
   Sobre a declaração On Error............................193
Lidando com Erros: Os Detalhes..........................194
   Retomando depois de um erro..........................194
   Lidando com erros: Um resumo.........................196
   Sabendo quando ignorar erros..........................197
   Identificando erros específicos..........................197
Um Erro Intencional.....................................199

CAPÍTULO 13: Técnicas de Extermínio de Bugs.................201

Espécies de Bugs..201
Identificando Bugs......................................203
Técnicas de Depuração..................................203
   Examinando o seu código..............................204
   Usando a função MsgBox..............................204
   Inserindo declarações Debug.Print.......................206
   Usando o depurador VBA..............................207
Sobre o Depurador.....................................207
   Configurando pontos de interrupção em seu código.......207
   Usando a janela Inspeções de Variáveis...................210
   Usando a janela Variáveis Locais........................212
Dicas para Redução de Bugs.............................212

CAPÍTULO 14: **Exemplos de Programação em VBA** 215

Trabalhando com Ranges (Intervalos) 216
    Copiando um intervalo 216
    Copiando um intervalo de tamanho variável 217
    Selecionando ao final de uma linha ou uma coluna 219
    Selecionando uma linha ou uma coluna 220
    Movendo um intervalo 220
    Fazendo um loop em um intervalo de maneira eficiente 221
    Fazendo um loop em um intervalo de maneira
        eficiente (Parte II) 222
    Solicitando o valor de uma célula 223
    Determinando o tipo de seleção 224
    Identificando uma seleção múltipla 225
Mudando as Configurações do Excel 225
    Mudando configurações Booleanas 226
    Mudando configurações não Booleanas 227
Trabalhando com Gráficos 227
    AddChart versus AddChart2 228
    Modificando o tipo de gráfico 230
    Fazendo um loop na coleção ChartObjects 230
    Modificando as propriedades de gráficos 231
    Aplicando a formatação de gráficos 231
Dicas de Velocidade do VBA 233
    Desativando a atualização de tela 233
    Desativando o cálculo automático 234
    Eliminando aquelas mensagens de alerta inoportunas 234
    Simplificando as referências a objetos 235
    Declarando os tipos de variáveis 236
    Usando a estrutura With-End With 237

PARTE 4: COMUNICANDO-SE COM SEUS USUÁRIOS . . . 239

CAPÍTULO 15: **Caixas de Diálogo Simples** 241

Alternativas a UserForm 241
A Função MsgBox 242
    Exibindo uma caixa de mensagem simples 243
    Obtendo uma resposta de uma caixa de mensagem 244
    Personalizando caixas de mensagem 246
A Função InputBox 248
    Sintaxe da InputBox 249
    Um exemplo de InputBox 249
    Outro tipo de InputBox 251
O Método GetOpenFilename 252
    A sintaxe para o método GetOpenFilename 252
    Um exemplo de GetOpenFilename 253
O Método GetSaveAsFileName 255
Obtendo um Nome de Pasta 256
Exibindo as Caixas de Diálogo Integradas do Excel 256

CAPÍTULO 16: Princípios Básicos de UserForm 259

Sabendo Quando Usar um UserForm. 259
Criando UserForms: Uma Visão Geral. 261
Trabalhando com UserForms 262
    Inserindo um novo UserForm. 262
    Adicionando controles a um UserForm 262
    Mudando as propriedades em um controle UserForm. 264
    Visualizando a janela Código do UserForm 265
    Exibindo um UserForm 265
    Usando informações de um UserForm. 266
Um Exemplo de UserForm 267
    Criando o UserForm. 267
    Adicionando Botões de Comando (CommandButtons). 268
    Adicionando Botões de Opção (OptionButtons). 269
    Adicionando procedimentos que lidam com eventos 271
    Criando uma macro para exibir a caixa de diálogo 273
    Disponibilizando a macro 273
    Testando a macro. 275

CAPÍTULO 17: Usando os Controles de UserForm 277

Começando com os Controles da Caixa de Diálogo. 277
    Adicionando controles 278
    Introduzindo propriedades de controle 279
Controles da Caixa de Diálogo: Os Detalhes 281
    Controle Caixa de Seleção (CheckBox) 281
    Controle Caixa de Combinação (ComboBox). 282
    Controle Botão de Comando (CommandButton) 283
    Controle Moldura (Frame). 283
    Controle Imagem (Image) 284
    Controle Rótulo (Label) 285
    Controle Caixa de Listagem (ListBox) .285
    Controle Multipágina (MultiPage). 286
    Controle Botão de Opção (OptionButton) 287
    Controle RefEdit 288
    Controle Barra de Rolagem (ScrollBar) 289
    Controle Botão de Rotação (SpinButton) 289
    Controle TabStrip 290
    Controle Caixa de Texto (TextBox). 290
    Controle ToggleButton. 291
Trabalhando com Controles da Caixa de Diálogo. 292
    Movendo e redimensionando controles. 292
    Alinhando e espaçando controles 292
    Atendendo os usuários de teclado 293
    Testando um UserForm. 295
Estética de Caixa de Diálogo 295

CAPÍTULO 18: Técnicas e Truques do UserForm 297

Usando Caixas de Diálogo 298
Um Exemplo de UserForm 298
    Criando a caixa de diálogo 298
    Escrevendo código para exibir a caixa de diálogo 301
    Disponibilizando a macro 301
    Testando a sua caixa de diálogo 302
    Adicionando procedimentos que lidam com eventos 302
    Validando os dados 304
    Agora a caixa de diálogo funciona 305
Um Exemplo de ListBox 305
    Preenchendo uma ListBox 306
    Determinando o item selecionado 307
    Determinando seleções múltiplas 308
Selecionando um Intervalo 310
Usando Múltiplos Conjuntos de OptionButtons 312
Utilizando um SpinButton e uma TextBox 313
Usando um UserForm como um Indicador de Progresso 314
    Criando a caixa de diálogo indicadora de progresso 315
    Os procedimentos 316
    Como esse exemplo funciona 317
Criando de uma Caixa de Diálogo sem Modo e com Guias 318
Exibindo um Gráfico em um UserForm 320
Uma Lista de Verificação da Caixa de Diálogo 321

CAPÍTULO 19: Acessando Suas Macros Através da Interface de Usuário 323

Personalizando a Faixa de Opções 324
    Personalizando a Faixa de Opções manualmente 324
    Adicionando uma macro à Faixa de Opções 326
    Personalizando a Faixa de Opções com XML 327
Personalizando Menus de Atalho 331
    Adicionando um novo item ao menu de atalho Célula 332
    O que há de diferente desde o Excel 2007? 334

PARTE 5: JUNTANDO TUDO 335

CAPÍTULO 20: Criando Funções de Planilha — E Sobrevivendo para Contar a História 337

Por que Criar Funções Personalizadas? 338
Entendendo os Princípios Básicos da Função VBA 339
Escrevendo Funções 339
Trabalhando com Argumentos de Função 340
    Uma função sem argumentos 341
    Uma função com um argumento 341
    Uma função com dois argumentos 343
    Uma função com um argumento range 344

Uma função com um argumento opcional. 346
Introduzindo Funções Wrapper 348
    A função FormatoNumérico 348
    A função ExtrairElemento 349
    A função Diga. 350
    A função ÉComo 350
Trabalhando com Funções que Retornam um Array 350
    Retornando um array de nomes de meses 351
    Retornando uma lista classificada 351
Usando a Caixa de Diálogo Inserir Função 353
    Exibindo a descrição da função 353
    Adicionando descrições de argumento 355

CAPÍTULO 21: Criando Add-Ins do Excel 357

Certo... Então, O que É Add-In?. 357
Por que Criar Add-Ins? 358
Trabalhando com Add-Ins 359
Entendendo o Básico do Add-In. 360
Observando um Exemplo de Add-In 362
    Configurando a pasta de trabalho. 362
    Testando a pasta de trabalho. 364
    Adicionando informações descritivas 365
    Protegendo o código VBA 366
    Criando o add-in 366
    Abrindo o add-in 366
    Distribuindo o add-in 367
    Modificando o add-in 368

PARTE 6: A PARTE DOS DEZ. 369

CAPÍTULO 22: Dez Dicas Úteis do Visual Basic Editor. 371

Aplicando Comentários em Bloco 371
Copiando Várias Linhas de Código de Uma Só Vez 373
Pulando entre Módulos e Procedimentos 373
Teleportando para Suas Funções. 373
Ficando no Procedimento Certo. 374
Percorrendo Seu Código 375
Indo para uma Linha Específica em Seu Código 375
Parando Seu Código em um Ponto Predefinido 376
Vendo o Começo e o Fim dos Valores de Variáveis 377
Desligando a Opção Autoverificar Sintaxe 378

CAPÍTULO 23: Recursos para Ajuda VBA 379

Deixando o Excel Escrever Código Para Você 380
Furtando Código na Internet. 381
Aproveitando os Fóruns de Usuários 381
Visitando Blogs de Especialistas 382

Procurando Treinamento em Vídeo no YouTube 383
Fazendo Aulas de Treinamento Presenciais e Online. 383
Aprendendo com o Centro de Desenvolvimento
  do Microsoft Office. 384
Dissecando os Outros Arquivos Excel em Sua Organização. 384
Perguntando ao Seu Guru de Excel Local. 384

CAPÍTULO 24: Dez Coisas para Fazer e Não Fazer no VBA. 385

Declare Todas as Variáveis 386
Não Confunda Senhas com Segurança. 386
Limpe Seu Código 386
Não Inclua Tudo em Um Procedimento 387
Considere Outros Softwares. 387
Não Suponha que Todo Mundo Habilita Macros 388
Tenha o Hábito de Experimentar. 388
Não Suponha que Seu Código Funcionará em Outras
  Versões do Excel. 388
Tenha Seus Usuários em Mente. 389
Não Se Esqueça dos Backups. 389

ÍNDICE 391

Introdução

Saudações, futuro programador de Excel...

Sem dúvida, você tem suas razões para escolher um livro sobre programação VBA. Talvez tenha conseguido um novo emprego (parabéns). Talvez esteja tentando automatizar algumas das tarefas repetitivas de processamento de dados que precisa realizar. Talvez, no fundo, você seja só um nerd. Independentemente da razão, muito obrigado por escolher este livro.

Aqui você encontrará tudo o que precisa para começar a trabalhar com o VBA rapidamente. Mesmo que não tenha a mínima ideia do que seja programar, este livro pode ajudar. Diferentemente da maioria dos livros de programação, este tem várias informações que foram projetadas para incluir apenas o que você precisa saber para aumentar seu conjunto de habilidades em programação VBA.

Sobre Este Livro

Vá a qualquer grande livraria (física ou online) e encontrará muitos livros sobre Excel. Uma rápida olhada pode ajudá-lo a decidir se este é realmente o certo para você. Este livro

- » Foi desenvolvido para usuários intermediários a avançados de Excel que pretendem se adaptar rapidamente à programação de Visual Basic para Aplicações (VBA).
- » Não requer experiência anterior com programação.
- » Cobre os comandos mais comumente usados.
- » É adequado para Excel 2013, Excel 2016 ou Excel 2019.
- » Poderá fazê-lo rir de vez em quando.

Se estiver usando o Excel 2003, precisará de um livro muito mais antigo (e de um abraço). Se estiver usando o Excel 2007 ou 2010 *pode* não ter problemas, mas algumas coisas mudaram. Você talvez se dê melhor com a edição anterior.

A propósito, esta não é uma obra de introdução ao Excel. Se você estiver procurando um livro de Excel geral, verifique quaisquer outros publicados pela Alta Books, no site www.altabooks.com.br.

Estes livros também estão disponíveis em edições para versões anteriores do Excel.

Note que o título deste livro não é *O Guia Completo de Programação VBA em Excel Para Leigos*. Eu não abordo todos os aspectos de programação em Excel — e, novamente, é provável que você não queira saber *tudo* sobre esse assunto.

Se ler esta obra e se descobrir faminto por um material de programação de Excel mais abrangente, experimente o *Microsoft Excel 2019 Power Programming with VBA* [sem tradução no Brasil]. E sim, edições para versões anteriores do Excel também estão disponíveis.

Seção Obrigatória das Convenções Tipográficas

Todos os livros de computação possuem uma seção como esta (eu acho que existe alguma lei federal exigindo isso). Leia ou simplesmente pule esta parte.

Algumas vezes, eu me refiro a combinações de teclas, o que significa que você mantém uma tecla pressionada enquanto pressiona outra. Por exemplo, Ctrl+Z significa que mantém a tecla Ctrl pressionada enquanto pressiona Z.

Nos comandos de menu, uso um caractere distinto para separar itens do menu ou da Faixa de Opções. Por exemplo, você usa o seguinte comando para criar um intervalo nomeado em uma planilha:

Fórmulas ⇨ Nomes Definidos ⇨ Definir Nome

Fórmulas é a guia no topo da Faixa de Opções, Nomes Definidos é o grupo da Faixa de Opções e Definir Nome é o comando em si.

O Visual Basic Editor ainda usa menus e barras de ferramentas à moda antiga. Então Ferramentas ⇨ Opções significa escolher o menu Ferramentas e selecionar o item Opções do menu.

A programação em Excel envolve desenvolver *código*, isto é, as instruções que o Excel segue. Todo código neste livro é apresentado em fonte monoespaçada, assim:

```
Range("A1:A12").Select
```

Algumas linhas longas de código não cabem nas margens deste livro. Nesses casos, uso a sequência de caracteres padrão VBA de continuação de linha: um espaço seguido por um caractere de sublinhado. Eis um exemplo:

```
Selection.PasteSpecial Paste:=xlValues, _
Operation:=xlNone, SkipBlanks:=False, _
Transpose:=False
```

Quando inserir esse código, você poderá digitá-lo como está ou colocá-lo em uma linha única (retirando os espaços e os sublinhados).

Verifique Suas Configurações de Segurança

Vivemos em um mundo cruel. Parece que há sempre um canalha tentando se aproveitar de você ou causando algum tipo de problema. O mundo da computação não é diferente. Você provavelmente conhece os vírus de computador, que podem causar coisas desagradáveis em seu sistema. Mas, sabia que eles também podem estar em um arquivo Excel? É verdade. É relativamente fácil escrever um vírus de computador usando VBA. Um usuário desavisado pode abrir um arquivo Excel e espalhar o vírus para outros arquivos Excel e outros sistemas.

Com o passar dos anos, a Microsoft ficou cada vez mais preocupada com problemas de segurança. Isso é bom, mas também significa que os usuários do Excel precisam entender como as coisas funcionam. Você pode verificar as configurações de segurança do Excel clicando no comando Arquivo ➪ Opções ➪ Central de Confiabilidade ➪ Configurações da Central de Confiabilidade. Existem muitas opções lá dentro, e corre o boato que nunca mais se ouviu falar das pessoas que abriram tal caixa de diálogo.

Se clicar na guia Configurações de Macro (à esquerda da caixa de diálogo Central de Confiabilidade), as suas opções serão as seguintes:

» **Desabilitar todas as macros sem notificação.** As macros não funcionarão, independentemente do que você faça.

» **Desabilitar todas as macros com notificação.** Quando abrir um arquivo com macros, você verá uma Barra de Mensagem aberta com uma opção para clicar e habilitar as macros, ou (se a janela do Visual Basic Editor estiver aberta) receberá uma mensagem perguntando se quer habilitar as macros.

» **Desabilitar todas as macros, exceto as digitalmente assinadas.** Apenas macros com uma assinatura digital podem rodar (porém, até mesmo para as assinaturas que não foram marcadas como confiáveis, você receberá o aviso de segurança).

» **Habilitar todas as macros.** Todas as macros rodam sem avisos. Essa opção não é recomendada pois códigos possivelmente perigosos podem ser executados.

Imagine este cenário: você passa uma semana escrevendo um programa VBA incrível que revolucionará a sua empresa. Você o testa cuidadosamente e depois o envia ao seu chefe. Ele o chama ao seu escritório e reclama que a sua macro não faz absolutamente nada. O que está acontecendo? Possivelmente, as configurações de segurança do Excel de seu chefe não permitem a execução de macros. Ou talvez ele tenha decidido aceitar a sugestão padrão da Microsoft e desativar as macros ao abrir o arquivo.

A questão toda? Só porque uma pasta de trabalho do Excel contém uma macro, isso não garante que a macro será executada. Tudo depende da configuração de segurança e se o usuário decide ativar ou desativar macros para aquele arquivo.

Para trabalhar com este livro, será preciso habilitar as macros para os arquivos com os quais você trabalha. Meu conselho é usar o segundo nível de segurança. Então, quando abrir o arquivo que criou, poderá simplesmente habilitar as macros. Se abrir um arquivo de alguém que não conhece, deve desabilitar as macros e verificar o código VBA para ter certeza de que não possui nada destrutivo ou malicioso. Geralmente é muito fácil identificar um código VBA suspeito.

Outra opção é designar uma pasta confiável. Escolha Arquivo ⇨ Opções ⇨ Central de Confiabilidade ⇨ Configurações da Central de Confiabilidade. Selecione a opção Locais Confiáveis e designe uma pasta específica para ser um local confiável. Armazene suas pastas de trabalho confiáveis lá e o Excel não o incomodará com a habilitação de macros. Por exemplo, se fizer o download dos arquivos de amostra deste livro, poderá colocá-los em um local confiável.

Penso que...

Normalmente, pessoas que escrevem livros têm em mente um leitor-alvo. Os pontos a seguir descrevem mais ou menos o meu leitor-alvo hipotético:

» Você tem acesso a um PC no trabalho, e provavelmente em casa. E esses computadores estão conectados à internet.
» Usa Excel 2013, Excel 2016 ou Excel 2019.
» Vem usando computadores há muitos anos.
» Usa o Excel com frequência no trabalho e considera ser mais capaz no uso da ferramenta do que o público geral.

» Precisa que o Excel faça algumas coisas que atualmente não consegue que ele faça.

» Tem pouca ou nenhuma experiência em programação.

» Compreende que o sistema de Ajuda do Excel pode realmente ser útil. Encare os fatos, este livro não cobre tudo. Se puder se entender com o sistema de Ajuda, você conseguirá achar as peças que faltam.

» Precisa concluir algum trabalho e não tem muita tolerância com livros grossos e chatos sobre computação.

Ícones Usados Neste Livro

DICA

Não pule as informações marcadas com este ícone. Ele identifica um atalho que pode poupar muito do seu tempo (e talvez até permita que saia do trabalho em um horário razoável).

Este ícone também é usado para que você saiba que o código discutido está disponível na web. Faça o download dele para evitar muita digitação.

LEMBRE-SE

Este ícone diz quando você precisa armazenar informações nas profundezas do seu cérebro para uso posterior.

PAPO DE ESPECIALISTA

Este ícone sinaliza o material que pode ser considerado técnico. Talvez você o ache interessante, mas, se estiver com pressa, pode pulá-lo.

CUIDADO

Leia tudo o que estiver marcado com este ícone. Caso contrário, poderá perder seus dados, explodir seu computador, causar uma fusão nuclear — ou talvez até arruinar todo o seu dia.

Arquivos de Amostra Online

Este livro tem arquivos de amostra online que podem ser baixados. Para fazer o download dos arquivos, visite

www.altabooks.com.br

e procure pelo título do livro.

Com os arquivos de exemplos, você poupará muita digitação. Melhor ainda, será possível brincar com eles e experimentar diversas alterações. Na verdade, a melhor maneira de dominar VBA é experimentando.

De Lá para Cá, Daqui para Lá

Este livro contém tudo o que você precisa para aprender programação VBA em um nível médio-avançado. Ele começa com o básico da gravação de macros e vai desenvolvendo capítulo por capítulo.

Se você desconhece completamente as macros de Excel, comece pela Parte 1 para se atualizar sobre os fundamentos da gravação de macros. Se já tem experiência com isso, mas quer entender melhor o VBA por trás delas, vá para a Parte 2, na qual obterá um entendimento conciso de como funciona o VBA, além da base de que precisa para implementar seu próprio código.

Por fim, se já estiver familiarizado com os conceitos de programação e só quiser dar uma passada rápida por algumas técnicas mais avançadas, como criar funções e add-ins personalizados, sinta-se à vontade para pular diretamente para a Parte 4. Há também uma Folha de Cola cheia de atalhos úteis. Visite o site www.altabooks.com.br e procure pelo título do livro para encontrá-la.

1 Começando com a Programação Excel VBA

NESTA PARTE...

Conheça o Visual Basic para Aplicações.

Veja exemplos de algumas das coisas que você pode fazer com VBA.

Trabalhe com uma seção real de programação Excel.

Descubra como o Excel lida com a segurança macro.

> **NESTE CAPÍTULO**
>
> » Obtendo uma visão geral conceitual do VBA
>
> » Descobrindo o que se pode fazer com o VBA
>
> » Descobrindo vantagens e desvantagens de usar o VBA
>
> » Entendendo tudo sobre o que é o VBA
>
> » Mantendo-se compatível ao Excel

Capítulo **1**

O que É VBA?

Se você está ansioso para pular na programação VBA, espere um pouco. Este capítulo é totalmente desprovido de qualquer material de treinamento prático. No entanto, ele contém algumas informações essenciais de apoio que o ajudam a se tornar um programador de Excel. Em outras palavras, este capítulo prepara o caminho para tudo que vem pela frente e dá a você uma ideia de como a programação de Excel se ajusta no esquema geral do universo. Não é tão chato quanto imagina, então tente resistir ao desejo de pular para o Capítulo 2.

Tudo Bem, Então o que É VBA?

VBA, que significa *Visual Basic for Applications* (Visual Basic para Aplicações), é uma linguagem de programação desenvolvida pela Microsoft — você sabe, a empresa que tenta fazê-lo comprar uma nova versão do Windows de tempos em tempos. Excel, juntamente a outros membros do Microsoft Office, inclui a linguagem VBA (sem custos extras). Resumindo, VBA é uma ferramenta que as pessoas usam para desenvolver programas que controlam o Excel.

Imagine um robô inteligente que sabe tudo sobre o Excel. Esse robô pode ler instruções e também operar o Excel com muita rapidez e precisão. Quando quer

> ## ALGUMAS PALAVRAS SOBRE A TERMINOLOGIA
>
>
> **PAPO DE ESPECIALISTA**
>
> A terminologia de programação em Excel pode ser um pouco confusa. Por exemplo, VBA é uma linguagem de programação, mas também serve como uma linguagem de macro. Nesse contexto, macro é um conjunto de instruções que o Excel realiza para imitar as teclas pressionadas e as ações do mouse. Como você chama algo escrito em VBA e executado em Excel? É uma *macro* ou um *programa*? Normalmente, o sistema de Ajuda do Excel se refere aos procedimentos VBA como *macros*, portanto essa é a terminologia usada neste livro. Mas também pode-se chamar isso de *programa*.
>
> Você verá o termo *automatizar* neste livro. Significa que uma série de etapas são completadas automaticamente. Por exemplo, se você escrever uma macro que acrescenta cor a algumas células, imprime a planilha e depois remove a cor, essas três etapas foram *automatizadas*.
>
> A propósito, *macro* não é um acrônimo de **M**essy **A**nd **C**onfusing **R**epeated **O**peration (Operação Repetida Confusa e Desordenada). Ela vem da palavra grega *makros*, que significa grande — e também descreve o seu contracheque depois de se tornar um programador especialista em macro.

que o robô faça algo no Excel, você escreve um conjunto de instruções para robôs usando códigos especiais. Depois diz ao robô para seguir suas instruções enquanto se senta e toma uma limonada. Isso é VBA — uma linguagem de código para os robôs. Note, entretanto, que o Excel não vem com um robô e nem com limonada.

O que Você Pode Fazer com o VBA?

Você provavelmente está ciente de que os usuários do Excel usam o programa para milhares de diferentes tarefas. Seguem alguns exemplos:

- » Análise de dados científicos
- » Preparação de orçamentos e previsões financeiras
- » Criação de faturas e outros formulários
- » Desenvolvimento de gráficos de dados
- » Manutenção de listagens de assuntos como nomes de clientes, notas de alunos ou ideias para presentes (um lindo bolo de frutas seria ótimo)
- » Etc. etc. etc.

Os exemplos são muitos, mas acredito que você já entendeu. O que quero dizer é que o Excel é usado para uma grande variedade de tarefas, e qualquer um que ler este livro tem diferentes necessidades e expectativas em relação a ele. Uma coisa que todos os leitores têm em comum é *a necessidade de automatizar algum aspecto do Excel*. Isso, meu caro leitor, é o que VBA faz.

Por exemplo, seria possível criar um programa VBA para importar alguns números e depois formatar e imprimir o seu relatório de vendas do final do mês. Depois de desenvolver e testar o programa, você pode executar a macro com um único comando, levando o Excel a executar automaticamente muitos procedimentos demorados. Em vez de aprender uma cansativa sequência de comandos, você pode clicar um botão acessar o Facebook para matar o tempo enquanto a macro faz o trabalho.

As próximas seções descrevem em poucas palavras alguns usos comuns para as macros VBA. Uma ou duas farão você ficar esperto.

Inserindo um monte de texto

Se precisa inserir frequentemente o nome da empresa, endereço e número de telefone em suas planilhas de trabalho, é possível criar uma macro para digitar essas informações. Você pode estender esse conceito o quanto quiser. Por exemplo, pode desenvolver uma macro que digita automaticamente uma lista de todos os vendedores que trabalham para sua empresa.

Automatizando as tarefas executadas com frequência

Suponha que você seja o gerente de vendas e precisa preparar o relatório de vendas do fim do mês para satisfazer seu chefe. Se for uma tarefa direta, pode desenvolver um programa VBA para executá-la. O seu chefe ficará impressionado com a qualidade ótima e consistente dos seus relatórios e você poderá ser promovido a um novo cargo para o qual está altamente desqualificado.

Automatizando operações repetitivas

Se você precisa executar a mesma ação em, digamos, 12 diferentes pastas de trabalho do Excel, pode gravar uma macro enquanto realiza a tarefa na primeira e, então, deixar que a macro repita a sua ação nas outras pastas de trabalho. O melhor disso é que o Excel nunca reclama que está entediado. O gravador de macros do Excel é similar à gravação de uma ação ao vivo com um gravador de vídeo. Mas ele não requer uma câmera e a bateria nunca precisa ser recarregada.

Criando um comando personalizado

Você geralmente usa a mesma sequência de comandos no Excel? Se sim, poupe alguns segundos desenvolvendo uma macro que combina esses comandos em um único comando personalizado que pode ser executado pressionando uma única tecla, ou com um só clique de botão. Provavelmente, você não poupará *tanto* tempo, mas certamente será mais preciso. E o cara da divisória ao lado ficará realmente impressionado.

Criando um botão personalizado

Você pode personalizar a barra de ferramentas de Acesso Rápido com seus próprios botões, que executam macros escritas por você. Funcionários de escritório costumam ficar muito impressionados com botões que fazem mágica. E, se realmente quiser impressionar seus colegas, pode até adicionar novos botões à Faixa de Opções.

Desenvolvendo novas funções de planilha

Embora o Excel inclua centenas de funções integradas (tais como SOMA e MÉDIA), é possível criar funções da planilha de trabalho *personalizadas*, que podem simplificar muito as suas fórmulas. É surpreendente ver como isso é fácil (explore como fazer isso no Capítulo 20). E, melhor ainda, a caixa de diálogo Inserir Função exibe as suas funções personalizadas, fazendo com que elas pareçam integradas. Coisa muito boa.

Criando add-ins personalizados para o Excel

Você provavelmente está familiarizado com os add-ins do Excel. Por exemplo, o Analysis ToolPak (Pacote de Ferramentas de Análise) é um add-in popular. É possível usar o VBA para desenvolver os seus próprios add-ins especiais.

Vantagens e Desvantagens do VBA

Esta seção descreve as coisas boas do VBA, e seu lado sombrio também.

Vantagens do VBA

É possível automatizar quase tudo o que é feito no Excel, basta escrever instruções para ele executar. Automatizar uma tarefa usando o VBA tem muitas vantagens:

> » O Excel sempre executa as tarefas exatamente do mesmo jeito (na maioria dos casos, a consistência é uma coisa boa).
>
> » O Excel executa a tarefa muito mais depressa do que você pode fazer manualmente (a menos, é claro, que você seja o Clark Kent).
>
> » Se você for um bom programador de macros, o Excel sempre executará as tarefas sem erros (o que não pode ser dito sobre você, não importa o quanto é cuidadoso).
>
> » Se as coisas forem configuradas corretamente, qualquer um sem conhecimento em Excel poderá realizar a tarefa executando a macro.
>
> » É possível fazer coisas em Excel que seriam impossíveis de outra maneira — o que pode torná-lo uma pessoa muito popular no escritório.
>
> » Para as tarefas longas e demoradas, você não precisa ficar sentado e entediado diante do computador. O Excel faz o trabalho e você fica à toa.

Desvantagens do VBA

É justo que eu use o mesmo tempo para as desvantagens (ou *possíveis* desvantagens) do VBA:

> » Você precisa saber como escrever programas em VBA (mas foi para isso que comprou este livro, certo?). Felizmente, não é tão complicado quanto você poderia esperar.
>
> » Outras pessoas que precisem usar os seus programas VBA devem ter suas próprias cópias do Excel. Seria muito bom se um botão fosse pressionado e o aplicativo Excel/VBA se convertesse em um programa autônomo, mas isso não é possível (e provavelmente nunca será).
>
> » Às vezes, as coisas dão errado. Em outras palavras, não é possível supor cegamente que o seu programa VBA sempre funcionará da maneira correta em todas as circunstâncias. Bem-vindo ao mundo da depuração e, se outros estiverem usando as suas macros, do suporte técnico.
>
> » VBA é um alvo em movimento. Como se sabe, a Microsoft atualiza continuamente o Excel. Mesmo que a Microsoft se esforce para que haja compatibilidade entre as versões, você pode descobrir que o código VBA que escreveu não funciona adequadamente com as versões mais antigas ou com uma versão futura do Excel.

VBA Resumido

Só para que saiba onde está se metendo, veja um resumo rápido sobre VBA.

» **As ações são executadas em VBA escrevendo (ou gravando) código em um módulo VBA.** Você vê e edita os módulos VBA usando o Visual Basic Editor (VBE).

» **Um módulo VBA consiste de procedimentos Sub (secundários).**
Um procedimento Sub nada tem a ver com submarinos ou sanduíches saborosos. Trata-se de um grupo de código de computador que realiza alguma ação em ou com objetos (a ser discutido em breve). O exemplo a seguir mostra um procedimento Sub simples, chamado UmMaisUm. Esse programa incrível, quando executado, exibe o resultado de 1 mais 1:

```
Sub UmMaisUm()
    Soma = 1 + 1
    MsgBox "A resposta é " & Soma
End Sub
```

Um procedimento Sub que não é executado adequadamente é chamado de substandard (um padrão secundário).

» **Um módulo VBA também pode ter procedimentos Function.** Um procedimento Function retorna um único valor. É possível chamá-lo a partir de outro procedimento VBA ou até usá-lo como uma função em uma fórmula de planilha. A seguir está um exemplo de um procedimento Function (chamado de SomarDois). Essa Function aceita dois números (chamados de argumentos) e retorna a soma desses valores:

```
Function SomarDois(arg1, arg2)
    SomarDois = arg1 + arg2
End Function
```

Um procedimento Function que não funciona corretamente é dito disfuncional.

» **O VBA manipula objetos.** O Excel oferece dezenas de objetos que podem ser manipulados. Exemplos de objetos incluem uma pasta de trabalho, uma planilha, um intervalo de células, um gráfico e uma forma. Há muitos outros objetos à sua disposição, e você pode manipulá-los usando um código VBA.

» **Os objetos são organizados em uma hierarquia.** Os objetos podem agir como *contêineres* para outros objetos. O Excel está no topo da hierarquia. O próprio Excel é um objeto chamado Application (Aplicação). O objeto Application contém outros objetos, tais como os objetos Pasta de Trabalho e Add-Ins. O objeto Pasta de Trabalho pode conter outros, como os objetos Planilhas e Gráficos. Um objeto Planilha pode conter objetos, como Range e

PivotTable. O termo *modelo de objeto* refere-se à organização desses objetos (mais detalhes sobre modelo de objeto podem ser encontrados no Capítulo 4).

» **Objetos do mesmo tipo formam uma coleção.** Por exemplo, a coleção Worksheets consiste em todas as planilhas em uma pasta de trabalho específica. A coleção Charts consiste em todos os objetos Gráficos em uma pasta de trabalho. As próprias coleções são objetos.

» **Você se refere a um objeto especificando sua posição na hierarquia de objetos, usando um ponto como separador.** Por exemplo, é possível fazer referência à pasta de trabalho Pasta1.xlsx como

```
Application.Workbooks("Pasta1.xlsx")
```

Isso se refere à pasta de trabalho `Pasta1.xlsx` na coleção Workbooks. Essa coleção está contida no objeto Application (ou seja, no Excel). Levando isso a outro nível, você pode se referir a Plan1 em `Pasta1.xlsx` como

```
Application.Workbooks("Pasta1.xlsx").Worksheets("Plan1")
```

Ainda é possível levar isso a outro nível e fazer referência a uma célula específica (nesse caso, a célula A1):

```
Application.Workbooks("Pasta1.xlsx").Worksheets("Plan1").Range("A1")
```

» **Se você omitir as referências específicas, o Excel usará os objetos *ativos*.** Se `Pasta1.xlsx` for a pasta de trabalho ativa, será possível simplificar a referência anterior como a seguir:

```
Worksheets("Pasta1").Range("A1")
```

Se souber que Plan1 é a planilha ativa, poderá simplificar ainda mais a referência:

```
Range("A1")
```

» **Os objetos têm propriedades.** É possível pensar em uma propriedade como uma *configuração* para um objeto. Por exemplo, um objeto Range tem propriedades como Value e Address. Um objeto Chart tem propriedades como HasTitle e Type. Você pode usar o VBA para determinar as propriedades do objeto e também alterar suas propriedades.

» **Uma propriedade de um objeto é referida pela combinação do nome do objeto com o nome da propriedade, separados por um ponto.** Por exemplo, você pode referir-se à propriedade Value na célula A1 em Plan1 como a seguir:

```
Worksheets("Plan1").Range("A1").Value
```

> **Você pode atribuir valores a variáveis.** *Variável* é um elemento nomeado que armazena informações. É possível usar variáveis em seu código VBA para armazenar coisas como valores, texto e configurações de propriedade. Para atribuir um valor na célula A1 em Plan1 a uma variável chamada *Juros*, use a seguinte declaração VBA:

```
Juros = Worksheets("Plan1").Range("A1").Value
```

> **Os objetos têm métodos.** *Método* é uma ação que o Excel executa com um objeto. Por exemplo, um dos métodos para um objeto Range é ClearContents. Esse método nomeado adequadamente limpa o conteúdo do intervalo.

> **Você especifica um método combinando o objeto com o método, separados por um ponto.** Por exemplo, a seguinte declaração limpa o conteúdo da célula A1:

```
Worksheets("Plan1").Range("A1").ClearContents
```

> **O VBA inclui todas as construções de linguagens modernas de programação, incluindo variáveis, arrays e looping.** Em outras palavras, se você estiver disposto a gastar um pouco de tempo aprendendo o assunto, poderá escrever códigos que fazem algumas coisas incríveis.

Acredite se quiser, a lista anterior descreve bem o VBA resumidamente. Agora você só precisa descobrir os detalhes. É por isso que este livro tem mais páginas.

Compatibilidade do Excel

LEMBRE-SE

Este livro foi escrito para as versões de desktop do Excel 2016 e Excel 2019. Se você não tiver uma dessas versões, correrá o risco de se confundir algumas vezes.

Se planeja distribuir seus arquivos Excel/VBA para outros usuários, é muito importante que entenda quais versões do Excel eles usam. Pessoas com versões anteriores não serão capazes de aproveitar os recursos inclusos nas versões posteriores. Por exemplo, se você escrever um código VBA que referencia a célula XFD1048576 (a última célula em uma pasta de trabalho), as pessoas que usam uma versão anterior ao Excel 2007 obterão um erro, pois as planilhas anteriores ao Excel 2007 tinham apenas 65.536 linhas e 255 colunas (a última célula é a IV65536).

O Excel 2010 e posteriores também têm objetos, métodos e propriedades novos. Se usá-los em seu código, os usuários com versões anteriores obterão um erro ao executar sua macro, e você levará a culpa.

> **NESTE CAPÍTULO**
>
> » Desenvolvendo uma macro VBA útil: um exemplo prático, passo a passo
>
> » Gravando suas ações com o gravador de macros do Excel
>
> » Examinando e testando o código gravado
>
> » Mudando uma macro gravada
>
> » Lidando com questões de segurança da macro

Capítulo **2**

Mergulhando

A melhor maneira de entrar na água fria é mergulhar direto — não faz sentido prolongar a agonia. Percorrendo este capítulo, você molha os pés imediatamente, mas procure não se afogar.

Quando chegar ao final deste capítulo, você talvez comece a se sentir melhor em relação a essa coisa de programação em Excel, e ficará satisfeito de ter dado o mergulho. Este capítulo oferece uma demonstração passo a passo de como desenvolver uma macro VBA simples, mas útil.

Começando pelo Começo

Antes de se autoproclamar programador de Excel, você deve passar pelos rituais de iniciação. Isso significa que precisa fazer uma pequena mudança para que o Excel exiba uma nova guia no alto da tela: Desenvolvedor. Fazer com que o Excel exiba a guia Desenvolvedor é fácil (e só precisa ser feito uma vez). É só seguir estes passos:

1. **Clique com o botão direito em qualquer parte da Faixa de Opções e escolha Personalizar a Faixa de Opções no menu de atalho.**

2. **Na guia Personalizar Faixa de Opções da caixa de diálogo Opções do Excel, localize Desenvolvedor na segunda coluna.**

3. **Marque a caixa ao lado de Desenvolvedor.**

4. **Clique em Ok.**

   Você está de volta ao Excel com uma guia nova em folha: Desenvolvedor.

Ao clicar na guia Desenvolvedor, a Faixa de Opções exibe informações de interesse dos programadores (este é você!). A Figura 2-1 mostra como a Faixa de Opções fica quando a guia Desenvolvedor é selecionada no Excel 2019.

FIGURA 2-1: Normalmente, a guia Desenvolvedor está oculta, mas é fácil exibi-la.

O que Você Fará

Neste capítulo você criará sua primeira macro, que fará o seguinte:

» Digita o seu nome em uma célula

» Insere a data e a hora atuais na célula abaixo

» Formata ambas as células para exibir em negrito

» Muda o tamanho da fonte de ambas as células para 16

Essa macro não ganhará nenhum prêmio da Competição Anual de Programação VBA, mas precisamos começar de algum lugar. A macro realiza todos esses passos em uma única ação. Como descrito nas seções seguintes, começamos gravando as ações ao realizar esses passos. Depois, testamos a macro para ver se funciona. Por fim, editamos a macro para dar os retoques finais. Pronto?

Dando os Primeiros Passos

Esta seção descreve os passos que você deve seguir antes de gravar a macro. Em outras palavras, precisa se preparar antes de começar a diversão:

1. Inicie o Excel, se ele ainda não estiver em execução.
2. Se necessário, crie uma nova pasta de trabalho vazia.

   Pressionar Ctrl+N é a maneira preferida e rápida de fazer isso.

3. **Clique na guia Desenvolvedor e dê uma olhada no botão Usar Referências Relativas no grupo Código.**

   Se a cor desse botão for diferente da dos outros, quer dizer que está tudo certo. Se o botão Usar Referências Relativas for da mesma cor dos outros botões, então será preciso clicá-lo para habilitar essa opção.

Exploramos o botão Usar Referências Relativas no Capítulo 6. Por ora, apenas garanta que a opção esteja ativada. Quando estiver, o botão Usar Referências Relativas terá uma cor diferente.

Gravando a Macro

Aqui está a parte prática. Siga estas instruções cuidadosamente:

1. **Selecione uma célula.**

   Qualquer célula serve.

2. **Selecione Desenvolvedor ⇨ Código ⇨ Gravar Macro ou clique no botão de gravação de macro na barra de status.**

   A caixa de diálogo Gravar Macro aparece, conforme mostrado na Figura 2-2.

3. **Insira um nome para a macro.**

   O Excel oferece um nome padrão (algo como *Macro1*), mas é melhor usar um nome mais descritivo. *NomeEData* (sem espaços) é um bom nome para essa macro.

4. **Clique na caixa Tecla de Atalho e insira Shift+N (para um N maiúsculo), como a tecla de atalho.**

   Especificar uma tecla de atalho é opcional. Se você especificar uma, poderá executar a macro pressionando uma combinação de teclas; nesse caso, Ctrl+Shift+N. Saiba que, ao atribuir uma tecla de atalho comum (por exemplo, Ctrl+C), você perderá a funcionalidade normal desse atalho e o Excel iniciará a macro em seu lugar.

5. **Verifique se a configuração Armazenar Macro Em é Esta Pasta de Trabalho.**

6. **Se quiser, você pode inserir algum texto na caixa Descrição.**

Esse passo é opcional. Algumas pessoas gostam de descrever o que a macro faz (ou o que *supostamente* deve fazer).

7. Clique em OK.

A caixa de diálogo Gravar Macro fecha e o gravador de macro do Excel é ativado. A partir desse ponto, o Excel monitora tudo o que você faz e converte no código VBA.

8. Digite seu nome na célula ativa.

9. Mova o indicador da célula para a célula abaixo e insira a fórmula:

```
=AGORA()
```

A fórmula exibe a data e a hora atuais.

10. Selecione a célula com a fórmula e pressione Ctrl+C para copiar a célula para a Área de Transferência.

11. Selecione Página Inicial ➪ Área de Transferência ➪ Colar ➪ Colar Valores.

Esse comando converte a fórmula em seus valores.

12. Com a célula de data selecionada, pressione Shift+seta para cima para selecionar aquela célula e uma acima dela (que contém o seu nome).

13. Use os controles no grupo Página Inicial ➪ Fonte para mudar a formatação para Negrito e o tamanho da fonte para 16.

14. Escolha Desenvolvedor ➪ Código ➪ Parar Gravação.

O gravador de macro é desativado.

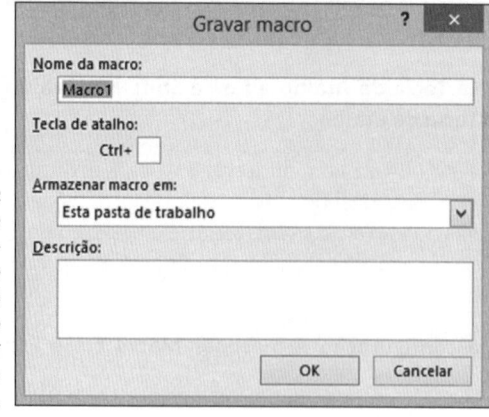

FIGURA 2-2: A caixa de diálogo Gravar Macro aparecerá quando você for gravar uma macro.

Parabéns! Você acabou de criar sua primeira macro VBA no Excel. Talvez queira ligar para sua mãe e contar a boa notícia.

Testando a Macro

Agora, teste a macro e veja se ela funciona corretamente. Para testá-la, clique em uma célula vazia e pressione Ctrl+Shift+N (ou qualquer atalho que tenha inserido).

Em um piscar de olhos, o Excel executará a macro. Seu nome e a data atual aparecerão em letras grandes e negrito.

DICA Outro modo de executar a macro é selecionar Desenvolvedor ➪ Código ➪ Macros (ou pressionar Alt+F8) para exibir a caixa de diálogo Macros. Selecione a macro da lista (nesse caso, NomeEData) e clique em Executar. Selecione a célula que conterá o seu nome antes de executar a macro.

Examinando a Macro

Você gravou e testou uma macro. Se for do tipo curioso, provavelmente está imaginando a aparência dessa macro, e pode até imaginar onde está armazenada.

Lembra quando começou a gravar a macro? Você indicou que o Excel deveria armazená-la em Esta Pasta de Trabalho. A macro está armazenada na pasta de trabalho, mas é necessário ativar o Visual Basic Editor (VBE) para vê-la.

Siga estes passos para ver a macro:

1. **Selecione Desenvolvedor ➪ Código ➪ Visual Basic (ou pressione Alt+F11).**

   A janela do programa Visual Basic Editor aparece, conforme mostrado na Figura 2-3. Essa janela é altamente personalizável, portanto, a sua janela VBE pode ser um pouco diferente. A janela do VBE contém várias outras janelas e isso, provavelmente, é muito assustador. Não se aflija; você se acostumará.

2. **Na janela VBE, localize a janela chamada Projeto.**

   A janela Projeto (também conhecida como janela Project Explorer) contém uma lista de todas as planilhas e add-ins abertos no momento. Cada projeto é organizado como uma *árvore* e pode ser expandido (para mostrar mais informações) ou contraído (para mostrar menos).

DICA

O VBE usa algumas janelas diferentes, qualquer delas podendo ser aberta ou fechada. Se uma janela não estiver imediatamente visível no VBE, escolha uma opção no menu Exibir para mostrá-la. Por exemplo, se a janela Projeto não estiver visível, é possível escolher Exibir ➪ Project Explorer (ou pressionar Ctrl+R) para exibi-la. Você pode exibir qualquer outra janela do VBE da mesma forma. Os componentes do VBE são tratados no Capítulo 3.

3. **Selecione o projeto que corresponde à pasta de trabalho onde gravou a macro.**

    Se você não salvou a pasta de trabalho, o projeto provavelmente tem o nome VBAProject (Pasta1).

4. **Clique no sinal de adição (+) à esquerda da pasta chamada Módulos.**

    A árvore se expande para mostrar Módulo1, que é o único módulo no projeto.

5. **Clique duas vezes em Módulo1.**

    O código VBA nesse módulo é exibido em uma janela Código (veja a Figura 2-3). A sua tela pode não ser exatamente igual. O código gravado depende de ações específicas realizadas ao gravar a macro.

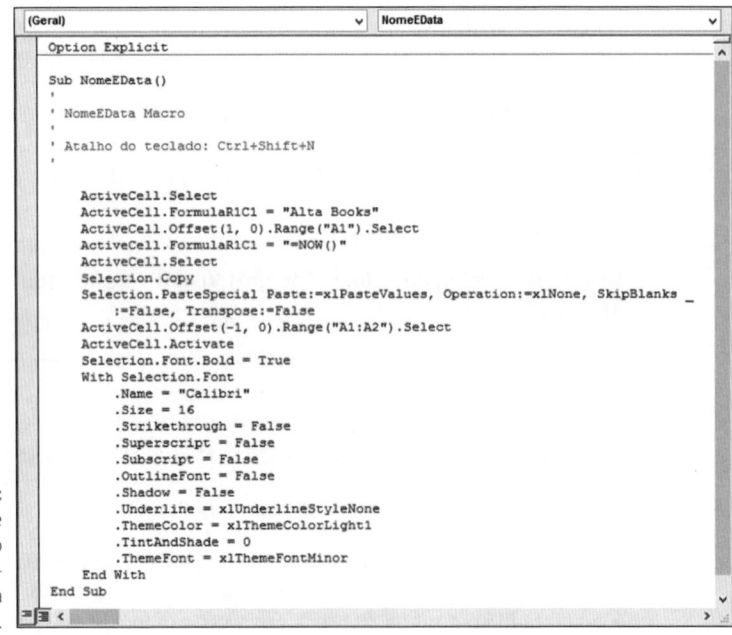

FIGURA 2-3: O VBE exibe o código VBA em Módulo1 da Pasta1.

```
Option Explicit

Sub NomeEData()
'
' NomeEData Macro
'
' Atalho do teclado: Ctrl+Shift+N
'
    ActiveCell.Select
    ActiveCell.FormulaR1C1 = "Alta Books"
    ActiveCell.Offset(1, 0).Range("A1").Select
    ActiveCell.FormulaR1C1 = "=NOW()"
    ActiveCell.Select
    Selection.Copy
    Selection.PasteSpecial Paste:=xlPasteValues, Operation:=xlNone, SkipBlanks _
        :=False, Transpose:=False
    ActiveCell.Offset(-1, 0).Range("A1:A2").Select
    ActiveCell.Activate
    Selection.Font.Bold = True
    With Selection.Font
        .Name = "Calibri"
        .Size = 16
        .Strikethrough = False
        .Superscript = False
        .Subscript = False
        .OutlineFont = False
        .Shadow = False
        .Underline = xlUnderlineStyleNone
        .ThemeColor = xlThemeColorLight1
        .TintAndShade = 0
        .ThemeFont = xlThemeFontMinor
    End With
End Sub
```

A essa altura, a macro provavelmente parece grego para você. Não se preocupe. Viaje por alguns capítulos e tudo ficará tão claro quanto a vista do Olimpo.

A macro NomeEData consiste em várias instruções. O Excel executa as instruções uma por uma, de cima para baixo. Uma instrução precedida por um apóstrofo (') é um comentário. Os comentários são incluídos apenas para sua informação e são ignorados pelo Excel. Em outras palavras, o Excel passa direto por eles.

A primeira instrução VBA (que começa com a palavra *Sub*) identifica a macro como um procedimento Sub e dá o seu nome; você forneceu esse nome antes de começar a gravar a macro. Se ler cuidadosamente o código, será capaz de entendê-lo um pouco. Você verá o seu nome, a fórmula que forneceu e muito do código adicional que altera a fonte. O procedimento Sub termina com a instrução End Sub.

Modificando a Macro

Como seria esperado, você pode não apenas ver a sua macro no VBE, como também pode alterá-la. Mesmo que a essa altura não tenha ideia do que está fazendo, estas são mudanças fáceis de fazer:

» Mudar o nome fornecido na célula ativa. Se você tiver um cachorro, use o nome dele.

» Mudar o nome ou o tamanho da fonte.

» Veja se você descobre um lugar adequado para essa nova instrução que deixa a célula em itálico:

```
Selection.Font.Italic = True
```

EI, EU NÃO GRAVEI ISSO!

Gravar uma macro é como gravar som em um gravador. Quando você coloca para tocar e escuta sua própria voz, invariavelmente diz: "Minha voz não é essa". E quando olhar sua gravação de macro, talvez veja algumas ações que não achou que tinha gravado.

Ao gravar o exemplo NomeEData, você mudou apenas o tamanho da fonte, ainda que o código gravado exiba todos os tipos de instruções de mudança de fonte (Strikethrough, Superscript, Shadow e assim por diante). Não se preocupe; isso acontece o tempo todo. O Excel costuma gravar muitos códigos aparentemente inúteis. Nos capítulos posteriores, você verá como remover o código extra de uma macro gravada.

DICA

Trabalhar com um módulo de código VBA é quase como trabalhar com um documento em um processador de textos (exceto que não há quebra de linha e não é possível formatar o texto). Pensando melhor, é mais como trabalhar no Bloco de Notas do Windows. Você pode pressionar Enter para iniciar uma nova linha e as teclas de edição conhecidas funcionam conforme o esperado.

Depois de ter feito as alterações, volte para o Excel e experimente a macro revisada para ver como ela funciona. Assim como você pode pressionar Alt+F11 no Excel para exibir o VBE, pode pressionar Alt+F11 no VBE para voltar ao Excel.

Salvando Pastas de Trabalho que Contêm Macros

Se você armazena uma ou mais macros em uma pasta de trabalho, o arquivo deve ser salvo como um tipo de arquivo com *macros habilitadas*. Em outras palavras, o arquivo deve ser salvo com uma extensão XLSM, em vez da extensão XLSX normal.

Por exemplo, quando você salva a pasta de trabalho que contém a sua macro NomeEData, o formato de arquivo na caixa de diálogo Salvar Como padroniza para XLSX (um formato que não pode conter macros). A menos que mude o formato de arquivo para XLSM, o Excel exibirá o aviso mostrado na Figura 2-4. Clique em Não e depois escolha Pasta de Trabalho Habilitada para Macro do Excel (*.xlsm) na lista suspensa Tipo em Salvar Como.

FIGURA 2-4:
Se sua pasta de trabalho contiver macros e você tentar salvá-la em um formato de arquivo sem macro, o Excel o avisará.

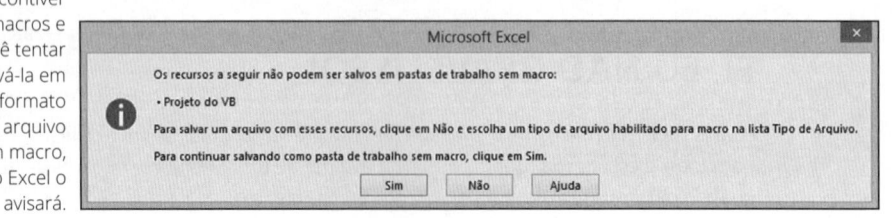

Entendendo a Segurança de Macro

Segurança de macro é um recurso importante no Excel. Isso porque o VBA é uma linguagem poderosa, tão poderosa que é possível criar uma macro que pode causar sérios danos ao computador. Uma macro pode apagar arquivos, enviar informações a outros computadores e até destruir o Windows, de modo que você não poderá sequer iniciar o seu sistema.

Os recursos de segurança da macro introduzidos no Excel 2007 foram criados para ajudar a evitar tais tipos de problemas.

A Figura 2-5 mostra a seção Configurações de Macro da caixa de diálogo Central de Confiabilidade. Para exibir essa caixa de diálogo, escolha Desenvolvedor ➪ Código ➪ Segurança de Macro.

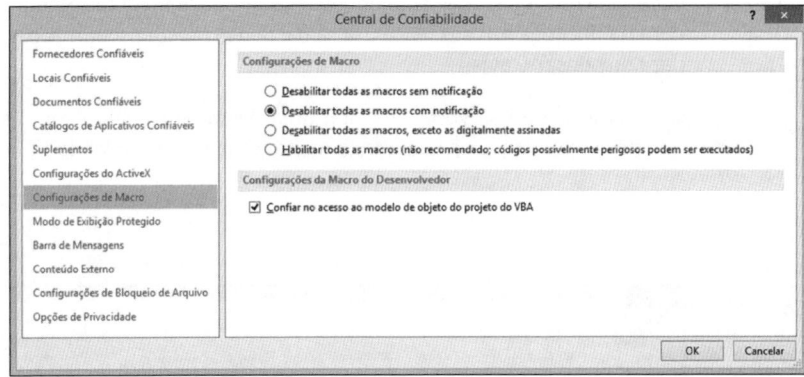

FIGURA 2-5:
A seção Configurações de Macro da caixa de diálogo Central de Confiabilidade.

Por padrão, o Excel usa a opção Desabilitar Todas as Macros com Notificação. Com essa configuração ativa, ao abrir uma pasta de trabalho que contenha macros (e o arquivo não estiver digitalmente "assinado" ou armazenado em um local confiável), o Excel exibe um aviso como o da Figura 2-6. Se tiver certeza de que a pasta de trabalho vem de uma fonte confiável, clique em Habilitar Macros, e as macros serão habilitadas.

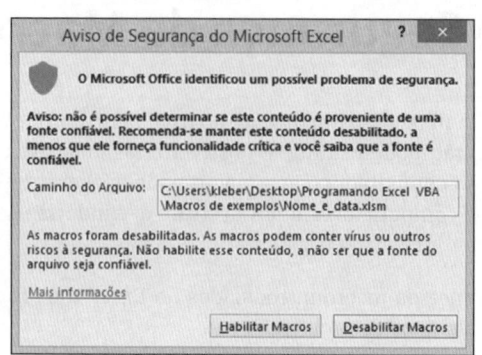

FIGURA 2-6:
O aviso do Excel de que o arquivo aberto contém macros.

LEMBRE-SE

A caixa pop-up da Figura 2-6 só será visualizada se o VBE estiver aberto. Caso contrário, o Excel exibirá um de aviso de segurança (Security Warning) que chama a atenção acima da barra de Fórmula, como mostrado na Figura 2-7. Se você sabe que a pasta de trabalho é segura, clique no botão Habilitar Conteúdo para habilitar as macros. Para usar a pasta de trabalho sem macros, clique no X para dispensar o aviso.

O Excel lembrará se você designou uma pasta de trabalho como segura, para que não veja o Aviso de Segurança na próxima vez que abri-la.

FIGURA 2-7:
O aviso do Excel de que a pasta de trabalho recém-aberta contém macros. Você verá esse aviso se o VBE não estiver aberto.

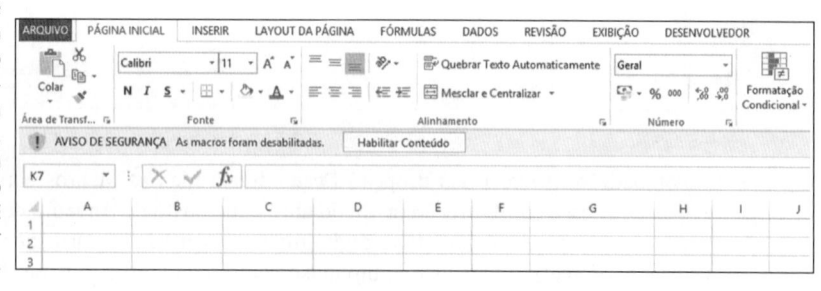

Talvez a melhor maneira de lidar com a segurança da macro seja designar uma ou mais pastas como *locais confiáveis*. Todas as pastas de trabalho em um local confiável são abertas sem um aviso de macro. As pastas confiáveis são designadas na seção Locais Confiáveis, na caixa de diálogo Central de Confiabilidade.

Se quiser descobrir o que significam as outras configurações de segurança, pressione F1 com a seção Configurações de Macro da caixa de diálogo Central de Confiabilidade aberta. Você verá a tela de Ajuda que descreve as configurações de segurança.

Revelando Mais sobre a Macro NomeEData

Quando terminar este livro, entenderá completamente como a macro NomeEData funciona, e estará preparado para desenvolver macros mais sofisticadas. Por enquanto, este capítulo se encerra com alguns pontos adicionais sobre a macro:

- » Para a macro funcionar, sua pasta de trabalho deve estar aberta. Se você fechar a pasta de trabalho, a macro não funcionará (e seu atalho não terá efeito).
- » Desde que a pasta de trabalho contendo a macro esteja aberta, você pode rodar a macro enquanto qualquer pasta de trabalho estiver ativa. Em outras palavras, a pasta de trabalho da própria macro não precisa estar ativa.
- » A macro não é código de "pró-qualidade". Ela sobrescreverá o texto existente sem aviso algum, e seus efeitos não poderão ser desfeitos.
- » Antes de começar a gravar a macro, você designou a ela uma nova tecla de atalho. Essa é apenas uma de várias maneiras de executar a macro (descubra outras maneiras no Capítulo 5).
- » É possível criar a macro manualmente em vez de gravá-la. Para tanto, é necessário um bom entendimento de VBA (tenha paciência, você chegará lá).
- » É possível armazenar a macro em sua Pasta de Trabalho de Macros Pessoal. Se o fizer, a macro estará automaticamente disponível sempre que iniciar o Excel (veja o Capítulo 6 para obter detalhes sobre a Pasta de Trabalho de Macro Pessoal).
- » Também é possível converter a pasta de trabalho a um arquivo add-in (mais sobre isso no Capítulo 21).

Parabéns. Você foi iniciado no mundo de programação do Excel. (Lamento, não há um aperto de mão secreto ou anel decodificador.)

2 Como o VBA Trabalha com o Excel

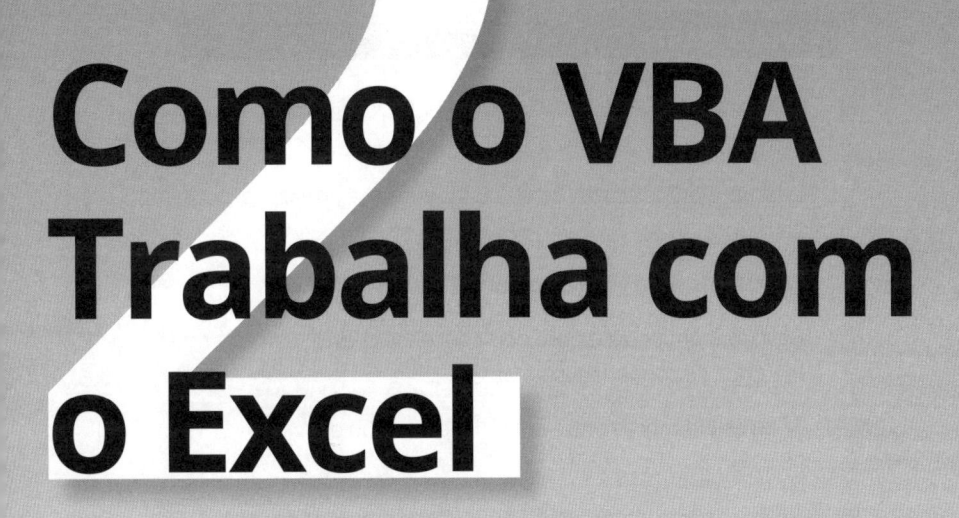

NESTA PARTE . . .

Veja como acessar a parte importante do Visual Basic Editor.

Descubra módulos de código VBA (onde você armazena seu código VBA).

Tenha uma visão geral do modelo de objetos do Excel.

Descubra um pouco sobre dois conceitos-chave: métodos e propriedades do objeto.

Saiba as diferenças entre procedimentos Sub e Function.

Faça um curso intensivo de como usar o gravador de macro do Excel.

> **NESTE CAPÍTULO**
>
> » Entendendo o Visual Basic Editor
> » Descobrindo as partes do Visual Basic Editor
> » Sabendo o que entra em um módulo VBA
> » Entendendo três modos de colocar o código VBA em um módulo
> » Personalizando o ambiente VBA

Capítulo **3**

Trabalhando no Visual Basic Editor

Como um usuário de Excel mais experiente do que a média, provavelmente você tem uma boa ideia sobre pastas de trabalhos, fórmulas, gráficos e outros acessórios. Agora é hora de expandir seus horizontes e explorar um aspecto totalmente novo do Excel: o Visual Basic Editor. Neste capítulo, descubra como trabalhar com o Visual Basic Editor e veja os detalhes práticos de escrita de código VBA.

O que É Visual Basic Editor?

O Visual Basic Editor (também chamado de VBE) é uma aplicação separada na qual se escreve e edita macros VBA. Começando no Excel 2013, toda pasta de trabalho é exibida em uma janela separada. Contudo, há apenas uma janela VBE e ela trabalha com todas as janelas do Excel abertas.

LEMBRE-SE Não é possível rodar o VBE separadamente; o Excel precisa estar rodando para que o VBE seja executado.

Ativando o VBE

O modo mais rápido de ativar o VBE é pressionando Alt+F11 quando o Excel está ativo. Para retornar ao Excel, pressione Alt+F11 novamente. Ou você pode somente clicar no botão Fechar na barra de título do VBE. Quando a janela VBE fechar, o Excel estará ativo.

Também é possível ativar o VBE usando Desenvolvedor ⇨ Código ⇨ Visual Basic. Se não tiver uma guia Desenvolvedor na parte superior da janela Excel, recorra ao Capítulo 2, no qual aprenderá a fazer com que essa guia útil apareça.

Entendendo os componentes do VBE

DICA

A Figura 3-1 mostra o programa VBE, com algumas de suas partes-chave identificadas.

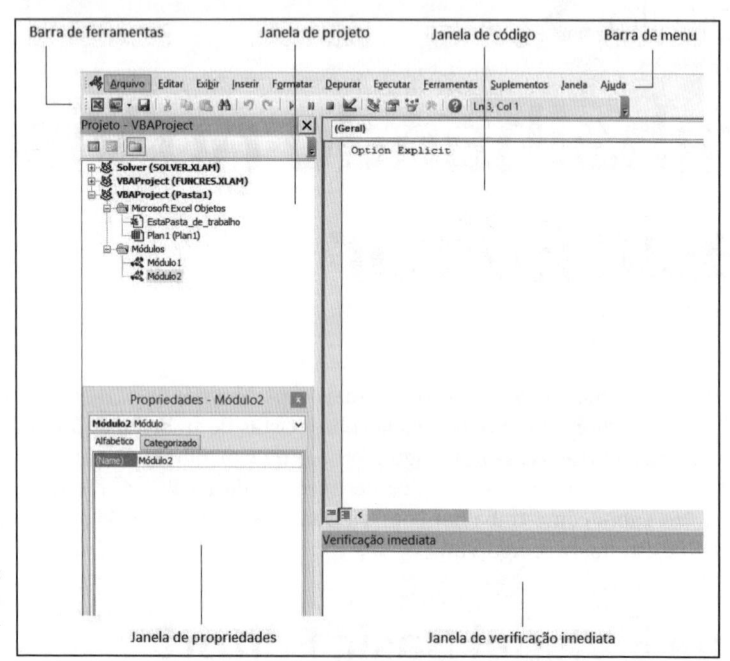

FIGURA 3-1: O VBE é seu amigo personalizável.

É possível que sua janela de programa VBE não se pareça exatamente com o que é visto na Figura 3-1. O VBE contém várias janelas e é altamente personalizável. Você pode ocultar, reorganizar, acoplar janelas e assim por diante.

Barra de menu

A barra de menu do VBE funciona como qualquer outra barra já encontrada. Ela contém comandos que são usados para realizar tarefas com os diversos componentes no VBE. Você descobre ainda que muitos dos comandos de menu têm teclas de atalho associadas.

> **DICA** O VBE também tem menus de atalho. Você pode clicar com o botão direito em praticamente qualquer coisa no VBE e obter um menu de atalho de comandos comuns.

Barra de ferramentas

A barra de ferramentas padrão, que está abaixo da barra de menu por padrão (veja a Figura 3-1), é uma das quatro barras de ferramentas do VBE disponíveis. É possível personalizar as barras de ferramentas, movê-las, exibir outras barras e assim por diante. Se quiser, use Exibir ➪ Barras de Ferramentas para trabalhar com as barras de ferramentas do VBE. A maioria das pessoas apenas as deixa como estão.

Janela Projeto

A janela Projeto exibe um diagrama em árvore que apresenta cada pasta de trabalho aberta no Excel no momento (inclusive add-ins e pastas de trabalho ocultas). Clique duas vezes nos itens para expandi-los ou recolhê-los. Veja mais detalhes sobre essa janela na seção "Trabalhando com a Janela Projeto".

Se a janela Projeto não estiver visível, pressione Ctrl+R ou use Exibir ➪ Project Explorer. Para ocultá-la, clique no botão Fechar em sua barra de título. Ou clique com o botão direito em qualquer lugar na janela Projeto e selecione Ocultar no menu de atalho.

Janela Código

Uma janela Código é onde você coloca o código VBA. Cada objeto em um projeto tem uma janela Código associada. Para ver a janela Código de um objeto, clique duas vezes no objeto na janela Projeto. Por exemplo, para ver a janela Código do objeto Plan1 em Pasta1, clique duas vezes em Plan1 no VBAProject para Pasta1. A menos que tenha acrescentado algum código VBA, a janela Código estará vazia.

Você descobrirá mais sobre as janelas Código mais adiante neste capítulo, na seção "Trabalhando com uma Janela Código".

Janela Verificação Imediata

A janela Verificação Imediata pode estar visível ou não. Se não estiver, pressione Ctrl+G ou use Exibir ➪ Janela Verificação Imediata. Para fechá-la, clique no botão Fechar em sua barra de título (ou clique com o botão direito em qualquer lugar da janela Verificação Imediata e selecione Ocultar no menu de atalho).

> ## O QUE HÁ DE NOVO NO VISUAL BASIC EDITOR?
>
> O Excel 2007 apresentou uma interface de usuário novinha. Menus e barras de ferramentas foram substituídas por uma nova interface de usuário (IU) da Faixa de Opções. Mas o VBE nunca fez plástica e manteve o menu e a barra de ferramentas da antiga IU.
>
> A linguagem de programação VBA foi atualizada para incorporar os novos recursos do Excel, porém nada mais foi mudado.
>
> Uma coisa que mudou foi o sistema de Ajuda. Antigamente, as informações de ajuda eram armazenadas no seu computador e você tinha a opção de acessar a Ajuda pela internet. Começando com o Excel 2013, todas as informações de ajuda estão na internet e são exibidas no navegador. Em outras palavras, você deve estar conectado à internet para acessar o sistema de Ajuda. Entretanto, pode fazer o download de sua própria cópia do sistema de Ajuda no site da Microsoft. Faça uma busca por *download documentação excel vba* e a encontrará.

A janela Verificação Imediata é mais útil para executar diretamente instruções VBA e depurar o seu código. Se você estiver apenas começando em VBA, essa janela não será tão útil, portanto, fique à vontade para ocultá-la e liberar algum espaço na tela para outras coisas.

O Capítulo 13 aborda em detalhes a janela Verificação Imediata. Ela pode se tornar uma boa amiga!

Trabalhando com a Janela Projeto

Quando você trabalha no VBE, cada pasta de trabalho e add-in aberto do Excel é um projeto. É possível pensar em um projeto como uma coleção de objetos dispostos como um esboço. Você pode expandir um projeto clicando no sinal de adição (+) à esquerda do nome na janela Projeto. Recolha um projeto clicando no sinal de subtração (−) à esquerda. Ou pode dar dois cliques nos itens para expandi-los.

LEMBRE-SE Se um projeto é protegido por senha, a senha será solicitada quando você clicar duas vezes no nome dele. Se não souber a senha, não poderá expandir o projeto, o que significa que não poderá visualizar ou modificar nenhuma parte do projeto.

A Figura 3-2 mostra uma janela com quatro projetos listados: um add-in chamado pup7.xlam, uma pasta não salva chamada Pasta1, uma chamada Investimentos.xlsm e a Personal Macro Workbook (que é sempre chamada de PESSOAL.

XLSB). Dos quatro, apenas o projeto Investimentos.xlsm está expandido para mostrar todos os seus objetos.

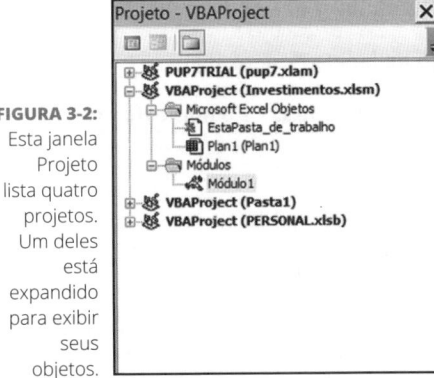

FIGURA 3-2: Esta janela Projeto lista quatro projetos. Um deles está expandido para exibir seus objetos.

Cada projeto se expande para mostrar no mínimo um *nó* chamado Microsoft Excel Objects. Esse nó expande para mostrar um item para cada planilha na pasta de trabalho (cada planilha é considerada um objeto) e outro objeto chamado EstaPasta_de_trabalho (que representa o objeto Workbook). Se o projeto tiver qualquer módulo VBA, a listagem de projetos também exibirá um nó Módulos. E, como pode ser visto na Parte 4, um projeto também pode conter um nó chamado Forms, que contém objetos UserForm (que mantêm caixas de diálogo personalizadas).

O conceito de objetos pode estar um pouco vago para você. Mas não se preocupe, as coisas ficarão mais claras nos capítulos subsequentes. Não fique muito preocupado se não entender o que está acontecendo a essa altura.

Adicionando um novo módulo VBA

Siga estes passos para adicionar um novo módulo VBA a um projeto:

1. **No VBE, selecione o nome do projeto na janela Projeto.**
2. **Escolha Inserir ⇨ Módulo.**

Ou

1. **Clique com o botão direito no nome do projeto.**
2. **Escolha Inserir ⇨ Módulo no menu de atalho.**

DICA Quando você grava uma macro, o Excel insere um módulo VBA automaticamente para manter o código gravado. Qual pasta de trabalho contém o módulo da macro gravada depende de onde você decide armazenar a macro, pouco antes de começar a gravação.

Removendo um módulo VBA

Às vezes, é necessário remover um módulo VBA de um projeto. Por exemplo, ele pode conter um código já desnecessário ou está vazio porque você inseriu o módulo e depois mudou de ideia. Para remover um módulo VBA de um projeto:

1. Selecione o nome do módulo na janela Projeto.
2. Escolha Arquivo ⇨ Remover *xxx*, em que *xxx* é o nome do módulo.

Ou

1. Clique com o botão direito no nome do módulo.
2. Escolha Remover *xxx* no menu de atalho.

   O Excel, sempre tentando evitar que você faça alguma coisa da qual se arrependa, perguntará se você quer exportar o código do módulo antes de apagá-lo. Quase sempre, você não quer (se *quiser* exportar o módulo, veja a próxima seção).

Você pode remover os módulos VBA, mas não há como remover os outros módulos de código; aqueles para os objetos Sheet ou ThisWorkbook.

Exportando e importando objetos

Todo objeto em um projeto VBA pode ser salvo em um arquivo separado. Salvar um objeto individual de um projeto é conhecido como *exportar*. É lógico que você também pode importar objetos para um projeto. Exportar e importar objetos pode ser útil caso deseje usar um objeto específico (como um módulo VBA ou um UserForm) em um projeto diferente. Ou talvez queira mandar uma cópia de um módulo VBA para um colega de trabalho, que ele poderá importar para seu próprio projeto.

Siga estes passos para exportar um objeto:

1. Selecione um objeto na janela Projeto.
2. Escolha Arquivo ⇨ Exportar Arquivo ou pressione Ctrl+E.

   Surgirá uma caixa de diálogo que pede um nome de arquivo. Observe que o objeto permanece no projeto; apenas uma cópia é exportada. O Excel fornece a extensão do arquivo para você, e ela depende do tipo de objeto sendo exportado. Em todos os casos, o resultado é um arquivo de texto. Se quiser, abra-o com um editor de texto para dar uma olhada.

Importar um arquivo para um projeto é assim:

1. **Selecione o nome do projeto na janela Explorer.**

2. **Escolha Arquivo ⇨ Importar Arquivo ou pressione Ctrl+M.**

   Você obtém uma caixa de diálogo que pede um arquivo.

3. **Localize o arquivo e clique em Abrir.**

LEMBRE-SE

Você só deve importar objetos de arquivos VBA se sabe de onde eles vêm. Caso contrário, pode acabar introduzindo macros que realizam ações maliciosas.

Trabalhando com uma Janela Código

LEMBRE-SE

Enquanto você se transforma em um especialista em VBA, passará muito tempo trabalhando nas janelas Código. As macros gravadas são armazenadas em um módulo e você pode digitar o código VBA diretamente em um módulo VBA.

Minimizando e maximizando janelas

Se você tem vários projetos abertos, o VBE deve ter muitas janelas Código abertas em determinada ocasião. A Figura 3-3 mostra um exemplo.

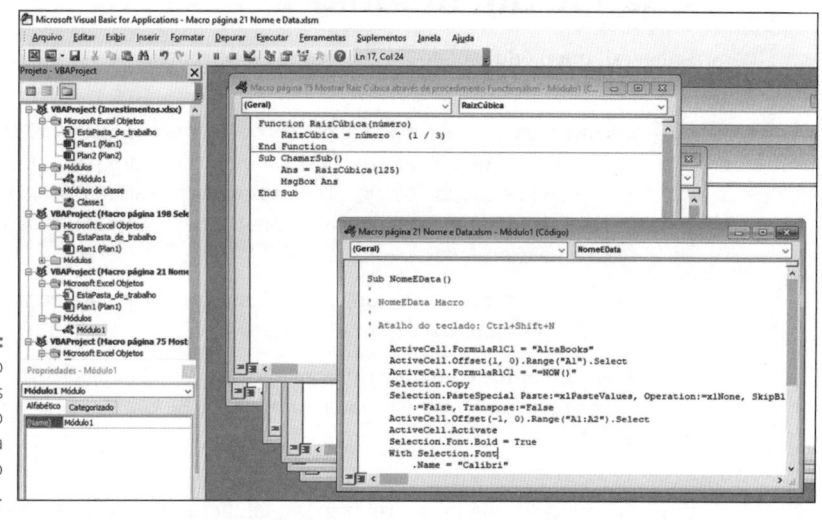

FIGURA 3-3:
Um excesso de janelas Código não é uma visão muito bonita.

As janelas Código são muito parecidas com as janelas da pasta de trabalho no Excel. Você pode minimizá-las, maximizá-las, ocultá-las, reorganizá-las e assim por diante. A maioria das pessoas acha muito mais fácil maximizar a janela

CAPÍTULO 3 **Trabalhando no Visual Basic Editor** 37

Código na qual estão trabalhando. Isso permite ver mais código e evita que se distraia.

Para maximizar uma janela Código, clique no botão Maximizar em sua barra de título (perto do X). Ou apenas clique duas vezes na barra de título para maximizá-la. Para restaurar uma janela Código ao seu tamanho original, clique no botão Restaurar. Quando uma janela é maximizada, sua barra de título não fica visível, portanto, você encontrará o botão Restaurar abaixo da barra de título do VBE.

Às vezes, você pode querer ter duas ou mais janelas Código visíveis. Por exemplo, talvez queira comparar o código de dois módulos ou copiar o código de um módulo para outro. É possível organizar as janelas manualmente ou usar os comandos Janela ⇨ Lado a lado Horizontal ou Janela ⇨ Lado a lado Vertical para organizá-las automaticamente.

Você pode alternar rapidamente entre as janelas Código, pressionando Ctrl+F6. Se repetir essa combinação de teclas, percorrerá em ciclo todas as janelas de código abertas. Pressionar Ctrl+Shift+F6 permite percorrer na ordem inversa.

> **DICA**
>
> Minimizar uma janela Código a tira do caminho. Você também pode clicar o botão Fechar da janela (que exibe X) em uma barra de título da janela Código para fechá-la (fechar a janela apenas a oculta; nada será perdido). Para abri-la novamente, apenas dê dois cliques no objeto apropriado na janela Projeto. A propósito, trabalhar com as janelas Código *parece* mais difícil do que realmente é.

Criando um módulo

Em geral, um módulo pode conter três tipos de código:

- » **Declarações:** Uma ou mais instruções de informação que você fornece para o VBA. Por exemplo, é possível declarar o tipo de dados para variáveis que você pretende usar ou configurar outras opções relacionadas ao módulo. Declarações são basicamente instruções de manutenção. Elas não são realmente executadas.
- » **Procedimentos Sub:** Um conjunto de instruções de programação que, quando executadas, realizam alguma ação.
- » **Procedimentos Function:** Um conjunto de instruções de programação que retorna um valor único (similar ao conceito de função da planilha, como SOMA).

Um único módulo VBA pode armazenar qualquer quantidade de procedimentos Sub, Function e declarações. Bem, *há* um limite — cerca de 64.000 caracteres por módulo. É improvável que você chegue perto de alcançar o limite de 64.000 caracteres. Mas, se o fizer, a solução é simples: apenas insira um novo módulo.

A organização de um módulo VBA só depende de você. Algumas pessoas preferem manter todo o código VBA para uma aplicação em um único módulo VBA; outras gostam de separar o código em vários módulos diferentes. É uma escolha pessoal, assim como arrumar os móveis.

Inserindo código VBA em um módulo

Um módulo VBA vazio é como a comida falsa que vemos nas janelas de alguns restaurantes chineses; parece boa, mas não resolve muita coisa. Antes de poder fazer algo significativo, você deve ter algum código VBA no módulo VBA. É possível inserir o código VBA em um módulo VBA de três formas:

» Inserir o código diretamente.
» Usar o gravador de macro do Excel para gravar suas ações e convertê-las em código VBA (veja o Capítulo 6).
» Copiar o código de um módulo e colar em outro.

Inserindo o código diretamente

Às vezes, o melhor caminho é o mais direto. Inserir o código diretamente implica... bem, inserir código diretamente, ou seja, você digita o código usando o teclado. Inserir e editar o texto em um módulo VBA funciona como o esperado. Você pode selecionar, copiar, cortar, colar e fazer outras coisas com o texto.

Use a tecla Tab para recuar algumas linhas, de modo que facilite a leitura do código. A indentação não é necessária, mas é um bom hábito a se adquirir. Conforme estuda o código apresentado neste livro, você entenderá por que é útil recuar as linhas de código.

PAPO DE ESPECIALISTA

PAUSA PARA UM POUCO DE TERMINOLOGIA

No decorrer deste livro, você verá os termos *procedimentos Sub*, *rotina*, *programa*, *procedimento* e *macro*. Esses termos são um pouco confusos. Colegas de programação geralmente usam a palavra *procedimento* para descrever uma tarefa automatizada. Tecnicamente, um procedimento pode ser Sub ou Function — ambos também chamados de *rotinas* —, ou até mesmo *programas*. Todos esses termos são usados alternadamente. Como será detalhado nos capítulos seguintes, há uma diferença importante entre os procedimentos Sub e Function. Por ora, não se preocupe com a terminologia. Apenas tente entender os conceitos.

LEMBRE-SE

Uma única linha de código de VBA pode ser do tamanho que você precisar. Mas use os caracteres de continuação de linha para fragmentar as linhas longas. Para continuar uma única linha de código (também conhecida como *instrução*) de uma linha para a próxima, termine a primeira linha com um espaço seguido de um sublinhado (_). Então, continue a instrução na próxima linha. E não se esqueça do espaço. Um caractere de sublinhado não precedido de espaço não funcionará.

Eis um exemplo de instrução única, separada em três linhas:

```
Selection.Sort Key1:=Range("A1"), _
    Order1:=xlAscending, Header:=xlGuess, _
    Orientation:=xlTopToBottom
```

Essa instrução seria executada da mesma maneira fosse inserida em uma única linha (sem caracteres de continuação de linha). Note que a segunda e a terceira linhas dessa declaração estão recuadas. A indentação é opcional, mas deixa claro que essas linhas não são instruções separadas.

DICA

Os engenheiros de jaleco branco que projetaram o VBE previram que pessoas como nós cometeriam erros. Portanto, o VBE tem múltiplos níveis de desfazer e refazer. Se você apagou uma instrução que não deveria, use o botão Desfazer da barra de ferramentas (ou pressione Ctrl+Z) até que ela reapareça. Depois de desfazer, pode usar o botão Refazer para retomar as mudanças que tinha desfeito. Pronto para inserir um código de verdade? Tente os seguintes passos:

1. **Crie uma nova pasta de trabalho no Excel.**
2. **Pressione Alt+F11 para ativar o VBE.**
3. **Clique no nome da nova pasta de trabalho na janela Projeto.**
4. **Escolha Inserir ➪ Módulo para inserir um módulo VBA no projeto.**
5. **Digite o seguinte código no módulo:**

   ```
   Sub AdivinharNome()
       Msg = "Seu nome é " & Application.UserName & "?"
       Ans = MsgBox(Msg, vbYesNo)
       If Ans = vbNo Then MsgBox "Ah, esquece."
       If Ans = vbYes Then MsgBox "Eu devo ser adivinho!"
   End Sub
   ```

6. **Posicione o cursor em qualquer lugar do texto digitado e pressione F5 para executar o procedimento.**

   F5 é um atalho para Executar ➪ Executar Sub/UserForm. Se inseriu o código corretamente, o Excel executará o procedimento e você poderá responder à caixa de diálogo mostrada na Figura 3-4. O texto da caixa de diálogo será diferente do que aparece na figura.

FIGURA 3-4: O procedimento AdivinharNome exibe esta caixa de diálogo.

Ao inserir o código listado no Passo 5, deve perceber que o VBE faz alguns ajustes no texto inserido. Por exemplo, depois de digitar a instrução Sub, automaticamente o VBE insere a instrução End Sub. E se omitir o espaço antes ou depois de um sinal de igual, o VBE irá inseri-lo para você. Além disso, ele altera a cor e as letras maiúsculas do texto. Isso tudo é perfeitamente normal. É apenas a maneira como o VBE mantém as coisas claras e legíveis.

Se você seguiu os passos anteriores, acabou de escrever um procedimento Sub do VBA, também conhecido como *macro*. Ao pressionar F5, o Excel executa o código e segue as instruções, isto é, o programa avalia cada sentença e faz o que foi pedido (não deixe que este poder recém-descoberto suba à sua cabeça). Você pode executar essa macro quantas vezes quiser, embora ela tenda a perder o seu encanto depois de usada algumas dezenas de vezes.

ERRO DE COMPILAÇÃO?

Há a possibilidade de a macro AdivinharNome não funcionar. Quando você tenta executá-la, o Excel pode reclamar e exibir uma mensagem de erro pop-up: `Erro de Compilação: Variável Não Definida`. Não se preocupe; há uma solução simples para isso.

Se obtiver esse erro, olhe o topo do seu módulo e verá este texto: `Option Explict`. É só apagar essa linha e a macro deverá funcionar. Quando presente no topo de um módulo, essa linha significa que você deve "declarar" todas as suas variáveis (veja o Capítulo 7 para saber mais sobre variáveis). Se essa linha foi adicionada, significa que seu VBE está configurado para adicionar a linha automaticamente. Por enquanto, não se preocupe. Apenas apague a linha e esqueça a interrupção rude.

Só para ficar registrado, essa simples macro usa os seguintes conceitos, todos abordados neste livro:

- Define um procedimento Sub (a primeira linha)
- Atribui valores às variáveis (Msg e Ans)
- *Concatena* (junta) uma string (usando o operador &)
- Usa uma função VBA integrada (MsgBox)
- Usa constantes VBA integradas (vbYesNo, vbNo e vbYes)
- Usa uma construção If-Then (duas vezes)
- Finaliza um procedimento Sub (a última linha)

Nada mal para um iniciante, não é?

Usando o gravador de macro

Outra maneira de colocar o código em um módulo VBA é gravar suas ações usando o gravador de macro do Excel. Se trabalhou com todo o exercício prático do Capítulo 2, já tem alguma experiência com essa técnica.

LEMBRE-SE

A propósito, não há como gravar o procedimento AdivinharNome mostrado na seção anterior. Só é possível gravar o que pode ser feito diretamente no Excel. Exibir uma caixa de mensagem não faz parte do repertório normal do Excel (isso é uma coisa de VBA). O gravador de macro é útil, mas, em muitos casos, provavelmente será necessário inserir um pouco de código à mão.

Eis um exemplo, passo a passo, que mostra como gravar uma macro que insere uma nova planilha e oculta tudo, exceto as dez primeiras linhas e as dez primeiras colunas. Se quiser experimentar o exemplo, abra uma nova pasta de trabalho em branco e siga estes passos:

1. Ative uma planilha na pasta de trabalho.

Qualquer planilha servirá.

2. Selecione a guia Desenvolvedor e verifique se a opção Usar Referências Relativas *não* está destacada.

Esta macro é gravada usando Referências Absolutas.

3. Escolha Desenvolvedor ➪ Código ➪ Gravar Macro ou clique no ícone ao lado do indicador Pronto na extremidade esquerda da barra de status.

O Excel exibirá sua caixa de diálogo Gravar Macro.

4. Nessa caixa, nomeie a macro como DezPorDez, especifique que você quer armazenar a macro em Esta Pasta de Trabalho e pressione Shift+T como tecla de atalho.

A macro poderá ser executada quando você pressionar Ctrl+Shift+T.

5. Clique em OK para começar a gravar.

O Excel insere automaticamente um novo módulo VBA no projeto que corresponde à pasta de trabalho ativa. Deste ponto em diante, ele converterá suas ações em código VBA. Enquanto estiver gravando, o ícone na barra de status se transforma em um pequeno quadrado. Isso é um lembrete de que o gravador de macro está em execução. Você também pode clicar nesse ícone para interromper o gravador.

6. Clique no ícone Nova Planilha, à direita da última aba de planilha.

O Excel insere uma nova planilha.

7. Selecione toda a Coluna K (a 11ª coluna) e pressione Ctrl+Shift+seta para a direita; depois clique com o botão direito em qualquer coluna selecionada e escolha Ocultar do menu de atalho.

O Excel oculta todas as colunas selecionadas.

8. Selecione toda a Linha 11 e pressione Ctrl+Shift+seta para baixo; depois clique com o botão direito em qualquer linha selecionada e escolha Ocultar do menu de atalho.

O Excel oculta todas as linhas selecionadas.

9. Selecione a célula A1.

10. Selecione Desenvolvedor ➪ Código ➪ Parar Gravação ou clique no botão Parar Gravação na barra de status (o quadrado pequeno).

O Excel para de gravar suas ações.

Para visualizar a macro recém-gravada, pressione Alt+F11 para ativar o VBE. Localize o nome da pasta de trabalho na janela Projeto. Veja que o projeto tem um novo módulo listado. O nome depende se você tinha outros módulos na pasta de trabalho quando iniciou a gravação da macro. Se não, o módulo será nomeado como Módulo1. Cliques duas vezes no módulo para visualizar sua janela Código.

Aqui está o código gerado por suas ações:

```
Sub DezPorDez()
'
' DezPorDez Macro
```

```
' Atalho do teclado: Ctrl+Shift+T
'
    Sheets.Add After:=ActiveSheet
    Columns("K:K").Select
    Range(Selection, Selection.End(xlToRight)).Select
    Selection.EntireColumn.Hidden = True
    Rows("11:11").Select
    Range(Selection, Selection.End(xlDown)).Select
    Selection.EntireRow.Hidden = True
    Range("A1").Select
End Sub
```

Para testar essa macro, ative qualquer planilha e pressione a tecla de atalho designada no Passo 4: Ctrl+Shift+T.

Se não designou uma tecla de atalho para a macro, não se preocupe. Veja como exibir uma lista de todas as macros disponíveis e rodar a que deseja:

1. **Selecione Desenvolvedor ⇨ Código ⇨ Macros.**

Os fãs de teclado podem pressionar Alt+F8. Qualquer um desses métodos exibe uma caixa de diálogo que lista todas as macros disponíveis.

2. **Selecione a macro na lista (nesse caso, DezPorDez).**

3. **Clique no botão Executar.**

O Excel executa a macro e você obtém uma planilha com dez linhas e dez colunas visíveis.

Você pode executar qualquer quantidade de comandos e ações enquanto o gravador de macro está rodando. O Excel traduz fielmente as suas ações do mouse e toques de teclado no código VBA.

E, claro, também pode editar a macro depois de gravá-la. Para testar suas novas habilidades, tente editar a macro para que ela insira uma nova planilha com nove linhas e colunas visíveis — perfeita para um jogo de Sudoku.

Copiando o código VBA

O método final para inserir código no módulo VBA é copiá-lo de outro módulo ou algum outro lugar (como um site). Por exemplo, um procedimento Sub ou Function escrito para um projeto também pode ser útil em outro projeto. Em vez de perder tempo inserindo o código novamente, pode-se ativar o módulo e usar os procedimentos de copiar e colar da Área de Transferência (você deve adorar os atalhos de teclado Ctrl+C para copiar e Ctrl+V para colar). Depois de colar o código no módulo VBA, pode modificá-lo se necessário.

A propósito, é possível encontrar muitos exemplos de código VBA na web. Se quiser experimentá-los, selecione o código em seu navegador e pressione Ctrl+C para copiá-lo. Depois, ative um módulo e pressione Ctrl+V para colá-lo.

Quando códigos são copiados de um site, eles às vezes precisam de ajustes. Por exemplo, as aspas podem ser "aspas curvas" e precisam ser convertidas em caracteres simples de aspas. E, às vezes, as linhas longas se embaralham. Instruções errôneas são fáceis de visualizar no VBE porque aparecem em vermelho.

Personalizando o Ambiente VBA

Se está pensando seriamente em ser programador de Excel, gastará muito tempo com os módulos VBA em sua tela. Para ajudar a deixar as coisas o mais confortáveis possível (não, por favor, não tire os sapatos), o VBE fornece algumas opções de personalização.

Quando o VBE estiver ativado, selecione Ferramentas ⇨ Opções. Você verá uma caixa de diálogo com quatro guias: Editor, Formato do Editor, Geral e Encaixe. Algumas das opções mais úteis são abordadas nas próximas seções.

Usando a guia Editor

A Figura 3-5 mostra as opções disponíveis na guia Editor da caixa de diálogo Opções. Use as opções dessa guia para controlar como certas coisas funcionam no VBE.

Opção Autoverificar Sintaxe

A opção Autoverificar Sintaxe determina se o VBE exibe uma caixa de diálogo quando encontra um erro de sintaxe enquanto você insere seu código VBA. A caixa de diálogo informa mais ou menos qual é o problema. Se você não escolher essa opção, o VBE irá assinalar os erros de sintaxe exibindo-os com uma cor diferente em relação ao resto do código e você não precisará lidar com nenhuma caixa de diálogo aparecendo em sua tela.

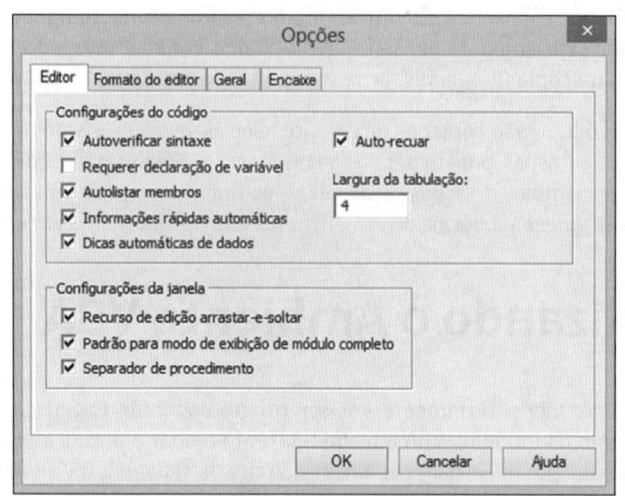

FIGURA 3-5:
A guia Editor na caixa de diálogo Opções.

Opção Requerer Declaração de Variável

Se a opção Requerer Declaração de Variável estiver ativada, o VBE incluirá a seguinte instrução no início de cada novo módulo VBA inserido:

```
Option Explicit
```

Mudar essa configuração afeta apenas os módulos novos, não os existentes. Se essa instrução aparece no seu módulo, você deve definir explicitamente cada variável que usar. O Capítulo 7 explica por que deve desenvolver esse hábito.

Opção Autolistar Membros

Se a opção Autolistar Membros estiver ativada, o VBE dará um auxílio quando você estiver inserindo o código VBA. Ela exibe uma lista que completaria logicamente a instrução que está digitando. Essa pequena mágica é, às vezes, chamada de *IntelliSense* (sentido de inteligência).

Esse é um dos melhores recursos do VBE. A Figura 3-6 mostra um exemplo (que fará muito mais sentido quando você começar a escrever código VBA).

Opção Informações Rápidas Automáticas

Se a opção Informações Rápidas Automáticas estiver ativada, o VBE exibirá informações sobre as funções e seus argumentos enquanto você digita. Isso pode ser muito útil. A Figura 3-7 mostra esse recurso em ação, informando sobre os argumentos para a função MsgBox.

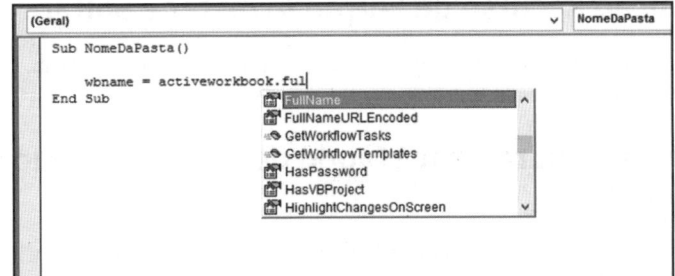

FIGURA 3-6:
Um exemplo de Autolistar Membros.

FIGURA 3-7:
A opção Informações Rápidas Automáticas oferece ajuda sobre a função MsgBox.

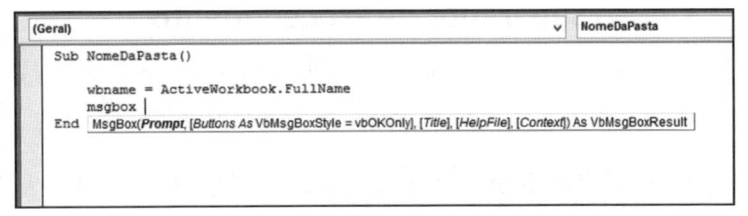

Opção Dicas Automáticas de Dados

Se a opção Dicas Automáticas de Dados estiver ativada, o VBE exibirá o valor da variável sobre a qual o seu cursor está posicionado quando você está depurando o código. Ao entrar no maravilhoso mundo da depuração, conforme descrito no Capítulo 13, você gostará dessa opção.

Configuração Autorrecuar

A configuração de Autorrecuar determina se o VBE faz automaticamente um recuo em cada linha nova do código como na linha anterior.

DICA Use a tecla Tab para recuar seu código, não a barra de espaço. Além disso, use Shift+Tab para "desfazer o recuo" de uma linha de código. Se quiser recuar mais de uma linha, selecione todas as linhas desejadas. Depois, pressione a tecla Tab.

DICA A barra de ferramentas Editar do VBE (que, por padrão, está oculta) contém dois botões úteis: Recuo e Recuo Deslocado. Esses botões possibilitam fazer ou desfazer recuos de um bloco de código rapidamente. Selecione o código e clique em um desses botões para mudar o recuo do bloco.

Opção Recurso de Edição Arrastar e Soltar

A opção Recurso de Edição Arrastar e Soltar, quando habilitada, permite que você copie e mova o texto arrastando e soltando com o mouse.

Opção Padrão para Modo de Exibição de Módulo Completo

A opção Padrão para Modo de Exibição de Módulo Completo configura a posição padrão para novos módulos (ela não afeta os módulos existentes). Quando habilitada, os procedimentos na janela Código aparecem como uma única lista rolável. Se desabilitada, você pode ver apenas um procedimento por vez.

Opção Separador de Procedimento

Quando a opção Separador de Procedimento está ativada, barras de separação aparecem no final de cada procedimento em uma janela Código.

Usando a guia Formato do Editor

A Figura 3-8 mostra a guia de Formato do Editor da caixa de diálogo Opções. Com essa guia, você pode personalizar a aparência do VBE.

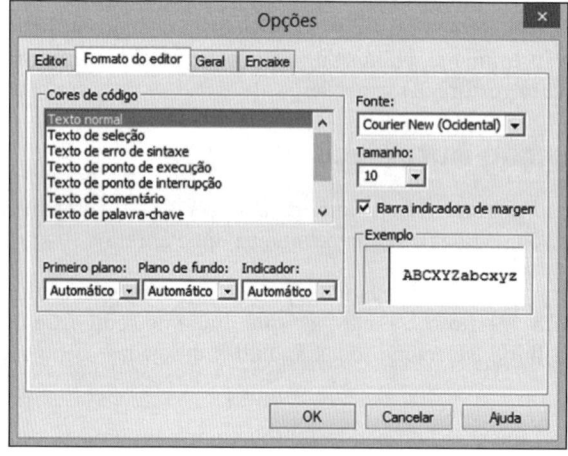

FIGURA 3-8: Mude a aparência do VBE com a guia Formato do Editor.

Opção Cores de Código

A opção Cores de Código permite que você configure as cores do texto e de fundo exibidas em vários elementos do código VBA. É uma questão de preferência pessoal.

Opção Fonte

A opção Fonte permite que você selecione a fonte que é usada nos módulos VBA. Para ter melhores resultados, mantenha uma fonte de largura fixa, como Courier New. Em uma *fonte de largura fixa*, todos os caracteres têm exatamente a mesma largura. Isso deixa seu código mais legível porque os caracteres estão muito bem alinhados na vertical e você pode distinguir facilmente os espaços múltiplos (o que, às vezes, é útil).

Configuração Tamanho

A configuração Tamanho especifica a medida do tamanho da fonte nos módulos VBA. Essa configuração é uma questão de preferência pessoal determinada pela resolução de exibição do seu monitor e quantas cenouras você tem comido.

Opção Barra Indicadora de Margem

Essa opção controla a exibição da barra indicadora de margem vertical de seus módulos. Você deve mantê-la ativada; caso contrário, não será capaz de ver os indicadores gráficos úteis quando estiver depurando o código.

Usando a guia Geral

A Figura 3-9 mostra as opções disponíveis na guia Geral, na caixa de diálogo Opções. Na maioria dos casos, a configuração padrão é boa.

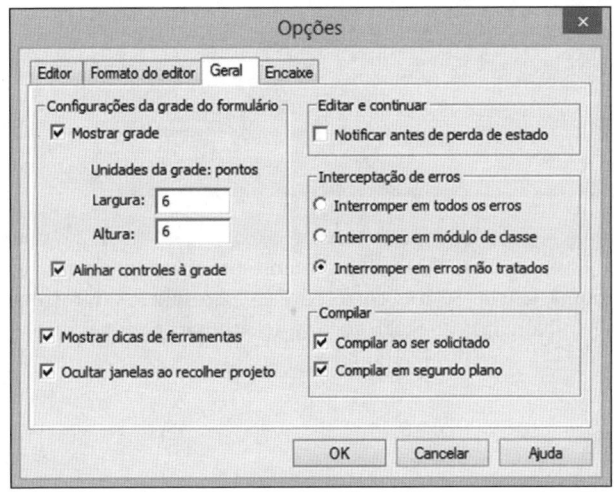

FIGURA 3-9: A guia Geral da caixa de diálogo Opções.

CAPÍTULO 3 **Trabalhando no Visual Basic Editor** 49

A configuração mais importante é Interceptação de Erros. A opção Interromper em erros não tratados (que é o padrão) é considerada uma prática melhor. Se você usar uma configuração diferente, o tratamento de erros no código não funcionará. É possível ler mais sobre isso no Capítulo 12.

Se estiver realmente interessado nessas opções, clique no botão Ajuda para ver mais detalhes.

Usando a guia Encaixe

A Figura 3-10 mostra a guia Encaixe. Essas opções determinam como as diversas janelas no VBE atuam. Quando a janela está *encaixada*, ela é fixada em um lugar próximo a uma das margens da janela de programa do VBE. Isso facilita identificar e localizar uma janela em especial. Se desativar todos os encaixes, você terá uma bagunça de janelas grande e confusa. Geralmente, a configuração padrão funciona bem.

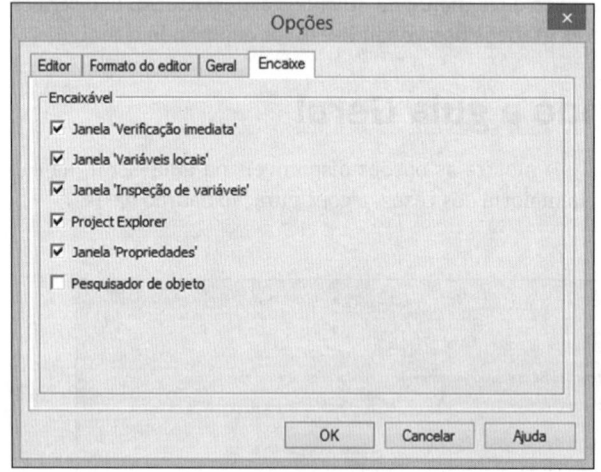

FIGURA 3-10: A guia Encaixe da caixa de diálogo Opções.

LEMBRE-SE

Às vezes parece que o VBE tem uma mente própria quando você está tentando encaixar uma janela. Se o encaixe parecer não funcionar corretamente, é só continuar trabalhando que logo você se acostumará com as coisas.

> **NESTE CAPÍTULO**
>
> » Introduzindo o conceito de objetos
> » Descobrindo sobre a hierarquia de objetos do Excel
> » Entendendo as coleções de objeto
> » Fazendo referência a objetos específicos no código VBA
> » Acessando ou mudando as propriedades de um objeto
> » Realizando ações com métodos de um objeto

Capítulo **4**

Apresentando o Modelo de Objeto do Excel

Todos estão familiarizados com a palavra *objeto*. Bem, pessoal, esqueçam a definição que acham que sabem. No mundo da programação, a palavra *objeto* tem um significado diferente. Geralmente, você a vê sendo usada como parte da expressão *programação orientada a objeto*, resumida como POO. A POO se baseia na ideia de que o software lida com objetos distintos que têm atributos (ou propriedades) e podem ser manipulados. Esses objetos não são coisas materiais. Ao contrário, existem na forma de bits e bytes.

Neste capítulo, conheça o modelo de objeto do Excel, que é uma hierarquia de objetos contidos no Excel. Quando terminar o capítulo, terá um entendimento bem razoável do que é POO e por que precisa entender esse conceito para se tornar um programador VBA. Afinal, a programação do Excel realmente se resume em manipular objetos do Excel. É simples assim.

Excel É um Objeto?

Você já usou um pouco o Excel, mas provavelmente nunca pensou nele como um objeto. Quanto mais se trabalha com VBA, mais se vê o Excel nesses termos. Você entenderá que o Excel é um objeto e que ele contém outros objetos. Esses objetos, por sua vez, contêm ainda mais objetos, ou seja, a programação VBA envolve trabalhar com uma hierarquia de objetos.

No alto dessa hierarquia está o objeto Application (Aplicação); nesse caso, o próprio Excel (o pai de todos os objetos).

Descendo pela Hierarquia de Objetos

O objeto Application contém outros objetos. A seguir estão alguns dos objetos mais úteis contidos na aplicação Excel:

- Add-In (suplementos)
- Window (janela)
- Workbook (pasta de trabalho)
- WorksheetFunction (funções das planilhas)

Cada objeto inserido no objeto Application pode conter outros objetos. Por exemplo, a seguir estão alguns dos objetos que podem estar contidos em um objeto Workbook (pasta de trabalho):

- Chart (que é uma planilha de gráfico)
- Name (nome)
- VBProject (projeto VB)
- Window (janela)
- Worksheet (planilha)

Por sua vez, cada um desses objetos ainda pode conter mais objetos. Considere um objeto Worksheet, que está inserido no objeto Workbook, que está inserido no objeto Application. Alguns objetos que podem estar contidos em um objeto Worksheet são

- Comment (comentário)
- Hyperlink

- » Name (nome)
- » PageSetup (configuração de página)
- » PivotTable (tabela principal)
- » Range (intervalo de células)

Em outras palavras, se quiser fazer algo com um intervalo de células em uma determinada planilha, pode achar útil visualizar esse intervalo da seguinte maneira:

Range ⇨ contida em Worksheet ⇨ contida em Workbook ⇨ contida no Excel

Está começando a fazer sentido?

LEMBRE-SE Quando começar a mexer em tudo, descobrirá que o Excel tem mais objetos do que você pode imaginar. Até os usuários avançados podem ficar admirados. A boa notícia é que você nunca terá que lidar, de fato, com a maioria desses objetos. Quando estiver trabalhando em um problema, basta focar alguns objetos relevantes, os quais você geralmente pode descobrir gravando uma macro.

Enchendo Sua Cabeça com Coleções

As coleções são outro tipo de conceito-chave em programação VBA. *Coleção* é um grupo de objetos do mesmo tipo. E para aumentar a confusão, uma coleção é, ela própria, um objeto.

Aqui estão alguns exemplos de coleções comumente usadas:

- » **Pastas de trabalho:** Uma coleção de todos os objetos Workbook abertos no momento
- » **Planilhas:** Uma coleção de todos os objetos Worksheet em um objeto Workbook específico
- » **Gráficos:** Uma coleção de todos os objetos Chart (gráficos) contidos em um objeto Workbook em especial
- » **Páginas:** Uma coleção de todas as páginas (independentemente do seu tipo) contidas em um objeto Workbook em especial

Você deve ter percebido que os nomes de coleção estão todos no plural, o que faz sentido.

"Para que servem as coleções?", você deve estar se perguntando. Bem, elas são muito úteis quando se deseja fazer algo não apenas com uma planilha, por exemplo, mas com algumas delas ou todas elas. Como você verá, o seu código

VBA pode passar por todos os membros de uma coleção e fazer alguma coisa em cada um deles.

Referenciando Objetos

Fazer referência a um objeto é importante porque você deve identificar o objeto com o qual quer trabalhar. Afinal, o VBA não pode ler sua mente — ainda.

Pode-se trabalhar com uma coleção inteira de objetos de uma só vez. No entanto, com mais frequência, é preciso trabalhar com um objeto específico em uma coleção (como uma planilha específica em uma pasta de trabalho). Para fazer referência a um único objeto de uma coleção, coloque o nome do objeto ou o número do índice entre parênteses depois do nome da coleção, assim:

```
Worksheets("Plan1")
```

Note que o nome da planilha está entre aspas. Se omitir as aspas, o Excel não conseguirá identificar o objeto (e pensará que é um nome de variável).

Se quiser trabalhar com a primeira planilha na coleção, também poderá usar a seguinte referência:

```
Worksheets(1)
```

LEMBRE-SE

Nesse caso, o número *não* está entre aspas. Resumindo? Se fizer referência a um objeto usando seu nome, use aspas. Se referenciar um objeto usando seu número de índice, use um número inteiro sem aspas.

E as planilhas de gráficos? Uma planilha de gráfico contém um único gráfico. Ela possui uma tabela, mas não é uma planilha. Bem, como podemos ver, o modelo de objeto tem uma coleção chamada Charts. Essa coleção contém todos os objetos planilhas de gráficos em uma pasta de trabalho (e não inclui os gráficos inseridos em uma planilha). E, só para manter a lógica, há outra coleção chamada Sheets. Ela contém todas as páginas (planilhas e planilhas de gráficos) em uma pasta de trabalho. A coleção Sheets é útil se você quer trabalhar com todas as planilhas em uma pasta de trabalho e não se importa se são planilhas ou planilhas de gráficos.

Então, uma única planilha chamada Plan1 é membro de duas coleções: a coleção Worksheets e a coleção Sheets. Você pode referenciá-la de qualquer uma das duas maneiras a seguir:

```
Worksheets("Plan1")
Sheets("Plan1")
```

Navegando pela hierarquia

Se você quer trabalhar com objetos Excel, eles estão todos sob o objeto Application. Então comece digitando **Application**.

Todos os outros objetos no modelo de objeto do Excel estão sob o objeto Application. Você chega a esses objetos descendo na hierarquia e conectando cada objeto no seu caminho com o operador ponto (.). Para chegar ao objeto Workbook chamado Pasta1.xlsx, comece com o objeto Application e navegue até o objeto da coleção Workbooks:

```
Application.Workbooks("Pasta1.xlsx")
```

Para navegar até uma planilha específica, adicione um operador ponto e acesse o objeto da coleção Worksheets:

```
Application.Workbooks("Pasta1.xlsx").Worksheets(1)
```

Ainda não é suficiente? Se realmente quiser obter o valor da célula A1 na primeira planilha da pasta de trabalho chamada Pasta1.xlsx, será preciso passar para o nível do objeto Range:

```
Application.Workbooks("Pasta1.xlsx").Worksheets(1).Range("A1").
    Value
```

Fazer referência a um objeto Range dessa forma se chama *referência totalmente qualificada*. Você informou ao Excel exatamente qual intervalo deseja, em qual planilha e pasta de trabalho, e não deixou nada para a imaginação. A imaginação é boa para pessoas, mas não tanto para programas de computador.

A propósito, nomes de pasta de trabalho também têm um ponto para separar o nome de arquivo da extensão (por exemplo, Pasta1.xlsx). Isso é apenas uma coincidência. O ponto em um nome de arquivo nada tem a ver com o operador ponto comentado há alguns parágrafos.

Simplificando referências a objetos

Se você tivesse que qualificar toda referência ao objeto que faz, seu código ficaria muito longo e mais difícil de ler. Felizmente, o Excel fornece alguns atalhos que podem melhorar a legibilidade (e poupá-lo de alguma digitação). Para começar, o objeto Application é sempre presumido. Existem apenas alguns casos em que faz sentido digitá-lo. Omitir a referência ao objeto Application encurta o exemplo da seção anterior para:

```
Workbooks("Pasta1.xlsx").Worksheets(1).Range("A1").Value
```

É uma boa melhoria. Mas, espere, tem mais. Se você tiver certeza de que Pasta1.xlsx é a pasta de trabalho ativa, também poderá omitir tal referência. Então, ficamos com:

```
Worksheets(1).Range("A1").Value
```

Agora estamos chegando em algum lugar. Já sabe qual é o próximo atalho? É isso mesmo. Se você sabe que a primeira planilha é a planilha ativa atualmente, então o Excel aceitará aquela referência e nos permitirá digitar apenas:

```
Range("A1").Value
```

LEMBRE-SE Ao contrário do que muitas pessoas pensam, o Excel não tem um objeto Cell (célula). Uma *célula* é simplesmente um objeto Range (faixa) que consiste em apenas um elemento.

Os atalhos descritos aqui são ótimos, mas também podem ser perigosos. E se você apenas *achar* que Pasta1.xlsx é a pasta de trabalho ativa? Pode obter um erro, ou pior, pode obter o valor errado e nem perceber. Por essa razão, muitas vezes é melhor qualificar totalmente suas referências aos objetos.

O Capítulo 14 aborda a estrutura With-End With, que ajuda a qualificar totalmente suas referências, mas também ajuda a tornar o código mais legível e diminui a digitação. O melhor dos dois mundos!

Mergulhando nas Propriedades e nos Métodos do Objeto

Embora saber como fazer referências a objetos seja importante, você não consegue fazer nada de útil simplesmente fazendo referência a um objeto (como nos exemplos das seções anteriores). Para realizar algo significativo, deve fazer uma dessas duas coisas:

- » Ler ou modificar as *propriedades* de um objeto.
- » Especificar um *método* de ação para ser usado com um objeto.

OUTRA PERSPECTIVA SOBRE MCOBJETOS, MCPROPRIEDADES E MCMÉTODOS

PAPO DE ESPECIALISTA

Eis uma analogia, que compara o Excel a uma cadeia de lanchonetes, que pode ajudá-lo a entender o relacionamento entre objetos, propriedades e métodos em VBA.

A unidade básica do Excel é um objeto Workbook (pasta de trabalho). Em uma cadeia de lanchonetes, a unidade básica é um restaurante individual. Com o Excel, você pode acrescentar uma pasta de trabalho e fechá-la, e todas as pastas de trabalho abertas são conhecidas como Workbook (uma coleção de objetos Workbook). Da mesma forma, a administração de uma cadeia de lanchonetes pode acrescentar e fechar um restaurante, e todos os restaurantes da cadeia podem ser vistos como a coleção Restaurantes (uma coleção de objetos Restaurante).

Uma pasta de trabalho do Excel é um objeto, mas também contém outros objetos, tais como planilhas, gráficos, módulos VBA e assim por diante. Além do mais, cada objeto em uma pasta de trabalho pode conter seus próprios objetos. Por exemplo, um objeto Worksheet (planilha) pode conter objetos Range (intervalo de células), objetos PivotTable (tabela principal), objetos Shape (forma) etc.

Continuando com a analogia, uma lanchonete (como uma pasta de trabalho) contém objetos, tais como Cozinha, Área de Refeições e Mesas (uma coleção). Além disso, a administração pode acrescentar ou remover objetos do objeto Restaurante. Por exemplo, a administração pode adicionar mais mesas à coleção Mesas. Cada um desses objetos pode conter outros objetos. Por exemplo, o objeto Cozinha tem um objeto Fogão, um objeto Ventilador, um objeto Chefe de cozinha, um objeto Pia e outros.

Até agora tudo bem. Essa analogia parece funcionar.

Os objetos do Excel têm propriedades. Por exemplo, um objeto Range tem propriedades, tais como Value (valor) e Name (nome), e um objeto Shape (forma) tem propriedades como Width (largura), Height (altura) e assim por diante. Sem surpresas, os objetos em uma lanchonete também têm propriedades. O objeto Fogão, por exemplo, tem propriedades como Temperatura e Números de Bocas. O Ventilador tem seu próprio conjunto de propriedades (Ligado, Rotação Por Minuto etc.).

Além das propriedades, os objetos do Excel também têm métodos, que executam uma operação em um objeto. Por exemplo, o método ClearContents (limpar conteúdo) apaga o conteúdo de um objeto Range. Um objeto em uma lanchonete também tem métodos. É possível prever com facilidade um método MudarTermostato em um objeto Fogão ou um método Ligar em um objeto Ventilador.

(continua)

(continuação)

> Às vezes, no Excel, os métodos mudam as propriedades de um objeto. O método ClearContents em um Range muda a propriedade Valor do Range. Da mesma forma, o método MudarTermostato em um objeto Fogão afeta a sua propriedade Temperatura. Com o VBA, você pode escrever procedimentos para manipular objetos do Excel. Em uma lanchonete, a administração pode dar ordens para manipular os objetos nos restaurantes. ("Acenda o fogão e acelere o ventilador.")
>
> Da próxima vez em que visitar a sua lanchonete preferida, diga apenas "Use a propriedade Fritar em um objeto Hambúrguer com a propriedade Cebola configurada para Falso".

Propriedades do objeto

Todo objeto tem propriedades. Pense em *propriedades* como atributos que descrevem o objeto. A propriedade de um objeto determina sua aparência, como ele se comporta e até se ele é visível. Usando o VBA, você pode fazer duas coisas com as propriedades de um objeto:

» Examinar a configuração atual de uma propriedade.

» Mudar a configuração da propriedade.

Por exemplo, um objeto Range de uma única célula tem uma propriedade chamada Value. A propriedade Value armazena o valor contido na célula. Você pode escrever o código VBA para exibir a propriedade Value ou definir um valor específico para a propriedade Value. A macro a seguir usa a função MsgBox integrada no VBA para apresentar uma caixa que exibe o valor na célula A1 na Plan1 da pasta de trabalho ativa (veja a Figura 4-1):

```
Sub MostrarValor()
    Contents = Worksheets("Plan1").Range("A1").Value
    MsgBox Contents
End Sub
```

FIGURA 4-1: Esta caixa de mensagem mostra a propriedade Value de um objeto Range.

A propósito, MsgBox é uma função muito útil. Pode ser usada para exibir resultados enquanto o Excel executa o seu código VBA. Falarei mais sobre essa função no Capítulo 15, portanto, tenha paciência (ou simplesmente pule e leia tudo sobre ela).

O código no exemplo anterior mostra a configuração atual da propriedade Value de uma célula. E se você quiser mudar a configuração dessa propriedade? A macro a seguir muda o valor na célula A1 alterando a propriedade Value da célula:

```
Sub AlterarValor()
    Worksheets("Plan1").Range("A1").Value = 994,92
End Sub
```

Depois que o Excel executa esse procedimento, a célula A1 na Plan1 da pasta de trabalho ativa passa a conter o valor 994,92. Se a pasta de trabalho ativa não tiver uma planilha chamada Plan1, o resultado da execução da macro será uma mensagem de erro. O VBA apenas segue instruções e não pode trabalhar com uma planilha que não existe.

Cada objeto tem seu próprio conjunto de propriedades, embora algumas sejam comuns a muitos objetos. Por exemplo, muitos objetos (mas não todos) têm uma propriedade Visible (visível). A maioria dos objetos também tem uma propriedade Name (nome).

Algumas propriedades de objeto são de apenas leitura, o que significa que seu código pode ver o valor da propriedade, mas não pode mudá-lo. Por exemplo, o objeto Application tem uma propriedade chamada Version (versão) que retorna o número da versão do Excel que está sendo executado. Você não pode mudar o índice da propriedade Version; ele é de apenas leitura.

LEMBRE-SE

Como mencionado anteriormente neste capítulo, uma coleção também é um objeto. Isso significa que uma coleção também tem propriedades. Por exemplo, você pode determinar quantas pastas de trabalho estão abertas acessando a propriedade Count da coleção Workbooks. O procedimento VBA a seguir exibe uma caixa de mensagem informando quantas pastas de trabalho estão abertas:

```
Sub ContadorDePastas()
    MsgBox Workbooks.Count
End Sub
```

Métodos de objeto

Além das propriedades, os objetos têm métodos. Um *método* é uma ação que você executa com um objeto. Um método pode mudar as propriedades de um objeto ou fazer com que realize alguma coisa.

Este exemplo simples usa o método ClearContents em um objeto Range para apagar o conteúdo de 12 células na planilha ativa:

```
Sub ApagarIntervalo()
    Range("A1:A12").ClearContents
End Sub
```

Alguns métodos recebem um ou mais argumentos. *Argumento* é um valor que especifica ainda mais a ação a ser executada. Você coloca os argumentos para um método depois dele, separado por um espaço. Múltiplos argumentos são separados por uma vírgula.

O exemplo a seguir ativa Plan1 (na pasta de trabalho ativa) e depois copia o conteúdo da célula A1 para a célula B1 usando o método Copy (copiar) do objeto Range. Neste exemplo, o método Copy tem um argumento, que é o intervalo (range) destinado à operação de cópia:

```
Sub CopiarUm()
    Worksheets("Plan1").Activate
    Range("A1").Copy Range("B1")
End Sub
```

Perceba que a referência à planilha é omitida ao se referir aos objetos Range. Você pode fazer isso com segurança, devido à instrução para ativar Plan1 (usando o método Activate).

Outra maneira de especificar um argumento para um método é usar o nome oficial do argumento seguido por dois pontos e um sinal de igual. Usar argumentos nomeados é opcional, mas fazê-lo pode facilitar o entendimento do código. A segunda instrução no procedimento CopiarUm poderia ser escrita assim:

```
Range("A1").Copy Destination:=Range("B1")
```

Na Figura 4-2, note a pequena sugestão enquanto a instrução é digitada. Essa sugestão mostra o nome oficial do argumento.

FIGURA 4-2: O VBE exibe uma lista de argumentos enquanto você digita.

```
(Geral)
    Sub CopiarUm()
        Worksheets("Plan1").Activate
        Range("A1").Copy(
    End Sub       Copy([Destination])
```

Como uma coleção também é um objeto, as coleções têm métodos. A macro a seguir usa o método Add para a coleção Workbooks:

```
Sub AdicionarPastaDeTrabalho()
    Workbooks.Add
End Sub
```

Conforme o esperado, essa instrução cria uma nova pasta de trabalho. Em outras palavras, ela acrescenta uma nova pasta de trabalho à coleção Workbooks. Depois de executar essa macro, uma pasta de trabalho nova será a pasta de trabalho ativa.

Eventos de objeto

Esta seção cita rapidamente mais um tópico que você precisa conhecer: eventos. Os objetos respondem a vários *eventos* que ocorrem. Por exemplo, quando você está trabalhando no Excel e ativa uma pasta de trabalho diferente, acontece um evento Workbook Activate. Você poderia, por exemplo, ter uma macro VBA feita para ser executada sempre que houver um evento Activate para um objeto Workbook específico.

O Excel suporta vários eventos, mas nem todos os objetos podem responder a todos os eventos. E alguns objetos não respondem a nenhum evento. Os únicos eventos que você pode usar são aqueles disponibilizados pelos programadores do Microsoft Excel. O conceito de um evento fica claro no Capítulo 11 e também na Parte 4.

Descobrindo Mais

Considere-se iniciado no maravilhoso mundo de objetos, propriedades, métodos e eventos. Você descobrirá mais sobre esses conceitos nos próximos capítulos. Se não foi o suficiente, também pode se interessar por três outras excelentes ferramentas:

- Sistema de Ajuda do VBA
- Pesquisador de Objeto
- Autolistar Membros

CAPÍTULO 4 **Apresentando o Modelo de Objeto do Excel**

Usando o sistema de Ajuda do VBA

O sistema de Ajuda do VBA descreve cada objeto, propriedade e método disponível para você, e também fornece amostras de código. É um excelente recurso para descobrir mais sobre o VBA e é mais abrangente que qualquer livro no mercado. Mas também é muito chato de ler.

LEMBRE-SE Se estiver usando o Excel 2013 ou posterior, precisa estar conectado à internet para usar o sistema de Ajuda do VBA (as versões anteriores não têm essa exigência). No entanto, pode fazer o download do sistema de Ajuda no site da Microsoft. Pesquise *download documentação excel vba* e a encontrará.

Se estiver trabalhando em um módulo VBA e quiser informações sobre um objeto, método ou propriedade especial, mova o cursor para a palavra na qual está interessado e pressione F1. Em alguns segundos, verá o tópico de Ajuda apropriado exibido em seu navegador web, completo com referências cruzadas e talvez até um ou dois exemplos.

A Figura 4-3 mostra parte de uma tela do sistema de Ajuda VBA; neste caso, para um objeto Planilha (worksheet).

▼ Comentários

O objeto **Worksheet** é um membro da coleção **Worksheets**. A coleção **Worksheets** contém todos os objetos **Worksheet** de uma pasta de trabalho.

O objeto **Worksheet** também é membro da coleção **Sheets**, que contém todas as planilhas na pasta de trabalho (planilhas de gráfico e planilhas).

▼ Exemplo

Use **Worksheets** (*índice*), onde*índice* é o número ou o nome do índice da planilha, para retornar um único objeto **Worksheet**. O exemplo a seguir oculta a planilha na pasta de trabalho ativa.

VBA
```
Worksheets(1).Visible = False
```

O número de índice da planilha indica a posição de uma planilha na barra de guias da pasta de trabalho. Worksheets(1) é a primeira planilha (à esquerda) na pasta de trabalho e Worksheets(Worksheets.Count) é a última. Todas as planilhas estão incluídas na contagem do índice, mesmo se elas estiverem ocultas.

O nome da planilha é mostrado na guia da planilha. Use a propriedade **Name** para definir ou retornar o nome da planilha. O exemplo a seguir protege os cenários na Planilha1.

VBA
```
Dim strPassword As String
strPassword = InputBox ("Enter the password for the worksheet")
Worksheets("Sheet1").Protect password:=strPassword, scenarios:=True
```

FIGURA 4-3: Um exemplo do sistema de Ajuda do VBA.

Usando o Pesquisador de Objeto

O VBE inclui outra ferramenta conhecida como Pesquisador de Objeto. Como o nome sugere, essa ferramenta permite pesquisar os objetos disponíveis. Para acessá-lo, pressione F2 quando o VBE estiver ativo (ou selecione Exibir ⇨ Pesquisador de objeto). Você verá uma janela como a mostrada na Figura 4-4.

A lista suspensa no alto da janela apresenta uma relação de todas as bibliotecas de objetos disponíveis no momento. A Figura 4-4 mostra a opção Todas as Bibliotecas. Se você quiser navegar pelos objetos do Excel, selecione Excel na lista suspensa.

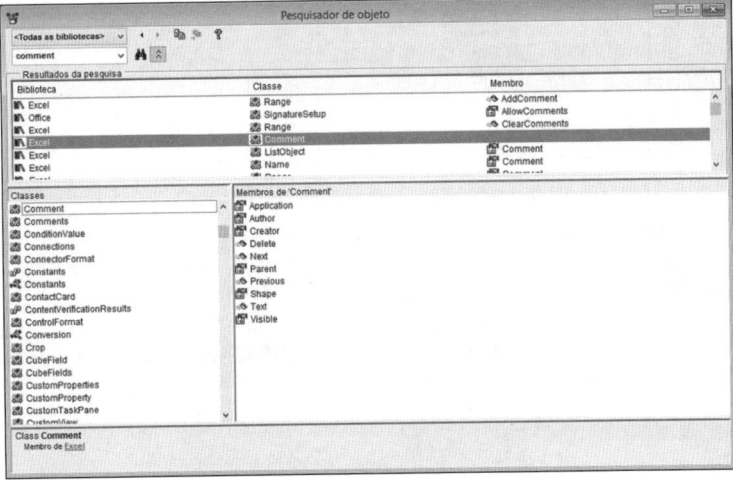

FIGURA 4-4: Pesquisando objetos com o Pesquisador de Objeto.

A segunda lista suspensa é onde você insere uma string de busca. Por exemplo, se quiser ver todos os objetos do Excel que lidam com comentários, digite **comment** no segundo campo e clique no botão Pesquisar (ele tem um binóculo). A janela com os resultados da pesquisa mostra a biblioteca de objetos contendo o texto *comment*. Se vir algo que parece ser do seu interesse, selecione e pressione F1 para obter mais informações online.

Listando propriedades e métodos automaticamente

O Capítulo 3 introduz um recurso útil chamado Autolistar Membros. Esse recurso oferece uma lista de propriedades e métodos enquanto você digita. A Figura 4-5 mostra um exemplo para a coleção Workbooks.

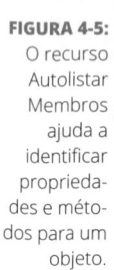

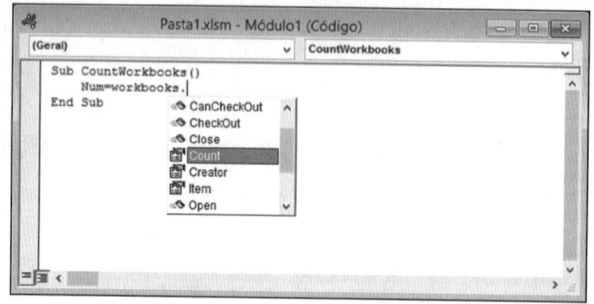

FIGURA 4-5:
O recurso Autolistar Membros ajuda a identificar propriedades e métodos para um objeto.

Depois de digitar o ponto após *workbooks*, o VBE se oferece para ajudar exibindo uma lista de propriedades e métodos para aquela coleção. Digitando a letra (como a letra *c*), a listagem se restringe aos itens que começam com essa letra. Selecione o item que você precisa, pressione Tab e voilà! Poupou um pouco de digitação, e ainda garantiu que a propriedade ou o método tenham sido digitados corretamente.

NESTE CAPÍTULO

» Entendendo a diferença entre procedimentos Sub e Function

» Executando procedimentos Sub (várias formas)

» Executando procedimentos Function (duas formas)

Capítulo 5
Procedimentos Function e Sub no VBA

Nos capítulos anteriores, vimos os termos *procedimentos Sub* e *Function*. As diferenças entre os dois tipos de procedimentos ainda devem ser um mistério para você a esta altura, mas não tenha medo. Este capítulo esclarece qualquer confusão sobre esses conceitos.

Entendendo Subs versus Functions

O código VBA que você escreve no Visual Basic Editor é conhecido como *procedimento*. Os dois tipos de procedimentos mais comuns são Sub e Function.

» Um *procedimento Sub* é um grupo de instruções VBA que executa uma ação (ou sequência de ações) com o Excel.

» Um *procedimento Function* é um grupo de instruções VBA que executa um cálculo e retorna um único valor (ou, às vezes, um array).

A maioria das macros escritas no VBA são procedimentos Sub. Você pode pensar em um procedimento Sub como um comando: execute o procedimento Sub e algo acontece (claro, o *que* acontece exatamente depende do código VBA do procedimento Sub).

Function também é um procedimento, mas é bem diferente de um Sub. O conceito de uma função já é familiar para você. O Excel inclui muitas funções de planilha que você usa diariamente (bem, pelo menos durante a semana). Exemplos incluem SOMA (SUM), PGTO (PMT) e PROCV (VLOOKUP). Essas funções de planilhas são usadas em fórmulas. Cada função tem um ou mais argumentos (embora algumas funções não usem argumento algum). A função faz alguns cálculos internamente usando esses argumentos e retorna um valor único. O mesmo serve para os procedimentos Function que você desenvolve com o VBA.

Observando os procedimentos Sub

Todo procedimento Sub inicia com a palavra-chave Sub e termina com uma declaração End Sub. Veja um exemplo:

```
Sub MostrarMensagem()
    MsgBox "Por hoje é só, pessoal!"
End Sub
```

Esse exemplo mostra um procedimento chamado MostrarMensagem. Um par de parênteses segue o nome do procedimento. Na maioria dos casos, esses parênteses estão vazios. Entretanto, você pode passar argumentos aos procedimentos Sub a partir de outros procedimentos. Se o seu Sub usa argumentos, liste-os entre parênteses.

LEMBRE-SE

Quando você grava uma macro com o gravador de macros do Excel, o resultado é sempre um procedimento Sub sem argumentos.

Como verá mais adiante neste capítulo, o Excel fornece várias maneiras de executar um procedimento Sub do VBA.

Observando os procedimentos Function

Todo procedimento Function começa com a palavra-chave Function e termina com uma declaração End Function. Aqui está um exemplo simples:

```
Function RaizCúbica(número)
    RaizCúbica = número ^ (1 / 3)
End Function
```

Essa função, chamada RaizCúbica, tem um argumento (uma variável denominada *número*), que está entre parênteses. As funções podem ter até 255 argumentos ou nenhum. Quando você executa a função, ela retorna um valor único, ou seja, a raiz cúbica do argumento passada para a função.

DICA

O VBA permite que você especifique qual tipo de informação (também conhecido como *tipo de dados*) é retornado por um procedimento Function. Por exemplo, o valor pode ser uma moeda, data ou string de texto. O Capítulo 7 contém mais informações sobre a especificação dos tipos de dados.

Só é possível executar um procedimento Function de duas maneiras: você pode executá-lo a partir de outro procedimento (um Sub ou outro procedimento Function) ou usá-lo em uma fórmula de planilha.

LEMBRE-SE

Independentemente do quanto você tenta, não é possível usar o gravador de macro do Excel para gravar um procedimento Function. É preciso inserir manualmente todo procedimento Function criado.

Nomeando Subs e Functions

Como as pessoas, os animais de estimação e os furacões, todo procedimento Sub e Function deve ter um nome. Embora seja perfeitamente aceitável chamar seu cachorro de Bob Bola de Pelo, geralmente não é uma boa ideia usar nomes aleatórios para nomear os procedimentos. Ao nomeá-los, você deve seguir algumas regras:

» Você pode usar letras, números e alguns caracteres de pontuação, mas o primeiro caractere precisa ser uma letra.

» Não pode usar espaços ou pontos no nome.

» O VBA não faz distinção entre letras maiúsculas e minúsculas.

» Você não pode colocar nenhum dos caracteres a seguir em um nome de procedimento: #, $, %, &, @, ^,* ou !. Ou seja, seu procedimento não pode se parecer com um palavrão de histórias em quadrinhos.

» Se escrever um procedimento Function para usar em uma fórmula, evite usar um nome parecido com um endereço de célula (por exemplo, A1 ou B52). Na verdade, o Excel permite tais nomes de função, mas por que deixar as coisas mais confusas do que já são?

» Os nomes de procedimentos não podem ter mais de 255 caracteres. (É claro que você nunca daria um nome tão longo para um procedimento.)

De maneira ideal, o nome de um procedimento descreve o objetivo de uma rotina. Uma boa prática é criar um nome associando um verbo e um substantivo — por exemplo, ProcessarDados, ImprimirRelatório, Classificar_Array ou VerificarNomedeArquivo.

Alguns programadores preferem usar nomes como frases que oferecem uma descrição completa do procedimento. Alguns exemplos incluem EscreverRelatórioParaArquivodeTexto e Obter_Opções_de_Impressão_e_Imprimir_Relatório. O uso de nomes tão longos tem prós e contras. Por um lado, tais nomes são descritivos e, normalmente, sem ambiguidade. Por outro lado, demoram mais tempo para digitar. Cada pessoa desenvolve um estilo de nomenclatura, mas, se sua macro não for temporária, será uma boa ideia criar nomes descritivos e evitar nomes sem sentido, como Fazer, Atualizar, Corrigir e o sempre popular Macro1.

Executando procedimentos Sub

Embora você talvez não saiba muito sobre desenvolvimento de procedimentos Sub nesse momento, é importante saber como executar esses procedimentos. Um procedimento Sub é inútil a menos que saiba como executá-lo.

A propósito, *executar* um procedimento Sub significa a mesma coisa que *rodar* ou *chamar* um procedimento Sub. É possível usar a terminologia que você quiser.

Você pode executar um VBA Sub de muitas formas; essa é uma razão pela qual pode fazer tantas coisas úteis com procedimentos Sub. Veja uma lista completa de como executar um procedimento Sub:

» Selecione Executar ⇨ Executar Sub/UserForm (no VBE). O Excel executa o procedimento Sub no qual o cursor está localizado. Esse comando de menu tem duas alternativas: a tecla F5 e o botão Executar/UserForm na barra de ferramentas Padrão do VBE. Esses métodos não funcionam se o procedimento requer um ou mais argumentos.

» Use a caixa de diálogo Macro do Excel. Você abre essa caixa selecionando Desenvolvedor ⇨ Código ⇨ Macros ou Exibição ⇨ Macros ⇨ Exibir Macros. Ou deixe de lado as guias e simplesmente pressione a tecla de atalho Alt+F8. Quando a caixa de diálogo Macro aparecer, selecione o procedimento Sub que deseja e clique em Executar. Essa caixa de diálogo lista apenas os procedimentos que não exigem um argumento.

» Pressione Ctrl+Tecla (ou Ctrl+Shift+Tecla) atribuída ao procedimento Sub (supondo que você tenha atribuído uma).

» Clique em um botão ou uma forma na planilha. O botão ou a forma deve ter um procedimento Sub designado a ele; o que é fácil de fazer.

» A partir de outro procedimento Sub que você escreveu.

» Clique em um botão que você acrescentou à barra de ferramentas de Acesso Rápido (veja o Capítulo 19).

» A partir de um item personalizado que você adicionou à Faixa de Opções (veja o Capítulo 19).

» Quando ocorrer um evento. Como explico no Capítulo 11, esses eventos incluem abrir, fechar e salvar a pasta de trabalho, fazer uma alteração em uma célula, ativar uma planilha, entre outros.

» A partir da janela Verificação Imediata no VBE. Apenas digite o nome do procedimento Sub e pressione Enter.

Algumas dessas técnicas são tratadas nas seções seguintes. Antes de continuar, você precisa inserir um procedimento Sub em um módulo VBA:

1. **Comece com uma nova pasta de trabalho.**
2. **Pressione Alt+F11 para ativar o VBE.**
3. **Selecione a pasta de trabalho na janela Projeto.**
4. **Selecione Inserir ⇨ Módulo para inserir um novo módulo.**
5. **Insira o seguinte no módulo:**

```
Sub MostrarRaizCúbica()
    Num = InputBox("Digite um número positivo")
    MsgBox Num ^ (1/3) & " é a raiz cúbica."
End Sub
```

Esse procedimento pede um número ao usuário e depois exibe a raiz cúbica daquele número em uma caixa de mensagem. As Figuras 5-1 e 5-2 mostram o que acontece quando você executa o procedimento.

FIGURA 5-1: Usando a função predefinida do VBA Input-Box para obter um número.

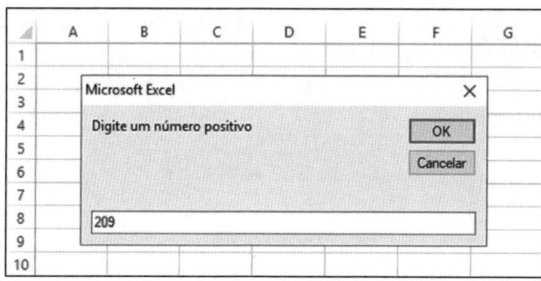

FIGURA 5-2:
Exibindo a raiz cúbica de um número por meio da função MsgBox.

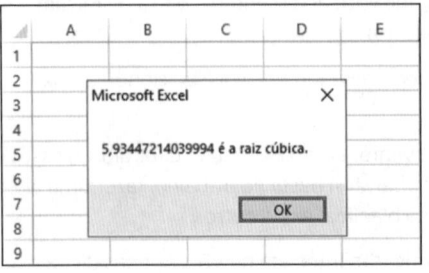

[Caixa de diálogo do Microsoft Excel exibindo "5,93447214039994 é a raiz cúbica." com botão OK]

A propósito, MostrarRaizCúbica não é um exemplo de uma *boa* macro. Ela não verifica os erros, então falha facilmente. Tente clicar no botão Cancel (Cancelar) na caixa de entrada ou insira um número negativo. Qualquer dessas ações resultará em uma mensagem de erro. O Capítulo 12 descreve como lidar com esses tipos de erros.

Executando o procedimento Sub diretamente

Uma maneira de executar esse procedimento é diretamente a partir do módulo VBA no qual você o definiu. Siga estes passos:

1. **Ative o VBE e selecione o módulo VBA que contém o procedimento.**
2. **Mova o cursor para qualquer lugar no código do procedimento.**
3. **Pressione F5 (ou selecione Executar ⇨ Executar Sub/UserForm).**
4. **Responda à caixa de entrada e clique em OK.**

    O procedimento exibe a raiz cúbica do número inserido.

LEMBRE-SE

Você não pode usar Executar ⇨ Executar Sub/UserForm para executar um procedimento Sub que usa argumentos, pois não há como passar os argumentos para o procedimento. Se o procedimento tem um ou mais argumentos, a única forma de executá-lo é chamá-lo a partir de outro procedimento, que deve fornecer o(s) argumento(s).

Executando o procedimento a partir da caixa de diálogo Macro

Na maior parte do tempo, você executa os procedimentos Sub a partir do Excel, não do VBE. Os passos a seguir descrevem como executar uma macro, usando a caixa de diálogo Macro do Excel:

1. **Se estiver trabalhando no VBE, ative o Excel.**

   Pressionar Alt+F11 é o jeito mais rápido.

2. **Selecione Desenvolvedor ⇨ Código ⇨ Macros (ou pressione Alt+F8).**

   O Excel exibe a caixa de diálogo mostrada na Figura 5-3.

3. **Selecione a macro.**

4. **Clique em Executar (ou clique duas vezes no nome da macro na caixa de lista).**

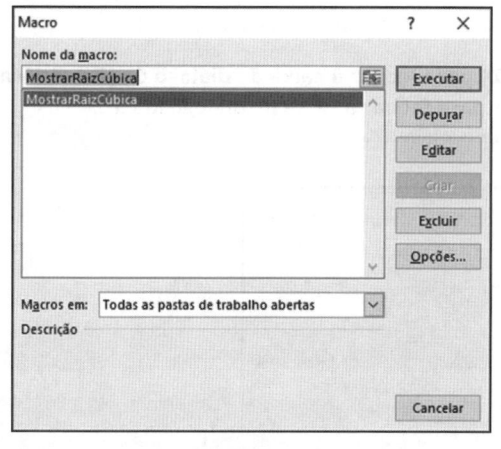

FIGURA 5-3: A caixa de diálogo Macro lista todos os procedimentos Sub disponíveis.

LEMBRE-SE

A caixa de diálogo Macro não exibe procedimentos Sub que usam argumentos. Isso porque não há como especificar os argumentos.

Executando uma macro usando uma tecla de atalho

Outra forma de executar uma macro é pressionar a sua tecla de atalho. Mas antes de usar esse método, você precisa atribuir uma tecla de atalho para a macro.

Você tem a oportunidade de atribuir uma tecla de atalho na caixa de diálogo Gravar Macro quando começa a gravar uma. Se criar o procedimento sem usar o gravador de macro, poderá atribuir uma tecla de atalho (ou mudar uma tecla de atalho existente) com o seguinte procedimento:

1. **Selecione Desenvolvedor ▷ Código ▷ Macros.**

2. **Selecione o nome do procedimento Sub na caixa de listagem.**

   Nesse exemplo, o nome do procedimento é MostrarRaizCúbica.

3. **Clique no botão Opções.**

   O Excel exibe a caixa de diálogo Opções de Macro mostrada na Figura 5-4.

4. **Clique na opção Tecla de Atalho e insira uma letra na caixa rotulada Ctrl.**

   A letra inserida corresponde à combinação de teclas que você quer usar para executar a macro. Por exemplo, se inserir a letra minúscula *c*, poderá executar a macro pressionando Ctrl+C. Se inserir uma letra maiúscula, será preciso adicionar a tecla Shift à combinação de teclas. Por exemplo, se inserir *C*, poderá executar a macro pressionando Ctrl+Shift+C.

5. **Clique em OK para fechar a caixa de diálogo Opções de Macro, então em Cancelar para fechar a caixa de diálogo Macro.**

FIGURA 5-4: A caixa de diálogo Opções de Macro permite que você configure opções para suas macros.

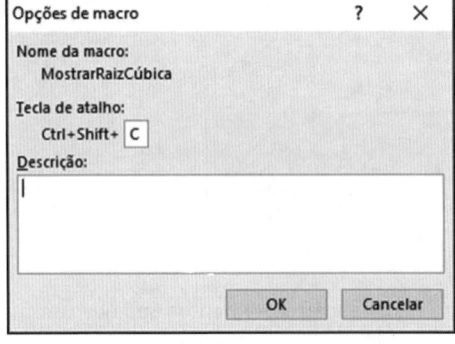

Depois de atribuir uma tecla de atalho, você pode pressionar a combinação de teclas que definiu para executar a macro. Uma tecla de atalho não funcionará se for atribuída a uma macro que usa um argumento.

CUIDADO

As teclas de atalho atribuídas às macros sobrescrevem as teclas de atalho internas do Excel. Por exemplo, Ctrl+C é o atalho padrão para copiar dados. Se atribuir Ctrl+C a uma macro, você não poderá usar Ctrl+C para copiar. Normalmente, isso não é um grande problema, porque o Excel sempre fornece outras maneiras de executar os comandos.

Executando o procedimento a partir de um botão ou forma

Talvez você goste da ideia de executar a macro a partir de um botão (ou qualquer outra forma) em uma planilha. Para designar a macro a um botão, siga estes passos:

1. Ative uma planilha.

2. Adicione um botão a partir do grupo Controles de Formulário.

Para exibir o grupo Controles de Formulário, selecione Desenvolvedor ⇨ Controles ⇨ Inserir (veja a Figura 5-5).

3. Clique na ferramenta Botão no grupo Controles de Formulário.

É o primeiro botão na primeira linha de controles.

4. Arraste para a planilha para criar o botão.

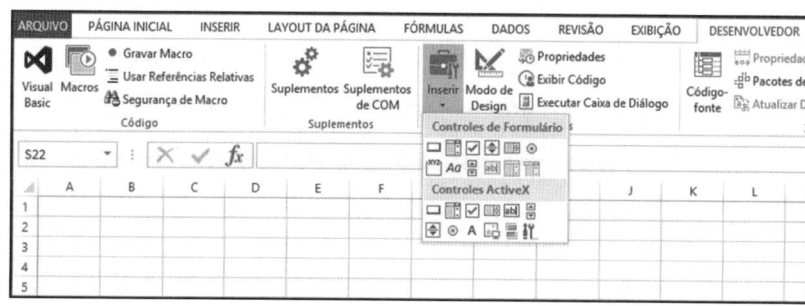

Depois de adicionar o botão à sua planilha, o Excel lê seus pensamentos e exibe a caixa de diálogo Atribuir Macro, mostrada na Figura 5-6.

5. Selecione a macro que deseja atribuir ao botão.

6. Clique em OK.

FIGURA 5-5: A Faixa de Opções exibindo os controles disponíveis quando você clica em Inserir na guia Desenvolvedor.

CAPÍTULO 5 Procedimentos Function e Sub no VBA

FIGURA 5-6:
Quando você acrescenta um botão a uma planilha, o Excel exibe automaticamente a caixa de diálogo Atribuir Macro.

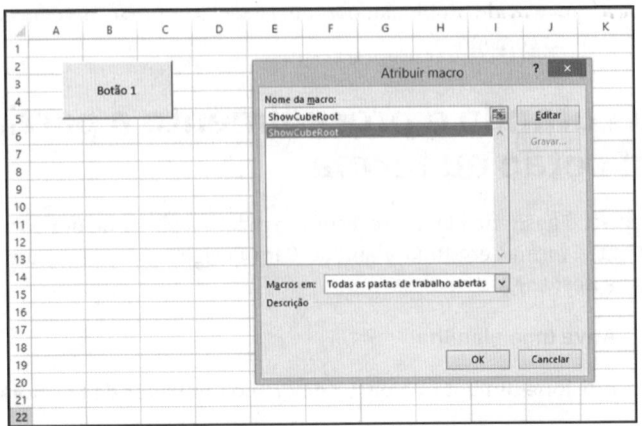

Depois de ter feito a atribuição, clicar no botão executará a macro, como se fosse mágica.

LEMBRE-SE

Quando você acrescenta um botão, note que a caixa de opções disponibiliza dois conjuntos de controles: Controles de Formulário e Controles ActiveX. Esses dois grupos de controle se parecem, mas, na verdade, são bem diferentes. Na prática, os Controles de Formulário são mais fáceis de usar.

Também é possível atribuir uma macro a qualquer outra forma ou objeto. Por exemplo, suponha que você queira executar uma macro quando o usuário clica em um objeto Retângulo. Siga estes passos:

1. **Adicione o retângulo à planilha.**

   Insira um retângulo selecionando Inserir ⇨ Ilustrações ⇨ Formas.

2. **Clique no retângulo com o botão direito.**

3. **Escolha Atribuir Macro no menu de atalho.**

4. **Selecione a macro na caixa de diálogo Atribuir Macro.**

5. **Clique em OK.**

Depois de executar esses passos, ao clicar no retângulo, a macro atribuída será executada.

Executando o procedimento a partir de outro procedimento

Você também pode executar um procedimento a partir de outro. Se quiser experimentar, siga estes passos:

1. Ative o módulo VBA que contém a rotina MostrarRaizCúbica.

2. Insira este novo procedimento (acima ou abaixo do código MostrarRaízCúbica; não faz diferença):

```
Sub NovoSub()
    Call MostrarRaizCúbica
End Sub
```

3. Execute a macro NovoSub.

A maneira mais fácil de fazer isso é movendo o cursor em qualquer lugar dentro do código NovoSub e pressionar F5. Observe que esse procedimento NovoSub apenas executa o procedimento MostrarRaizCúbica.

A propósito, a palavra-chave Call é opcional. A instrução pode consistir apenas no nome do procedimento Sub. Entretanto, usar a palavra-chave Call deixa perfeitamente claro que um procedimento está sendo chamado.

Executando procedimentos Function

Functions, diferentemente dos procedimentos Sub, podem ser executadas apenas de duas maneiras:

» Chamando a função a partir de outro procedimento Sub ou Function

» Usando a função em uma fórmula de planilha

Experimente esta função simples. Insira-a em um módulo VBA:

```
Function RaizCúbica(número)
    RaizCúbica = número ^ (1 / 3)
End Function
```

Essa função é bem fraca; ela apenas calcula a raiz cúbica do número passado como seu argumento. Entretanto, fornece um ponto de partida para entender as funções. Ela também ilustra um conceito importante sobre funções: como retornar o valor (você lembra que as funções retornam um valor, certo?).

Perceba que a única linha do código que cria esse procedimento Function executa um cálculo. O resultado matemático (número à potência de 1/3) é designado à variável RaizCúbica. Não por coincidência, RaizCúbica também é o nome da função. Para dizer à função qual valor retornar, você atribui aquele valor ao nome da função.

Chamando a função a partir de um procedimento Sub

Por não ser possível executar uma função diretamente, você deve chamá-la a partir de outro procedimento. Insira o seguinte procedimento no mesmo módulo VBA que contém a função RaizCúbica:

```
Sub ChamarSub()
    Ans = RaizCúbica(125)
    MsgBox Ans
End Sub
```

Quando você executa o procedimento ChamarSub (usando qualquer um dos métodos descritos anteriormente neste capítulo), o Excel exibe uma caixa de mensagem com o valor da variável Ans, que é 5.

O que acontece é o seguinte: a função RaizCúbica é executada e recebe um argumento de 125. O cálculo é realizado pelo código da função (usando o valor passado como argumento) e o valor retornado pela função é designado à variável Ans. Então, a função MsgBox exibe o valor da variável Ans.

Tente mudar o argumento passado para a função RaizCúbica e rode novamente a macro ChamarSub. Funciona exatamente como deveria, supondo que você tenha dado um argumento válido (um número positivo) à função.

A propósito, o procedimento ChamarSub pode ser um pouco simplificado. A variável Ans não é realmente exigida, a não ser que seu código a utilize mais tarde. Você poderia usar esta única instrução para obter o mesmo resultado:

```
MsgBox RaizCúbica(125)
```

Chamando uma função a partir de uma fórmula de planilha

Agora é hora de chamar o procedimento Function do VBA a partir de uma fórmula de planilha. Ative uma planilha na mesma pasta de trabalho que contém a definição da função RaizCúbica. Depois insira a seguinte fórmula em qualquer célula:

```
=RaizCúbica(1728)
```

A célula exibirá o número 12, que realmente é a raiz cúbica de 1.728.

Como você esperava, é possível usar uma referência de célula como argumento para a função RaizCúbica. Por exemplo, se a célula A1 contém um valor, você pode inserir **=RaizCúbica(A1).** Nesse caso, a função retorna o número obtido pelo cálculo da raiz cúbica do valor em A1.

Você pode usar essa função na planilha quantas vezes quiser. Assim como as funções integradas do Excel, suas funções personalizadas aparecem na caixa de diálogo Inserir Função. Clique no botão da barra de ferramentas Inserir Função e escolha a categoria Definido pelo Usuário. Como mostrado na Figura 5-7, a caixa de diálogo Inserir Função lista sua própria função.

DICA

Se quiser que a caixa de diálogo Inserir Função exiba uma descrição da função, siga estes passos:

1. Selecione Desenvolvedor ⇨ Código ⇨ Macros.

O Excel exibe a caixa de diálogo Macro, mas RaizCúbica não aparece na lista. (RaizCúbica é um procedimento Function e essa lista mostra apenas os procedimentos Sub.) Não se aflija.

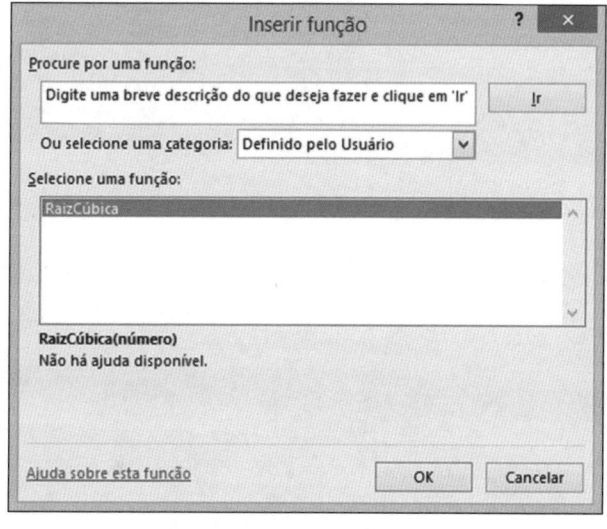

FIGURA 5-7: A função RaizCúbica aparece na categoria Definido pelo Usuário da caixa de diálogo Inserir Função.

2. Digite a palavra RaizCúbica na caixa Nome da Macro.

3. Clique no botão Opções.

4. Insira uma descrição da função na caixa Descrição.

5. Clique em OK para fechar a caixa de diálogo Opções de Macro.

CAPÍTULO 5 **Procedimentos Function e Sub no VBA** 77

6. **Feche a caixa de diálogo Macro clicando no botão Cancelar.**

O texto descritivo aparece na caixa de diálogo Inserir Função.

A Figura 5-8 mostra a função RaizCúbica sendo utilizada nas fórmulas da planilha.

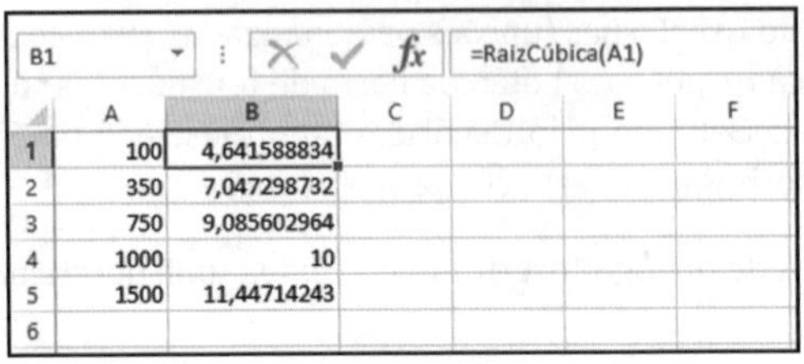

B1 =RaizCúbica(A1)

	A	B	C	D	E	F
1	100	4,641588834				
2	350	7,047298732				
3	750	9,085602964				
4	1000	10				
5	1500	11,44714243				
6						

FIGURA 5-8: Usando a função RaizCúbica em fórmulas.

Agora as coisas devem estar começando a fazer sentido. Muito foi descoberto sobre os procedimentos Function e Sub. Você começará a criar macros no Capítulo 6, que aborda os prós e os contras de desenvolver macros usando o gravador de macro do Excel. E o Capítulo 20 revela ainda mais sobre os procedimentos Function.

> **NESTE CAPÍTULO**
>
> » Gravando suas ações usando o gravador integrado de Macro do Excel
>
> » Entendendo os tipos de macros que você pode gravar
>
> » Configurando as opções adequadas para gravar macro
>
> » Avaliando a eficiência das macros gravadas

Capítulo **6**

Usando o Gravador de Macro do Excel

Você pode usar dois métodos para criar uma macro no Excel:

» Gravá-la usando o gravador de macro do Excel.

» Escrevê-la manualmente.

Este capítulo trata especificamente dos prós e dos contras de usar o gravador de macro do Excel. Gravar uma macro nem sempre é a melhor abordagem, e algumas macros simplesmente não podem ser gravadas, não importa o quanto você tente. Porém, verá que o gravador de macro do Excel é muito útil. Mesmo que a macro gravada não seja exatamente o que você quer, o gravador de macro pode quase sempre levá-lo na direção certa.

O Básico sobre Gravação

Siga os seguintes passos básicos ao gravar uma macro:

1. **Determine o que você quer que a macro faça.**
2. **Configure tudo adequadamente.**

   Essa etapa determina quão bem as suas macros funcionam.

3. **Determine se você quer que as referências em sua macro sejam relativas ou absolutas.**
4. **Clique no botão Gravar Macro do lado esquerdo da barra de status (ou selecione Desenvolvedor ⇨ Código ⇨ Gravar Macro).**

   O Excel exibe a caixa de diálogo Gravar Macro.

5. **Insira um nome, tecla de atalho, local da macro e descrição.**

   Cada um desses itens, com exceção do nome, é opcional.

6. **Clique em OK na caixa de diálogo Gravar Macro.**

   O Excel insere automaticamente um módulo VBA na pasta de trabalho especificada na caixa Armazenar Macro Em. Desse ponto em diante, o Excel converte suas ações em código VBA. Ele também exibe um botão Parar Gravação na barra de status.

7. **Execute as ações que deseja gravar usando o mouse ou o teclado.**
8. **Quando tiver terminado, clique no botão Parar Gravação na barra de status (ou selecione Desenvolvedor ⇨ Código ⇨ Parar Gravação).**

   O Excel para de gravar as suas ações.

9. **Teste a macro para garantir que ela funciona corretamente.**
10. **(Opcional) Limpe o código, removendo declarações estranhas ou adicione comentários para explicar o que ele faz.**

O gravador de macro é mais adequado para macros simples e diretas. Por exemplo, você pode criar uma macro que aplique uma formatação em um intervalo de células selecionado ou que configure cabeçalhos de linhas e colunas em uma nova planilha.

LEMBRE-SE

O gravador de macro só é usado para procedimentos Sub. Não é possível usá-lo para criar procedimentos Function.

Você também pode considerar o gravador de macro útil para desenvolver macros mais complexas, ou seja, pode gravar algumas ações e depois copiar o código gravado para outra macro mais complexa. Na maioria dos casos, é preciso editar o código gravado e adicionar algumas instruções VBA novas.

O gravador de macro *não consegue* gerar código para qualquer uma das seguintes tarefas, descritas mais adiante neste livro:

- » Executar qualquer tipo de loop de repetição
- » Executar qualquer tipo de ação condicional (usando uma declaração If-Then)
- » Atribuir valores a variáveis
- » Especificar tipos de dados
- » Exibir mensagens pop-up
- » Exibir caixas de diálogo personalizadas

LEMBRE-SE A capacidade limitada do gravador de macro certamente não diminui a sua importância. Gravar as suas ações talvez seja a melhor maneira de dominar o VBA. Ainda que o resultado possa não ser exatamente o desejado, ver o código gravado pode revelar alguns objetos, propriedades e métodos dos quais você não estava ciente e colocá-lo na direção certa.

Preparando-se para Gravar

Antes que você dê um grande passo e ligue o gravador de macro, reserve um minuto ou dois para pensar no que vai fazer. Você grava uma macro para que o Excel possa repetir automaticamente as ações gravadas, então quer que essas ações sejam precisas.

LEMBRE-SE Essencialmente, o sucesso de uma macro gravada depende de cinco fatores:

- » Como a pasta de trabalho está configurada enquanto você grava a macro
- » O que está selecionado quando começa a gravar
- » Se você usa o modo de gravação absoluto ou relativo
- » A exatidão das ações gravadas
- » O contexto no qual exibe a macro gravada

A importância desses fatores ficará mais clara quando você passar pelo processo de gravação.

CAPÍTULO 6 **Usando o Gravador de Macro do Excel**

Relativo ou Absoluto?

Ao gravar suas ações, o Excel normalmente grava referências absolutas nas células (essa é a modalidade padrão de gravação). Mas, com frequência, esse é o modo *errado* de gravação. Se você usar o modo de gravação absoluta, o Excel gravará referências reais das células. Se usar a gravação relativa, o Excel gravará as referências *relativas* das células. Continue lendo para ver a diferença.

Gravando no modo absoluto

Abra uma nova pasta de trabalho e siga estes passos para gravar uma macro simples no modo absoluto. Essa macro simplesmente insere três nomes de meses em uma planilha:

1. Certifique-se de que o botão Desenvolvedor ➪ Código ➪ Usar Referências Relativas *não* está destacado, então selecione Desenvolvedor ➪ Código ➪ Gravar Macro.
2. Digite *Absoluto* como o nome da macro.
3. Clique em OK para começar a gravar.
4. Ative a célula B1 e digite Jan nessa célula.
5. Clique na célula C1 e digite Fev.
6. Clique na célula D1 e digite Mar.
7. Clique na célula B1 para ativá-la novamente.
8. Pare o gravador de macro.
9. Pressione Alt+F11 para ativar o VBE.
10. Examine o módulo Módulo1.

    O Excel gera o seguinte código:

```
Sub Absoluto()
'
' Absoluto Macro
'
    Range("B1").Select
    ActiveCell.FormulaR1C1 = "Jan"
    Range("C1").Select
    ActiveCell.FormulaR1C1 = "Fev"
    Range("D1").Select
```

```
    ActiveCell.FormulaR1C1 = "Mar"
    Range("B1").Select
End Sub
```

Quando executada, essa macro seleciona a célula B1 e introduz os nomes dos três meses no intervalo B1: D1. Então a macro reativa a célula B1.

Essas mesmas ações ocorrem independentemente de qual célula está ativa quando você executa a macro. Uma macro gravada usando referências absolutas produz sempre os mesmos resultados quando executada. Nesse caso, a macro sempre insere os nomes dos três primeiros meses na faixa B1:D1 da planilha ativa.

Gravando no modo relativo

Em alguns casos, a macro gravada deve trabalhar com locais de célula de uma maneira *relativa*. Você pode querer que a macro comece a inserir os nomes dos meses na célula ativa. Em tal caso, é preciso usar a gravação relativa.

É possível mudar a forma como o Excel grava suas ações clicando no botão Usar Referências Relativas no grupo Código, na guia Desenvolvedor. Esse botão é de alternância (liga e desliga). Quando o botão aparece destacado com uma cor diferente, o modo de gravação é o relativo. Quando aparece de forma normal, a gravação é absoluta.

LEMBRE-SE

É possível mudar o método de gravação a qualquer momento, até mesmo durante a gravação.

Para ver como funciona o modo relativo de gravação, limpe as células do intervalo B1:D1 e execute os passos a seguir:

1. **Ative a célula B1.**

2. **Selecione Desenvolvedor ⇨ Código ⇨ Gravar Macro.**

3. **Nomeie essa macro como Relativo.**

4. **Clique em Ok para começar a gravar.**

5. **Clique no botão Usar Referências Relativas para mudar o modo de gravação para relativo.**

   Ao clicar nesse botão, ele muda para uma cor diferente em relação aos outros botões da faixa de opções.

6. **Digite Jan na célula B1.**

7. **Clique na célula C1 e digite Fev.**

8. **Clique na célula D1 e digite Mar.**

9. Selecione a célula B1.

10. Pare o gravador de macro.

Observe que esse procedimento difere ligeiramente do exemplo anterior. Nesse exemplo, você ativa a célula inicial antes de começar a gravar. Esse é um passo importante ao gravar macros que usam a célula ativa como base.

Essa macro sempre inicia inserindo texto na célula ativa. Experimente. Mova o ponteiro para qualquer célula e execute a macro Relativo. Os nomes dos meses são sempre inseridos começando pela célula ativa.

Com o modo de gravação configurado para relativo, o código que o Excel gera é bem diferente do código gerado no modo absoluto:

```
Sub Relativo()
'
' Relativo Macro
'
    ActiveCell.FormulaR1C1 = "Jan"
    ActiveCell.Offset(0, 1).Range("A1").Select
    ActiveCell.FormulaR1C1 = "Fev"
    ActiveCell.Offset(0, 1).Range("A1").Select
    ActiveCell.FormulaR1C1 = "Mar"
    ActiveCell.Offset(0, -2).Range("A1").Select
End Sub
```

Para testar essa macro, ative qualquer célula, exceto B1. Os nomes dos meses são inseridos em três células, começando pela que você ativou.

PAPO DE ESPECIALISTA

Observe que o código gerado pelo gravador de macro refere-se à célula A1. Isso pode parecer estranho porque você nunca usou a célula A1 durante a gravação da macro. É simplesmente um subproduto de como o gravador de macro funciona (isso é discutido em mais detalhes no Capítulo 8, ao explorarmos a propriedade Offset).

O que É Gravado?

Quando você liga o gravador de macro, o Excel converte as ações do mouse e do teclado em código VBA válido. A melhor maneira de compreender o processo é observando o gravador de macro em ação (veja a Figura 6-1).

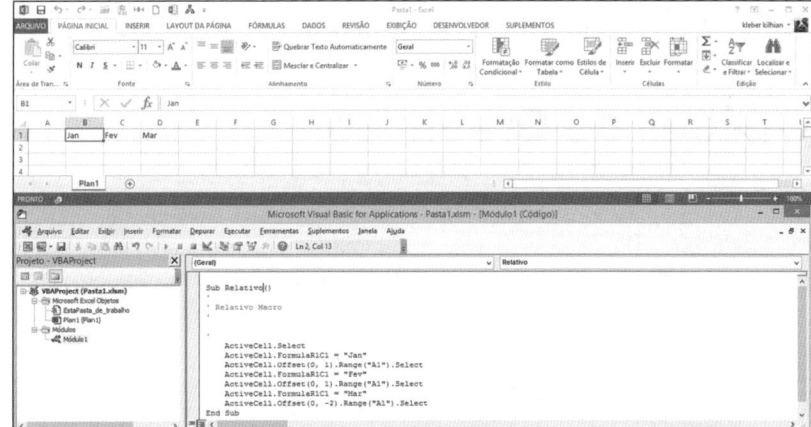

FIGURA 6-1:
Um arranjo conveniente de janelas para observar o gravador de macro fazer seu trabalho.

Siga estes passos:

1. **Comece com uma pasta de trabalho em branco.**

2. **Certifique-se de que a janela do Excel não esteja maximizada.**

3. **Pressione Alt+F11 para ativar o VBE (e verifique se a janela de programa não está maximizada).**

4. **Redimensione e organize a janela do Excel e a janela do VBE de modo que ambas estejam visíveis.**

   Para melhores resultados, posicione a janela do Excel acima da janela do VBE e minimize todos os outros aplicativos em execução.

5. **Ative o Excel e selecione Desenvolvedor ⇨ Código ⇨ Gravar Macro.**

6. **Clique em Ok para iniciar o gravador de macro.**

   O Excel insere um módulo novo (nomeado como Módulo1) e começa a gravar nele.

7. **Ative a janela do programa VBE.**

8. **Na janela Project Explorer, clique duas vezes em Módulo1 para exibir o módulo na janela Código.**

Retorne ao Excel e brinque um pouco. Escolha vários comandos do Excel e veja o código ser gerado na janela VBE. Selecione células, insira dados, formate células, use os comandos da Faixa de Opções, crie um gráfico, altere larguras de colunas, manipule objetos gráficos e assim por diante — vá à loucura! Você será iluminado enquanto observa o Excel cuspir o código VBA diante de seus olhos.

CAPÍTULO 6 **Usando o Gravador de Macro do Excel** 85

> **DICA** Se você tiver um sistema com dois monitores, talvez ache útil manter o Excel em um monitor e a janela VBE no outro.

Opções de Gravação

Ao gravar suas ações para criar o código VBA, você tem diversas opções. Lembre-se de que Desenvolvedor ➪ Código ➪ Gravar Macro exibe a caixa de diálogo Gravar Macro antes que a gravação comece, como mostrado na Figura 6-2.

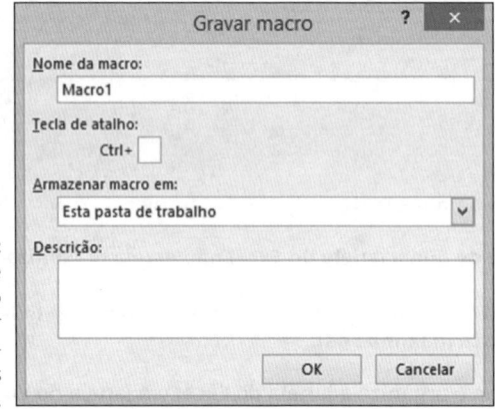

FIGURA 6-2: A caixa de diálogo Gravar Macro oferece várias opções.

A caixa de diálogo Gravar Macro permite especificar alguns aspectos de sua macro. As próximas seções se aprofundam nessas opções.

Nome da Macro

Você pode entrar com um nome para o procedimento Sub que está gravando. Por padrão, o Excel usa os nomes Macro1, Macro2, e assim por diante, para cada macro que você grava. Não se preocupe se não der um nome bom para sua macro na caixa de diálogo Gravar Macro. É sempre possível dar um nome mais descritivo depois ao editar o código gravado no VBE.

Tecla de atalho

A opção da tecla de atalho permite que você execute a macro pressionando uma combinação de teclas. Por exemplo, se digitar **w** (minúsculo), poderá executar a macro pressionando Ctrl+W. Se entrar com **W** (maiúsculo), a macro será ativada quando pressionar Ctrl+Shift+W.

LEMBRE-SE

Você pode adicionar ou mudar uma tecla de atalho a qualquer momento, não é preciso definir essa opção ao gravar uma macro. Veja no Capítulo 5 instruções sobre a atribuição de uma tecla de atalho a uma macro existente.

Opção Armazenar Macro Em

A opção Armazenar Macro Em informa ao Excel onde armazenar a macro que está sendo gravada. Por padrão, o Excel coloca a macro gravada em um módulo na pasta de trabalho ativa. Se preferir, você pode gravá-la em um uma nova pasta (o Excel abre uma pasta de trabalho em branco) ou em sua Pasta de Trabalho Pessoal de Macros.

A sua Pasta de Trabalho Pessoal de Macros é uma pasta oculta que se abre automaticamente quando o Excel inicia. É um bom lugar para armazenar as macros que você usará com múltiplas pastas de trabalho. A Pasta de Trabalho Pessoal de Macros é nomeada como PERSONAL.XLSB. Esse arquivo não existe até que você o especifique como o lugar para uma macro gravada. Se tiver feito qualquer alteração nesse arquivo, o Excel solicitará que o salve ao sair.

Descrição

Se quiser acrescentar alguns comentários descritivos à sua macro, use a caixa Descrição. É possível colocar o que quiser aqui, ou nada.

Isso É Eficiente?

Você pode achar que gravar uma macro renderia um código VBA premiado — melhor do que você poderia escrever à mão. Pense de novo. Como o gravador de macro precisa ser genérico o bastante para gravar praticamente qualquer combinação de ações, ele normalmente gera um código desnecessário que funciona, mas não é tão eficiente.

Para demonstrar o quanto um código gerado pelo gravador de macro pode ser ineficiente, tente isso:

1. **Ligue o gravador de macro.**
2. **Selecione Layout da Página ⇨ Configurar Página ⇨ Orientação ⇨ Paisagem.**
3. **Desligue o gravador de macro.**

Para dar uma olhada na macro, ative a página Módulo1. Esse comando único (e bem simples) gera o seguinte código:

```
Sub Macro1()
Application.PrintCommunication = False
    With ActiveSheet.PageSetup
        .PrintTitleRows = ""
        .PrintTitleColumns = ""
    End With
    Application.PrintCommunication = True
    ActiveSheet.PageSetup.PrintArea = ""
    Application.PrintCommunication = False
    With ActiveSheet.PageSetup
        .LeftHeader = ""
        .CenterHeader = ""
        .RightHeader = ""
        .LeftFooter = ""
        .CenterFooter = ""
        .RightFooter = ""
        .LeftMargin = Application.InchesToPoints(0.7)
        .RightMargin = Application.InchesToPoints(0.7)
        .TopMargin = Application.InchesToPoints(0.75)
        .BottomMargin = Application.InchesToPoints(0.75)
        .HeaderMargin = Application.InchesToPoints(0.3)
        .FooterMargin = Application.InchesToPoints(0.3)
        .PrintHeadings = False
        .PrintGridlines = False
        .PrintComments = xlPrintNoComments
        .PrintQuality = 600
        .CenterHorizontally = False
        .CenterVertically = False
        .Orientation = xlLandscape
        .Draft = False
```

```
            .PaperSize = xlPaperLetter
            .FirstPageNumber = xlAutomatic
            .Order = xlDownThenOver
            .BlackAndWhite = False
            .Zoom = 100
            .PrintErrors = xlPrintErrorsDisplayed
            .OddAndEvenPagesHeaderFooter = False
            .DifferentFirstPageHeaderFooter = False
            .ScaleWithDocHeaderFooter = True
            .AlignMarginsHeaderFooter = True
            .EvenPage.LeftHeader.Text = ""
            .EvenPage.CenterHeader.Text = ""
            .EvenPage.RightHeader.Text = ""
            .EvenPage.LeftFooter.Text = ""
            .EvenPage.CenterFooter.Text = ""
            .EvenPage.RightFooter.Text = ""
            .FirstPage.LeftHeader.Text = ""
            .FirstPage.CenterHeader.Text = ""
            .FirstPage.RightHeader.Text = ""
            .FirstPage.LeftFooter.Text = ""
            .FirstPage.CenterFooter.Text = ""
            .FirstPage.RightFooter.Text = ""
        End With
        Application.PrintCommunication = True
End Sub
```

Você deve ter ficado surpreso com a quantidade de código gerado por esse único comando. Ainda que só tenha alterado uma configuração de impressão, o Excel gerou um código que configura muitas outras propriedades relacionadas à impressão.

Esse é um bom exemplo de gravação de macro exagerada. Se deseja uma macro que apenas troque a configuração de página para o modo paisagem, pode simplificar consideravelmente essa macro apagando o código desnecessário. Isso deixa a macro mais rápida e muito mais fácil de ler. Veja como a macro fica depois de apagar as linhas irrelevantes:

```
Sub Macro1()
    With ActiveSheet.PageSetup
        .Orientation = xlLandscape
    End With
End Sub
```

A única linha necessária é a que configura a propriedade Orientation. Na verdade, você pode simplificar ainda mais essa macro, porque não precisa realmente da declaração With-End With (descubra mais sobre isso no Capítulo 14):

```
Sub Macro1()
    ActiveSheet.PageSetup.Orientation = xlLandscape
End Sub
```

Nesse caso, a macro muda a propriedade Orientation do objeto PageSetup na página ativa. Todas as outras propriedades permanecem inalteradas. A propósito, xlLandscape é uma constante integrada que facilita muito a leitura do seu código. Essa constante tem um valor 2, portanto, a declaração a seguir funciona exatamente da mesma forma (mas não é tão fácil de ler):

```
ActiveSheet.PageSetup.Orientation = 2
```

Fique ligado para as explicações sobre constantes incorporadas no Capítulo 7.

Em vez de gravar essa macro, é possível inseri-la diretamente em um módulo VBA. Para isso, precisa saber quais objetos, propriedades e métodos usar. Embora a macro gravada não seja tão boa, gravando-a você percebe que o objeto PageSetup (Configuração de Página) está dentro de um objeto Worksheet (Planilha) e que esse objeto PageSetup tem uma propriedade Orientation (Orientação). Munido com esse conhecimento e uma rápida viagem ao sistema de Ajuda (e provavelmente, algumas tentativas), você pode escrever a macro manualmente.

Este capítulo é quase um resumo de como usar o gravador de macro. A única coisa que falta é experiência. Você acabará descobrindo quais declarações gravadas pode apagar com segurança. Melhor ainda, descobrirá como modificar uma macro gravada para torná-la mais útil.

3 Conceitos de Programação

NESTA PARTE . . .

Descubra os elementos essenciais da programação Excel: variáveis, constantes, tipos de dados, operadores, arrays e outros.

Familiarize-se com os objetos Range; você ficará feliz com eles.

Descubra por que as funções VBA (e também as funções de planilha do Excel) são importantes.

Descubra a essência da programação: tomada de decisão e looping.

Veja como executar códigos automaticamente quando certas coisas ocorrem.

Descubra os diferentes tipos de erros e por que é importante lidar com eles.

Saiba o que fazer quando códigos bons fazem coisas ruins: entre para o clube de exterminação de bugs.

> **NESTE CAPÍTULO**
>
> » Sabendo quando, por que e como usar comentários em seu código
>
> » Usando variáveis e constantes
>
> » Informando ao VBA que tipo de dados você está usando
>
> » Familiarizando-se com arrays
>
> » Sabendo por que você talvez precise usar rótulos em seus procedimentos

Capítulo **7**

Elementos Essenciais da Linguagem VBA

Como o VBA é uma linguagem de programação real e viva, ele usa muitos elementos comuns a todas as linguagens de programação. Neste capítulo, você é apresentado a vários desses elementos: comentários, variáveis, constantes, tipos de dados, arrays e outras gostosuras. Se já programou em outras linguagens, um pouco desse material será familiar. Se for um programador iniciante, é hora de arregaçar as mangas e colocar as mãos na massa.

Usando Comentários em Seu Código VBA

Comentário é o tipo mais simples de instrução VBA. Como o VBA ignora essas instruções, elas podem conter o que você quiser. É possível inserir um comentário para se lembrar por que fez algo ou esclarecer algum código particularmente elegante que tenha escrito.

DICA

Use comentários generosa e extensamente para descrever o que o código faz (o que nem sempre é óbvio pela leitura do próprio código). Muitas vezes, um código que faz todo o sentido hoje o deixa intrigado amanhã. Isso já aconteceu comigo.

Um comentário é iniciado com um apóstrofo ('). O VBA ignora qualquer texto que venha após um apóstrofo em uma linha de código. Use uma linha inteira para o comentário ou insira seu comentário ao final de uma linha de código. O exemplo a seguir mostra um procedimento VBA com quatro comentários:

```
Sub FormatarCélulas()
'   Sair se um intervalo não for selecionado
    If TypeName(Selection) <> "Range" Then
        MsgBox "Selecione um intervalo."
        Exit Sub
    End If
'    Formatar as células
    With Selection
        .HorizontalAlignment = xlRight
        .WrapText = False ' nenhuma quebra
        .MergeCells = False ' nenhuma célula mesclada
    End With
End Sub
```

LEMBRE-SE

A regra "o apóstrofo indica um comentário" tem uma exceção: o VBA não interpreta um apóstrofo entre aspas como uma indicação de comentário. Por exemplo, a seguinte declaração não contém um comentário, ainda que tenha um apóstrofo:

```
Msg = "É a gota d'água"
```

Quando estiver escrevendo código, você pode querer testar um procedimento *excluindo* uma declaração, ou grupo de declarações, específica. Você *poderia* apagar as declarações e, mais tarde, digitá-las novamente. Mas isso é uma perda de tempo. Uma solução melhor é apenas transformar essas declarações em comentários, inserindo apóstrofos. O VBA ignora as instruções iniciadas com apóstrofos ao executar uma rotina. Para reativar as instruções "comentadas", basta remover os apóstrofos.

DICA

É uma maneira rápida de converter um bloco de instruções em comentários. No VBE, selecione Exibir ⇨ Barras de Ferramentas ⇨ Editar para exibir a barra de ferramentas Editar. Para converter um bloco de instruções em comentários, selecione as instruções e clique no botão Comentar Bloco. Para remover os apóstrofos, selecione as instruções e clique no botão Remover Comentário do Bloco.

Cada pessoa desenvolve seu próprio estilo de comentário. No entanto, para serem úteis, os comentários devem apresentar informações que não são imediatamente óbvias na leitura do código.

As seguintes dicas podem ajudá-lo a usar comentários com eficiência:

DICA

» Identifique-se como autor. Isso pode ser útil quando for promovido e a pessoa que assumir seu lugar tiver perguntas.

» Descreva resumidamente cada procedimento Sub ou Function que escrever.

» Use comentários para controlar as mudanças que fez em um procedimento.

» Use um comentário para indicar que você está usando uma função ou uma construção de maneira incomum ou fora do padrão.

» Use comentários para descrever as variáveis usadas, especialmente se não usar nomes significativos para elas.

» Use um comentário para descrever qualquer solução desenvolvida para superar bugs no Excel.

» Escreva comentários enquanto desenvolve um código em vez de guardar a tarefa para uma etapa final.

» Dependendo do ambiente de trabalho, considere adicionar uma ou duas piadas como comentário. A pessoa que assumir seu lugar quando você for promovido poderá apreciar o humor.

Usando Variáveis, Constantes e Tipos de Dados

O principal objetivo do VBA é manipular dados. O VBA armazena os dados na memória do seu computador e eles podem ou não terminar no disco. Alguns dados, como intervalos de planilhas, ficam em objetos. Outros dados são armazenados nas variáveis criadas.

Entendendo as variáveis

Variável é apenas um local de armazenamento nomeado na memória do seu computador que é usado por um programa. Você tem muita flexibilidade ao nomear suas variáveis, portanto, torne os nomes das variáveis tão descritivos quanto possível. Atribui-se um valor a uma variável usando o operador sinal de igual (mais sobre isso, posteriormente, na seção "Usando Declarações de Atribuição").

Veja alguns exemplos de variáveis recebendo valores. Observe que o último exemplo usa duas variáveis.

```
x = 1
TaxaDeJuros = 0,075
MontanteDoEmpréstimo = 243089
DadosIntroduzidos = False
x = x + 1
Usuário = "Alta Books"
Date_Started = #3/14/2019#
MeuNúmero = SeuNúmero * 1,25
```

O VBA impõe algumas regras em relação aos nomes de variáveis:

- Você pode usar letras, números e alguns caracteres de pontuação, mas o primeiro caractere deve ser uma letra.
- O VBA não faz distinção entre letras maiúsculas e minúsculas.
- Não é possível usar espaços, pontos ou operadores matemáticos no nome de uma variável.
- Você não pode usar os seguintes caracteres no nome de uma variável: #, $, %, & ou !.
- Os nomes de variáveis não podem ter mais de 255 caracteres. Mas ninguém chega nem perto desse limite.

Para tornar os nomes de variáveis mais legíveis, os programadores muitas vezes misturam letras maiúsculas com minúsculas (por exemplo, TaxaDeJuros) ou usam o caractere de sublinhado (taxa_de_juros).

O VBA tem muitas palavras reservadas [em inglês] que você não pode usar em nomes de variáveis ou nomes de procedimento. Elas incluem palavras como Sub, Dim, With, End, Next e For. Se tentar usar uma dessas palavras como variável, poderá receber um erro de compilação (significando que o código não vai rodar). Portanto, se uma declaração de atribuição produzir uma mensagem de erro, confira se o nome da variável não é uma palavra reservada. Uma maneira fácil de fazer isso é selecionar o nome da variável e pressionar F1. Se o nome for uma palavra reservada, ela terá um tópico no sistema de Ajuda.

O VBA permite que você crie variáveis com nomes que correspondem aos nomes usados no modelo de objeto do Excel, tais como Workbook e Range. Mas é claro que usar nomes como esses só aumenta a possibilidade de confusão. Veja uma macro perfeitamente válida (mas muito confusa) que declara Range como um nome de variável e trabalha com uma célula chamada Range em uma planilha chamada Range:

```
Sub VariávelConfusa()
    Dim Range As Double
    Range = Sheets("Range").Range("Range").Value
    MsgBox Range
End Sub
```

Portanto, resista à tentação de nomear sua variável como Workbook ou Range e, no lugar, use algo como MeuWorkbook ou MeuRange.

O que são tipos de dados do VBA?

Quando falamos de linguagens de programação, o termo *tipos de dados* se refere à forma pela qual um programa armazena dados na memória — como, por exemplo, números inteiros, números reais ou strings. Embora o VBA possa cuidar automaticamente desses detalhes, ele impõe um custo (não existe almoço grátis). Permitir que o VBA cuide dos dados que você digitará resulta em uma execução mais lenta e no uso ineficiente da memória. Em aplicações pequenas, isso normalmente não representa muito problema. Mas em aplicações grandes ou complexas, que podem ficar lentas ou precisar conservar cada byte de memória, você precisa estar familiarizado com os tipos de dados.

O VBA lida automaticamente com todos os detalhes dos dados, o que facilita a vida dos programadores. Nem todas as linguagens de programação têm esse luxo. Por exemplo, algumas linguagens são *digitadas estritamente*, significando que o programador deve definir explicitamente o tipo de dados em cada variável usada.

O VBA não exige que você declare as variáveis usadas, mas essa é, definitivamente, uma boa prática. Mais adiante, neste capítulo, você verá o motivo.

O VBA tem vários tipos de dados integrados. A Tabela 7-1 relaciona os tipos mais comuns de dados com os quais o VBA pode lidar.

Em geral, escolha o tipo de dados que usa a menor quantidade de bytes, mas ainda pode lidar com todos os dados que você deseja armazenar na variável.

PAPO DE ESPECIALISTA

Uma exceção à regra "menor quantidade de bytes" é Long. A maioria dos programadores VBA usa Long em vez de Integer (inteiro) porque isso oferece um leve aumento de performance. Mas para procedimentos pequenos você nunca notaria a diferença entre os tipos de dados Integer e Long.

TABELA 7-1   Tipos de Dados Integrados do VBA

Tipo de Dados	Bytes Usados	Intervalo de Valores
Byte	1	0 a 255
Boolean	2	True ou False
Integer	2	–32.768 a 32.767
Long	4	–2.147.483.648 a 2.147.483.647
Single	4	–3,40E38 a –1,40E-45 para valores negativos; 1,40E-45 a 3,40E38 para valores positivos
Double	8	–1.79E308 a –4.94E-324 para valores negativos; 4,94E-324 a 1,79E308 para valores positivos
Currency (Moeda)	8	-922.337.203.685.477 a 922.337.203.685.477
Date (Data)	8	1/1/0100 a 12/31/9999
Object (Objeto)	4	Qualquer referência a objeto
String	1 por caractere	Varia
Variant	Varia	Varia

Declarando e estendendo variáveis

Se você leu as seções anteriores, agora sabe um pouco sobre variáveis e tipos de dados. Nesta seção, descubra como declarar uma variável como determinado tipo de dados.

Se você não declarar o tipo de dados em uma variável que usa em uma rotina VBA, o VBA usará o tipo de dados padrão: Variant. Dados armazenados como uma variante agem como um camaleão; eles mudam de tipo dependendo do que é feito com eles. Por exemplo, se uma variável for um tipo de dados Variant e contiver uma string de texto que se parece com um número (como "143"), você poderá usar essa variável tanto como para manipulações de string quanto como um cálculo numérico. O VBA lida automaticamente com a conversão. Deixar que o VBA lide com os tipos de dados pode parecer uma saída fácil, mas lembre-se de que você sacrifica a velocidade e aumenta o uso da memória.

Antes de usar variáveis em um procedimento, é uma excelente ideia *declarar* as suas variáveis, isto é, informar ao VBA o tipo de dados de cada variável. Declarar as variáveis faz sua macro rodar mais depressa e usar a memória com mais eficiência. O tipo de dados padrão, Variant, leva o VBA a executar verificações demoradas repetidamente e reservar mais memória do que o necessário. Se o VBA conhecer o tipo de dados de uma variável, não precisará investigar nada e poderá reservar memória suficiente apenas para armazenar os dados.

Para impor a si mesmo a tarefa de declarar todas as variáveis usadas, inclua essas duas palavras como a primeira declaração em seu módulo VBA:

```
Option Explicit
```

Quando essa instrução estiver presente, você não será capaz de executar seu código se ele contiver variáveis não declaradas.

LEMBRE-SE É preciso usar Option Explicit apenas uma vez: no início de seu módulo, antes da declaração de qualquer procedimento no módulo. Tenha em mente que a instrução Option Explicit só se aplica ao módulo no qual reside. Se você tiver mais de um módulo VBA em um projeto, precisará incluir uma instrução Option Explicit para cada módulo.

Suponha que você use uma variável não declarada (isto é, uma Variant) chamada TaxaAtual. Em algum lugar de sua rotina, você insere a seguinte declaração:

```
TaxAtual = .075
```

Essa variável possui um erro ortográfico (está faltando um a), e isso pode ser muito difícil de perceber. Se não notar o erro, o Excel a interpretará como uma variável *diferente* e provavelmente levará a sua rotina a resultados incorretos. Se usar Option Explicit no início do seu módulo (forçando-se a declarar a variável TaxaAtual), o Excel gerará um erro se encontrar algum problema de grafia dessa variável.

DICA Para garantir que a declaração Option Explicit entre automaticamente sempre que você inserir um novo módulo VBA, ative a opção Requerer Definição de Variável. Ela se encontra na guia Editor da caixa de diálogo Opções (no VBE, selecione Ferramentas ⇨ Opções).

DICA Declarar as suas variáveis também permite que você usufrua vantagens de um atalho que pode poupar alguma digitação. Digite apenas os dois ou três primeiros caracteres do nome de uma variável e pressione Ctrl+barra de espaço. O VBE completará a entrada ou, se a escolha for ambígua, exibirá uma lista de palavras para seleção. Na verdade, essa dica também funciona com palavras reservadas e funções. A Figura 7-1 mostra um exemplo de como isso funciona.

FIGURA 7-1: Pressionar Ctrl+barra de espaço exibe uma lista de nomes de variáveis, palavras reservadas e funções.

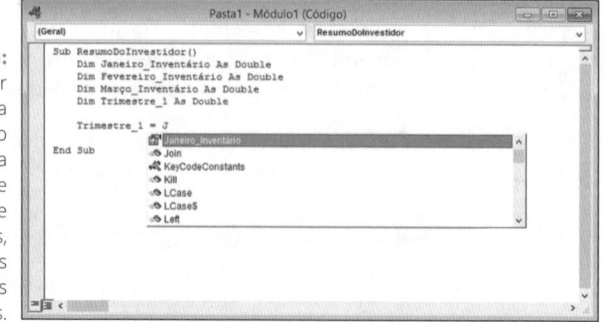

Agora você conhece as vantagens de declarar variáveis, mas *como* fazer isso? A maneira mais comum é usar uma declaração Dim. Veja alguns exemplos de variáveis sendo declaradas:

```
Dim SeuNome As String
Dim Inventário_De_Janeiro As Double
Dim ValorDevido As Double
Dim NúmeroDaLinha As Long
Dim X
```

As quatro primeiras variáveis são declaradas como um tipo específico de dados. A última variável, X, não é declarada como um tipo específico de dados, portanto, é tratada como uma Variant (ela pode ser qualquer coisa).

Além de Dim, o VBA tem três palavras-chave que são usadas para declarar variáveis:

» Static (estática)

» Public (pública)

» Private (privada)

As palavras-chave Dim, Static, Public e Private são abordadas mais adiante, mas, primeiro, dois outros tópicos relevantes aqui são: o escopo de uma variável e a vida de uma variável.

Uma pasta de trabalho pode ter qualquer quantidade de módulos VBA, e um módulo VBA pode ter qualquer quantidade de procedimentos Sub e Function. O *escopo* de uma variável determina quais módulos e procedimentos podem usar a variável. A Tabela 7-2 tem mais detalhes.

Confuso? Continue virando as páginas; alguns exemplos deixam isso tudo claro como cristal.

TABELA 7-2 **Escopo da Variável**

Escopo	Como a Variável é Declarada
Apenas procedimento	Usando uma declaração Dim ou Static no procedimento que usa a variável
Apenas módulo	Usando uma declaração Dim ou Private antes da primeira declaração Sub ou Function no módulo
Todos os procedimentos em todos os módulos	Usando uma declaração Public antes da primeira declaração Sub ou Function em um módulo

Variáveis apenas de procedimento

O nível mais baixo de escopo de uma variável está no procedimento (um *procedimento* pode ser Sub ou Function.) As variáveis declaradas com esse escopo só podem ser usadas no procedimento em que são declaradas. Quando o procedimento termina, a variável não existe mais e o Excel libera a memória. Se você executar novamente o procedimento, a variável reviverá, mas seu valor anterior será perdido.

A maneira mais comum de declarar uma variável apenas de procedimento é com uma declaração Dim. Dim não é abreviação de diminuto e não se refere à capacidade mental dos designers de VBA. Trata-se de um antigo termo de programação que é o diminuitivo de *dimensão*, significando apenas que você está alocando memória para uma variável específica. Geralmente, você coloca as declarações Dim logo depois da declaração Sub ou Function e antes do código do procedimento.

O exemplo a seguir mostra algumas variáveis apenas de procedimento declaradas usando Dim:

```
Sub MeuSub()
    Dim x As Integer
    Dim Primeiro As Long
    Dim TaxaDeJuros As Single
    Dim DataDeHoje As Date
    Dim Usuário As String
    Dim MeuValor
'   ...     [O código do procedimento entra aqui] ...
End Sub
```

Observe que a última declaração Dim no exemplo anterior não declara o tipo de dados para a variável MeuValor; declara apenas a própria variável. O efeito é que a variável MeuValor é uma Variant.

CUIDADO

Diferentemente de algumas linguagens, o VBA não permite declarar um grupo de variáveis para ser um tipo específico de dados, separando as variáveis com vírgulas. Por exemplo, ainda que válida, a seguinte declaração *não* declara todas as variáveis como Integers (inteiros):

```
Dim i, j, k As Integer
```

Nesse exemplo, apenas k é declarada como Integer; as outras variáveis são declaradas como Variant.

Se você declara uma variável com escopo apenas de procedimento, outros procedimentos no mesmo módulo podem usar o mesmo nome de variável, porém, cada cópia da variável é única para seu próprio procedimento. Normalmente, as variáveis declaradas no nível do procedimento são as mais eficientes, pois o VBA libera a memória que elas usam quando o procedimento termina.

Variáveis apenas para módulo

Às vezes, você quer que uma variável fique disponível para todos os procedimentos em um módulo. Sendo assim, basta declarar a variável (usando Dim ou Private) *antes* da primeira declaração Sub ou Function do módulo, ou seja, fora de qualquer procedimento. Isso é feito na seção Declarações, no início do módulo (é também onde a declaração Option Explicit está localizada).

A Figura 7-2 mostra como você sabe quando está trabalhando com a seção Declarações. Use o menu suspenso à direita e acesse diretamente a seção Declarações. Não passe pelo Início e não colete R$200,00.

FIGURA 7-2: Cada módulo VBA tem uma seção Declarações, que aparece antes de qualquer procedimento Sub ou Function.

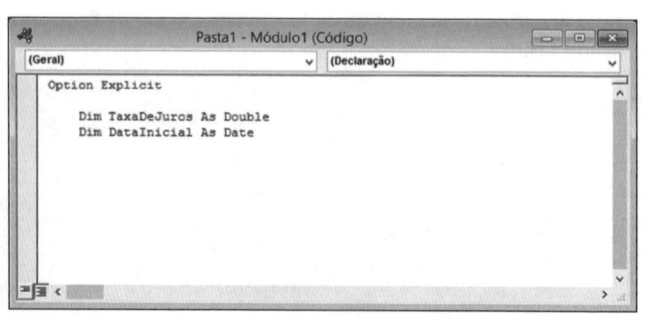

Suponha que você queira declarar a variável ValorAtual para que ela esteja disponível para todos os procedimentos em seu módulo. Tudo o que é preciso fazer é usar a declaração Dim na seção Declarações:

```
Dim ValorAtual As Double
```

Com essa declaração feita, e no lugar apropriado, a variável ValorAtual pode ser usada a partir de qualquer outro procedimento dentro do módulo e ela retém o seu valor entre os procedimentos.

Variáveis Public (públicas)

Se você precisa tornar uma variável disponível para todos os procedimentos em todos os módulos VBA de uma pasta de trabalho, declare-a no nível do módulo (na seção Declarações) usando a palavra-chave Public. Veja um exemplo:

```
Public TaxaAtual As Long
```

A palavra-chave Public disponibiliza a variável TaxaAtual para qualquer procedimento na pasta de trabalho, mesmo em outros módulos VBA. É preciso inserir essa declaração antes da primeira declaração Sub ou Function em um módulo.

PAPO DE ESPECIALISTA

Se você deseja que uma variável fique disponível para os módulos em outras pastas de trabalho, é preciso declarar a variável como Public e estabelecer uma referência para a pasta de trabalho que contém a declaração da variável. Configure uma referência selecionando Ferramentas ⇨ Referências no VBE. Na prática, dificilmente é feito o compartilhamento de uma variável por pastas de trabalho. Mas, é bom saber que isso pode ser feito, no caso de surgir em uma pergunta de um jogo.

Variáveis Static (estáticas)

Geralmente, quando um procedimento termina, todas as variáveis do procedimento são reiniciadas. *Variáveis Static* são um caso especial, pois elas retêm seus valores mesmo quando o procedimento termina. Você declara uma variável estática no nível do procedimento. Uma variável estática pode ser útil se você precisa rastrear quantas vezes executa um procedimento. É possível declarar uma variável estática e incrementá-la a cada vez que executa o procedimento.

Como mostrado no exemplo a seguir, as variáveis estáticas são declaradas usando a palavra-chave Static:

```
Sub MeuSub()
    Static Contador As Integer
    Dim Msg As String
    Contador = Contador + 1
    Msg = "Número de execuções: " & Contador
    MsgBox Msg
End Sub
```

O código controla a quantidade de vezes que o procedimento foi executado e exibe o número em uma caixa de mensagens. O valor da variável Contador não é reiniciado quando o procedimento termina, mas sim quando você fecha e reabre a pasta de trabalho.

CUIDADO

Ainda que o valor de uma variável declarada como estática seja retido depois de a variável terminar, aquela variável fica indisponível para outros procedimentos. No exemplo anterior de procedimento MeuSub, a variável Contador e seu valor só estão disponíveis dentro do procedimento MeuSub. Em outras palavras, ela é uma variável no nível do procedimento.

A vida das variáveis

Nada dura para sempre, inclusive as variáveis. O escopo de uma variável não só determina onde ela pode ser usada, mas também afeta em quais circunstâncias a variável é removida da memória.

Você pode remover todas as variáveis da memória usando três métodos:

» Clique no botão Redefinir na barra de ferramentas (o pequeno botão azul quadrado na barra de ferramentas Padrão do VBE).

» Clique em Terminar quando aparecer uma caixa de diálogo com uma mensagem de erro de tempo de execução.

» Inclua uma declaração End em qualquer lugar do código. Isso não é o mesmo que uma declaração End Sub ou End Function.

Caso contrário, apenas as variáveis no nível do procedimento serão removidas da memória quando o código de macro tiver concluído a execução. Variáveis estáticas, variáveis no nível do módulo e variáveis globais (públicas) retêm seus valores entre as execuções de seu código.

CUIDADO

Se você usar variáveis no nível do módulo ou no nível global, assegure-se de que elas tenham o valor esperado. Nunca se sabe se uma das situações mencionadas as fez perder seu conteúdo!

Trabalhando com constantes

O valor de uma variável pode mudar (e normalmente muda) enquanto seu procedimento está em execução. Por isso é chamada de *variável*. Às vezes, você precisa fazer referência a um valor ou uma string que nunca muda. Nesse caso, precisa de uma *constante*, um elemento nomeado cujo valor não muda.

Conforme mostrado nos exemplos a seguir, as constantes são declaradas usando a declaração Const. A declaração afirmativa também dá à constante o seu valor:

```
Const NúmeroDeTrimestres As Integer = 4
Const Taxa = .0725, Período = 12
```

```
Const ModName As String = "Macro Orçamentos"
Public Const NomeDoAplicativo As String = "Aplicação
  Orçamentos"
```

DICA

Usar constantes no lugar de valores ou strings bem codificados é uma ótima prática de programação. Por exemplo, se seu procedimento precisa fazer referência, repetidamente, a um valor específico (como uma taxa de juros), é melhor declarar o valor como uma constante e fazer referência ao seu nome, em vez do valor. Isso torna o código mais legível e fácil de alterar. E se a taxa de juros mudar, você só precisará alterar uma declaração, em vez de várias.

LEMBRE-SE

Como as variáveis, as constantes têm um escopo. Lembre-se do seguinte:

» Para disponibilizar uma constante apenas dentro de um único procedimento, declare a constante depois da declaração do procedimento Sub ou Function.

» Para disponibilizar a constante para todos os procedimentos em um módulo, declare a constante na seção Declarações do módulo.

» Para disponibilizar uma constante para todos os módulos na pasta de trabalho, use a palavra-chave Public e declare a constante na seção Declarações de qualquer módulo.

Diferente de uma variável, o valor de uma constante não varia. Se tentar alterar o valor de uma constante durante uma rotina VBA, receberá um erro. Isso não é nenhuma surpresa, já que o valor de uma constante deve permanecer constante. Se precisar mudar o valor de uma constante enquanto o código está rodando, o que você realmente precisa é de uma variável.

Constantes pré-fabricadas

O Excel e o VBA contêm muitas constantes predefinidas, que podem ser usadas sem que você precise declará-las. O gravador de macro geralmente usa constantes em vez de valores reais. Em geral, você não precisa saber o valor dessas constantes para utilizá-las. O procedimento simples a seguir usa uma constante integrada (xlCalculationManual) para mudar a propriedade Calculation do objeto Application (ou seja, mudar o modo de recalcular do Excel para manual):

```
Sub CálculoManual()
    Application.Calculation = xlCalculationManual
End Sub
```

Se procurar os modos de cálculo no sistema de Ajuda do Excel, encontrará o seguinte:

Nome	Valor	Descrição
xlCalculationAutomatic	–4105	O Excel controla a recálculo.
xlCalculationManual	–4135	O cálculo é feito quando o usuário solicita.
xlCalculationSemiautomatic	2	O Excel controla a recálculo, mas ignora as mudanças nas tabelas.

Então, o valor real da constante xlCalculationManual integrada é −4135. Obviamente, é mais fácil usar o nome da constante do que tentar se lembrar de um número tão estranho. Como é possível ver, muitas das constantes integradas são apenas números arbitrários com significado especial no VBA.

DICA

Para encontrar o valor atual de uma constante integrada, use a janela Verificação Imediata no VBE e execute uma instrução VBA, como a seguinte:

```
? xlCalculationAutomatic
```

Se a janela de Verificação Imediata não estiver visível, pressione Ctrl+G. O ponto de interrogação é uma forma de abreviar a instrução **Print**.

Trabalhando com strings

O Excel pode trabalhar tanto com números quanto com texto, portanto, não é de surpreender que o VBA tenha esse mesmo poder. Geralmente, um texto é referenciado como *string* (sequência de caracteres). Você pode trabalhar com dois tipos de strings no VBA:

» **Strings de extensão fixa** são declaradas com uma quantidade específica de caracteres. A extensão máxima é de 65.526 caracteres. É um monte de caracteres! Como comparação, este capítulo contém cerca da metade desses caracteres.

» **Strings de extensão variável** teoricamente podem conter até dois bilhões de caracteres. Se você digitasse cinco caracteres por segundo, levaria cerca de 760 dias para atingir dois bilhões de caracteres; supondo que não faça pausas para comer ou dormir.

Ao declarar uma string variável com uma declaração Dim, você pode especificar a extensão máxima, se conhecê-la (uma string de extensão fixa) ou deixar que o VBA cuide disso dinamicamente (uma string de extensão variável). O exemplo a seguir declara a variável MinhaString como uma string com um comprimento máximo de 50 caracteres (use um asterisco para especificar a quantidade de caracteres, até o limite de 65.526 caracteres). SuaString também é declarada como uma string, mas o comprimento não é especificado:

```
Dim MinhaString As String * 50
Dim SuaString As String
```

CUIDADO

Ao declarar uma string de extensão fixa que exceda 999, não use um ponto no número que especifica o tamanho da string. Na verdade, nunca use pontos ou vírgulas ao inserir um número de valor em VBA. O VBA não gosta disso.

Trabalhando com datas

Um outro tipo de dados que você pode julgar útil é Date (data). É possível usar uma string variável para armazenar datas, mas você não pode realizar cálculos com datas. Usar o tipo de dados Date lhe oferece rotinas mais flexíveis. Por exemplo, você pode calcular o número de dias entre duas datas. Isso seria impossível (ou, pelo menos, extremamente desafiador) se usasse strings para conter as suas datas.

Uma variável definida como Date pode conter datas variando de 1º de janeiro de 0100 a 31 de dezembro de 9999. Isso é um período de quase 10.000 anos e mais do que o suficiente até mesmo para a previsão financeira mais agressiva. Você também pode usar o tipo de dados Date para trabalhar com dados de horário (já que falta um tipo de dados de horário no VBA).

Estes exemplos declaram variáveis e constantes como um tipo de dados Date:

```
Dim Hoje As Date
Dim HoraInicial As Date
Const PrimeiroDia As Date = #1/1/2019#
Const MeioDia = #12:00:00#
```

No VBA, coloque datas e horários entre duas marcas de cerquilha, conforme mostrado nos exemplos anteriores.

LEMBRE-SE

As variáveis Date exibem datas e horas de acordo com o formato de data/hora do seu sistema (seja de 12 ou 24 horas). O Registro do Windows armazena essas configurações e você pode modificá-las com a caixa de diálogo Opções Regionais e de Idioma no Painel de Controle do Windows. Portanto, o formato de data ou hora exibido pelo VBA pode variar, dependendo das configurações do sistema no qual o aplicativo está rodando.

No entanto, ao escrever um código VBA, você precisa usar um dos formatos de data norte-americano (como mm/dd/aaaa). Assim, a declaração a seguir atribui um dia de outubro (e não de novembro) à variável MinhaData (mesmo que seu sistema esteja configurado para usar dd/mm/aaaa para datas):

```
MinhaData = #10/11/2019#
```

Quando você exibe a variável (com a função MsgBox, por exemplo), o VBA mostra MinhaData usando as suas configurações do sistema. Portanto, se o seu sistema usa o formato de data dd/mm/aaaa, MinhaData é exibida como 11/10/2019.

Usando Declarações de Atribuição

Declaração de atribuição é uma declaração VBA que atribui o resultado de uma expressão a uma variável ou um objeto. O sistema de Ajuda do Excel define o termo expressão como

> ... uma combinação de palavras-chave, operadores, variáveis e constantes que produzem uma string, número ou objeto. Uma expressão pode ser usada para executar um cálculo, manipular caracteres ou testar dados.

Muito do seu trabalho em VBA envolve o desenvolvimento (e a depuração) de expressões. Se você souber como criar fórmulas em Excel, não terá problemas para criar expressões. Com uma fórmula da planilha, o Excel exibe o resultado em uma célula. Por outro lado, uma expressão VBA pode ser atribuída a uma variável.

Exemplos de declaração de atribuição

Nos exemplos de declaração de atribuição a seguir, as expressões estão à direita do sinal de igual:

```
x = 1
x = x + 1
x = (y * 2) / (z * 2)
HouseCost = 375000
FileOpen = True
Range("OAno").Value = 2019
```

DICA

As expressões podem ser tão complexas quanto você precisa que elas sejam; use o caractere de continuação de linha (um espaço seguido por um sublinhado) para facilitar a leitura de expressões mais longas.

Geralmente, expressões usam funções: funções integradas do VBA, funções de planilha do Excel ou funções desenvolvidas com o VBA. As funções são abordadas no Capítulo 9.

Sobre aquele sinal de igual

Como pode ser visto no exemplo anterior, o VBA usa o sinal de igual como seu operador de atribuição. Você provavelmente está acostumado a usar um sinal de igual como um símbolo matemático de igualdade. Portanto, uma declaração de atribuição como a seguinte pode levá-lo a erguer suas sobrancelhas:

```
z = z + 1
```

Em que universo maluco a variável z pode ser igual a si mesma mais 1? Resposta: em nenhum universo conhecido. Nesse caso, a declaração de atribuição (quando executada) aumenta o valor de z em 1. Então, se z é igual a 12, executar a declaração torna z igual a 13. Lembre-se apenas de que uma atribuição usa o sinal de igual como um operador, não como símbolo de igualdade.

Operadores regulares

Os operadores exercem uma importante função no VBA. Além do operador de sinal de igual (abordado na seção anterior), o VBA fornece vários outros operadores. A Tabela 7-3 relaciona esses operadores. Você já deve estar familiarizado com eles, pois são os mesmos utilizados em fórmulas de planilha (exceto pelo operador Mod).

TABELA 7-3 **Operadores do VBA**

Função	Símbolo do Operador
Adição	+
Multiplicação	*
Divisão	/
Subtração	-
Exponenciação	^
Concatenação de string	&
Divisão de inteiro (o resultado é sempre um inteiro)	\
Módulo aritmético (retorna o resto de uma operação de divisão)	Mod

Ao escrever uma fórmula no Excel, você faz o módulo aritmético usando a função MOD. Por exemplo, a fórmula a seguir retorna 2 (o resto de quando você divide 12 por 5):

```
=MOD(12,5)
```

Em VBA, o operador Mod é usado da seguinte maneira (e z tem um valor de 2):

```
z = 12 Mod 5
```

> **PAPO DE ESPECIALISTA**
>
> O termo *concatenação* é jargão de programador para "juntar". Portanto, se você concatena strings, está combinando strings para formar uma string nova e aperfeiçoada.

Conforme mostrado na Tabela 7-4, o VBA também oferece um conjunto completo de operadores lógicos.

TABELA 7-4 Operadores Lógicos do VBA

Operador	O que Ele Faz
Not	Executa uma negação lógica em uma expressão
And	Executa uma combinação lógica em duas expressões
Or	Executa uma separação lógica em duas expressões
Xor	Executa uma exclusão lógica em duas expressões
Eqv	Executa uma equivalência lógica em duas expressões
Imp	Executa uma implicação lógica em duas expressões

A ordem de precedência dos operadores no VBA é exatamente a mesma das fórmulas do Excel. A exponenciação tem a maior precedência. A multiplicação e a divisão vêm em seguida e, depois, a adição e a subtração. Você pode usar parênteses para alterar a ordem natural de precedência, colocando tudo o que estiver entre parênteses antes de qualquer operador. Dê uma olhada neste código:

```
x = 3
y = 2
z = x + 5 * y
```

Quando o código é executado, qual é o valor de z? Se você respondeu 13, receberá uma medalha de ouro, provando que entende o conceito de precedência do operador. Se respondeu 16, leia isto: a operação de multiplicação (5*y) é executada primeiro e o resultado é somado a x.

Se tiver problemas em lembrar a precedência do operador correta, adicione parênteses às partes que são calculadas primeiro. Por exemplo, a declaração de atribuição anterior ficaria assim:

```
z = x + (5 * y)
```

> **DICA**
> Não se acanhe em usar parênteses mesmo que eles não sejam exigidos, especialmente se isso facilitar o entendimento do seu código. O VBA não se importa se você usa parênteses extras.

Trabalhando com Arrays

Como a maioria das linguagens de programação, o VBA suporta arrays (matrizes). Um *array* é um grupo de variáveis que compartilha um nome comum. Você faz referência a uma variável específica no array usando o nome do array e um número de índice entre parênteses. Por exemplo, é possível definir um array de 12 variáveis de string para conter os nomes dos meses do ano. Se nomear o array como *NomesMeses*, poderá se referir ao primeiro elemento do array como NomesMeses(1), ao segundo elemento como NomesMeses(2), e assim por diante.

Declarando arrays

Antes de poder usar um array, você *deve* declará-lo. Sem exceções. Diferentemente das variáveis normais, o VBA é bem rígido quanto a essa regra. Você declara um array com uma declaração Dim, exatamente como declara uma variável normal. No entanto, também precisa especificar o número de elementos no array. Isso é feito especificando o primeiro número de índice, a palavra-chave To e o último número de índice; tudo entre parênteses. O exemplo a seguir mostra como declarar um array de 100 números inteiros:

```
Dim MeuArray (1 To 100) As Integer
```

Ao declarar um array, você pode escolher especificar apenas o índice superior. Se omitir o índice inferior, o VBA irá supor que é 0. Portanto, ambas as declarações a seguir indicam o mesmo array de 101 elementos:

```
Dim MeuArray   (0 To 100) As Integer
Dim MeuArray   (100) As Integer
```

> **DICA**
>
> Se quiser que o VBA aceite que 1 (em vez de 0) é o índice inferior em seus arrays, inclua a seguinte declaração na seção Declarações no topo do módulo:
>
> ```
> Option Base 1
> ```

Essa declaração força o VBA a usar 1 como o primeiro número de índice dos arrays que só declaram o índice superior. Se essa declaração estiver presente, as seguintes declarações serão idênticas, ambas declarando um array de 100 elementos:

```
Dim MeuArray    (1 To 100) As Integer
Dim MeuArray    (100) As Integer
```

Arrays multidimensionais

Os arrays criados nos exemplos anteriores são todos unidimensionais. Pense em um array unidimensional como uma única linha de valores. Os arrays que você cria em VBA podem ter até 60 dimensões, ainda que raramente precise de mais do que duas ou três em um array. O seguinte exemplo declara um array de 81 inteiros com duas dimensões:

```
Dim MeuArray (1 To 9, 1 To 9) As Integer
```

Você pode pensar nesse array como ocupando uma matriz de 9 x 9; perfeito para armazenar todos os números em um enigma de Sudoku.

Para fazer referência a um elemento específico nesse array, é preciso especificar dois números de índice (semelhante à sua "linha" e sua "coluna" na matriz). O exemplo a seguir mostra como é possível atribuir um valor a um elemento nesse array:

```
MeuArray (3, 4)= 125
```

Essa declaração atribui um valor a um único elemento no array. Se você pensar no array em termos de uma matriz de 9 x 9, isso atribui 125 ao elemento localizado na terceira linha e quarta coluna da matriz.

Veja como declarar um array tridimensional com 1.000 elementos:

```
Dim MeuArray3D (1 To 10, 1 To 10, 1 To 10) As Integer
```

Você pode pensar em um array tridimensional como um cubo. É muito difícil visualizar um array com mais de três dimensões.

Arrays dinâmicos

Você também pode criar arrays *dinâmicos*. Um array dinâmico não tem um número pré-configurado de elementos. Declare um array dinâmico com um par de parênteses vazios:

```
Dim MeuArray () As Integer
```

Antes de poder usar esse array, você deve usar a declaração ReDim para informar ao VBA quantos elementos o array têm. Em geral, a quantidade de elementos no array é determinada enquanto o código está rodando. Você pode usar a declaração ReDim quantas vezes quiser, trocando o tamanho do array tanto quanto necessário. O exemplo a seguir demonstra como alterar o número de elementos em um array dinâmico. Ele supõe que a variável NúmeroDeElementos contém um valor, que foi calculado pelo código.

```
ReDim MeuArray (1 To NúmeroDeElementos)
```

CUIDADO Ao redimensionar um array usando ReDim, você apaga qualquer valor armazenado atualmente nos elementos do array. É possível evitar a destruição dos valores antigos usando a palavra-chave Preserve. O seguinte exemplo mostra como é possível preservar os valores de um array quando o redimensiona:

```
ReDim Preserve MeuArray (1 To NúmeroDeElementos)
```

Se no momento MeuArray tiver dez elementos e você executar a declaração anterior com NúmeroDeElementos igualando a 12, os primeiros dez elementos permanecerão intactos e o array terá espaço para dois elementos adicionais (até o número contido na variável NúmeroDeElementos). Mas, se NúmeroDeElementos for igual a 7, os primeiros sete elementos serão retidos e os três elementos restantes, descartados.

O tópico de arrays volta no Capítulo 10, quando o conceito de loops será explorado.

Usando Rótulos

Nas versões anteriores de BASIC, cada linha de código exigia um número de linha. Por exemplo, se você tivesse escrito um programa BASIC nos anos 1970 (claro que usando calças boca de sino), ele seria parecido com algo assim:

```
010: LET X=5
020: LET Y=3
030: LET Z=X*Y
040: PRINT Z
050: END
```

LEMBRE-SE O VBA permite o uso de tais números de linha e até mesmo o uso de rótulos. Em geral, você não usa um rótulo em cada linha, mas pode, ocasionalmente, precisar usar um rótulo. Por exemplo, insira um rótulo se usar uma declaração GoTo (abordada no Capítulo 10). Um rótulo deve começar com o primeiro caractere sem espaço em uma linha e terminar com dois pontos.

> **NESTE CAPÍTULO**
>
> » Descobrindo por que os objetos Range são tão importantes
>
> » Entendendo as várias maneiras de fazer referência a intervalos
>
> » Descobrindo algumas das propriedades mais úteis do objeto Range
>
> » Descobrindo alguns dos métodos mais úteis do objeto Range

Capítulo **8**

Trabalhando com Objetos Range

Este capítulo vai mais fundo nos calabouços do Excel e observa mais atentamente os objetos Range. O Excel é totalmente voltado às células e o objeto Range é um contêiner para células. Por que você precisa saber tanto sobre os objetos Range? Muito do trabalho de programação feito no Excel tem como foco os objetos Range.

Uma Revisão Rápida

Um *objeto Range* representa um intervalo contido em um objeto Worksheet (planilha de trabalho). Os objetos Range, como todos os outros, têm propriedades (que você pode examinar e, às vezes, alterar) e métodos (que executam ações no objeto).

Um objeto Range pode ser tão pequeno quanto uma única célula (por exemplo, B4) ou tão grande quanto cada uma das 17.179.869.184 células em uma planilha (A1:XFD1048576).

Ao se referir a um objeto Range, o endereço fica sempre entre aspas, assim:

```
Range("A1:C5")
```

Se o intervalo consistir de uma célula, você ainda precisa das aspas:

```
Range("K9")
```

Se acontecer de o intervalo ter um nome (criado com Fórmulas ⇨ Nomes Definidos ⇨ Definir Nome), você pode referir-se ao intervalo por seu nome (que também estará entre aspas):

```
Range("ListaDePreços")
```

CUIDADO A menos que você diga ao Excel o contrário, qualificando o intervalo de referência, ele imagina que você está se referindo a um intervalo na planilha ativa. Se alguma outra coisa que não seja uma planilha estiver ativa (como um gráfico), a referência ao intervalo falhará e a macro exibirá uma mensagem de erro, sofrendo uma parada brusca.

Conforme mostrado no exemplo a seguir, é possível referenciar um intervalo fora da planilha ativa, qualificando o intervalo de referência com um nome de planilha da pasta de trabalho ativa:

```
Worksheets("Plan1").Range("A1:C5")
```

Se precisar fazer referência a um intervalo em uma pasta de trabalho diferente (isto é, qualquer pasta de trabalho que não a ativa), é possível usar uma declaração como esta:

```
Workbooks("Orçamento.xlsx").Worksheets("Plan1").Range("A1:C5")
```

Um objeto Range pode consistir em uma ou mais linhas ou colunas inteiras. Você pode fazer referência a toda uma linha (neste caso, a linha 3), usando uma sintaxe como esta:

```
Range("3:3")
```

É possível fazer referência a uma coluna inteira (a quarta coluna neste exemplo) assim:

```
Range("D:D")
```

No Excel, você seleciona intervalos intercalados mantendo a tecla Ctrl pressionada enquanto seleciona vários intervalos com o mouse. A Figura 8-1 mostra uma seleção de intervalos intercalados. Não fique surpreso ao saber que o VBA também lhe permite trabalhar com intervalos intercalados (não contínuos). A expressão a seguir refere-se a um intervalo não contínuo de duas áreas. Observe que uma vírgula separa as duas áreas.

```
Range("A1:B8,D9:G16")
```

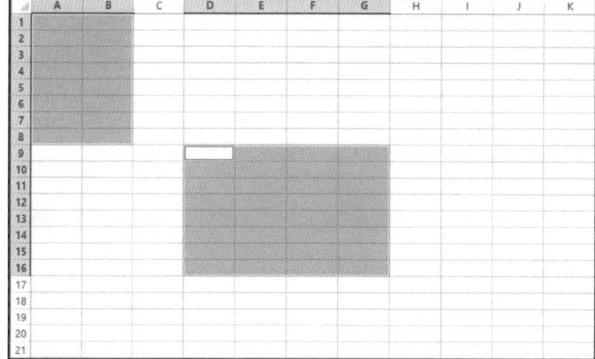

FIGURA 8-1: Uma seleção de intervalos intercalados.

CUIDADO Saiba que alguns métodos e propriedades causam danos a intervalos não contínuos. Você pode ter que processar cada área separadamente usando um loop.

Outras Maneiras de Fazer Referência a um Range

Quanto mais você trabalha com o VBA, mais percebe que ele é uma linguagem muito bem concebida e, geralmente, bastante lógica (apesar do que pode estar pensando agora). Com frequência, o VBA oferece múltiplas maneiras de executar uma ação. Você pode escolher o método mais adequado ao seu problema. Esta seção discute algumas das outras formas de fazer referência a um intervalo.

LEMBRE-SE Este capítulo mal toca a superfície das propriedades e dos métodos do objeto Range. Ao trabalhar com o VBA, provavelmente você precisará acessar outros métodos e propriedades. O sistema de Ajuda é o melhor lugar para descobrir a respeito delas, mas também é uma boa ideia gravar suas ações e examinar o código que o Excel gera. Sem dúvida, já está cansado de ouvir esse conselho, mas é realmente bom.

A propriedade Cells

Em vez de usar a palavra-chave Range do VBA, é possível fazer referência a um intervalo através da propriedade Cells.

PAPO DE ESPECIALISTA

Ainda que Cells possa parecer um objeto (ou uma coleção), na verdade não o é. Ao contrário, Cells é uma propriedade que o VBA avalia, depois ele retorna um objeto (mais especificamente, um objeto Range). Se isso parecer estranho, não se preocupe. Até a Microsoft parece ficar confusa quanto a essa questão. Em algumas versões anteriores do Excel, a propriedade Cells era conhecida como o método Cells. Independentemente do que ela é, apenas entenda que Cells é uma maneira útil de fazer referência a um intervalo.

A propriedade Cells recebe dois argumentos: um número de linha e um número de coluna. Esses dois argumentos são números, ainda que normalmente nos refiramos a colunas usando letras. Por exemplo, a seguinte expressão refere-se à célula C2 em Plan2:

```
Worksheets("Plan2").Cells(2, 3)
```

Também é possível usar a propriedade Cells para fazer referência a um intervalo de múltiplas células. O exemplo a seguir demonstra a sintaxe usada:

```
Range(Cells(1, 1), Cells(10, 8))
```

Essa expressão se refere a um intervalo de 80 células, que se estende da célula A1 (linha 1, coluna 1) à célula H10 (linha 10, coluna 8).

As duas declarações a seguir produzem o mesmo resultado; elas inserem um valor 99 em um intervalo de células 10 por 8. Mais especificamente, essas declarações configuram a propriedade Value do objeto Range:

```
Range("A1:H10").Value = 99
Range(Cells(1, 1), Cells(10, 8)).Value = 99
```

DICA

A vantagem de usar a propriedade Cells para referenciar intervalos fica clara quando você usa variáveis em vez de números como argumentos de Cells. E as coisas começam, de fato, a fazer sentido quando entende os loops, abordados no Capítulo 10.

A propriedade Offset

A propriedade Offset oferece outra forma útil de fazer referência a intervalos. Essa propriedade, que opera em um objeto Range e retorna outro objeto Range, permite fazer referência a uma célula que está em dado número de linhas e colunas distante de outra célula.

Como a propriedade Cells, a propriedade Offset recebe dois argumentos. O primeiro argumento representa o número de linhas a ser deslocado; o segundo representa o número de colunas a ser deslocado.

A expressão a seguir refere-se a uma célula localizada uma linha abaixo e duas colunas à direita da célula A1. Em outras palavras, ela refere-se à célula geralmente conhecida como C2:

```
Range("A1").Offset(1, 2)
```

A propriedade Offset também pode usar argumentos negativos. Um deslocamento de linha *negativo* se refere a uma linha acima do intervalo. Um deslocamento de coluna negativo refere-se a uma coluna à esquerda do intervalo. O exemplo a seguir se refere à célula A1:

```
Range("C2").Offset(-1, -2)
```

E como você poderia esperar, é possível usar 0 como um ou ambos os argumentos para Offset. A seguinte expressão se refere à célula A1:

```
Range("A1").Offset(0, 0)
```

Veja uma declaração que insere a hora do dia em uma célula à direita da célula ativa:

```
ActiveCell.Offset(0,1) = Time
```

Quando você grava uma macro no modo relativo, o Excel usa bastante a propriedade Offset. Recorra ao Capítulo 6 para ver um exemplo.

> **DICA** A propriedade Offset é mais útil quando você usa variáveis em vez de valores reais nos argumentos. O Capítulo 10 apresenta alguns exemplos demonstrando isso.

Algumas Propriedades Úteis do Objeto Range

Um objeto Range tem dezenas de propriedades. Você pode escrever programas VBA sem parar pelos próximos 12 meses e nunca usar todas elas. Esta seção descreve rapidamente algumas das propriedades Range usadas com mais frequência. Para obter detalhes completos, consulte o sistema de Ajuda do VBE.

> **LEMBRE-SE** Algumas propriedades Range são de *somente leitura*, o que significa que seu código pode ver seus valores, mas não pode alterá-los ("Olhe, mas não toque"). Por exemplo, cada objeto Range tem uma propriedade Address que contém o endereço do intervalo. Você pode acessar essa propriedade de somente leitura, mas não pode alterá-la; o que faz muito sentido se pensar bem.

A propósito, os exemplos a seguir geralmente são declarações, não procedimentos completos. Se quiser experimentar uma delas (o que deveria fazer), crie um procedimento Sub. Além disso, muitas dessas declarações só funcionam adequadamente se a planilha de trabalho é a página ativa.

A propriedade Value

A propriedade Value representa o valor contido em uma célula. Ela é uma propriedade de leitura e escrita, portanto, o seu código VBA pode ler ou alterar o valor.

A declaração a seguir exibe uma caixa de mensagem que mostra o valor da célula A1 em Plan1:

```
MsgBox Worksheets("Plan1").Range("A1").Value
```

Parece lógico que você possa ler a propriedade Value apenas para um objeto Range de célula única. Por exemplo, a declaração a seguir gera um erro:

```
MsgBox Worksheets("Plan1").Range("A1:C3").Value
```

Mas pode usar a propriedade Value para um intervalo de qualquer tamanho. A declaração a seguir insere o número 123 em cada célula em um intervalo:

```
Worksheets("Plan1").Range("A1:C3").Value = 123
```

> **PAPO DE ESPECIALISTA**
>
> ### ATRIBUINDO OS VALORES DE UM INTERVALO DE CÉLULAS A UMA VARIÁVEL
>
> Apesar de poder ler a propriedade Value apenas para um objeto Range de célula única, você pode atribuir os valores de um intervalo com múltiplas células a uma variável, desde que a variável seja uma variante. Isso porque uma variante pode agir como um array. Veja um exemplo:
>
> ```
> Dim x As Variant
> x = Range("A1:C3").Value
> ```
>
> Depois, pode tratar a variável x como se ela fosse um array. Esta declaração, por exemplo, retorna o valor da célula B1:
>
> ```
> MsgBox x(1, 2)
> ```

DICA

Value é a propriedade padrão de um objeto Range, ou seja, se você omitir uma propriedade para um Range, o Excel usará sua propriedade Value. As duas declarações a seguir inserem um valor 75 na célula A1 da planilha ativa:

```
Range("A1").Value = 75
Range("A1") = 75
```

A propriedade Text

A propriedade Text retorna uma string que representa o texto conforme exibido em uma célula — o valor formatado. A propriedade Text é de somente leitura. Suponha que a célula A1 contenha o valor 12,3 e esteja formatada para exibir dois decimais e um cifrão (R$12,30). A declaração a seguir exibe uma caixa de mensagem contendo R$12,30:

```
MsgBox Worksheets("Plan1").Range("A1").Text
```

Mas a próxima declaração exibe uma caixa de mensagem contendo 12,3:

```
MsgBox Worksheets("Plan1").Range("A1").Value
```

Se a célula contiver uma fórmula, a propriedade Text retornará o resultado da fórmula. Se uma célula contiver texto, então a propriedade Text e a propriedade Value sempre retornarão a mesma coisa, pois o texto (diferentemente de um número) não pode ser formatado para ser exibido de outra forma.

A propriedade Count

A propriedade Count retorna quantidade de células em um intervalo. Ela conta todas as células, não apenas as células em branco. Count é uma propriedade de somente leitura, assim como você esperava. A declaração a seguir acessa uma propriedade Count de um intervalo e exibe o resultado (9) em uma caixa de mensagem:

```
MsgBox Range("A1:C3").Count
```

As propriedades Column e Row

A propriedade Column retorna o número da coluna de um intervalo de célula única. Sua parceira, a propriedade Row, retorna o número da linha de um intervalo de célula única. Ambas as propriedades são de somente leitura. Por exemplo, a declaração a seguir exibe 6, pois a célula F3 está na sexta coluna:

```
MsgBox Sheets("Plan1").Range("F3").Column
```

A próxima expressão exibe 3, porque a célula F3 está na terceira linha:

```
MsgBox Sheets("Plan1").Range("F3").Row
```

LEMBRE-SE Se o objeto Range consiste em mais de uma célula, a propriedade Column retorna o número da primeira coluna no intervalo e a propriedade Row retorna o número da primeira linha no intervalo.

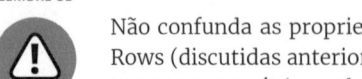

CUIDADO Não confunda as propriedades Column e Row com as propriedades Columns e Rows (discutidas anteriormente neste capítulo). As propriedades Column e Row retornam um único valor. As propriedades Columns e Rows, por outro lado, retornam um objeto Range. Que diferença faz um "s".

A propriedade Address

Address, uma propriedade de somente leitura, exibe o endereço de célula para um objeto Range como uma referência absoluta (um cifrão antes da letra da coluna e antes do número da linha). A declaração a seguir exibe a caixa de mensagem mostrada na Figura 8-2:

```
MsgBox Range(Cells(1, 1), Cells(5, 5)).Address
```

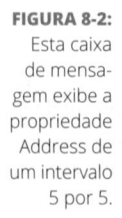

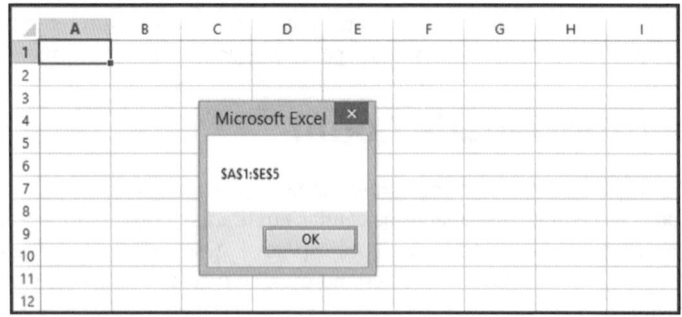

FIGURA 8-2: Esta caixa de mensagem exibe a propriedade Address de um intervalo 5 por 5.

A propriedade HasFormula

A propriedade HasFormula (que é de somente leitura) retorna True se o intervalo de célula única contém uma fórmula e retorna False se a célula contém qualquer coisa diferente de uma fórmula (ou está vazia). Se o intervalo consistir em mais de uma célula, o VBA só retornará True se todas as células do intervalo contiverem uma fórmula ou False se nenhuma célula do intervalo contiver uma fórmula. A propriedade retorna Null (nulo) se o intervalo contém uma mistura de fórmulas e não fórmulas. Null é uma espécie de terra de ninguém: a resposta não é True nem False e qualquer célula do intervalo pode ou não conter uma fórmula.

CUIDADO

Você precisa ter cuidado ao trabalhar com propriedades que podem retornar Null. Mais especificamente, o único tipo de dados que pode lidar com Null é a Variant.

Por exemplo, suponha que a célula A1 contenha um valor e a célula A2 contenha uma fórmula. As declarações a seguir geram um erro, porque o intervalo não possui fórmulas em todas as células ou em nenhuma delas:

```
Dim FormulaTest As Boolean
FormulaTest = Range("A1:A2").HasFormula
```

O tipo de dados Boolean só pode lidar com True ou False. Null faz o Excel reclamar e responder com uma mensagem de erro. Para corrigir esse tipo de situação, a melhor coisa a fazer é garantir que a variável FórmulaTeste seja declarada como Variant em vez de Boolean. O exemplo a seguir usa convenientemente a função TypeName (digitar nome) do VBA (juntamente a uma construção If-Then-Else) para determinar o tipo de dados da variável FórmulaTeste. Se o intervalo misturar fórmulas e não fórmulas, a caixa de mensagem exibirá *Misturado*! Caso contrário, exibirá *Verdadeiro* ou *Falso*.

```
Sub ChecarFórmulas()
    Dim FórmulaTeste As Variant
    FórmulaTeste = Range("A1:A2").HasFormula
    If TypeName(FórmulaTeste) = "Null" Then
        MsgBox "Misturado!"
    Else
        MsgBox FórmulaTeste
    End If
End Sub
```

Veja o Capítulo 10 para ler mais sobre o uso da construção If-Then-Else.

A propriedade Font

Como mencionado anteriormente neste capítulo (veja "A propriedade Cells"), uma propriedade pode retornar um objeto. A propriedade Font de um objeto Range é outro exemplo desse conceito em operação. Ela retorna um objeto Font.

Como esperado, um objeto Font tem muitas propriedades acessíveis. Para alterar alguns aspectos da fonte de um intervalo, primeiro você precisa acessar o objeto Font do intervalo, depois, manipular as propriedades desse objeto. Isso pode ser confuso, mas talvez o exemplo a seguir ajude.

A declaração a seguir usa a propriedade Font do objeto Range para retornar um objeto Font. Depois, a propriedade Bold (negrito) do objeto Font é configurada para True. Em português claro, isso faz o conteúdo da célula ser exibido em negrito:

```
Range("A1").Font.Bold = True
```

A verdade é que você não precisa realmente saber que está trabalhando com um objeto Font especial contido em um objeto Range. Desde que use a sintaxe apropriada, ele funcionará bem. Muitas vezes, gravar suas ações com o gravador de macro o deixará informado sobre tudo o que precisa saber sobre a sintaxe adequada.

Veja o Capítulo 6 para ter mais informações sobre como gravar macros.

A propriedade Interior

Veja mais um exemplo de uma propriedade que retorna um objeto. A propriedade Interior de um objeto Range retorna um objeto Interior (nome estranho, mas é assim que ele é chamado). Esse tipo de referência de objeto funciona da mesma maneira que a propriedade Font (descrita na seção anterior).

Por exemplo, a declaração a seguir muda a propriedade Color do objeto Interior contido no objeto Range:

```
Range("A1").Interior.Color = 8421504
```

UM RESUMO RÁPIDO SOBRE CORES

Antes do Excel 2007, a Microsoft tentou nos convencer de que 56 cores eram suficientes para uma planilha. Mas as coisas mudaram e podemos usar mais de 16 milhões de cores em uma pasta de trabalho — 16.777.216 cores, para ser exato.

Muitos objetos têm uma propriedade Color e essa propriedade aceita valores de cor que variam de 0 a 16777215. Ninguém consegue se lembrar de tantos valores de cor, assim (felizmente) há uma maneira mais fácil de especificar as cores: a função RGB (Red-Green-Blue) do VBA. Essa função tem a vantagem de que qualquer uma dessas 16 milhões de cores pode ser representada por vários níveis de vermelho, verde e azul. Os três argumentos na função RGB correspondem aos componentes das cores vermelho, verde e azul, e cada um deles pode variar de 0 a 255.

Observe que 256 x 256 x 256 = 16.777.216 — que, por acaso, é a quantidade de cores. Você não adora quando a matemática funciona?

Veja uma declaração que muda a cor de fundo de uma célula para uma cor aleatória:

```
Range("A1").Interior.Color = Int(16777216 * Rnd)
```

A seguir estão alguns exemplos que usam a função RGB para mudar a cor de fundo de uma célula:

```
Range("A1").Interior.Color = RGB(0, 0, 0) 'preto
Range("A1").Interior.Color = RGB(255, 0, 0) ' vermelho puro
Range("A1").Interior.Color = RGB(0, 0, 255) ' azul puro
Range("A1").Interior.Color = RGB(198, 212, 60) ' verde feio
Range("A1").Interior.Color = RGB(128, 128, 128) ' cinza médio
```

Qual é o valor exato de RGB(128, 128, 128)? Essa declaração informa que é 8421504:

```
MsgBox RGB(128, 128, 128)
```

Se você precisa usar cores padrão, opte por uma das constantes de cores integradas: vbBlack, vbRed, vbGreen, vbYellow, vbBlue, vbMagenta, vbCyan ou vbWhite. Por exemplo, a declaração a seguir deixa a célula A1 amarela:

```
Range("A1").Interior.Color = vbYellow
```

O Excel 2007 também introduziu *cores de tema*. São cores que aparecem quando você usa o controle de cor, como o controle Fill Color (preencher com cor) no grupo Fonte da guia Página Inicial. Experimente gravar uma macro enquanto muda as cores e terá algo assim:

```
Range("A1").Interior.ThemeColor = xlThemeColorAccent4
Range("A1").Interior.TintAndShade = 0.399975585192419
```

É, mais duas propriedades referentes a cor para usar. Aqui, temos uma cor de tema (a cor básica, especificada como uma constante integrada), mais um valor "tint and shade" (matiz e tonalidade) que representa o quanto a cor é escura ou clara. Os valores TintAndShade variam de –1.0 a +1.0. Os valores positivos da propriedade TintAndShade deixam a cor mais clara e os negativos deixam a cor mais escura. Quando você ajusta uma cor usando a propriedade ThemeColor, a cor mudará se aplicar um documento de tema diferente (selecionando Layout da Página ⇨ Temas ⇨ Temas).

Em outras palavras, essa declaração muda o fundo da célula para cinza médio. Como assim? Você não sabia que 8421504 é cinza médio? Para um pouco de conhecimento sobre o maravilhoso mundo das cores do Excel, leia o box "Um resumo rápido sobre cores".

A propriedade Formula

A propriedade Formula representa a fórmula em uma célula. É uma propriedade de leitura e escrita, portanto, você pode acessá-la tanto para ver a fórmula em uma célula quanto para inserir uma fórmula na célula. Por exemplo, a declaração a seguir insere uma fórmula SUM (SOMA) na célula A13:

```
Range("A13").Formula = "=SUM(A1:A12)"
```

Note que a fórmula é uma string de texto e está entre aspas. Note também que começa com um sinal de igual, assim como todas as fórmulas.

Se a própria fórmula tiver aspas, as coisas ficarão um pouco mais complicadas. Digamos que você queira inserir esta fórmula usando o VBA:

```
=SUM(A1:A12)&" Lojas"
```

Essa fórmula exibe um valor, seguido da palavra *Lojas*. Para tornar a fórmula aceitável, é preciso substituir cada aspa na fórmula por duas aspas. Caso contrário, o VBA ficará confuso e responderá com o aviso de um erro de sintaxe (porque há!). Então, esta é uma declaração que insere uma fórmula que contém aspas:

```
Range("A13").Formula = "=SUM(A1:A12)&"" Lojas"""
```

A propósito, é possível acessar a propriedade Formula de uma célula mesmo que ela não tenha uma fórmula. Se uma célula não tiver uma fórmula, a propriedade Formula retornará o mesmo que sua propriedade Value.

Se você precisar saber se uma célula tem uma fórmula, use a propriedade HasFormula (discutida anteriormente neste capítulo).

> **LEMBRE-SE** Esteja atento ao fato de que o VBA "fala" inglês norte-americano. Isso significa que, para colocar uma fórmula em uma célula, é preciso usar a sintaxe do inglês. Se você utiliza uma versão em outra língua do Excel, leia sobre a propriedade FormulaLocal no sistema de Ajuda.

A propriedade NumberFormat

A propriedade NumberFormat representa o formato do número (expresso como uma string de texto) do objeto Range. É uma propriedade de leitura e escrita, então o seu código VBA pode examinar o formato do número ou mudá-lo. A declaração a seguir altera o formato do número da coluna A para uma porcentagem com duas casas decimais:

```
Columns("A:A").NumberFormat = "0.00%"
```

Siga estes passos para ver uma relação de outros formatos de número (melhor ainda, ligue o gravador de macro enquanto faz isso):

1. **Ative uma planilha.**
2. **Acesse a caixa de diálogo Formatar Células, pressionando Ctrl+1.**
3. **Selecione a guia Número.**
4. **Selecione a categoria Personalizado para ver e aplicar algumas strings adicionais de formato de número.**

Alguns Métodos Úteis do Objeto Range

Como sabemos, um método VBA executa uma ação. Um objeto Range tem dezenas de métodos, mas, de novo, você não precisa da maioria deles. Nesta seção, explore alguns dos métodos mais usados do objeto Range.

O método Select

Use o método Select para selecionar um intervalo de células. A declaração a seguir seleciona um intervalo na planilha ativa:

```
Range("A1:C12").Select
```

CUIDADO Antes de selecionar um intervalo, geralmente é uma boa ideia usar uma declaração adicional para garantir que a planilha certa esteja ativa. Por exemplo, se Plan1 contém o intervalo que você deseja selecionar, use as seguintes declarações para selecionar o intervalo:

```
Sheets("Plan1").Activate
Range("A1:C12").Select
```

Ao contrário do que pode esperar, a declaração a seguir gera um erro se Plan1 não é a planilha ativa, ou seja, você deve usar duas declarações em vez de apenas uma: para ativar a planilha e para selecionar o intervalo.

```
Sheets("Plan1").Range("A1:C12").Select
```

DICA Se usar o método GoTo do objeto Application para selecionar um intervalo, poderá esquecer sobre selecionar primeiro a planilha certa. Essa declaração ativa Plan1 e depois seleciona o intervalo:

```
Application.Goto Sheets("Plan1").Range("A1:C12")
```

O método GoTo é o equivalente em VBA à função da tecla F5 no Excel, que exibe a caixa de diálogo GoTo (Ir para).

Os métodos Copy e Paste

Você pode executar as operações de copiar e colar no VBA usando os métodos Copy e Paste. Note que dois objetos diferentes entram em cena. O método Copy é aplicável ao objeto Range, mas o método Paste é aplicável ao objeto Worksheet. Na verdade, isso faz sentido: você copia um intervalo e o cola em uma planilha.

Esta macro curta (cortesia do gravador de macro) copia o intervalo A1:A12 e o cola na mesma planilha, começando na célula C1:

```
Sub CopiarIntervalo()
    Range("A1:A12").Select
    Selection.Copy
    Range("C1").Select
    ActiveSheet.Paste
End Sub
```

DICA

Observe que, no exemplo anterior, o objeto ActiveSheet (planilha ativa) é usado com o método Paste. Essa é uma versão especial do objeto Worksheet que se refere à planilha ativa no momento. Veja ainda que a macro seleciona o intervalo antes de copiá-lo. No entanto, você não precisa selecionar um intervalo antes de fazer alguma coisa com ele. Na verdade, o procedimento a seguir consegue realizar a mesma tarefa do exemplo anterior usando uma única declaração:

```
Sub CopiarIntervalo2()
    Range("A1:A12").Copy Range("C1")
End Sub
```

Esse procedimento tem a vantagem de que o método Copy pode usar um argumento que corresponde ao intervalo de destino para a operação de cópia. Isso é algo que você pode descobrir verificando o sistema de Ajuda.

O método Clear

O método Clear (limpar) apaga o conteúdo de um intervalo, incluindo toda a formatação de célula. Por exemplo, se você quer apagar tudo na coluna D, a declaração a seguir faz o trabalho:

```
Columns("D:D").Clear
```

Você também deve conhecer dois métodos relacionados. O método ClearContents (limpar conteúdos) apaga o conteúdo do intervalo, mas deixa a formatação intacta. O método ClearFormats (limpar formatos) apaga a formatação no intervalo, mas não o conteúdo das células.

O método Delete

Limpar um intervalo é diferente de deletar um intervalo. Quando você *deleta* (ou exclui) um intervalo, o Excel desloca as células restantes para preencher o intervalo excluído.

O exemplo a seguir usa o método Delete para excluir a linha 6:

```
Rows("6:6").Delete
```

Quando se exclui um intervalo que não é uma linha ou coluna inteira, o Excel precisa saber como deslocar as células (para ver como isso funciona, experimente selecionar Página Inicial ⇨ Células ⇨ Excluir ⇨ Excluir Células no Excel).

A declaração a seguir exclui um intervalo e preenche o espaço resultante, deslocando as outras células para a esquerda:

```
Range("C6:C10").Delete xlToLeft
```

O método Delete usa um argumento que indica como o Excel deve deslocar as células restantes. Nesse caso, a constante integrada (xlToLeft) é usada para o argumento.

> **NESTE CAPÍTULO**
>
> » Usando funções para tornar suas expressões VBA mais poderosas
>
> » Usando funções VBA integradas
>
> » Usando funções de planilha do Excel em seu código VBA
>
> » Escrevendo funções personalizadas

Capítulo 9
Usando VBA e Funções de Planilha

Há três sabores de funções: as integradas ao VBA (baunilha), as integradas ao Excel (morango) e outras funções escritas em VBA (chocolate). Os capítulos anteriores mencionam como usar funções em suas expressões VBA e este capítulo oferece uma explicação completa. As funções podem fazer o seu código VBA realizar algumas façanhas poderosas, exigindo pouco ou nenhum esforço de programação. Se gostou da ideia, este capítulo é para você.

O que É Função?

Exceto por algumas pessoas que acham que o Excel é um processador de texto, todos os usuários de Excel usam funções de planilha em suas fórmulas. A função mais comum de planilha é a função SOMA, e você tem mais de 500 outras à sua disposição.

Essencialmente, uma *função* executa um cálculo e retorna um único valor. É claro que a função SOMA retorna a soma de um intervalo de valores. O mesmo é verdadeiro para as funções usadas em suas expressões VBA: cada função faz sua parte e retorna um único valor.

As funções que você usa em VBA podem vir de três fontes:

» Funções integradas fornecidas pelo VBA
» Funções de planilha fornecidas pelo Excel
» Funções personalizadas que você (ou alguém) escreve usando o VBA

O resto deste capítulo esclarece as diferenças.

Usando Funções VBA Integradas

O VBA oferece diversas funções integradas. Algumas delas usam argumentos e outras não.

Exemplos de função VBA

Esta seção apresenta alguns exemplos sobre o uso de funções VBA no código. Em muitos, a função MsgBox exibe um valor em uma caixa de mensagem. Sim, MsgBox é uma função VBA — bem incomum, mas ainda uma função. Essa função útil exibe uma mensagem em uma caixa de diálogo e ainda retorna um valor. Para obter mais detalhes sobre a função MsgBox, veja o Capítulo 15.

DICA
Uma pasta de trabalho contendo todos os exemplos está disponível no site da Alta Books [procure pelo título do livro].

Exibindo a data ou a hora do sistema

O primeiro exemplo usa a função Date do VBA para exibir a data atual do sistema em uma caixa de mensagem:

```
Sub MostrarData()
    MsgBox "Hoje é: " & Date
End Sub
```

Note que a função Date não usa um argumento. Diferentemente das funções de planilha, uma função VBA sem argumento não exige um par de parênteses vazios. Na verdade, se você digitar um par de parênteses vazios, o VBE os removerá prontamente.

Para obter a hora do sistema, use a função Time. E se quiser tudo, use a função Now para retornar ambos, a data e a hora.

Encontrando o comprimento de uma string

O procedimento a seguir usa a função VBA Len (comprimento), que retorna o comprimento de uma string de texto. A função Len recebe um argumento: a string. Quando você executa esse procedimento, a caixa de mensagem exibe seu nome e o número de caracteres em seu nome (veja a Figura 9-1).

```
Sub ObterComprimento()
    Dim MeuNome As String
    Dim ComprimentoDoTexto As Long
    MeuNome = Application.UserName
    ComprimentoDoTexto = Len(MeuNome)
    MsgBox MeuNome  & " tem" & ComprimentoDoTexto & "
  caracteres."
End Sub
```

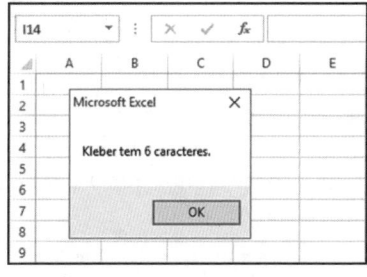

FIGURA 9-1: Calculando o comprimento do seu nome.

O Excel também tem uma função LEN (NÚM.CARACT), que você pode usar em suas fórmulas de planilhas. A versão do Excel e a função VBA funcionam da mesma maneira.

Exibindo o nome de um mês

O procedimento a seguir usa a função MonthName (NomeMês), que retorna o nome de um mês. MonthName usa um argumento: um inteiro entre 1 e 12.

```
Sub MostrarNomeDoMês()
    Dim EsteMês As Long
    EsteMês = Month(Date)
    MsgBox MonthName(EsteMês)
End Sub
```

Esse procedimento usa a função Month (mês) para obter o mês atual (como um valor) e esse valor é atribuído à variável EsteMês. Então, função MonthName converte o valor em texto. Portanto, se você executar esse procedimento em Abril, a caixa de mensagem exibirá o texto Abril.

Na verdade, a variável EsteMês não é requerida. Você consegue o mesmo efeito com esta expressão, que usa três funções VBA:

```
MonthName(Month(Date))
```

Aqui, a data atual é passada como um argumento para a função Month, que retorna um valor que é passado como um argumento à função MonthName.

Determinando o tamanho de um arquivo

O procedimento Sub a seguir exibe o tamanho, em bytes, de um arquivo Excel executável. Ele encontra esse valor usando a função FileLen (extensão de arquivo):

```
Sub TamanhoDoArquivo()
    Dim Arquivo As String
    Arquivo = "C:\Program Files (x86)\Microsoft Office\root\Office16\EXCEL.EXE"
    MsgBox FileLen(Arquivo)
End Sub
```

Note que essa rotina *restringe os códigos* do nome de arquivo (isto é, declara explicitamente o caminho). Em geral, essa não é uma boa ideia. O arquivo pode não estar no drive C ou a pasta do Excel pode ter um nome diferente. A declaração a seguir mostra uma abordagem melhor:

```
Arquivo = Application.Path & "\EXCEL.EXE"
```

Path (caminho) é uma propriedade do objeto Application. Ela simplesmente retorna o nome da pasta onde o aplicativo (isto é, o Excel) está instalado (sem uma barra invertida no final).

Identificando o tipo de um objeto selecionado

O procedimento a seguir usa a função TypeName, que retorna o tipo da seleção na planilha (como uma string):

```
Sub MostraTipoSeleção()
    Dim Seleção As String
    Seleção = TypeName(Selection)
    MsgBox Seleção
End Sub
```

A seleção poderia ser Range, Picture, Rectangle, ChartArea ou qualquer outro tipo de objeto que possa ser selecionado.

> **DICA**
> A função TypeName é muito versátil. Você também pode usá-la para determinar o tipo de dados de uma variável.

Funções VBA que fazem mais do que retornar um valor

Algumas funções VBA vão muito além da obrigação. Em vez de simplesmente retornarem um valor, elas têm alguns efeitos colaterais úteis. A Tabela 9-1 as relaciona.

TABELA 9-1 Funções VBA com Efeitos Colaterais Úteis

Função	O que Ela Faz
MsgBox	Exibe uma caixa de diálogo útil contendo uma mensagem e botões. A função retorna um código que identifica qual botão o usuário clica. Veja detalhes no Capítulo 15.
InputBox	Exibe uma caixa de diálogo simples que pede alguma entrada do usuário. A função retorna o que o usuário insere na caixa de diálogo. O Capítulo 15 explora a função InputBox.
Shell	Executa outro programa. A função retorna a *ID* (um identificador único) *da tarefa* do outro programa (ou um erro, se a função não conseguir iniciar o outro programa).

Descobrindo funções VBA

Como você descobre quais funções o VBA oferece? Boa pergunta. A melhor fonte é o sistema de Ajuda do Excel VBA. Outra maneira é digitar **VBA**, seguido por um ponto. Você obtém uma lista de itens, como mostrado na Figura 9-2. Os que têm um ícone são funções. Se esse recurso não estiver funcionando, selecione Ferramentas ⇨ Opções no VBE, clique na guia Editor e coloque uma marca de verificação ao lado de Autolistar Membros.

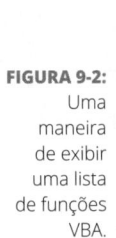

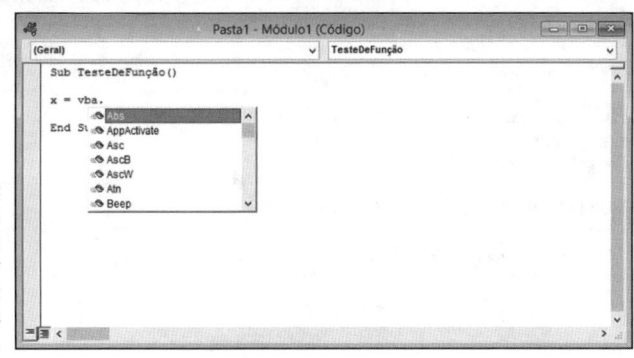

FIGURA 9-2: Uma maneira de exibir uma lista de funções VBA.

Há mais de 140 funções diferentes disponíveis em VBA. Algumas são tão especializadas e obscuras que você nunca precisará delas. Outras, no entanto, são bem úteis para muitas aplicações. A Tabela 9-2 lista algumas das funções mais úteis.

TABELA 9-2   Funções Integradas Mais Úteis do VBA

Função	O que Ela Faz
Abs	Retorna o valor absoluto de um número
Array	Retorna uma variante contendo um array
Choose	Retorna um valor de uma lista de itens
Chr	Converte um valor ANSI em uma string
CurDir	Retorna o caminho atual
Date	Retorna a data atual do sistema
DateAdd	Retorna uma data à qual foi acrescentado um intervalo de tempo especificado; por exemplo, um mês de uma data específica
DateDiff	Retorna um inteiro mostrando o número de intervalos de tempo especificados entre duas datas; por exemplo, o número de meses entre agora e seu aniversário
DatePart	Retorna um inteiro contendo a parte especificada de determinada data; por exemplo, o dia do ano de uma data
DateSerial	Converte uma data em um número de série
DateValue	Converte uma string em uma data
Day	Retorna o dia do mês a partir de um valor de data
Dir	Retorna o nome de um arquivo ou diretório que combina com um padrão
Err	Retorna o número de erro de uma condição de erro
Error	Retorna a mensagem de erro que corresponde a um número de erro
Exp	Retorna a base do logaritmo natural (e) elevada a uma potência
FileLen	Retorna o número de bytes de um arquivo
Fix	Retorna a parte inteira de um número
Format	Exibe uma expressão em um formato específico
GetSetting	Retorna um valor do registro do Windows
Hour	Retorna a parte das horas de um valor de tempo
InputBox	Exibe uma caixa para solicitar uma entrada do usuário

Função	O que Ela Faz
InStr	Retorna a posição de uma string dentro de outra string (a partir do começo)
InStrRev	Retorna a posição de uma string dentro de outra string (a partir do final)
Int	Retorna a parte inteira de um número
IsArray	Retorna True se uma variável é um array
IsDate	Retorna True se uma expressão é uma data
IsEmpty	Retorna True se uma variável não foi inicializada
IsError	Retorna True se uma expressão é um valor de erro
IsMissing	Retorna True se um argumento opcional não foi passado para um procedimento
IsNull	Retorna True se uma expressão não contém dados válidos
IsNumeric	Retorna True se uma expressão pode ser avaliada como um número
LBound	Retorna o menor subscrito para a dimensão de um array
LCase	Retorna uma string convertida em letras minúsculas
Left	Retorna um número de caracteres especificado do lado esquerdo de uma string
Len	Retorna o número de caracteres de uma string
Mid	Retorna um número especificado de caracteres de uma string
Minute	Retorna a parte de minutos de um valor de tempo
Month	Retorna o mês de um valor de data
MsgBox	Exibe uma caixa de mensagem e (opcionalmente) retorna um valor
Now	Retorna a data e a hora atuais do sistema
Replace	Substitui uma substring em uma string por outra substring
RGB	Retorna um valor numérico RGB representando uma cor
Right	Retorna um número especificado de caracteres do lado direito de uma string
Rnd	Retorna um número aleatório entre 0 e 1
Second	Retorna a parte de segundos de um valor de tempo
Shell	Roda um programa executável
Space	Retorna uma string com um número especificado de espaços
Split	Divide uma string em partes, usando um caractere delimitador
Sqr	Retorna a raiz quadrada de um número
String	Retorna um caractere ou uma string repetida

(continua)

(continuação)

Função	O que Ela Faz
Time	Retorna a hora atual do sistema
Timer	Retorna o número de segundos desde a meia-noite
TimeSerial	Retorna o tempo para uma hora, minuto e segundo especificados
TimeValue	Converte uma string em um número serial de hora
Trim	Retorna uma string sem espaços no início ou no final
TypeName	Retorna uma string que descreve o tipo de dados de uma variável
UBound	Retorna o maior subscrito disponível para a dimensão de um array
UCase	Converte uma string em letras maiúsculas
Val	Retorna os números contidos em uma string
Weekday	Retorna um número representando um dia da semana
Year	Retorna o ano a partir de um valor de data

DICA Para obter detalhes completos sobre uma função em especial, digite o nome dela em um módulo VBA, mova o cursor para qualquer lugar do texto e pressione F1.

Usando Funções de Planilha no VBA

Embora o VBA ofereça uma boa diversidade de funções integradas, nem sempre você encontra exatamente o que precisa. Felizmente, também é possível usar a maioria das funções de planilha do Excel em seus procedimentos VBA. As únicas funções de planilha que não podem ser usadas são aquelas que têm uma função VBA equivalente. Por exemplo, você não pode usar a função ALEATÓRIO do Excel (que gera um número aleatório) porque o VBA tem uma função equivalente: Rnd.

O VBA disponibiliza as funções de planilha do Excel por meio do objeto WorksheetFunction, que está contido no objeto Application. Veja um exemplo de como pode usar a função SOMA do Excel em uma instrução VBA:

```
Total = Application.WorksheetFunction.SUM(Range("A1:A12"))
```

DICA É possível omitir a parte Application ou a parte WorksheetFunction da expressão. De qualquer modo, o VBA saberá o que você está fazendo, ou seja, as três expressões a seguir funcionam exatamente da mesma forma:

```
Total = Application.WorksheetFunction.SUM(Range("A1:A12"))
Total = WorksheetFunction.SUM(Range("A1:A12"))
Total = Application.SUM(Range("A1:A12"))
```

Exemplos de função de planilha

Muitas das funções de planilha do Excel podem ser usadas em expressões VBA. Pense em funções de planilha como plugins que você pode utilizar para estender a utilidade de seus próprios procedimentos. Nesta seção, você descobre como incorporar funções de planilha do Excel em seu código VBA.

Encontrando o valor máximo em um intervalo

Veja um exemplo que mostra como usar a função de planilha MAX (MÁXIMO) do Excel em um procedimento VBA. Esse procedimento exibe o valor máximo na coluna A da planilha ativa (veja a Figura 9-3):

```
Sub MostrarMáximo()
    Dim Máximo As Double
    Máximo = WorksheetFunction.MAX(Range("A:A"))
    MsgBox Máximo
End Sub
```

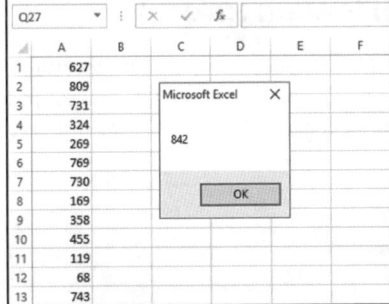

FIGURA 9-3: Usando uma função de planilha em seu código VBA.

Você pode usar a função MIN (MÍNIMO) para obter o menor valor em um intervalo. E, como o esperado, pode usar outras funções de planilha de maneira semelhante. Por exemplo, pode usar a função LARGE (MAIOR) para determinar o *enésimo* maior valor em um intervalo. A expressão a seguir demonstra isso:

```
SecondHighest = WorksheetFunction.LARGE(Range("A:A"),2)
```

Observe que a função LARGE usa dois argumentos. O segundo argumento representa a *enésima* parte, no caso, 2 (o segundo maior valor).

Calculando o pagamento de uma hipoteca

O próximo exemplo usa a função de planilha PMT (PGTO) para calcular o pagamento de uma hipoteca. Esse procedimento usa três variáveis para armazenar os dados que são passados à função PMT como argumentos. Uma caixa de mensagem exibe o pagamento calculado.

```
Sub Pagamento()
    Dim Taxa As Double
    Dim Empréstimo  As Double
    Dim Período As Long
    Taxa = 0.0625 / 12
    Período = 30 * 12
    Empréstimo  = 150000
    MsgBox WorksheetFunction.PMT(Taxa, Período, -Empréstimo )
End Sub
```

Como demonstra a declaração a seguir, você também pode inserir os valores diretamente como argumentos de função:

```
MsgBox WorksheetFunction.PMT(0.0625 /12, 360, -150000)
```

No entanto, usar variáveis para armazenar os parâmetros facilita a leitura e a modificação do código, se necessário.

Usando uma função lookup (procv)

O exemplo a seguir usa as funções InputBox e MsgBox do VBA, além da função VLOOKUP (PROCV) do Excel. Ela solicita o número de um produto e depois obtém o preço consultando uma tabela. Na Figura 9-4, o intervalo A1:B13 é chamado de ListaDePreços.

```
Sub ObterPreço()
    Dim Código As Variant
    Dim Preço As Double
    Código = InputBox("Informe o código do produto")
    Sheets("Preços").Activate
    Price = WorksheetFunction.VLOOKUP(Código,
  Range("ListaDePreços"), 2, False)
    MsgBox Código & " custa " & Preço
End Sub
```

DICA Você pode fazer o download dessa pasta de trabalho no site da editora [procure pelo título do livro].

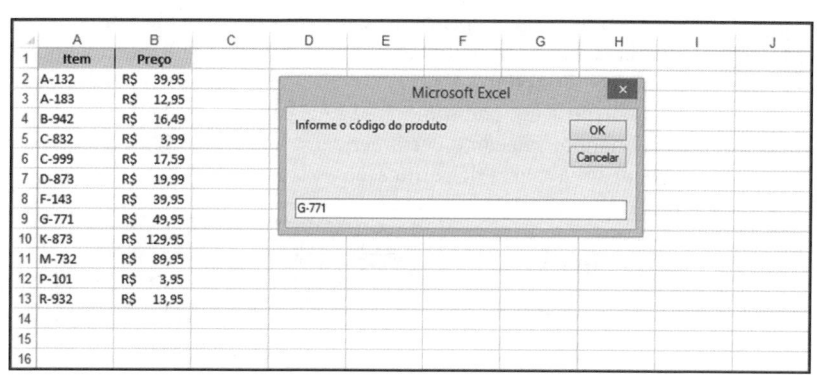

FIGURA 9-4:
O intervalo, chamado ListaDe-Preços, contém os preços dos produtos.

	A	B
1	Item	Preço
2	A-132	R$ 39,95
3	A-183	R$ 12,95
4	B-942	R$ 16,49
5	C-832	R$ 3,99
6	C-999	R$ 17,59
7	D-873	R$ 19,99
8	F-143	R$ 39,95
9	G-771	R$ 49,95
10	K-873	R$ 129,95
11	M-732	R$ 89,95
12	P-101	R$ 3,95
13	R-932	R$ 13,95

Microsoft Excel — Informe o código do produto: G-771

Veja como funciona o procedimento ObterPreço:

1. **A função InputBox do VBA pede o código do produto ao usuário.**

2. **O número do produto que o usuário insere é atribuído à variável Código.**

3. **A próxima declaração ativa a planilha Preços, só para o caso de ela ainda não ser a planilha ativa.**

4. **O código usa a função VLOOKUP (PROCV) para encontrar o número do produto na tabela.**

   Observe que os argumentos que você usa nessa declaração são iguais aos que usaria com a função em uma fórmula de planilha. Essa declaração atribui o resultado da função à variável Preço.

5. **O código exibe o preço do produto por meio da função MsgBox.**

Esse procedimento não tem nenhum tratamento de erro e falha miseravelmente se você informa um número de produto inexistente. (Tente.) Se isso fosse uma aplicação real usada em um negócio de verdade, você poderia acrescentar algumas declarações de tratamento de erro para um procedimento mais robusto. O Capítulo 12 fala sobre o tratamento de erro.

Inserindo funções de planilha

Você não pode usar a caixa de diálogo Inserir Função do Excel para inserir uma função de planilha em um módulo VBA. Em vez disso, insira tais funções como sempre fez: à mão. No entanto, *pode* usar a caixa de diálogo Inserir Função para identificar a função que deseja usar e descobrir sobre seus argumentos.

DICA

Você também pode aproveitar a opção Autolistar Membros do VBE, que exibe uma lista suspensa de todas as funções de planilha. Basta digitar **Application.WorksheetFunction**, seguido de um ponto. Então, verá uma lista das funções à sua disposição, como mostrado na Figura 9-5. Se esse recurso não estiver funcionando, selecione Ferramentas ⇨ Opções do VBE, clique na guia Editor e coloque uma marca de verificação ao lado de Autolistar Membros.

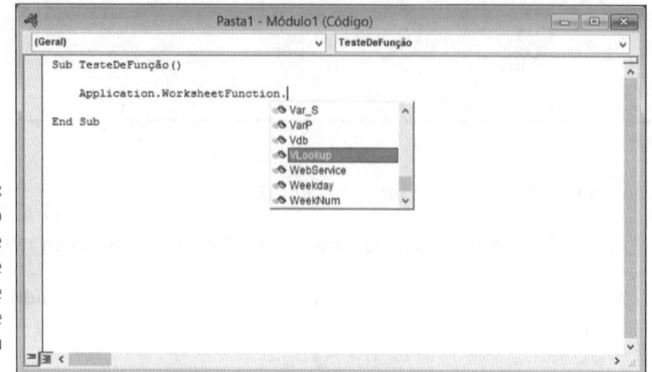

FIGURA 9-5: Obtendo uma lista de funções de planilha que você pode usar em seu código VBA.

Mais sobre o uso de funções de planilha

Geralmente, os recém-chegados ao VBA confundem as funções integradas do VBA com as funções de planilha do Excel. Uma boa regra é lembrar que o VBA não tenta reinventar a roda. Na maior parte do tempo, ele não duplica as funções de planilha do Excel.

Para a maioria das funções de planilha que não estão disponíveis como métodos do objeto WorksheetFunction, você pode usar um operador ou uma função integrada equivalente do VBA. Por exemplo, a função de planilha MOD não está disponível no objeto WorksheetFunction, pois o VBA tem um equivalente: o seu operador integrado Mod.

DICA

A questão toda? Se você precisa usar uma função, verifique primeiro se o VBA tem algo que atenda às suas necessidades. Se não, verifique as funções de planilha. Se tudo der errado, você pode ser capaz de escrever uma função personalizada usando o VBA.

Usando Funções Personalizadas

Depois de aprender a lidar com as funções VBA e as funções de planilha do Excel, mergulhe na terceira categoria de funções que pode usar em seus procedimentos VBA: as funções personalizadas. Uma *função personalizada* (também conhecida como *Função Definida pelo Usuário* ou UDF — do inglês *User Defined Function*) é aquela que você mesmo desenvolve usando (o que mais?) o VBA. Para usar uma função personalizada, é preciso defini-la na pasta de trabalho em que a utiliza ou, então, definir as funções em um add-in (veja o Capítulo 21).

Veja um exemplo de definição de um simples procedimento Function (MultiDois) e, depois, o seu uso em um procedimento VBA Sub (MostrarResultado):

```
Function MultiDois(num1, num2) As Double
    MultiDois = num1 * num2
End Function


Sub MostrarResultado()
    Dim n1 As Double, n2 As Double
    Dim Resultado As Double
    n1 = 123
    n2 = 544
    Resultado = MultiDois(n1, n2)
    MsgBox Resultado
End Sub
```

A função personalizada MultiDois tem dois argumentos. O procedimento Sub MostrarResultado usa esse procedimento Function, passando dois argumentos a ele (entre parênteses). Depois, o procedimento MostrarResultado exibe uma caixa de mensagem, mostrando o valor retornado pela função MultiDois.

É claro que a maioria das funções personalizadas não é tão trivial quanto a função MultiDois. Mas esse exemplo deve lhe dar uma ideia de como um procedimento Sub pode usar uma função personalizada.

Use também funções personalizadas em suas fórmulas de planilha. Por exemplo, se MultiDois está definida em sua pasta de trabalho, você pode escrever uma fórmula como esta:

```
=MultiDois(A1,A2)
```

Essa fórmula retorna o produto dos valores nas células A1 e A2.

Criar funções de planilha personalizadas é um tópico importante (e muito útil). Tão importante (e útil) que o Capítulo 20 inclui exemplos realmente úteis.

> **NESTE CAPÍTULO**
>
> » Descobrindo métodos para controlar o fluxo dos procedimentos VBA
>
> » Sabendo mais sobre a temida declaração GoTo
>
> » Usando as estruturas If-Then e Select Case
>
> » Executando loops nos procedimentos

Capítulo **10**

Controlando o Fluxo de Programa e Tomando Decisões

Alguns procedimentos VBA começam no início do código e progridem, linha por linha, até o final, nunca se desviando desse fluxo de programa, de cima para baixo. As macros que você grava sempre funcionam assim. Porém, em muitos casos, é preciso controlar o fluxo do código, pulando algumas declarações, executando algumas declarações diversas vezes e testando condições para determinar o que o procedimento faz em seguida. Segure-se e aproveite o passeio, pois você está prestes a descobrir a essência da programação.

Seguindo o Fluxo, Cara

Alguns novatos em programação não conseguem entender como um computador burro pode tomar decisões inteligentes. O segredo está em várias construções de programação que a maioria das linguagens de programação suporta. A

Tabela 10-1 oferece um resumo dessas construções (elas são explicadas mais adiante neste capítulo).

TABELA 10-1 Construções de Programação para Tomar Decisões

Construção	Como Funciona
Declaração GoTo	Pula para uma declaração específica
Estrutura If-Then	Faz alguma coisa se algo mais for verdadeiro
Select Case	Multiuso, mas depende do valor atribuído
Loop For-Next	Executa uma série de declarações um número especificado de vezes
Loop Do-While	Faz algo, desde que alguma outra coisa continue a ser verdadeira
Loop Do-Until	Faz algo até que alguma outra coisa se torne verdadeira

A Declaração GoTo

Uma declaração GoTo oferece o meio mais direto de alterar o fluxo de um programa. A declaração GoTo simplesmente transfere a execução do programa para uma nova declaração, que é precedida de um rótulo.

As suas rotinas VBA podem conter quantos rótulos você quiser. Um *rótulo* é apenas uma string de texto seguida de dois pontos.

O procedimento a seguir mostra como funciona uma declaração GoTo:

```
Sub ChecarUsuário()
    NomeDoUsuário = InputBox("Insira seu nome: ")
    If NomeDoUsuário <> "Alta Books" Then GoTo NomeErrado
    MsgBox ("Bem-vinda, Alta Books...")
    'mais código aqui
    Exit Sub
NomeErrado:
    MsgBox "Desculpe. Somente Alta Books pode executar este
    programa."
End Sub
```

O procedimento usa a função InputBox para obter o nome do usuário. Então, uma decisão é tomada: se o usuário entra com um nome diferente de Alta Books, o fluxo do programa pula para o rótulo NomeErrado, exibe uma mensagem de desculpas e o procedimento termina. Por outro lado, se a Alta Books executa essa macro e insere o nome de usuário correto, o procedimento exibe uma

> **PAPO DE ESPECIALISTA**
>
> ## O QUE É PROGRAMAÇÃO ESTRUTURADA? ELA É IMPORTANTE?
>
> Se você anda com programadores, cedo ou tarde ouvirá o termo *programação estruturada*. Esse termo existe há décadas e, em geral, os programadores concordam que programas estruturados são superiores a programas não estruturados. Então, o que é programação estruturada? E é possível fazê-la usando o VBA?
>
> A premissa básica da programação estruturada é que uma rotina ou segmento de código só deve ter um ponto de entrada e um de saída, ou seja, um bloco de código deve ser uma unidade individual. Um programa não pode pular para o meio dessa unidade nem pode sair em qualquer ponto, exceto pelo único ponto de saída. Quando você escreve um código estruturado, o programa progride de forma ordenada e é fácil de acompanhar; diferente de um programa que pula de modo desordenado. Isso praticamente elimina o uso da declaração GoTo.
>
> Geralmente, um programa estruturado é mais fácil de ler e entender. Mais importante, ele também é mais fácil de modificar quando surge uma necessidade.
>
> De fato, o VBA é uma linguagem estruturada. Ela oferece construções estruturadas padrão, tais como estruturas If-Then-Else, loops For-Next, Do-Until e Do-While, e Select Case. Além do mais, ela suporta totalmente construções de código de módulos. Se você for novo em programação, deve tentar desenvolver bons hábitos de programação estruturada logo no início. Fim da aula.

mensagem de boas-vindas e depois executa algum código adicional (não mostrado no exemplo).

Observe que a declaração Exit Sub encerra o procedimento antes que a segunda função MsgBox tenha uma chance de trabalhar. Sem essa declaração, ambas as declarações MsgBox seriam executadas.

Essa rotina simples funciona, mas o VBA oferece diversas alternativas melhores (e mais estruturadas) do que GoTo. Em geral, você só deveria usar GoTo quando não tiver outra forma de executar uma ação. Na vida real, a única vez em que *deve* usar uma declaração GoTo é para capturar erros (você obtém uma revisão detalhada sobre como lidar com erros no Capítulo 12).

A propósito, o procedimento ChecarUsuário simplesmente demonstra a declaração GoTo. Não tem a intenção de demonstrar uma técnica de segurança efetiva!

CUIDADO

Muitos tipos de programação explícitos têm uma aversão intrínseca por declarações GoTo, porque usá-las pode resultar em "código espaguete" difícil de ler (e difícil de manter). Portanto, você nunca deve admitir que usa declarações GoTo ao falar com outros programadores.

Decisões, Decisões

Como em muitos outros aspectos da vida, a tomada de decisões eficaz é a chave do sucesso para escrever macros Excel. Esta seção trata de duas estruturas de programação que podem reforçar os seus procedimentos VBA com uma capacidade de tomar decisões impressionante: If-Then e Select Case.

A estrutura If-Then

If-Then é a estrutura de controle mais importante do VBA. Você provavelmente usará esse comando diariamente.

Use a estrutura If-Then quando quiser executar uma ou mais declarações de maneira condicional. A cláusula opcional Else, se incluída, permite executar uma ou mais declarações se a condição testada *não* é verdadeira. Aqui está o procedimento simples ChecarUsuário apresentado anteriormente, reformulado para usar a estrutura If-Then-Else:

```
Sub ChecarUsuário2()
    NomeDoUsuário = InputBox("Insira seu nome: ")
    If NomeDoUsuário = "Alta Books" Then
        MsgBox ("Bem-vinda, Alta Books...")
        'mais código aqui
    Else
        MsgBox "Desculpe. Apenas Alta Books pode executar este programa."
    End If
End Sub
```

Você provavelmente concorda que essa versão é muito mais fácil de acompanhar.

DICA É possível fazer o download de uma pasta de trabalho que contém os exemplos desta seção no site da editora [procure pelo título do livro].

Exemplos de If-Then

A rotina a seguir demonstra a estrutura If-Then sem a cláusula opcional Else:

```
Sub CumprimenteMe()
    If Time < 0.5 Then MsgBox "Bom dia"
End Sub
```

O procedimento CumprimenteMe usa a função Time (tempo) do VBA para obter a hora do sistema. Se a hora atual do sistema for menor que 0.5 (ou seja, antes do meio-dia), a rotina exibe uma saudação amigável. Se Time for maior ou igual a 0.5, o procedimento termina e nada acontece.

Para exibir uma saudação diferente, se Time for maior ou igual a 0.5, acrescente outra declaração If-Then após a primeira:

```
Sub CumprimenteMe2()
    If Time < 0.5 Then MsgBox "Bom dia"
    If Time >= 0.5 Then MsgBox "Boa tarde"
End Sub
```

Observe que a segunda declaração If-Then utiliza >= (maior ou igual a). Isso garante que o dia inteiro esteja coberto. Caso tivesse usado > (maior que), nenhuma mensagem apareceria se esse procedimento fosse executado exatamente às 12 horas. Isso é bem improvável, mas com um programa importante como esse, é melhor não correr nenhum risco.

Um exemplo de If-Then-Else

Outra abordagem ao problema anterior usa a cláusula Else. Veja a mesma rotina, recodificada para usar a estrutura If-Then-Else:

```
Sub CumprimenteMe3()
    If Time < 0.5 Then MsgBox "Bom dia" Else _
        MsgBox "Boa tarde"
End Sub
```

Observe o caractere de continuação de linha (sublinhado) no exemplo anterior. A declaração If-Then-Else é, na verdade, uma única linha. O VBA oferece uma maneira ligeiramente diferente de codificar as construções If-Then-Else que usam uma declaração End-If (terminar se). Portanto, o procedimento CumprimenteMe pode ser reescrito como

```
Sub CumprimenteMe4()
    If Time < 0.5 Then
        MsgBox "Bom dia"
    Else
        MsgBox "Boa tarde"
    End If
End Sub
```

Na verdade, é possível inserir qualquer quantidade de declarações depois do If e do Else. Essa sintaxe é mais fácil de ler e deixa as declarações mais curtas.

E se precisar expandir a rotina CumprimenteMe para lidar com três condições: manhã, tarde e noite? Há duas opções: usar três declarações If-Then ou usar uma estrutura If-Then-Else *aninhada*. *Aninhar* significa colocar uma estrutura

If-Then-Else dentro de outra estrutura If-Then-Else. Na primeira abordagem é mais simples usar três declarações If-Then:

```
Sub CumprimenteMe5()
    Dim Msg As String
    If Time < 0.5 Then Msg = "Manhã"
    If Time >= 0.5 And Time < 0.75 Then Msg = "Tarde"
    If Time >= 0.75 Then Msg = "Noite"
    MsgBox "Boa " & Msg
End Sub
```

Agora você pode usar uma variável para ficar mais chique. A variável Msg obtém um valor de texto diferente, dependendo da hora do dia. A declaração MsgBox exibe a saudação Boa Manhã, Boa Tarde ou Boa Noite.

O procedimento a seguir executa a mesma ação, mas usa a estrutura If-Then--End If:

```
Sub CumprimenteMe6()
    Dim Msg As String
    If Time < 0.5 Then
        Msg = "Manhã"
    End If
    If Time >= 0.5 And Time < 0.75 Then
        Msg = "Tarde"
    End If
    If Time >= 0.75 Then
        Msg = "Noite"
    End If
    MsgBox "Boa " & Msg
End Sub
```

Usando ElseIf

Nos exemplos anteriores, cada declaração na rotina é executada, mesmo de manhã. Uma estrutura um pouco mais eficiente sairia da rotina assim que descobrisse uma condição como verdadeira. Por exemplo, pela manhã, o procedimento exibiria a mensagem Boa Manhã e depois sairia, sem avaliar as outras condições supérfluas.

Com uma rotina pequena como essa, você não precisa se preocupar com a velocidade de execução. Mas, em aplicações maiores, onde a velocidade é importante, deveria conhecer outra sintaxe para a estrutura If-Then: ElseIf.

Veja como reescrever o procedimento CumprimenteMe usando-a:

```
Sub CumprimenteMe7()
    Dim Msg As String
    If Time < 0.5 Then
        Msg = "Manhã"
    ElseIf Time >= 0.5 And Time < 0.75 Then
        Msg = "Tarde"
    Else
        Msg = "Noite"
    End If
    MsgBox "Boa " & Msg
End Sub
```

Quando uma condição é verdadeira, o VBA executa as declarações condicionais e a estrutura If termina, ou seja, o VBA não perde tempo avaliando as condições irrelevantes, o que torna esse procedimento um pouco mais eficiente que os exemplos anteriores. A consequência (sempre existem consequências) é que o código fica mais difícil de entender (claro que você já sabia disso).

Um outro exemplo If-Then

Veja outro exemplo que usa a forma simples da estrutura If-Then. Este procedimento solicita ao usuário uma quantidade e, depois, exibe o desconto adequado com base na quantidade fornecida pelo usuário:

```
Sub MostrarDesconto()
    Dim Quantidade  As Long
    Dim Desconto As Double
    Quantidade = InputBox("Digite a quantidade:")
    If Quantidade > 0 Then Desconto = 0.1
    If Quantidade >= 25 Then Desconto = 0.15
    If Quantidade >= 50 Then Desconto = 0.2
    If Quantidade >= 75 Then Desconto = 0.25
    MsgBox "Desconto: " & Desconto
End Sub
```

Observe que cada declaração If-Then nessa rotina é executada e o valor de Desconto pode mudar enquanto as declarações são executadas. Por fim, o procedimento exibe o valor correto de Desconto, pois as declarações If-Then estão em ordem crescente de valores.

O procedimento a seguir executa as mesmas tarefas usando a sintaxe ElseIf alternativa. Neste caso, a rotina termina imediatamente depois de executar as declarações para uma condição verdadeira:

```
Sub MostrarDesconto2()
    Dim Quantidade As Long
    Dim Desconto As Double
    Quantidade = InputBox("Digite a quantidade: ")
    If Quantidade > 0 And Quantidade < 25 Then
        Desconto = 0.1
    ElseIf Quantidade >= 25 And Quantidade < 50 Then
        Desconto = 0.15
    ElseIf Quantidade >= 50 And Quantidade < 75 Then
        Desconto = 0.2
    ElseIf Quantidade >= 75 Then
        Desconto = 0.25
    End If
    MsgBox "Desconto : " & Desconto
End Sub
```

Por mais que as estruturas If-Then sejam importantes, elas ficam bem complicadas quando uma decisão envolve três ou mais escolhas. Felizmente, a estrutura Select Case, discutida na próxima seção, oferece uma abordagem mais simples e mais eficiente.

A estrutura Select Case

A estrutura Select Case é útil para decisões envolvendo três ou mais opções (embora também funcione com duas opções, oferecendo uma alternativa à estrutura If-Then-Else).

DICA Os exemplos desta seção estão disponíveis no site da editora [procure pelo título do livro].

Um exemplo de Select Case

O exemplo a seguir mostra como usar a estrutura Select Case. Isso também mostra outra forma de codificar os exemplos apresentados na seção anterior:

```
Sub MostrarDesconto3()
    Dim Quantidade As Long
    Dim Desconto As Double
    Quantidade = InputBox("Digite a quantidade: ")
    Select Case Quantidade
        Case 0 To 24
            Desconto = 0.1
```

```
            Case 25 To 49
                Desconto = 0.15
            Case 50 To 74
                Desconto = 0.2
            Case Is >= 75
                Desconto = 0.25
        End Select
        MsgBox "Desconto : " & Desconto
    End Sub
```

Nesse exemplo, a variável Quantidade está sob avaliação. A rotina verifica quatro casos diferentes (0–24, 25–49, 50–74 e 75 ou maior).

Qualquer número de declarações pode seguir cada declaração Case, e todas elas são executadas se a condição é verdadeira. Se você usa apenas uma declaração, como no exemplo, pode colocá-la na mesma linha da palavra-chave Case, precedida por dois pontos — o caractere separador de declaração do VBA. Isso deixa o código mais compacto e um pouco mais claro. Veja como fica o procedimento usando esse formato:

```
Sub MostrarDesconto4 ()
    Dim Quantidade As Long
    Dim Desconto As Double
    Quantidade = InputBox("Digite a quantidade: ")
    Select Case Quantidade
        Case 0 To 24: Desconto = 0.1
        Case 25 To 49: Desconto = 0.15
        Case 50 To 74: Desconto = 0.2
        Case Is >= 75: Desconto = 0.25
    End Select
    MsgBox "Desconto: " & Desconto
End Sub
```

Quando o VBA executa uma estrutura Select Case, ela é finalizada assim que o VBA encontra um caso verdadeiro e executa as declarações para aquele caso.

Um exemplo de Select Case aninhada

Conforme demonstrado no exemplo a seguir, é possível aninhar estruturas Select Case. Esse procedimento examina a célula ativa e exibe uma mensagem descrevendo o conteúdo da célula. Observe que o procedimento tem três estruturas Select Case e cada uma tem sua própria declaração End Select:

```
Sub ChecarCélula()
    Dim Msg As String
    Select Case IsEmpty(ActiveCell)
```

```
            Case True
                Msg = "está vazia."
            Case Else
                Select Case ActiveCell.HasFormula
                    Case True
                        Msg = "tem uma fórmula"
                    Case Else
                        Select Case IsNumeric(ActiveCell)
                            Case True
                                Msg = "tem um número"
                            Case Else
                                Msg = "tem texto"
                        End Select
                End Select
        End Select
        MsgBox "A célula " & ActiveCell.Address & " " & Msg
End Sub
```

A lógica é mais ou menos assim:

1. **Descobrir se a célula está vazia.**

2. **Se não estiver vazia, ver se ela contém uma fórmula.**

3. **Se não houver fórmula, descobrir se ela contém um valor numérico ou texto.**

Quando o procedimento termina, a variável Msg contém uma string que descreve o conteúdo da célula. Conforme mostrado na Figura 10-1, a função MsgBox exibe esta mensagem.

Você pode aninhar estruturas Select Case tão profundamente quanto precisar, mas verifique se cada declaração Select Case tem uma declaração End Select correspondente.

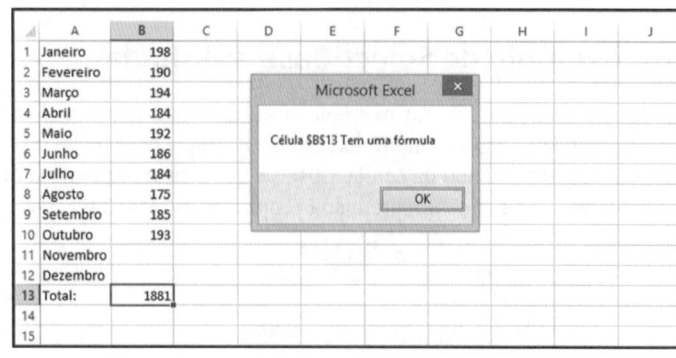

FIGURA 10-1: Uma mensagem exibida pelo procedimento ChecarCélula.

DICA

Se você ainda não estiver convencido de que vale a pena recuar o código, a listagem anterior serve como um bom exemplo. A indentação realmente ajuda a esclarecer os níveis de aninhamento. Dê uma olhada no mesmo procedimento sem qualquer indentação:

```
Sub ChecarCélula()
Dim Msg As String
Select Case IsEmpty(ActiveCell)
Case True
Msg = "está vazia."
Case Else
Select Case ActiveCell.HasFormula
Case True
Msg = "tem uma fórmula"
Case Else
Select Case IsNumeric(ActiveCell)
Case True
Msg = "tem um número"
Case Else
Msg = "tem texto"
End Select
End Select
End Select
MsgBox "A célula " & ActiveCell.Address & " " & Msg
End Sub
```

Bem incompreensível, não é?

Fazendo Seu Código Dar um Loop

O termo *looping* se refere a repetir, várias vezes, um bloco de declarações VBA. Para que usar loops? Seu código pode...

» Fazer um loop em um intervalo de células, trabalhando com cada célula individualmente.

» Fazer um loop em todas as pastas de trabalho abertas (a coleção Workbooks) e fazer algo com cada uma.

» Fazer um loop em todas as planilhas em uma pasta de trabalho (a coleção Worksheets) e fazer algo com cada uma.

» Fazer um loop em todos os elementos em um array.

» Fazer um loop em todos os caracteres em uma célula.

» Fazer um loop em todos os gráficos em uma planilha (a coleção ChartObjects) e fazer algo com cada gráfico.

O VBA suporta diversos tipos de loops e os exemplos a seguir demonstram algumas maneiras de usá-los.

Loops For-Next

DICA

Os exemplos desta seção estão todos disponíveis no site da editora [procure pelo título do livro].

O tipo mais simples de loop é o For-Next. O loop é controlado por uma variável counter (contador), que começa em um valor e para em outro. As declarações entre as declarações For e Next são as que se repetem no loop. Para ver como funciona, continue lendo.

Um exemplo For-Next

O exemplo a seguir mostra um loop For-Next para somar os primeiros 1.000 números positivos. A variável Total começa como zero. Então ocorre o loop. A variável Cnt é o contador de loops. Ela começa como 1 e é incrementada em 1 a cada volta do loop. O loop termina quando Cnt é 1.000.

Este exemplo tem apenas uma declaração dentro do loop. Ela adiciona o valor de Cnt à variável Total. Quando o loop termina, uma MsgBox exibe a soma dos números.

```
Sub SomarNúmeros()
    Dim Total As Double
    Dim Cnt As Long
    Total = 0
    For Cnt = 1 To 1000
        Total = Total + Cnt
    Next Cnt
    MsgBox Total
End Sub
```

CUIDADO

Como o contador de loop é uma variável normal, você pode escrever um código para alterar o seu valor dentro do bloco de código entre as declarações For e Next. No entanto, essa é uma prática *muito ruim*. Alterar o contador dentro do loop pode levar a resultados imprevisíveis. Tenha um cuidado especial para garantir que o código não altere diretamente o valor do contador de loop.

Um exemplo de For-Next com um Step

Você pode usar um valor Step (degrau) para pular alguns valores em um loop For-Next. Veja o mesmo exemplo anterior, reescrito para inserir apenas os números ímpares entre 1 e 1.000:

```
Sub SomarNúmerosÍmpares()
    Dim Total As Double
    Dim Cnt As Long
    Total = 0
    For Cnt = 1 To 1000 Step 2
        Total = Total + Cnt
    Next Cnt
    MsgBox Total
End Sub
```

Dessa vez, Cnt começa como 1 e depois lida com os valores 3, 5, 7, e assim por diante. O valor Step determina como o contador é incrementado. Veja que o valor superior do loop (1000) não é realmente usado, pois o valor mais alto de Cnt será 999.

Veja outro exemplo que usa um valor 3 de Step. Esse procedimento funciona com a página ativa e aplica um sombreamento cinza-claro a cada terceira linha, da linha 1 à linha 100.

```
Sub SombreiaCadaTerceiraLinha()
    Dim i As Long
    For i = 1 To 100 Step 3
        Rows(i).Interior.Color = RGB(200, 200, 200)
    Next i
End Sub
```

A Figura 10-2 mostra o resultado da execução dessa macro.

	A	B	C	D	E	F	G	H	I	J	K	L	M
1	6.293	5.547	2.475	6.850	3.150	3.744	8.115	7.963	7.434	3.597	3.832	4.946	1.356
2	5.369	5.031	3.681	2.197	6.711	5.475	4.965	4.717	1.904	3.852	5.698	2.742	4.902
3	4.379	8.222	2.780	7.077	2.379	5.616	2.081	4.353	4.137	5.140	3.111	7.194	5.498
4	4.483	4.396	3.257	7.731	3.171	4.009	2.320	7.337	4.705	7.342	8.264	6.631	3.188
5	5.326	2.635	3.048	8.261	1.681	4.423	6.364	2.036	2.007	6.822	6.921	6.804	3.671
6	1.347	3.283	7.211	8.223	1.648	3.336	5.253	7.197	5.676	6.541	2.636	5.213	7.864
7	6.603	6.585	4.894	6.374	3.558	3.404	4.180	1.494	2.759	7.893	6.209	3.914	5.696
8	5.436	3.003	1.881	6.787	4.190	6.086	4.376	4.565	5.938	4.723	2.825	3.523	8.291
9	5.441	1.979	6.728	4.009	5.609	2.052	7.047	7.928	7.313	6.386	3.160	5.682	4.782
10	6.091	4.040	2.504	5.049	4.673	4.177	5.632	4.849	4.633	7.393	5.006	3.042	3.623
11	5.623	4.734	2.007	6.444	6.724	6.607	2.857	8.168	3.481	6.543	1.583	6.100	8.242
12	1.919	6.008	6.048	3.176	2.609	7.398	7.964	8.256	2.017	3.252	1.557	7.982	2.339
13	5.894	2.624	7.344	4.392	4.303	7.881	6.175	2.679	4.132	2.868	1.940	1.593	1.426
14	4.097	4.205	7.650	6.132	5.722	6.559	6.079	2.499	4.961	7.750	7.642	3.764	3.847
15	1.925	7.883	3.328	2.870	2.080	3.465	5.408	5.707	7.945	2.182	3.762	5.239	5.565
16	3.368	2.360	6.439	2.547	4.114	5.668	2.214	4.790	6.769	5.710	2.585	7.322	3.347
17	4.144	7.451	1.657	4.626	2.793	1.664	6.427	7.091	3.151	2.707	4.126	8.222	1.402
18	8.294	8.142	7.677	3.603	5.488	7.680	6.037	8.315	5.753	5.189	1.819	4.922	7.354
19	6.507	3.712	7.742	4.748	3.130	3.278	4.605	2.967	5.602	2.852	8.166	6.721	5.247
20	4.048	3.349	1.535	5.053	6.189	2.688	3.559	7.401	7.959	6.125	7.053	5.388	3.817
21	7.260	5.477	6.346	5.078	7.015	2.671	1.534	3.820	4.324	1.926	2.011	4.098	4.594
22	7.008	3.961	7.359	3.428	1.409	7.385	7.588	2.218	6.021	3.330	3.150	4.772	7.493
23	8.123	7.521	7.906	2.238	2.341	6.622	2.041	1.899	5.132	7.790	2.097	4.263	5.629
24	3.319	1.984	6.046	8.171	7.274	5.961	7.523	5.533	3.166	3.394	3.968	3.567	6.702

FIGURA 10-2: Usando um loop para aplicar sombra de fundo nas linhas.

Um exemplo For-Next com uma declaração Exit For

Um loop For-Next também pode incluir uma ou mais declarações Exit For dentro dele. Quando o VBA encontra essa declaração, o loop termina imediatamente.

O exemplo seguinte, disponível no site da editora [procure pelo título do livro], demonstra a declaração Exit For. É um procedimento Function planejado para ser usado em uma fórmula de planilha. A função aceita um argumento (uma variável chamada Str) e retorna os caracteres à esquerda do primeiro dígito numérico. Por exemplo, se o argumento é "KBR98Z", a função retorna "KBR".

```
Function ParteDoTexto(Str)
    Dim i As Long
    ParteDoTexto = ""
    For i = 1 To Len(Str)
        If IsNumeric(Mid(Str, i, 1)) Then
            Exit For
        Else
            ParteDoTexto = ParteDoTexto & Mid(Str, i, 1)
        End If
    Next i
End Function
```

O loop For-Next começa com 1 e termina com o número que representa o número de caracteres na string. O código usa a função Mid do VBA para extrair um único caractere dentro do loop. Se um caractere numérico é encontrado, a declaração Exit For é executada e o loop termina prematuramente. Se o caractere não é numérico, ele é anexado ao valor retornado (que é igual ao nome da função). A única vez que o loop examinará cada caractere é se a string passada como argumento não contiver caracteres numéricos.

Agora você poderia gritar: "Ei, mas você disse algo sobre usar sempre um único ponto de saída!" Bem, você está certo e, obviamente, está começando a entender esse negócio de programação estruturada. Mas, em alguns casos, ignorar essa regra é uma decisão sábia. Nesse exemplo, isso aumentará a velocidade do código, porque não há motivo para continuar o loop depois que o primeiro dígito numérico é encontrado.

Um exemplo de For-Next aninhado

Até agora, todos os exemplos deste capítulo usam loops relativamente simples. Porém, você pode ter qualquer quantidade de declarações em um loop e aninhar loops For-Next dentro de outros loops For-Next.

O exemplo a seguir usa um loop aninhado For-Next para inserir números aleatórios em um intervalo de células de 12 linhas por 5 colunas, conforme mostrado na Figura 10-3. Observe que a rotina executa o *loop interno* (o loop com o contador linha) uma vez para cada iteração do *loop externo* (o loop com o contador coluna), ou seja, o procedimento executa 60 vezes a declaração Cells(linha, coluna) = Rnd.

```
Sub Preenchimento()
    Dim Coluna As Long
    Dim Linha As Long
    For Coluna = 1 To 5
        For Linha = 1 To 12
            Cells(linha , coluna) = Rnd
        Next Linha
    Next Coluna
End Sub
```

	A	B	C	D	E	F
1	0,06366866827	0,95149534941	0,47515958548	0,75422924757	0,30768626928	
2	0,14778125286	0,94304144382	0,74094521999	0,62028896809	0,46162688732	
3	0,92028480768	0,90828353167	0,15788275003	0,12019330263	0,84105259180	
4	0,96575021744	0,63041615486	0,70168685913	0,76372981071	0,61653280258	
5	0,42792576551	0,29794162512	0,37392443419	0,09087175131	0,23632019758	
6	0,18318378925	0,73109519482	0,38376200199	0,27369153500	0,47577393055	
7	0,67955571413	0,31194454432	0,46209841967	0,41999536753	0,64846497774	
8	0,34150195122	0,36596632004	0,34104180336	0,33429431915	0,89473509789	
9	0,58997720480	0,50169152021	0,04985374212	0,21926611662	0,55039495230	
10	0,07910954952	0,13864433765	0,82399165630	0,61824476719	0,33750474453	
11	0,09553819895	0,28290063143	0,98735672235	0,44712668657	0,90140730143	
12	0,03227519989	0,12228751183	0,47742509842	0,32052731514	0,87150382996	
13						
14						
15						

FIGURA 10-3: Estas células foram preenchidas usando um loop For-Next aninhado.

O próximo exemplo usa loops For-Next aninhados para inicializar um array tridimensional com o valor 100. Esse procedimento executa a declaração no meio de todos os loops (a declaração de atribuição) 1.000 vezes (10 * 10 * 10), cada vez com uma combinação de valores diferentes para i, j e k:

```
Sub LoopsAninhados()
    Dim MeuArray(10, 10, 10)
    Dim i As Long
    Dim j As Long
    Dim k As Long
    For i = 1 To 10
        For j = 1 To 10
            For k = 1 To 10
                MeuArray(i, j, k) = 100
            Next k
        Next j
    Next i
```

```
' Outras declarações entram aqui
End Sub
```

Consulte o Capítulo 7 para obter informações sobre arrays.

Veja um exemplo final que usa loops For-Next aninhados, com um valor Step. Esse procedimento cria um tabuleiro de damas (ou um tabuleiro de xadrez, se preferir) mudando a cor de fundo de células alternadas (veja a Figura 10-4).

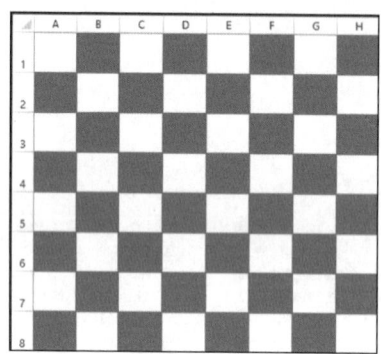

FIGURA 10-4: Usando loops para criar um padrão de tabuleiro de damas.

O contador L (linha) faz loops de 1 a 8. Uma construção If-Then determina qual estrutura For-Next aninhada usar. Para as linhas de número ímpar, o contador C (coluna) começa com 2. Para as linhas de número par, o contador C começa com 1. Ambos os loops usam um valor 2 de Step, para que células alternadas sejam afetadas. Duas declarações adicionais tornam as células quadradas (como um tabuleiro de verdade).

```
Sub Tabuleiro()
    Dim L As Long, C As Long
    For L = 1 To 8
        If WorksheetFunction.IsOdd(L) Then
            For C = 2 To 8 Step 2
                Cells(L, C).Interior.Color = 255
            Next C
        Else
            For C = 1 To 8 Step 2
                Cells(L, C).Interior.Color = 255
            Next C
        End If
    Next L
    Rows("1:8").RowHeight = 35
    Columns("A:H").ColumnWidth = 6.5
End Sub
```

Loop Do-While

O VBA suporta outro tipo de estrutura de loop conhecida como loop Do-While. Diferente de um loop For-Next, um loop Do-While continua até que determinada condição seja alcançada.

O exemplo a seguir usa um loop Do-While. Essa rotina usa a célula ativa como ponto de partida e segue coluna abaixo, multiplicando o valor de cada célula por 2. O loop continua até que a rotina encontre uma célula vazia.

```
Sub DoWhileDemo()
    Do While ActiveCell.Value <> Empty
        ActiveCell.Value = ActiveCell.Value * 2
        ActiveCell.Offset(1, 0).Select
    Loop
End Sub
```

Loop Do-Until

A estrutura do loop Do-Until é similar à estrutura do loop Do-While. As duas diferem quanto à verificação das condições testadas. Um programa continua executando um loop Do-While *enquanto* a condição permanece verdadeira. Em um loop Do-Until, o programa executa o loop *até* que a condição seja verdadeira.

O exemplo a seguir é o mesmo apresentado para o loop Do-While, porém recodificado para usar um loop Do-Until:

```
Sub DoUntilDemo()
    Do Until IsEmpty(ActiveCell.Value)
        ActiveCell.Value = ActiveCell.Value * 2
        ActiveCell.Offset(1, 0).Select
    Loop
End Sub
```

Usando Loops For Each-Next com Collections

O VBA suporta ainda outro tipo de loop: fazer loop em cada objeto em uma coleção de objetos. Uma coleção, como você deve saber, consiste em uma série de objetos do mesmo tipo. Por exemplo, o Excel tem uma coleção de todas as pastas de trabalho abertas (a coleção Workbooks) e cada pasta de trabalho tem uma coleção de planilhas (a coleção Worksheets).

DICA

Os exemplos desta seção estão todos disponíveis no site da editora [procure pelo título do livro].

Quando precisar fazer loop em cada objeto em uma coleção, use a estrutura For Each-Next. O exemplo a seguir faz loop em cada planilha na pasta de trabalho ativa e exclui a planilha se ela está vazia:

```
Sub DeletaPlanilhasVazias()
    Dim Planilha As Worksheet
    Application.DisplayAlerts = False
    For Each Planilha In ActiveWorkbook.Worksheets
        If WorksheetFunction.Count(Planilha.Cells) = 0 Then
            Planilha.Delete
        End If
    Next Planilha
    Application.DisplayAlerts = True
End Sub
```

Nesse exemplo, a variável Planilha é um objeto variável que representa cada planilha na pasta de trabalho. Não há nada especial em relação ao nome Planilha; você pode usar qualquer nome de variável que quiser.

O código faz loops em todas as planilhas e determina uma página em branco contando as células que não estão em branco. Se essa contagem for zero, a página estará vazia e será excluída. Note que a configuração DisplayAlerts (exibir avisos) está desligada enquanto o loop está trabalhando. Sem essa declaração, o Excel exibe um aviso sempre que uma planilha está prestes a ser excluída.

Se todas as planilhas na pasta de trabalho estiverem vazias, você receberá um erro quando o Excel tentar excluir a última planilha. Normalmente você poderia escrever um código para lidar com essa situação.

Veja outro exemplo de For Each-Next. Este procedimento usa um loop para ocultar todas as planilhas na pasta de trabalho ativa, exceto a planilha ativa.

```
Sub OcultarPlanilhas()
    Dim Planilha As Worksheet
    For Each Planilha In ActiveWorkbook.Worksheets
        If Planilha.Name <> ActiveSheet.Name Then
            Planilha.Visible = xlSheetHidden
        End If
    Next Planilha
End Sub
```

O procedimento OcultarPlanilhas verifica o nome da planilha. Se não é o mesmo nome da planilha ativa, a planilha é ocultada. Note que a propriedade Visible (visível) não é Boolean. Essa propriedade pode, na verdade, receber qualquer um dos *três* valores e o Excel fornece três constantes integradas. Se estiver curioso sobre a terceira possibilidade (xlVeryHidden), confira o sistema de Ajuda.

O que está oculto, no fim deve aparecer, então aqui está uma macro que mostra novamente todas as planilhas na pasta de trabalho ativa:

```
Sub MostrarPlanilhas()
    Dim Planilha As Worksheet
    For Each Planilha In ActiveWorkbook.Worksheets
        Planilha.Visible = xlSheetVisible
    Next Planilha
End Sub
```

Não é de se surpreender que você possa criar loops For Each-Next aninhados. O procedimento ContarNegrito faz loops em todas as células em um intervalo usado em cada planilha em cada pasta de trabalho aberta e exibe uma contagem do número de células que estão formatadas como negrito:

```
Sub ContarNegritos()
    Dim Pasta As Workbook
    Dim Planilha As Worksheet
    Dim Célula As Range
    Dim Cnt As Long
    For Each Pasta In Workbooks
        For Each Planilha In Pasta.Worksheets
            For Each Célula In Planilha.UsedRange
                If Célula.Font.Bold = True Then Cnt = Cnt + 1
            Next Célula
        Next Planilha
    Next Pasta
    MsgBox Cnt & " células em negrito encontradas"
End Sub
```

> **NESTE CAPÍTULO**
>
> » Conhecendo os tipos de eventos que podem desencadear uma execução
>
> » Descobrindo onde colocar o código VBA que lida com eventos
>
> » Executando uma macro quando uma pasta de trabalho está aberta ou fechada
>
> » Executando uma macro quando uma pasta de trabalho ou planilha está ativada

Capítulo **11**

Procedimentos e Eventos Automáticos

Há várias maneiras de executar um procedimento VBA Sub. Uma delas é organizar para que o Sub seja executado automaticamente. Neste capítulo, você explora os prós e os contras desse recurso potencialmente útil, e recebe uma explicação de como acertar as coisas para que uma macro seja executada automaticamente quando um evento específico ocorre. (Não, este capítulo não é sobre pena de morte.)

Preparando-se para o Grande Evento

Evento é, basicamente, algo que acontece no Excel. A seguir estão alguns exemplos dos tipos de eventos que o Excel pode reconhecer:

» Uma pasta de trabalho é aberta ou fechada.

» Uma janela é ativada ou desativada.

» Uma planilha é ativada ou desativada.

» Dados são inseridos em uma célula ou a célula é editada.

» Uma pasta de trabalho é salva.

» Um objeto, como um botão, é clicado.

» Uma tecla em especial ou uma combinação de teclas é pressionada.

» Uma hora específica do dia ocorre.

» Um erro ocorre.

Dezenas de tipos diferentes de eventos são associados a todos os tipos de objetos Excel, como pastas de trabalho, planilhas, tabelas dinâmicas e até gráficos. Para simplificar as coisas, você pode usar dois ou mais tipos comuns de eventos: eventos de pasta de trabalho e eventos de planilha.

A Tabela 11-1 lista alguns dos eventos relacionados à pasta de trabalho mais úteis. Se, por algum motivo, você precisar ver a lista completa de eventos relacionados à pasta de trabalho, poderá encontrá-la no sistema de Ajuda.

TABELA 11-1 Eventos de Pasta de Trabalho

Evento	Quando É Acionado
Activate	A pasta de trabalho é ativada.
BeforeClose	O comando para fechar a pasta de trabalho é dado.
BeforePrint	O comando para exibir é dado.
BeforeSave	O comando para salvar a pasta de trabalho é dado.
Deactivate	A pasta de trabalho é desativada.
NewSheet	Uma nova planilha é adicionada à pasta de trabalho.
Open	A pasta de trabalho é aberta.
SheetActivate	Uma planilha da pasta de trabalho é ativada.
SheetBeforeDoubleClick	Uma célula na pasta de trabalho é clicada duas vezes.
SheetBeforeRightClick	Uma célula na pasta de trabalho é clicada com o botão direito.
SheetChange	Uma alteração é feita em uma célula na pasta de trabalho.
SheetDeactivate	Uma planilha na pasta de trabalho é desativada.
SheetSelectionChange	A seleção é alterada.
WindowActivate	A janela da pasta de trabalho é ativada.
WindowDeactivate	A janela da pasta de trabalho é desativada.

A Tabela 11-2 relaciona alguns eventos úteis relacionados à planilha.

TABELA 11-2 **Eventos de Planilha**

Evento	Quando É Acionado
Activate	A planilha é ativada.
BeforeDoubleClick	Uma célula na planilha é clicada duas vezes.
BeforeRightClick	Uma célula na planilha é clicada com o botão direito.
Change	Uma alteração é feita em uma célula na planilha.
Deactivate	A planilha é desativada.
SelectionChange	A seleção é alterada.

Os eventos são úteis?

A essa altura, pode estar se perguntando como esses eventos podem ser úteis. Veja um exemplo rápido.

Imagine que você tenha uma pasta de trabalho em que insere dados na coluna A. Seu chefe, uma pessoa muito compulsiva, diz que precisa saber exatamente quando cada número foi inserido. Inserir dados é um evento: um evento WorksheetChange (alterar planilha). Você pode escrever uma macro que responda a esse evento. Essa macro detecta sempre que a planilha é alterada. Se a alteração foi feita na coluna A, a macro coloca a data e a hora na coluna B, próximo ao ponto dos dados fornecido.

No caso de estar curioso, veja como tal macro ficaria. Provavelmente, muito mais simples do que você imaginou, não é?

```
Private Sub Worksheet_Change(ByVal Target As Range)
    If Target.Column = 1 Then
        Target.Offset(0, 1) = Now
    End If
End Sub
```

A propósito, macros que respondem a eventos são muito exigentes sobre onde são armazenadas. Por exemplo, a macro Worksheet_Change *deve* estar no módulo Código dessa planilha. Se for colocada em qualquer outro lugar, não funcionará. Mais sobre isso mais tarde (veja "Aonde Vai o Código VBA?").

CUIDADO: Só porque a sua pasta de trabalho contém procedimentos que respondem a eventos, isso não garante que esses procedimentos realmente rodarão. Como se sabe, é possível abrir uma pasta de trabalho com as macros desativadas. Nesse caso, todas as macros (até procedimentos que respondem a eventos) são desativadas. Tenha isso em mente quando criar pastas de trabalho que se baseiam em procedimentos que lidam com eventos.

Programando procedimentos que lidam com eventos

Um procedimento VBA executado em resposta a um evento é chamado de um *procedimento do manipulador de evento*. Eles são sempre procedimentos Sub (em oposição aos procedimentos Function). Escrever esses manipuladores de evento é algo relativamente direto depois que você entende como funciona o processo.

Criar um procedimento do manipulador de eventos se resume em algumas etapas:

1. **Identifique o evento que você quer que acione o procedimento.**
2. **Pressione Alt+F11 para ativar o Visual Basic Editor.**
3. **Na janela Projeto do VBE, clique duas vezes no objeto adequado listado em Microsoft Excel Objects.**

   Para os eventos relacionados à pasta de trabalho, o objeto é EstaPasta_de_trabalho. Para um evento relacionado à planilha, o objeto é Worksheet (como Plan1).

4. **Na janela Código do objeto, escreva o procedimento que lida com evento que é executado quando o evento ocorre.**

   Esse procedimento terá um nome especial que o identifica como um procedimento do manipulador de evento.

Esses passos ficam mais claros à medida que você lê este capítulo.

Aonde Vai o Código VBA?

É muito importante entender aonde vão os seus procedimentos que lidam com um evento. Eles precisam ficar na janela Código de um módulo Objeto. Eles não ficam em um módulo VBA padrão. Se você colocar o procedimento que lida com evento no lugar errado, ele simplesmente não funcionará, e também não verá nenhuma mensagem de erro.

A Figura 11-1 mostra a janela VBE com um projeto exibido na janela Projeto (para saber mais sobre o VBE, veja o Capítulo 3). Observe que o projeto VBA da Pasta1 está totalmente expandido e consiste em vários objetos:

» Um objeto para cada planilha na pasta de trabalho (nesse caso, três objetos Plan)

» Um objeto nomeado EstaPasta_de_trabalho

» Um módulo VBA inserido manualmente (selecione Inserir ➪ Módulo)

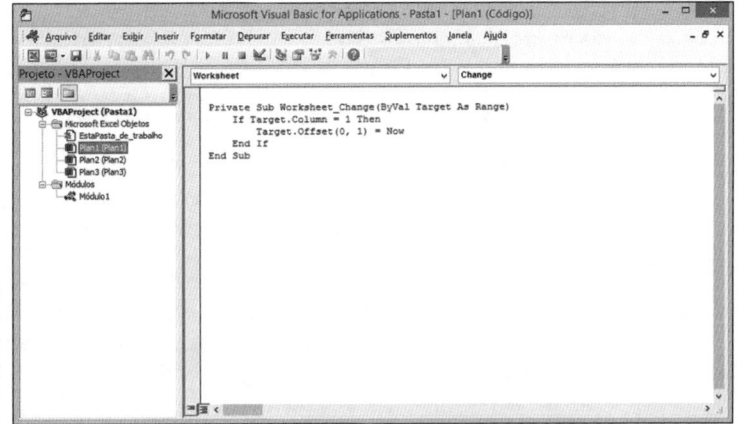

FIGURA 11-1: A janela Projeto exibe itens para um único projeto.

Clicar duas vezes em qualquer um desses objetos exibirá o código associado ao item, se houver.

Os procedimentos que lidam com evento que você escreve ficam na janela Código para o item EstaPasta_de_trabalho (para eventos relacionados à pasta de trabalho) ou um dos objetos Plan (para eventos relacionados à planilha).

Na Figura 11-1, a janela Código do objeto Plan1 é exibida e, por acaso, tem um único procedimento definido que lida com eventos. Notou as duas caixas de listagem suspensas no alto do módulo Código? Continue lendo para descobrir por que elas são úteis.

Escrevendo um Procedimento que Lida com Eventos

O VBE o ajudará quando você estiver pronto para escrever um procedimento que lida com eventos; ele exibe uma lista de todos os eventos para o objeto selecionado.

No alto de cada janela Código há duas listas suspensas:

» A lista de Objetos (à esquerda)

» A lista de Procedimentos (à direita)

Por padrão, a lista de Objetos na janela Código exibe o termo Geral.

Se você estiver escrevendo um procedimento que lida com eventos para o objeto EstaPasta_de_trabalho, precisará clicar em EstaPasta_de_trabalho na janela Projeto, então escolher Workbook na caixa de listagem Objetos (esta é a única escolha).

Se estiver escrevendo um manipulador de eventos para um objeto Plan, precisará escolher o Plan específico na janela Projeto, então escolher Worksheet na caixa de listagem Objetos (novamente, a única escolha).

Depois de ter feito sua escolha na lista de Objetos, você pode escolher o evento da lista suspensa Procedimentos. A Figura 11-2 mostra algumas das escolhas para um evento relacionado à pasta de trabalho.

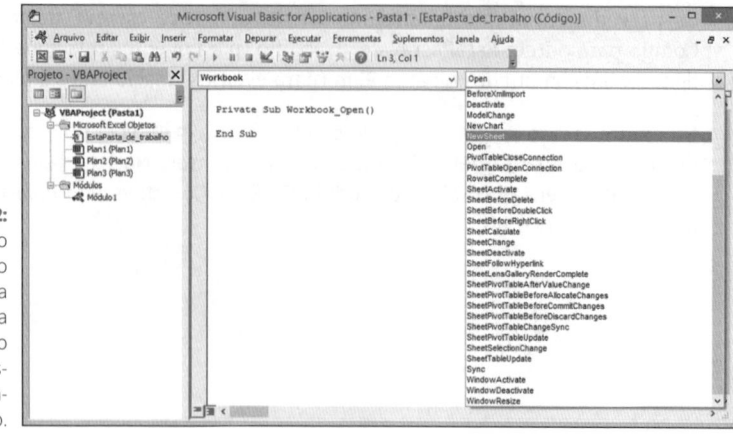

FIGURA 11-2: Escolhendo um evento na janela Código para o objeto EstaPasta_de_trabalho.

Quando você seleciona um evento da lista, o VBE começa, automaticamente, a criar um procedimento que lida com o evento. Esse é um recurso muito útil, pois lhe diz exatamente quais são os argumentos adequados.

Veja uma pequena peculiaridade. Quando você seleciona Workbook pela primeira vez na lista Objeto, o VBE sempre supõe que quer criar um procedimento para o evento Open e o cria para você. Se estiver, de fato, criando um procedimento Workbook_Open, tudo ótimo. Mas se estiver criando um procedimento de evento diferente, precisará apagar a Sub Workbook_Open vazia que o Excel criou.

No entanto, a ajuda do VBE só vai até aqui. Ele escreve a declaração Sub e a declaração End Sub. É seu trabalho escrever o código VBA que fica entre essas duas declarações.

LEMBRE-SE Você não precisa realmente usar aquelas duas listas suspensas, mas isso facilita o seu trabalho, pois o nome do procedimento que lida com evento é muito importante. Se não usar o nome exato, o procedimento não funcionará. Além disso, alguns procedimentos que lidam com evento usam um ou mais argumentos na declaração Sub. Não há como você lembrar quais são esses argumentos. Por exemplo, se selecionar SheetActivate na lista de eventos para um objeto Workbook, o VBE escreverá a seguinte declaração Sub:

```
Private Sub Workbook_SheetActivate(ByVal Sh As Object)
```

Nesse caso, Sh é o argumento passado ao procedimento e é uma variável que representa a planilha na pasta de trabalho ativada. Exemplos neste capítulo esclarecem essa questão.

Exemplos Introdutórios

Nesta seção, apresento alguns exemplos para que você possa ter uma ideia sobre esse negócio de lidar com eventos.

O evento Open para uma pasta de trabalho

Um dos eventos mais usados é o Workbook Open. Suponha que você tenha uma pasta de trabalho que usa diariamente. O procedimento Workbook_Open neste exemplo é executado toda vez que a pasta de trabalho é aberta. O procedimento verifica o dia da semana; se for sexta-feira, o código exibirá uma mensagem de lembrete.

Para criar o procedimento que é executado sempre que ocorre o evento Workbook Open, siga estes passos:

1. **Abra a pasta de trabalho.**

   Qualquer pasta de trabalho serve.

2. **Pressione Alt+F11 para ativar o VBE.**

3. **Localize a pasta de trabalho na janela Projeto.**

4. **Clique duas vezes no nome do projeto para exibir os seus itens, se necessário.**

5. **Clique duas vezes no item EstaPasta_de_trabalho.**

   O VBE exibe uma janela Código vazia para o objeto EstaPasta_de_trabalho.

6. **Na janela Código, selecione Workbook na lista suspensa Objeto (à esquerda).**

   O VBE insere declarações de início e fim para um procedimento Workbook_Open.

7. **Insira as seguintes declarações, para que o procedimento de evento completo fique assim:**

```
Private Sub Workbook_Open()
    Dim Msg As String
    If Weekday(Now) = 6 Then
        Msg = "Hoje é sexta-feira. Não se esqueça de "
        Msg = Msg & "enviar o Relatório TPS!"
        MsgBox Msg
    End If
End Sub
```

A janela Código deve parecer com a Figura 11-3.

FIGURA 11-3: Este procedimento para manipular o evento é executado quando a pasta de trabalho é aberta.

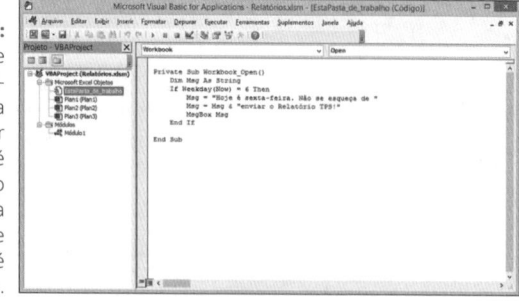

172 PARTE 3 **Conceitos de Programação**

Workbook_Open será automaticamente executado sempre que a pasta de trabalho for aberta. Ele usa a função WeekDay (dia da semana) do VBA para determinar o dia da semana. Se for sexta-feira (dia 6), uma caixa de mensagem lembrará o usuário de enviar um relatório. Se não, nada acontecerá.

Se hoje não for sexta-feira, você poderá ter dificuldades para testar o procedimento. É possível mudar o 6 para que corresponda ao número do dia de hoje.

E, claro, modifique esse procedimento como quiser. Por exemplo, a seguinte versão exibe uma mensagem sempre que a pasta de trabalho é aberta. Isso é irritante depois de algum tempo.

```
Private Sub Workbook_Open()
    Msg = "Esta é a minha pasta de trabalho!"
    MsgBox Msg
End Sub
```

Um procedimento Workbook_Open pode fazer quase qualquer coisa. Geralmente, esses manipuladores de evento são usados para o seguinte:

» Exibir mensagens de boas-vindas (como na minha pasta de trabalho)
» Abrir outras pastas de trabalho
» Ativar uma planilha específica na pasta de trabalho
» Configurar menus de atalho personalizados

Veja um exemplo final de um procedimento Workbook_Open que usa as funções GetSetting (obter configuração) e SaveSetting (salvar configuração) para manter o controle de quantas vezes a pasta de trabalho já foi aberta. A função SaveSetting escreve um valor no registro do Windows e a função GetSetting obtém esse valor (veja o sistema de Ajuda para obter detalhes).

O exemplo a seguir obtém a contagem do registro, a incrementa e salva novamente no registro. Ele também informa ao usuário o valor de Cnt que corresponde ao número de vezes que a pasta de trabalho já foi aberta (veja a Figura 11-4).

```
Private Sub Workbook_Open()
    Dim Cnt As Long
    Cnt = GetSetting("MyApp", "Settings", "Open", 0)
    Cnt = Cnt + 1
    SaveSetting "MyApp", "Settings", "Open", Cnt
    MsgBox "Esta pasta de trabalho já foi aberta " & Cnt & " vezes."
End Sub
```

FIGURA 11-4: Usando um manipulador de eventos Workbook_Open para manter o controle de quantas vezes uma pasta de trabalho já foi aberta.

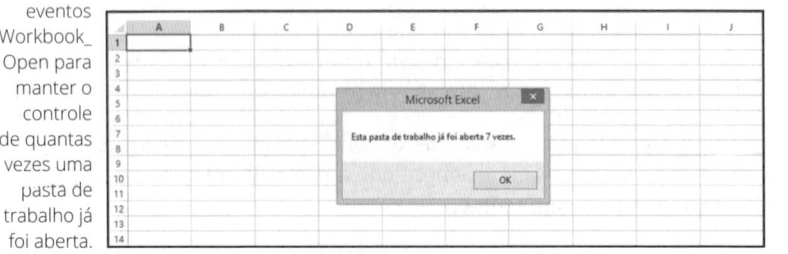

O evento BeforeClose para uma pasta de trabalho

Veja um exemplo do procedimento que lida com eventos Workbook_BeforeClose, que é executado imediatamente antes de a pasta de trabalho ser fechada. Esse procedimento está localizado na janela Código para um objeto EstaPasta_de_trabalho:

```
Private Sub Workbook_BeforeClose(Cancel As Boolean)
    Dim Msg As String
    Dim Ans As Long
    Dim FName As String
    Msg = "Gostaria de fazer um backup deste arquivo?"
    Ans = MsgBox(Msg, vbYesNo)
    If Ans = vbYes Then
        FName = "F:\BACKUP\" & ThisWorkbook.Name
        ThisWorkbook.SaveCopyAs FName
    End If
End Sub
```

Essa rotina usa uma caixa de mensagem para perguntar ao usuário se ele gostaria de fazer uma cópia da pasta de trabalho. Se a resposta for sim, o código usa o método SaveCopyAs para salvar uma cópia do arquivo no drive F. Se você adaptar esse procedimento para o seu próprio uso, provavelmente precisará mudar o drive e o caminho.

Muitas vezes, os programadores de Excel usam um procedimento Workbook_BeforeClose para fazer uma limpeza. Por exemplo, se você usa um procedimento Workbook_Open para mudar algumas configurações ao abrir uma pasta de trabalho (ocultar a barra de status, por exemplo), é adequado que retorne as configurações à posição original quando fechar a pasta de trabalho. Você pode realizar essa limpeza eletrônica com um procedimento Workbook_BeforeClose.

CUIDADO: Ao usar um evento Workbook_BeforeClose, lembre-se: se fechar o Excel e qualquer arquivo aberto tiver sido modificado desde a última gravação, o Excel mostrará a sua habitual caixa de mensagem "Deseja salvar as alterações?". Clicar no botão Cancelar cancela todo o processo de encerramento. Mas o evento Workbook_BeforeClose terá sido executado de qualquer forma.

O evento BeforeSave para uma pasta de trabalho

O evento BeforeSave, como o nome sugere, é disparado antes que uma pasta de trabalho seja salva. Esse evento acontece quando você seleciona Arquivo ➪ Salvar ou Arquivo ➪ Salvar Como.

O procedimento a seguir, que é colocado na janela Código de um objeto EstaPasta_de_trabalho, demonstra o evento BeforeSave. A rotina atualiza o valor em uma célula (A1 em Plan1) sempre que a pasta de trabalho é salva, ou seja, a célula A1 serve como um contador para controlar o número de vezes que o arquivo foi salvo.

```
Private Sub Workbook_BeforeSave(ByVal SaveAsUI _
    As Boolean, Cancel As Boolean)
    Dim Contador As Range
    Set Contador = Sheets("Plan1").Range("A1")
    Contador.Value = Contador.Value + 1
End Sub
```

Observe que o procedimento Workbook_BeforeSave tem dois argumentos: SaveAsUI (Salvar Como Interface de Usuário) e Cancel (Cancelar). Para demonstrar como eles funcionam, examine a macro a seguir, que é executada antes que a pasta de trabalho seja salva. Esse procedimento tenta evitar que o usuário salve a pasta de trabalho com um nome diferente. Se o usuário escolher Arquivo ➪ Salvar Como, então o argumento SaveAsUI será True (verdadeiro).

Quando o código é executado, ele verifica o valor SaveAsUI. Se essa variável for True, o procedimento exibirá uma mensagem e definirá Cancel para True, que cancela a operação Save.

```
Private Sub Workbook_BeforeSave(ByVal SaveAsUI _
    As Boolean, Cancel As Boolean)
    If SaveAsUI Then
        MsgBox "Você não pode salvar uma cópia desta pasta de trabalho!"
        Cancel = True
    End If
End Sub
```

Note que esse procedimento não evita que alguém salve uma cópia com um nome diferente. Se alguém quiser de fato fazê-lo, basta abrir a pasta de trabalho com as macros desativadas. Quando as macros estão desativadas, os procedimentos do manipulador de eventos também estão, o que faz sentido, pois, afinal, todos eles são macros.

Exemplos de Eventos de Ativação

Outra categoria de eventos consiste em ativar e desativar objetos, especificamente planilhas e pastas de trabalho.

Ativar e desativar eventos em uma planilha

O Excel pode detectar quando uma planilha em especial é ativada ou desativada e executar uma macro quando ocorre qualquer um desses eventos. Esses procedimentos que lidam com eventos ficam na janela Código do objeto Sheet.

DICA

Você pode acessar rapidamente a janela Código de uma planilha clicando com o botão direito na guia da planilha e selecionando Ver Código.

O exemplo a seguir mostra um procedimento simples que é executado sempre que uma planilha específica é ativada. Esse código apenas faz surgir uma caixa de mensagem irritante que exibe o nome da planilha ativa:

```
Private Sub Worksheet_Activate()
    MsgBox "Você ativou  " & ActiveSheet.Name
End Sub
```

Veja outro exemplo que ativa a célula A1 sempre que a planilha é ativada:

```
Private Sub Worksheet_Activate()
    Range("A1").Activate
End Sub
```

Ainda que o código nesses dois procedimentos seja o mais simples possível, os procedimentos que acionam eventos podem ser tão complexos quanto você quiser.

O procedimento a seguir (que está armazenado na janela Código do objeto Plan1) usa o evento Deactivate (Desativar) para evitar que um usuário ative qualquer outra planilha na pasta de trabalho. Se Plan1 estiver desativada (isto é, outra planilha estiver ativa), o usuário receberá uma mensagem e Plan1 será ativada.

```
Private Sub Worksheet_Deactivate()
    MsgBox "Você deve ficar na Plan1"
    Sheets("Plan1").Activate
End Sub
```

A propósito, não é uma boa ideia usar procedimentos como esse para tentar controlar o Excel. Essas aplicações, chamadas de "ditadoras", podem ser bem frustrantes e confusas para o usuário. E, é claro, podem ser derrotadas facilmente desabilitando as macros.

Ativar e desativar eventos em uma pasta de trabalho

Os exemplos anteriores usam eventos associados a uma planilha específica. O objeto EstaPasta_de_trabalho também aciona eventos que lidam com a ativação e a desativação da planilha. O procedimento a seguir, armazenado na janela Código do objeto EstaPasta_de_trabalho, é executado quando *qualquer* planilha na pasta de trabalho é ativada. O código exibe uma mensagem com o nome da planilha ativada.

```
Private Sub Workbook_SheetActivate(ByVal Sh As Object)
    MsgBox Sh.Name
End Sub
```

O procedimento Workbook_SheetActivate usa o argumento Sh. Sh é uma variável que representa o objeto ativo Sheet. A caixa de mensagem exibe a propriedade Name do objeto Sheet.

O próximo exemplo está contido em uma janela Código de EstaPasta_de_trabalho. Ele consiste em dois procedimentos que lidam com eventos:

» **Workbook_SheetDeactivate:** Executado quando qualquer planilha na pasta de trabalho é desativada. Ele armazena a página que é desativada em um objeto variável, mas apenas se a página for uma planilha. A palavra-chave Set cria um objeto variável, que fica disponível para todos os procedimentos do módulo.

» **Workbook_SheetActivate:** Executado quando qualquer página na pasta de trabalho é ativada. Ele verifica o tipo de página que está ativa (usando a função TypeName). Se a página for uma planilha de gráfico, o usuário receberá uma mensagem (veja a Figura 11-5). Quando o botão OK na caixa de mensagem é clicado, a planilha *anterior* (armazenada na variável OldSheet) é reativada.

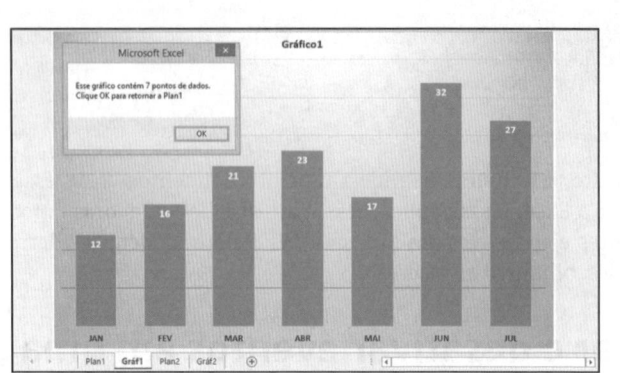

FIGURA 11-5: Quando uma planilha de gráfico é ativada, o usuário vê uma mensagem como esta.

> **DICA** Uma pasta de trabalho que contém este código está disponível no site da editora [procure pelo título do livro].

```
Dim OldSheet As Object

Private Sub Workbook_SheetDeactivate(ByVal Sh As Object)
    If TypeName(Sh) = "Worksheet" Then Set OldSheet = Sh
End Sub

Private Sub Workbook_SheetActivate(ByVal Sh As Object)
    Dim Msg As String
    If TypeName(Sh) = "Chart" Then
        Msg = "Esse gráfico contém   "
        Msg = Msg & ActiveChart.SeriesCollection(1).Points.Count
        Msg = Msg & " pontos de dados." & vbNewLine
        Msg = Msg & "Clique em OK para retornar a " & OldSheet.
    Name
        MsgBox Msg
        OldSheet.Activate
    End If
End Sub
```

Eventos de ativação de pasta de trabalho

O Excel também reconhece o evento que ocorre quando você ativa ou desativa uma pasta de trabalho específica. O código a seguir, que está contido na janela Código do objeto EstaPasta_de_trabalho, é executado sempre que a pasta de trabalho é ativada. O procedimento apenas maximiza a janela da pasta de trabalho.

```
Private Sub Workbook_Activate()
    ActiveWindow.WindowState = xlMaximized
End Sub
```

178 PARTE 3 **Conceitos de Programação**

Um exemplo de código Workbook_Deactivate é mostrado a seguir. Esse procedimento é executado quando uma pasta de trabalho é desativada. Ele copia o intervalo selecionado sempre que a pasta de trabalho é desativada e pode ser útil se você estiver copiando dados de muitas áreas e colando-os em uma pasta de trabalho diferente. Quando esse procedimento de evento ocorre, você pode selecionar o intervalo a ser copiado, ativar a outra pasta de trabalho, selecionar o destino e pressionar Ctrl+V (ou Enter) para colar os dados copiados.

```
Private Sub Workbook_Deactivate()
    ThisWorkbook.Windows(1).RangeSelection.Copy
End Sub
```

Outros Eventos Relacionados à Planilha

A seção anterior apresenta exemplos de eventos de ativação e desativação de planilha. Nesta seção você encontra eventos adicionais que ocorrem nas planilhas: clicar duas vezes em uma célula, clicar com o botão direito em uma célula e alterar uma célula.

O evento BeforeDoubleClick

Você pode configurar um procedimento VBA para ser executado quando o usuário clicar duas vezes em uma célula. No exemplo a seguir (armazenado na janela Código de um objeto Plan), clicar duas vezes em uma célula da planilha deixa a célula em negrito (se ela não estiver em negrito) ou sem negrito (se estiver em negrito):

```
Private Sub Worksheet_BeforeDoubleClick _
    (ByVal Target As Excel.Range, Cancel As Boolean)
    Target.Font.Bold = Not Target.Font.Bold
    Cancel = True
End Sub
```

O procedimento Worksheet_BeforeDoubleClick tem dois argumentos: Target e Cancel. Target representa a célula (um objeto Range) que foi clicada duas vezes. Se Cancel estiver configurado para True, a ação padrão de clicar duas vezes não acontecerá.

A ação padrão de clicar duas vezes em uma célula é para colocar o Excel no modo de edição da célula. Nesse caso, você não quer necessariamente editar a célula ao clicar duas vezes nela, portanto, configure Cancel para True.

O evento BeforeRightClick

O evento BeforeRightClick é semelhante ao evento BeforeDoubleClick, exceto que ele consiste em clicar com o botão direito em uma célula. O procedimento a seguir verifica se a célula clicada com o botão direito contém um valor numérico. Se for o caso, o código exibirá a caixa de diálogo Format Number (Formatar Número) e configurará o argumento Cancel para True (evitando a exibição normal do menu de atalho). Se a célula não contiver um valor numérico, nada de especial acontecerá; o menu de atalho será exibido como de costume.

```
Private Sub Worksheet_BeforeRightClick _
    (ByVal Target As Excel.Range, Cancel As Boolean)
    If IsNumeric(Target) And Not IsEmpty(Target) Then
        Application.CommandBars.ExecuteMso
    ("NumberFormatsDialog")
        Cancel = True
    End If
End Sub
```

> **DICA** — Note que o código disponível no site da editora faz uma verificação adicional para ver se a célula não está vazia. Isso porque o VBA considera células vazias como sendo numéricas.

O evento Change

O evento Change acontece sempre que qualquer célula na planilha é alterada. No exemplo a seguir, o procedimento Worksheet_Change evita efetivamente que um usuário insira um valor não numérico na célula A1. O código é armazenado na janela Código de um objeto Plan.

```
Private Sub Worksheet_Change(ByVal Target As Range)
    If Target.Address = "$A$1" Then
        If Not IsNumeric(Target) Then
            MsgBox "Insira um número na célula A1."
            Range("A1").ClearContents
            Range("A1").Activate
        End If
    End If
End Sub
```

O único argumento para o procedimento Worksheet_Change (Target) representa o intervalo que foi alterado. A primeira declaração verifica se o endereço da célula é $A$1. Se for, o código usará a função IsNumeric para determinar se a célula contém um valor numérico. Se não, aparecerá uma mensagem e o valor da célula será apagado. Então, a célula A1 é ativada; útil se o indicador da célula mudou para uma célula diferente depois de a entrada ser feita. Se houver a alteração em qualquer célula, exceto A1, nada acontecerá.

Por que não usar a validação de dados?

Você pode estar familiarizado com Dados ⇨ Ferramentas de Dados ⇨ Validação de Dados. Esse é um recurso útil que visa a garantir que apenas dados do tipo adequado sejam inseridos em uma célula ou intervalo em especial. Ainda que Dados ⇨ Ferramentas de Dados ⇨ Validação de Dados seja útil, definitivamente não é infalível.

Tente adicionar uma validação de dados a uma célula. Por exemplo, você pode configurar a célula para aceitar apenas valores numéricos. Isso funciona bem, até que copie outra célula e a cole na célula com validação de dados. O ato de colar remove a validação de dados. É como se nunca tivesse existido. A severidade dessa falha depende da sua aplicação.

PAPO DE ESPECIALISTA

Colar apaga a validação de dados porque o Excel considera a validação como uma formatação de uma célula. Portanto, ela está na mesma classificação de tamanho de fonte, cor ou outros atributos semelhantes. Quando você cola uma célula, está substituindo a formatação da célula de destino pela da célula de origem. Infelizmente, tal formatação também inclui as regras de validação.

Evitando que a validação de dados seja eliminada

O procedimento nesta seção demonstra como evitar que os usuários copiem dados e apaguem as regras de validação de dados. O exemplo supõe que a planilha tem um intervalo chamado InputArea e que essa área de entrada contém regras de validação de dados (configuradas usando Dados ⇨ Ferramentas de Dados ⇨ Validação de Dados). O intervalo pode ter as regras de validação que você quiser.

DICA

Uma pasta de trabalho contendo este código está disponível no site da editora [procure pelo título do livro]:

```
Private Sub Worksheet_Change(ByVal Target As Range)
    Dim VT As Long
    'Todas as células no intervalo de validação
    'ainda têm validação?
    On Error Resume Next
    VT = Range("InputRange").Validation.Type
    If Err.Number <> 0 Then
        Application.Undo
        MsgBox "Sua última operação foi cancelada. " & _
        "Teria deletado as regras de validação de dados.", _
    vbCritical
    End If
End Sub
```

O procedimento é executado sempre que uma célula é alterada. Ele verifica o tipo de validação do intervalo (chamada InputRange) que *deveria* conter as regras de validação de dados. Se a variável VT contiver um erro, uma ou mais células em InputRange não terão mais validação de dados (provavelmente, o usuário copiou alguns dados sobre ela). Se esse for o caso, o código executará o método Undo (desfazer) do objeto Application e reverterá a ação do usuário, depois exibirá uma caixa de mensagem, como mostrado na Figura 11-6. Veja o Capítulo 12 para obter mais informações sobre usar On Error Resume Next.

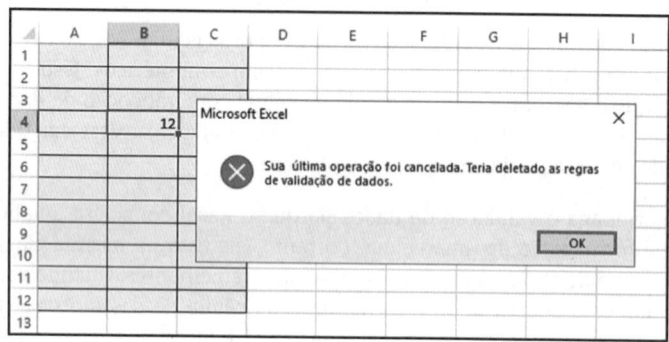

FIGURA 11-6: Realizando a validação de dados com um procedimento de evento.

Resultado final? É impossível apagar as regras de validação copiando dados. Quando o Excel apresenta falhas, às vezes é possível usar o VBA para repará-lo.

Eventos Não Associados a Objetos

Os eventos discutidos anteriormente neste capítulo são associados a um objeto Workbook ou um objeto WorkSheet. Esta seção foca dois tipos de eventos que não estão associados a objetos: hora e teclas pressionadas.

LEMBRE-SE Como a hora e as teclas pressionadas não estão associadas a um objeto específico, como uma pasta de trabalho ou uma planilha, você as programa em um módulo normal VBA (diferentemente dos outros eventos abordados neste capítulo).

O evento OnTime

O evento OnTime acontece com a ocorrência de uma hora específica do dia. O exemplo a seguir demonstra como fazer o Excel executar um procedimento quando ocorre o evento 15h. Nesse caso, uma voz robotizada diz para você acordar, acompanhada por uma caixa de diálogo:

```
Sub ConfigurarAlarme()
    Application.OnTime 0.625, "MostrarAlarme"
End Sub

Sub MostrarAlarme()
    Application.Speech.Speak ("Ei, acorde")
    MsgBox " É hora do seu intervalo da tarde!"
End Sub
```

Nesse exemplo, usamos o método OnTime do objeto Application. Esse método recebe dois argumentos: a hora (0.625, ou 15h) e o nome do procedimento Sub para executar quando ocorre o evento da hora (MostrarAlarme).

Esse procedimento é bem útil se você tem a tendência de ficar tão envolvido no trabalho que se esquece de reuniões e compromissos. Basta ajustar um evento OnTime para se lembrar.

DICA

A maioria das pessoas acha difícil pensar em hora nos termos do sistema de numeração do Excel. Portanto, você pode querer usar a função TimeValue (Valor de Hora) do VBA para representar a hora. TimeValue converte uma string que se parece com uma hora em um valor com o qual o Excel pode lidar. A seguinte declaração mostra uma maneira fácil de programar um evento para as 15 horas (3:00 p.m. no horário norte-americano):

```
Application.OnTime TimeValue("3:00:00 pm"), "MostrarAlarme"
```

Se você quiser programar um evento relativo à hora atual (por exemplo, daqui a 20 minutos), pode usar uma declaração como esta:

```
Application.OnTime Now + TimeValue("00:20:00"), "MostrarAlarme"
```

Também é possível usar o método OnTime para rodar um procedimento VBA em determinado dia. Você precisa assegurar que o computador continue ligado e que a pasta de trabalho com o procedimento seja mantida aberta. A declaração a seguir executa o procedimento MostrarAlarme às 17h do dia 31 de dezembro de 2019:

```
Application.OnTime DateValue("12/31/2019 5:00 pm"),
    "MostrarAlarme"
```

Essa linha de código em especial pode ser útil para avisá-lo de que precisa ir para casa e preparar-se para as festas de Ano-Novo.

Veja outro exemplo que usa o evento OnTime. Executar os procedimentos AtualizarRelógio escreve a hora na célula A1 e também programa outro evento cinco segundos depois. Esse evento roda novamente o procedimento AtualizarRelógio. O resultado é que a célula A1 é atualizada coma hora atual a cada cinco segundos.

Para interromper os eventos, execute o procedimento PararRelógio (que pode cancelar o evento). Veja que NextTick é uma variável no nível do módulo que armazena a hora para o próximo evento.

```
Dim NextTick As Date

Sub AtualizarRelógio()
'   Atualiza a célula A1 com a hora atual
    ThisWorkbook.Sheets(1).Range("A1") = Time
'   Configura o próximo evento para daqui a 5 segundos
    NextTick = Now + TimeValue("00:00:05")
    Application.OnTime NextTick, "AtualizarRelógio"
End Sub

Sub PararRelógio()
'   Cancela o evento OnTime (parar o relógio)
    On Error Resume Next
    Application.OnTime NextTick, "AtualizarRelógio", , False
End Sub
```

CUIDADO

O evento OnTime prossegue mesmo depois que a pasta de trabalho é fechada, ou seja, se você fechar a pasta de trabalho sem rodar o procedimento PararRelógio, a pasta de trabalho se abrirá sozinha cinco segundos depois (supondo que o Excel ainda esteja rodando). Para evitar isso, use um procedimento de evento Workbook_BeforeClose, que contenha a seguinte declaração:

```
Call PararRelógio
```

O método OnTime tem dois argumentos adicionais. Se você pretende usar esse método, deve consultar o sistema de Ajuda para obter detalhes completos.

O método OnTime tem muitas utilidades para todos os tipos de aplicação. A Figura 11-7 exibe uma pasta de trabalho de relógio analógico que usa o método OnTime a cada segundo. O visual do relógio é, na verdade, um gráfico que é atualizado a cada segundo para exibir a hora do dia.

Eventos de teclas pressionadas

Enquanto trabalha, o Excel monitora constantemente o que você digita. Por causa disso, é possível configurar uma tecla pressionada ou uma combinação de teclas para executar um procedimento.

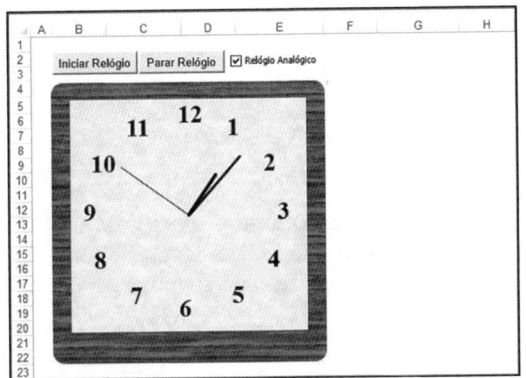

FIGURA 11-7:
Uma aplicação de relógio analógico.

Veja um exemplo que reatribui as teclas PgDn (Page Down) e PgUp (Page Up):

```
Sub Configura_OnKey()
    Application.OnKey "{PgDn}", "PgDn_Sub"
    Application.OnKey "{PgUp}", "PgUp_Sub"
End Sub

Sub PgDn_Sub()
    On Error Resume Next
        ActiveCell.Offset(1, 0).Activate
End Sub

Sub PgUp_Sub()
    On Error Resume Next
        ActiveCell.Offset(-1, 0).Activate
End Sub
```

Depois de configurar os eventos OnKey, executando o procedimento Configura_OnKey, pressionar PgDn o move uma linha para baixo. Pressionar PgUp o move uma linha para cima.

Note que os códigos de tecla estão entre chaves, não entre parênteses. Para ver uma relação completa de códigos de teclado, consulte o sistema de Ajuda e procure por *OnKey*.

Nesse exemplo, On Error Resume Next ignora qualquer erro gerado. Por exemplo, se a célula ativa estiver na primeira linha, tentar mover uma linha para cima causará um erro que pode ser ignorado com segurança. E se uma planilha de gráfico estiver ativa, não haverá célula ativa.

Executando a rotina a seguir, você cancela os eventos OnKey:

```
Sub Cancela_OnKey()
    Application.OnKey "{PgDn}"
    Application.OnKey "{PgUp}"
End Sub
```

CUIDADO Usar uma string vazia como segundo argumento para o método OnKey *não* cancela o evento OnKey, apenas leva o Excel a ignorar o toque de teclado. Por exemplo, a declaração a seguir diz ao Excel para ignorar Alt+F4. O sinal de porcentagem representa a tecla Alt:

```
Application.OnKey "%{F4}", ""
```

Embora você possa usar o método OnKey para designar uma tecla de atalho para executar uma macro, deve usar a caixa de diálogo Macro Options (Opções de Macro) para essa tarefa. Para obter mais detalhes, veja o Capítulo 5.

LEMBRE-SE Se fechar a pasta de trabalho que contém o código e deixar o Excel aberto, o método OnKey não será reiniciado. Como consequência, pressionar a tecla de atalho levará o Excel a abrir automaticamente o arquivo com a macro. Para evitar que isso aconteça, você deve incluí-lo no código de evento Workbook_BeforeClose (mostrado anteriormente neste capítulo) para reiniciar o evento OnKey.

> **NESTE CAPÍTULO**
>
> » Entendendo a diferença entre erros de programação e erros de execução
>
> » Armadilhas e manipulação de erros de execução
>
> » Usando declarações On Error e Resume
>
> » Descobrindo como você pode usar um erro em seu benefício

Capítulo **12**

Técnicas de Tratamento de Erros

Errar é humano. Prever erros é divino. Ao trabalhar com VBA, você deve estar ciente de duas amplas classes de erros: erros de programação e erros de execução. Este capítulo é todo sobre erros de execução.

Um programa bem escrito lida com os erros como Fred Astaire dançava: graciosamente. Por sorte, o VBA inclui diversas ferramentas para ajudá-lo a identificar os erros, e depois, a lidar graciosamente com eles.

Tipos de Erros

Se você já experimentou qualquer um dos exemplos neste livro, provavelmente encontrou uma ou mais mensagens de erro. Alguns desses erros resultam de um código VBA ruim. Por exemplo, você pode escrever incorretamente uma palavra-chave ou digitar uma declaração com a sintaxe errada. Se cometer tal erro, não será capaz de executar o procedimento até corrigi-lo.

Este capítulo não trata desses tipos de erros. Em vez disso, aborda os erros de execução, ou seja, os que acontecem enquanto o Excel executa o código VBA. Mais especificamente, este capítulo cobre os seguintes tópicos fascinantes:

» Identificação de erros

» O que fazer em relação aos erros que ocorrem

» Recuperar-se dos erros

» Criar erros intencionais (sim, às vezes um erro pode ser uma coisa boa)

O objetivo final de lidar com erros é escrever um código que evite, tanto quanto possível, exibir mensagens de erro do Excel, ou seja, você quer prever erros em potencial e lidar com eles antes que o Excel tenha uma chance de levantar a sua cara feia com uma mensagem de erro (normalmente) pouco informativa.

Um Exemplo Errôneo

Para começar, veja a macro a seguir. Uma macro tão simples não poderia produzir nenhum erro, certo?

Ative o VBE, insira um módulo e digite o seguinte código:

```
Sub RaizQuadrada()
    Dim Num As Double
'   Tela para valor
    Num = InputBox("Insira um valor")
'   Insere a raiz quadrada
    ActiveCell.Value = Sqr(Num)
End Sub
```

Conforme mostrado na Figura 12-1, este procedimento pede um valor ao usuário, depois executa um cálculo mágico e entra com a raiz quadrada daquele valor na célula ativa.

FIGURA 12-1: A função InputBox (Caixa de Entrada) exibe uma caixa de diálogo que pede um valor ao usuário.

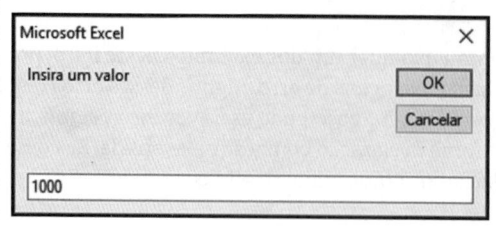

DICA Você pode executar esse procedimento diretamente do VBE, pressionando F5. Como alternativa, pode acrescentar um botão a uma planilha (use Desenvolvedor ⇨ Controles ⇨ Inserir e selecione o botão nos Controles de Formulário para fazer isso) e depois atribuir a macro ao botão (o Excel pede que você designe a macro). Então, é possível rodar o procedimento simplesmente clicando no botão.

A macro não está perfeita

Execute o código algumas vezes para experimentá-lo. Ele funciona muito bem, não é? Agora, tente inserir um número negativo quando for pedido um valor. Ops. Neste planeta, tentar calcular a raiz quadrada de um número negativo é ilegal.

O Excel responde ao pedido de calcular a raiz quadrada de um número negativo exibindo a mensagem de erro de execução mostrada na Figura 12-2. Por ora, apenas clique no botão Fim. Se clicar no botão Depurar, o Excel suspenderá a macro para que você possa usar as ferramentas de depuração para ajudar a rastrear o erro (as ferramentas de depuração são abordadas no Capítulo 13).

FIGURA 12-2: O Excel exibe esta mensagem de erro quando o procedimento tenta calcular a raiz quadrada de um número negativo.

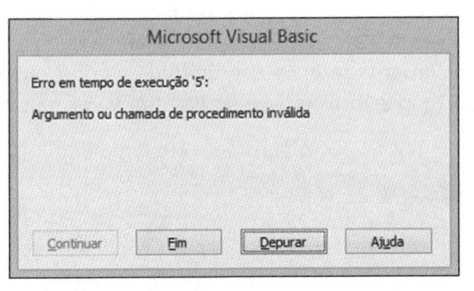

A maioria das pessoas não acha as mensagens de erro do Excel (por exemplo, *Argumento ou chamada de procedimento inválida*) muito úteis. Para aperfeiçoar o procedimento, é necessário prever o erro e lidar com ele mais graciosamente, isto é, acrescente algum código para lidar com erros.

Veja uma versão modificada de RaizQuadrada:

```
Sub RaizQuadrada2()
    Dim Num As Double
    ' Tela para valor
    Num = InputBox("Insira um valor")
    ' Certifica-se de que o número não é negativo
    If Num < 0 Then
        MsgBox "Você deve inserir um número positivo."
        Exit Sub
```

```
        End If

'       Insere a raiz quadrada
        ActiveCell.Value = Sqr(Num)
End Sub
```

Uma estrutura If-Then verifica o valor contido na variável Num. Se Num for menor que 0, o procedimento exibirá uma caixa de mensagem contendo informações que os humanos podem, de fato, entender. Então o procedimento termina com a declaração Exit Sub, para que o erro de execução não tenha a chance de acontecer.

A macro ainda não é perfeita

Então, o procedimento modificado para RaizQuadrada é perfeito, certo? Não exatamente. Tente inserir texto em vez de um valor, ou clique no botão Cancelar na caixa de entrada. Essas duas ações geram um erro (*Tipos incompatíveis*). Esse procedimento pequeno e simples ainda precisa de mais código para lidar com erros.

O código a seguir usa a função IsNumeric para garantir que Num contenha um valor numérico. Se o usuário não inserir um número, o procedimento exibirá uma mensagem e depois será interrompido. Observe ainda que a variável Num agora é definida como Variant. Se ela fosse definida como Double, o código geraria um erro não tratado se o usuário inserisse um valor não numérico na caixa de entrada.

```
Sub RaizQuadrada3()
    Dim Num As Variant
'   Tela para valor
    Num = InputBox("Insira um valor")

'   Certifica-se de que Num seja um número
    If Not IsNumeric(Num) Then
        MsgBox "Você deve inserir um número."
        Exit Sub
    End If

'   Certifica-se de que o número não é negativo
    If Num < 0 Then
        MsgBox "Você deve inserir um número positivo."
        Exit Sub
    End If
'   Insere a raiz quadrada
    ActiveCell.Value = Sqr(Num)
End Sub
```

A macro já está perfeita?

Agora, este código está absolutamente perfeito, certo? Ainda não. Experimente rodar o procedimento enquanto a planilha ativa é uma planilha de gráfico. Ai! Outro erro de execução, dessa vez é o temido Número 91 (veja a Figura 12-3). Esse erro ocorre porque não há célula ativa quando a planilha de gráfico está ativa ou quando alguma coisa que não um intervalo é selecionada.

FIGURA 12-3: Rodar o procedimento quando um gráfico está selecionado gera este erro.

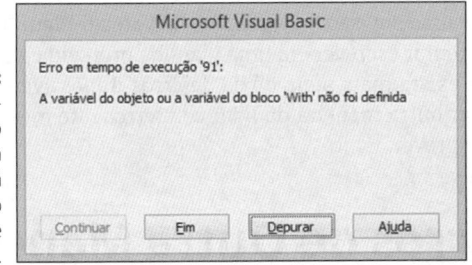

O procedimento a seguir usa a função TypeName para garantir que a seleção seja um intervalo. Se qualquer outra coisa diferente de um intervalo for selecionada, este procedimento exibirá uma mensagem e depois sairá:

```
Sub RaizQuadrada4()
    Dim Num As Variant
'   Certifica-se de que uma planilha esteja ativa
    If TypeName(Selection) <> "Range" Then
        MsgBox "Selecione uma célula para o resultado."
        Exit Sub
    End If

'   Tela para valor
    Num = InputBox("Insira um valor")
'   Certifica-se de que Num seja um número
    If Not IsNumeric(Num) Then
        MsgBox "Você deve inserir um número."
        Exit Sub
    End If
'   Certifica-se de que o número não é negativo
    If Num < 0 Then
        MsgBox "Você deve inserir um número positivo."
        Exit Sub
    End If
```

```
    '   Insere a raiz quadrada
        ActiveCell.Value = Sqr(Num)
End Sub
```

Desistindo da perfeição

Por ora, esse procedimento simplesmente *deve* estar perfeito. Pense de novo, amigo.

Proteja a planilha (selecione Revisão ⇨ Alterações ⇨ Proteger Planilha) e depois execute o código. Sim, tentar escrever em uma planilha protegida gera mais um erro. E provavelmente existe mais meia dúzia de erros impossíveis de prever. Continue lendo para ver outra maneira de lidar com erros, até mesmo aqueles que você não consegue prever.

Lidando com Erros de Outra Maneira

Como você pode identificar e lidar com cada erro possível? Muitas vezes, não pode. Felizmente, o VBA oferece outra maneira de lidar com erros.

Revendo o procedimento RaizQuadrada

O código a seguir é uma versão modificada do procedimento da seção anterior. Nele, uma declaração On Error geral captura todos os erros e confere se InputBox foi cancelada.

```
Sub RaizQuadrada5()
    Dim Num As Variant
    Dim Msg As String

'   Configura a manipulação de erros
    On Error GoTo EntradaErrada
'   Tela para valor
    Num = InputBox("Insira um valor")
'   Sai se cancelado
    If Num = "" Then Exit Sub

'   Insere a raiz quadrada
    ActiveCell.Value = Sqr(Num)
    Exit Sub

EntradaErrada:
    Msg = "Ocorreu um erro." & vbNewLine & vbNewLine
```

```
        Msg = Msg & "Assegure-se de ter selecionado um intervalo,
"
        Msg = Msg & "que a planilha não esteja protegida "
        Msg = Msg & "e que você não inseriu um valor negativo."
        MsgBox Msg, vbCritical
    End Sub
```

Esta rotina captura *qualquer* tipo de erro de execução. Depois de capturar o erro, o procedimento revisado RaizQuadrada exibe a caixa de mensagem mostrada na Figura 12-4. Essa caixa de mensagem descreve as causas mais prováveis do erro.

FIGURA 12-4: Um erro de execução no procedimento gera esta mensagem de erro quase útil.

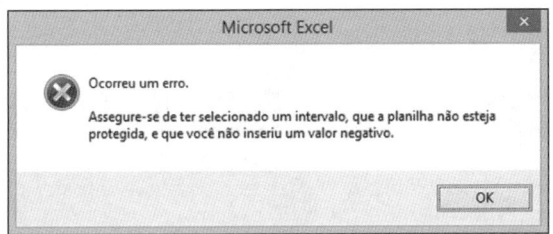

Sobre a declaração On Error

Usar uma declaração On Error em seu código VBA permite ignorar o tratamento de erro integrado do Excel e usar o seu próprio código para lidar com os erros. No exemplo anterior, um erro de execução faz a execução da macro saltar para a declaração rotulada como EntradaErrada. Como resultado, você evita as

> **ON ERROR NÃO ESTÁ FUNCIONANDO?**
>
> **DICA** Se uma declaração On Error não estiver funcionando como deveria, você precisa trocar uma de suas configurações:
>
> 1. **Ative o VBE.**
> 2. **Selecione Ferramentas ⇨ Opções.**
> 3. **Clique na guia Geral da caixa de diálogo Opções.**
> 4. **Verifique se a configuração Interromper em todos os erros não está selecionada.**
>
> Se essa configuração estiver selecionada, o Excel irá ignorar efetivamente quaisquer declarações On Error. Em geral, você quer manter as opções Error Trapping configuradas para Interromper em erros não tratados.

mensagens de erro pouco amistosas do Excel e pode exibir a sua própria mensagem ao usuário.

> **DICA** Observe que o exemplo usa uma declaração Exit Sub logo antes do rótulo de EntradaErrada. Essa declaração é necessária, pois você não quer executar o código que lida com erro caso *não* ocorra um erro.

Lidando com Erros: Os Detalhes

Você pode usar a declaração On Error de três formas, conforme mostrado na Tabela 12-1.

TABELA 12-1 Usando a Declaração On Error

Sintaxe	O que Ela Faz
On Error GoTo *rótulo*	Depois de executar essa declaração, o VBA retoma a execução na declaração que segue o rótulo especificado. Você deve incluir dois pontos depois do rótulo, para que o VBA o reconheça como tal.
On Error GoTo 0	Depois de executar essa declaração, o VBA retoma o seu comportamento normal de verificação de erro. Use essa declaração depois de usar uma das outras declarações On Error ou quando quiser remover a manipulação de erro do seu procedimento.
On Error Resume Next	Depois de executar essa declaração, o VBA simplesmente ignora todos os erros e retoma a execução com a próxima declaração.

Retomando depois de um erro

Em alguns casos, você quer apenas que a rotina termine com elegância quando ocorre um erro. Por exemplo, você pode exibir uma mensagem descrevendo o erro e depois sair do procedimento (o exemplo RaizQuadrada5 usa essa técnica). Em outros casos, quer se recuperar do erro, se possível.

Para se recuperar de um erro, use uma declaração Resume. Isso limpa a condição de erro e permite que prossiga com a execução em algum ponto. É possível usar a declaração Resume de três formas, como mostrado na Tabela 12-2.

TABELA 12-2 Usando a Declaração Resume

Sintaxe	O que Ela Faz
Resume	A execução é retomada com a declaração que causou o erro. Use isso se o seu código que lida com erro corrigir o problema e estiver bem para continuar.
Resume Next	A execução é retomada com a declaração imediatamente depois da declaração que causou o erro. Ela basicamente ignora o erro.
Resume *rótulo*	A execução é retomada no *rótulo* que você especifica.

O exemplo a seguir usa uma declaração Resume depois da ocorrência de um erro:

```vba
Sub RaizQuadrada6()
    Dim Num As Variant
    Dim Msg As String
    Dim Ans As Integer
TentarNovamente:
'   Configura o tratamento de erros
    On Error GoTo EntradaErrada

'   Tela para valor
    Num = InputBox("Insira um valor")
    If Num = "" Then Exit Sub

'   Insere a raiz quadrada
    ActiveCell.Value = Sqr(Num)

    Exit Sub

EntradaErrada:
    Msg = Err.Number & ": " & Error(Err.Number)
    Msg = Msg & vbNewLine & vbNewLine
    Msg = Msg & "Certifique-se de que o intervalo está
  selecionado, "
    Msg = Msg & "a página não é protegida "
    Msg = Msg & "e que você insira um número não negativo."
    Msg = Msg & vbNewLine & vbNewLine & "Tentar novamente?"
    Ans = MsgBox(Msg, vbYesNo + vbCritical)
    If Ans = vbYes Then Resume TentarNovamente
End Sub
```

Esse procedimento tem outro rótulo: TentarNovamente. Se ocorrer um erro, a execução prosseguirá no rótulo EntradaErrada e o código exibirá a mensagem mostrada na Figura 12-5. Se o usuário responder clicando em Sim, a declaração Resume aparecerá e a execução voltará para o rótulo TentarNovamente. Se o usuário clicar em Não, o procedimento terminará.

FIGURA 12-5: Se ocorre um erro, o usuário pode decidir se quer tentar de novo.

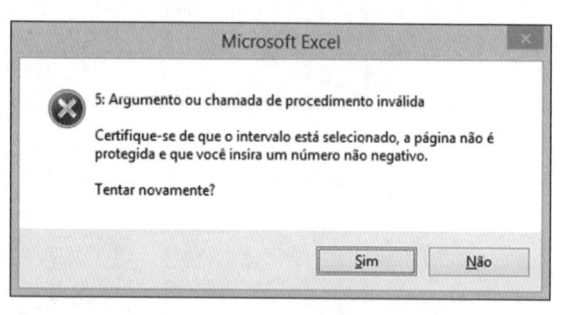

Observe que a mensagem de erro também inclui o número do erro, junto com a descrição "oficial" dele.

A declaração Resume limpa a condição de erro antes de continuar. Para ver o que isso quer dizer, experimente substituir a penúltima declaração do exemplo anterior pela declaração a seguir:

```
If Ans = vbYes Then GoTo TentarNovamente
```

O código não funcionará corretamente se você usar GoTo em vez de Resume. Para demonstrar, insira um número negativo. Você recebe uma tela de erro. Clique em Sim para tentar de novo e depois insira *outro* número negativo. Esse segundo erro não é capturado, pois a condição original de erro não foi removida.

Esse exemplo está disponível no site da editora [procure pelo título do livro].

DICA

Lidando com erros: Um resumo

Para ajudá-lo a manter claro esse negócio de lidar com erro, veja este pequeno resumo. Um bloco de código para lidar com erros tem as seguintes características:

» Começa logo depois do rótulo especificado na declaração On Error.

» Só deve ser alcançado pela macro se ocorre um erro. Isso significa que você deve usar uma declaração, como Exit Sub ou Exit Function, imediatamente antes do rótulo.

» Pode exigir uma declaração Resume. Se decidir não abortar o procedimento quando ocorrer um erro, deverá executar uma declaração Resume antes de voltar ao código principal.

Sabendo quando ignorar erros

Em alguns casos, é perfeitamente normal ignorar erros. É quando a declaração On Error Resume Next entra em cena.

O exemplo a seguir faz um loop em cada célula do intervalo selecionado e converte o valor em sua raiz quadrada. Esse procedimento irá gerar uma mensagem de erro se qualquer célula na seleção contiver um número negativo ou texto:

```
Sub SeleçãoRaiz()
    Dim cell As Range
    If TypeName(Selection) <> "Range" Then Exit Sub
    For Each cell In Selection
        cell.Value = Sqr(cell.Value)
    Next cell
End Sub
```

Nesse caso, você pode querer simplesmente pular qualquer célula que contenha um valor que não pode ser convertido em uma raiz quadrada. É possível criar vários tipos de capacidades de verificação de erro usando estruturas If-Then, mas você pode desenvolver uma solução melhor (e mais simples) apenas ignorando os erros que acontecem.

A rotina a seguir realiza isso usando a declaração On Error Resume Next:

```
Sub SeleçãoRaiz()
    Dim cell As Range
    If TypeName(Selection) <> "Range" Then Exit Sub
    On Error Resume Next
    For Each cell In Selection
        cell.Value = Sqr(cell.Value)
    Next cell
End Sub
```

Em geral, use uma declaração On Error Resume Next se considera os erros inofensivos ou inconsequentes para sua tarefa.

Identificando erros específicos

Os erros não são todos iguais. Alguns são sérios e outros nem tanto. Embora você possa ignorar os erros que considera sem consequência, deve lidar com os mais sérios. Em alguns casos, é preciso identificar o erro específico que ocorre.

Cada tipo de erro tem um número oficial. Quando ocorre um erro, o Excel armazena o número do erro em um objeto Error, chamado Err. A propriedade Number desse objeto contém o número do erro e sua propriedade Description contém a descrição. Por exemplo, a declaração a seguir exibe o número do erro, dois pontos e uma descrição dele:

```
MsgBox Err.Number & ": " & Err.Description
```

A Figura 12-5, apresentada anteriormente, mostra um exemplo. Porém, lembre-se de que as mensagens de erro do Excel nem sempre são úteis, mas você já sabe disso.

O procedimento a seguir demonstra como determinar qual erro ocorreu. Neste caso, você pode ignorar, com segurança, os erros causados por tentar obter a raiz quadrada de um número não positivo (isto é, o erro 5) ou os erros causados por tentar obter a raiz quadrada de um valor não numérico (erro 13). Por outro lado, precisa informar ao usuário se a planilha é protegida e se a seleção contém uma ou mais células bloqueadas (caso contrário, o usuário poderá pensar que a macro funcionou, quando na verdade não). Tentar escrever em uma célula bloqueada em uma planilha protegida causa o erro 1004.

```
Sub SeleçãoRaiz()
    Dim cell As Range
    Dim ErrMsg As String
    If TypeName(Selection) <> "Range" Then Exit Sub
    On Error GoTo ManipuladorDeErros
    For Each cell In Selection
        cell.Value = Sqr(cell.Value)
    Next cell
    Exit Sub

ManipuladorDeErros:
    Select Case Err.Number
        Case 5 'Número negativo
            Resume Next
        Case 13 'Incompatibilidade de tipo
            Resume Next
        Case 1004 'Célula bloqueada, planilha protegida
            MsgBox "Célula bloqueada. Tente de novo.", vbCritical, cell.Address
            Exit Sub
        Case Else
            ErrMsg = Error(Err.Number)
            MsgBox "ERROR: " & ErrMsg, vbCritical, cell.Address
            Exit Sub
    End Select
End Sub
```

Quando ocorre um erro de execução, ela pula para o código iniciando no rótulo ManipuladorDeErros. A estrutura Select Case (abordada no Capítulo 10) testa três números comuns de erro. Se o número do erro é 5 ou 13, a execução retorna na declaração seguinte (ou seja, o erro é ignorado). Mas se o número do erro é 1004, a rotina informa ao usuário e depois termina. O último caso, uma armadilha para erros não previstos, captura todos os outros erros e exibe a real mensagem de erro.

Um Erro Intencional

Às vezes, é possível usar um erro em seu benefício. Suponha que você tenha uma macro que só funciona se determinada pasta de trabalho está aberta. Como pode determinar se aquela pasta de trabalho está aberta? Uma maneira é escrever um código que faça loops na coleção Workbooks verificando para determinar se a pasta de trabalho de interesse está naquela coleção.

Veja um modo mais fácil: usar uma função geral que aceita um argumento (um nome de pasta de trabalho) e retorna True se a pasta de trabalho está aberta ou False se não está.

Esta é a função:

```
Function WorkbookIsOpen(book As String) As Boolean
    Dim NomeDaPasta As String
    On Error GoTo NãoAberta
    NomeDaPasta = Workbooks(book).Name
    WorkbookIsOpen = True
    Exit Function
NãoAberta:
    WorkbookIsOpen = False
End Function
```

Essa função aproveita o fato de que o Excel gera um erro se você faz referência a uma pasta de trabalho que não está aberta. Por exemplo, a declaração a seguir gera um erro se uma pasta de trabalho chamada MeuArquivo.xlsx não está aberta:

```
WBName = Workbooks("MeuArquivo.xlsx").Name
```

Na função WorkbookIsOpen, a declaração On Error diz ao VBA para continuar a macro na declaração NãoAberta se houver um erro. Portanto, um erro significa que a pasta de trabalho não está aberta, e a função retorna False. Se a pasta de trabalho *estiver* aberta, não haverá erro e a função retornará True.

Veja outra variação da função WorkbookIsOpen. Essa versão usa On Error Resume Next para ignorar o erro. Mas o código verifica a propriedade Number de Err. Se Err.Number é 0, nenhum erro ocorreu e a pasta de trabalho está aberta. Se Err.Number é qualquer outra coisa, significa que ocorreu um erro (e a pasta de trabalho não está aberta).

```
Function WorkbookIsOpen(book) As Boolean
    Dim NomeDaPasta As String
    On Error Resume Next
    NomeDaPasta = Workbooks(book).Name
    If Err.Number = 0 Then WorkbookIsOpen = True _
      Else WorkbookIsOpen = False
End Function
```

O exemplo a seguir demonstra como usar essa função em um procedimento Sub:

```
Sub AtualizaçãoDePreços()
    If Not WorkbookIsOpen("Preços.xlsx") Then
        MsgBox "Por favor, abra a pasta de trabalho Preços primeiro!"
        Exit Sub
    End If
    ' [Outros códigos entram aqui]
End Sub
```

O procedimento AtualizaçãoDePreços (que deve estar na mesma pasta de trabalho que WorkbookIsOpen) chama a função WorkbookIsOpen e passa o nome da pasta de trabalho (Preços.xlsx) como um argumento. A função WorkbookIsOpen retorna True ou False. Portanto, se a pasta de trabalho não está aberta, o procedimento informa o fato ao usuário. Do contrário, a macro prossegue.

Lidar com erro pode ser complicado. Afinal, muitos erros diferentes podem ocorrer e você não pode prever todos eles. Em geral, se possível, capture os erros e corrija a situação antes que o Excel interfira. Escrever um código eficiente de captura de erro requer um conhecimento completo de Excel e um claro entendimento de como funciona o tratamento de erros do VBA. Os capítulos posteriores contêm mais exemplos de como lidar com erros.

> **NESTE CAPÍTULO**
>
> » Definindo um bug e sabendo por que você deve esmagá-lo
>
> » Reconhecendo tipos de bugs de programa que você pode encontrar
>
> » Usando técnicas para depurar seu código
>
> » Usando as ferramentas de depuração integradas do VBA
>
> » Apresentando uma lista útil com dicas de redução de bugs

Capítulo **13**

Técnicas de Extermínio de Bugs

Se a palavra *bug* evoca a imagem de um carrinho de andar na areia da praia, este capítulo pode consertar isso. Colocando de forma simples, bug é um erro em sua programação. Aqui, você verá o tópico de bugs de programação: como identificá-los e tirá-los da face do seu módulo.

Espécies de Bugs

Bem-vindo à Entomologia Básica. O termo *bug de programa*, como provavelmente você sabe, refere-se a um problema de software, ou seja, se o software não é executado conforme o esperado, ele tem um bug. A verdade é que todos os principais programas de software têm bugs, muitos bugs. O próprio Excel tem centenas (se não milhares) de bugs. Felizmente, a maioria é relativamente obscura e só aparece em circunstâncias bem específicas.

Ao escrever programas VBA pouco comuns, provavelmente o seu código terá bugs. Isso é um fato e não necessariamente um reflexo de sua habilidade de programação. Os bugs podem estar em qualquer uma das categorias a seguir:

» **Falhas lógicas em seu código:** Muitas vezes você pode evitar esses bugs pensando cuidadosamente no problema que o programa apresenta.

» **Bugs no contexto incorreto:** Esse tipo de bug surge quando tenta fazer algo na hora errada. Por exemplo, você pode tentar escrever dados em células na planilha ativa quando, na verdade, ela é uma planilha de gráfico (que não tem células).

» **Bugs de casos extremos:** Esses bugs levantam suas caras feias quando o programa encontra dados não previstos, tais como números muito grandes ou muito pequenos.

» **Bugs do tipo errado de dados:** Esse tipo de bug acontece quando você tenta processar dados do tipo errado, como tentar tirar a raiz quadrada de uma string de texto.

» **Bugs de versão errada:** Esse tipo de bug envolve incompatibilidades entre diferentes versões do Excel. Por exemplo, você pode desenvolver uma pasta de trabalho com o Excel 2019 e, depois, descobrir que a pasta de trabalho não funciona com o Excel 2003. Normalmente é possível escapar de tais problemas evitando usar recursos específicos da versão. Muitas vezes a melhor abordagem é desenvolver a sua aplicação usando a versão mais antiga do Excel que os usuários possam ter. No entanto, em todos os casos, deve testar o seu trabalho em todas as versões que imagina que serão usadas.

» **Bugs além do seu controle:** Esses são os mais frustrantes. Um exemplo acontece quando a Microsoft atualiza o Excel e faz uma alteração menor, não documentada, que leva a sua macro a estourar. Até atualizações de segurança são conhecidas por causar problemas.

Depurar é o processo de identificar e corrigir bugs em seu programa. Leva tempo para desenvolver habilidades de depuração, então não fique desencorajado se esse processo for difícil no início.

LEMBRE-SE É importante entender a diferença entre *bugs* e *erros de sintaxe*. Um erro de sintaxe é um erro de linguagem. Por exemplo, você poderia escrever errado uma palavra-chave, omitir a declaração Next em um loop For-Next ou esquecer um parêntese. Antes de poder sequer executar o procedimento, você deve corrigir esses erros de sintaxe. Um bug de programa é muito mais sutil. É possível executar a rotina, mas ela não funciona conforme o esperado.

Identificando Bugs

Antes de fazer qualquer depuração, determine se, de fato, existe um bug. Você pode dizer que a sua macro tem um bug se ela não funciona como deveria. (Nossa, este livro está cheio de conhecimentos, não é?) Geralmente, mas nem sempre, é possível perceber isso com facilidade.

Com frequência (mas nem sempre), um bug fica claro quando o Excel exibe uma mensagem de erro durante a execução. A Figura 13-1 mostra um exemplo. Observe que essa mensagem de erro inclui um botão chamado Depurar. Mais sobre isso na seção "Sobre o Depurador", mais adiante.

FIGURA 13-1: Uma mensagem de erro como esta frequentemente significa que o seu código VBA tem um bug.

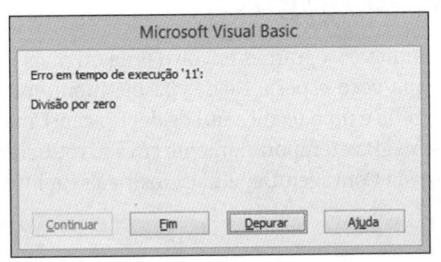

Um fato importante conhecido por todos os programadores é que os bugs geralmente aparecem quando menos se espera. Por exemplo, só porque a sua macro funciona bem com um conjunto de dados, não significa que você pode supor que ela funcionará bem da mesma forma com todos os conjuntos de dados.

A melhor abordagem de depuração é testar cuidadosamente, sob várias condições reais. E como não é possível desfazer as mudanças feitas pelo código VBA na pasta de trabalho, é sempre uma boa ideia usar uma cópia de backup da pasta de trabalho para testes.

Técnicas de Depuração

Nesta seção, você explora os quatro métodos mais comuns para depurar código VBA do Excel:

» Examinar o código

» Inserir funções MsgBox em vários locais de seu código

» Inserir declarações Debug.Print

» Usar as ferramentas de depuração integradas do Excel

Examinando o seu código

Talvez a técnica de depuração mais direta seja simplesmente dar uma boa olhada no código para ver se é possível encontrar o problema. Esse método, claro, requer conhecimento e experiência, ou seja, você precisa saber o que está fazendo. Se tiver sorte, o erro logo aparecerá e você baterá na testa dizendo: "Dã!" Mas muitas vezes os erros são descobertos quando esteve trabalhando em seu programa por oito horas seguidas, são duas horas da madrugada e você está funcionando à base de cafeína e força de vontade. Em ocasiões assim, você tem sorte se consegue enxergar seu código, que dirá encontrar bugs. Então não se surpreenda se simplesmente examinar o código não for o bastante para conseguir encontrar e eliminar todos os bugs que ele contém.

Usando a função MsgBox

Um problema comum em muitos programas envolve uma ou mais variáveis que não assumem os valores que você espera. Nesses casos, monitorar a(s) variável(eis) enquanto o código roda é uma técnica útil de depuração. Uma maneira de fazer isso é inserir funções MsgBox temporariamente em sua rotina. Por exemplo, se tiver uma variável chamada ContagemDeCélulas, insira a seguinte declaração:

```
MsgBox ContagemDeCélulas
```

Quando você executa a rotina, a função MsgBox exibe o valor de ContagemDeCélulas.

Em geral, é útil exibir os valores de duas ou mais variáveis na caixa de mensagem. A declaração a seguir exibe o valor atual de duas variáveis: ÍndiceDeLoop(1) e ContagemDeCélulas(72), separadas por um espaço.

```
MsgBox ÍndiceDeLoop & " " & ContagemDeCélulas
```

Observe que as duas variáveis são combinadas com o operador de concatenação (&) e um caractere de espaço é inserido entre elas. Caso contrário, a caixa de mensagem conecta os dois valores, fazendo-os parecer um único valor. Também é possível usar a constante integrada vbNewLine no lugar do caractere de espaço. vbNewLine insere uma quebra de linha, que exibe o texto em uma nova linha. A declaração a seguir exibe três variáveis, cada uma em uma linha separada:

```
MsgBox ÍndiceDeLoop & vbNewLine & ContagemDeCélulas &
    vbNewLine & MeuValor
```

Essa técnica não é limitada a monitorar variáveis. Você pode usar uma caixa de mensagem para exibir todo tipo de informações úteis enquanto o seu código está rodando. Por exemplo, se seu código fizer loops em uma série de planilhas, a declaração a seguir exibirá o nome e o tipo da planilha ativa:

```
MsgBox ActiveSheet.Name & " " & TypeName(ActiveSheet)
```

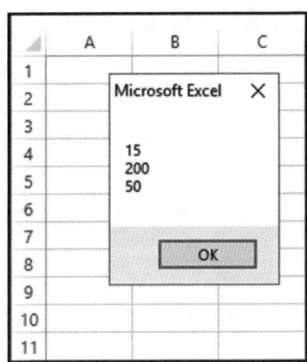

FIGURA 13-2:
Usando uma caixa de mensagem para exibir o valor de três variáveis.

Se sua caixa de mensagem exibir algo inesperado, pressione Ctrl+Break e será exibida uma caixa de diálogo que informa A Execução do código foi interrompida; como mostrado na Figura 13-3, você tem quatro escolhas:

» Clicar no botão Continuar. O código continuará a executar.

» Clicar no botão Fim. A execução termina.

» Clicar no botão Depurar. O VBE vai para o modo Depuração (explicado um pouco mais adiante na seção "Sobre o Depurador").

» Clicar no botão Ajuda. Uma tela de ajuda informa que você pressionou Ctrl+Break, ou seja, não é muito útil.

FIGURA 13-3:
Pressionar Ctrl+Break interrompe a execução do código e lhe dá algumas escolhas.

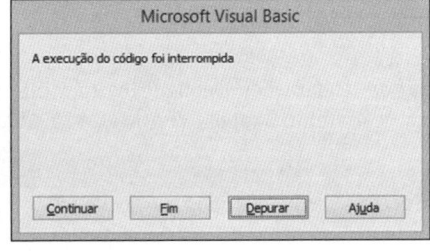

DICA

Se seu teclado não tem uma tecla Break, tente pressionar Ctrl+ScrollLock.

LEMBRE-SE

Fique à vontade para usar as funções MsgBox frequentemente ao depurar o código. Apenas remova-as depois de identificar e corrigir o problema.

CAPÍTULO 13 **Técnicas de Extermínio de Bugs** 205

Inserindo declarações Debug.Print

Como uma alternativa ao uso das funções MsgBox em seu código, você pode inserir uma ou mais declarações temporárias Debug.Print. Use essas declarações para imprimir o valor de uma ou mais variáveis na janela Verificação Imediata. Veja um exemplo que exibe o valor de três variáveis:

```
Debug.Print ÍndiceDeLoop, ContagemDeCélulas, MeuValor
```

Observe que as variáveis são separadas por vírgulas. Você pode exibir quantas variáveis quiser com uma única declaração Debug.Print.

LEMBRE-SE

Debug.Print enviará os resultados para a janela Verificação Imediata mesmo se ela estiver oculta. Se a janela Verificação Imediata do VBE não estiver visível, pressione Ctrl+G (ou selecione Exibir ⇨ Janela de Verificação Imediata). A Figura 13-4 mostra alguns resultados na janela Verificação Imediata.

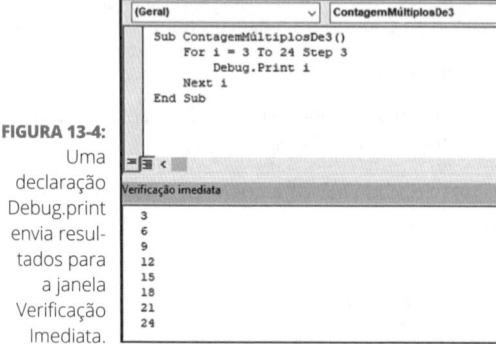

FIGURA 13-4:
Uma declaração Debug.print envia resultados para a janela Verificação Imediata.

Diferentemente de MsgBox, as declarações Debug.Print não interrompem o código. Então você precisará ficar atento à janela Verificação Imediata para ver o que está acontecendo.

Depois de ter depurado o código, remova todas as declarações Debug.Print. Mesmo as grandes empresas, como a Microsoft, ocasionalmente se esquecem de remover suas declarações Debug.Print. Em diversas versões anteriores do Excel, cada vez que o add-in Analysis ToolPak (Pacote de Ferramentas de Análise) era aberto, você via diversas mensagens estranhas na janela Verificação Imediata. O problema foi finalmente corrigido no Excel 2007.

Usando o depurador VBA

Os projetistas do Excel são intimamente familiarizados com o conceito de bugs. Consequentemente, o Excel inclui um conjunto de ferramentas de depuração que pode ajudá-lo a corrigir problemas em seu código VBA. O depurador VBA é o tópico da próxima seção.

Sobre o Depurador

Esta seção aborda os pormenores de usar as ferramentas de depuração do Excel. Elas são muito mais poderosas do que as técnicas discutidas na seção anterior. Mas com grandes poderes vêm grandes responsabilidades. Usar as ferramentas de depuração requer um pouco de trabalho de configuração.

Configurando pontos de interrupção em seu código

Você pode usar as funções MsgBox em seu código para monitorar os valores de determinadas variáveis (veja a seção anterior, "Usando a função MsgBox"). Basicamente, exibir uma caixa de mensagem interrompe o seu código no meio da execução e clicar no botão OK retoma a execução.

Não seria bom se pudesse interromper a execução de uma rotina, dar uma olhada no valor de *qualquer uma* de suas variáveis e depois continuar a execução? Bem, é exatamente o que você pode fazer configurando um ponto de interrupção. Você pode configurar um ponto de interrupção em seu código VBA de várias maneiras:

» Mova o cursor para a declaração na qual deseja que a execução seja interrompida; depois, pressione F9.

» Clique na margem cinza, à esquerda da declaração, onde você deseja que a execução pare.

» Posicione o ponto de inserção na declaração em que deseja que a execução pare, depois selecione Depurar ⇨ Ativar Ponto de Interrupção.

» Clique com o botão direito em uma declaração e selecione Ativar ⇨ Ponto de Interrupção no menu de atalho.

Os resultados obtidos ao configurar um ponto de interrupção são apresentados na Figura 13-5. O Excel destaca a linha para lembrá-lo de que você definiu um ponto de interrupção nesse local; ele também insere um ponto grande na margem.

Ao executar o procedimento, o Excel entra no *modo de Interrupção* antes da execução da linha com o ponto de interrupção. No modo de Interrupção, a palavra [interromper] é exibida na barra de título do VBE. Para sair desse modo e continuar a execução, pressione F5 ou clique no botão Executar Sub/UserForm na barra de ferramentas do VBE. Veja "Percorrendo o seu código", mais adiante neste capítulo, para saber mais.

DICA

Para remover rapidamente um ponto de interrupção, clique no ponto grande na margem cinza ou mova o cursor para a linha destacada e pressione F9. Para remover todos os pontos de interrupção do módulo, pressione Ctrl+Shift+F9.

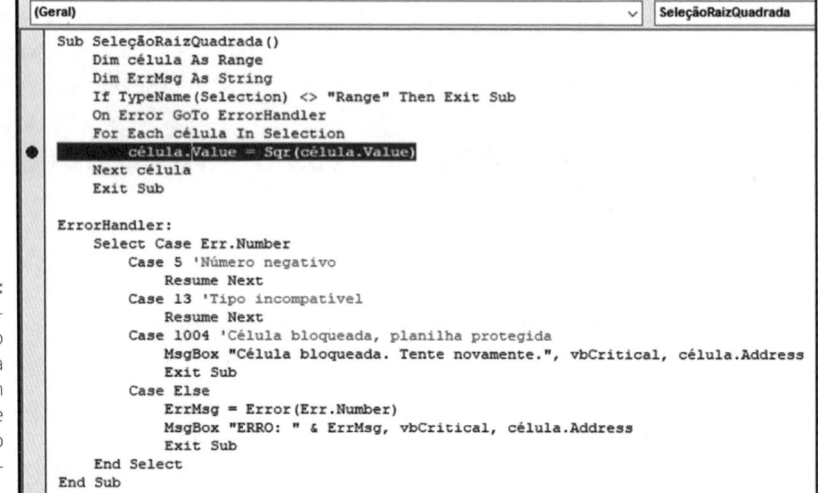

```
Sub SeleçãoRaizQuadrada()
    Dim célula As Range
    Dim ErrMsg As String
    If TypeName(Selection) <> "Range" Then Exit Sub
    On Error GoTo ErrorHandler
    For Each célula In Selection
        célula.Value = Sqr(célula.Value)
    Next célula
    Exit Sub

ErrorHandler:
    Select Case Err.Number
        Case 5 'Número negativo
            Resume Next
        Case 13 'Tipo incompatível
            Resume Next
        Case 1004 'Célula bloqueada, planilha protegida
            MsgBox "Célula bloqueada. Tente novamente.", vbCritical, célula.Address
            Exit Sub
        Case Else
            ErrMsg = Error(Err.Number)
            MsgBox "ERRO: " & ErrMsg, vbCritical, célula.Address
            Exit Sub
    End Select
End Sub
```

FIGURA 13-5: A declaração destacada marca um ponto de interrupção neste procedimento.

O VBA também tem uma palavra-chave, que você pode inserir como uma declaração, que força o modo de Interrupção:

```
Stop
```

Quando o código atinge a palavra-chave Stop, o VBA entra no modo de Interrupção.

O que é modo de Interrupção? Você pode pensar nele como uma posição de animação suspensa. O código VBA para de rodar e a declaração atual é destacada. No modo de Interrupção você pode:

» Digitar declarações VBA na janela Verificação Imediata (veja os detalhes na próxima seção).

» Pressionar F8 para percorrer seu código uma linha de cada vez e verificar diversas coisas enquanto o programa está parado.

> » Mover o cursor do mouse sobre uma variável para exibir seu valor em uma pequena janela pop-up.
>
> » Pular a(s) próxima(s) declaração(ões) e continuar a execução nesse local (ou mesmo, voltar algumas declarações).
>
> » Editar uma declaração e depois continuar.

DICA

A Figura 13-6 mostra uma depuração em ação. Há um ponto de interrupção configurado (observe o grande ponto) e a tecla F8 é usada para percorrer o código linha por linha (veja a seta que indica a declaração atual).

```
Sub SeleçãoRaizQuadrada()
    Dim célula As Range
    Dim ErrMsg As String
    If TypeName(Selection) <> "Range" Then Exit Sub
    On Error GoTo ErrorHandler
    For Each célula In Selection
        célula.Value = Sqr(célula.Value)    célula.Value = 32,3
    Next célula
    Exit Sub

ErrorHandler:
    Select Case Err.Number
        Case 5 'Número negativo
            Resume Next
        Case 13 'Tipo incompatível
            Resume Next
```

Verificação imediata
?Célula.Address
$A$1

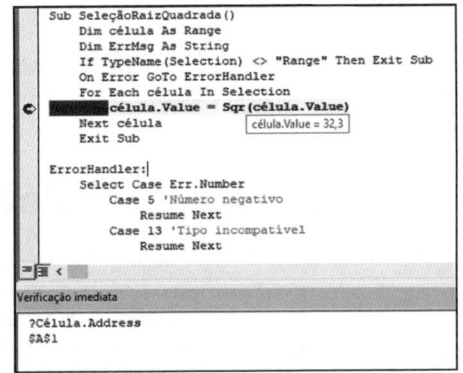

FIGURA 13-6: Um cenário típico no modo de Interrupção.

Usando a janela Verificação Imediata

A janela Verificação Imediata pode não estar visível no VBE. Você pode exibi-la a qualquer hora pressionando Ctrl+G.

No modo de Interrupção, a janela Verificação Imediata é especialmente útil para encontrar o valor atual de qualquer variável em seu programa. Por exemplo, se você quiser saber o valor atual de uma variável chamada ContagemDeCélulas, insira o seguinte na janela Verificação Imediata e pressione Enter:

```
Print ContagemDeCélulas
```

Você pode poupar alguns milésimos de segundos usando um ponto de interrogação no lugar da palavra `Print`, assim:

```
? ContagemDeCélulas
```

A janela Verificação Imediata permite fazer outras coisas além de verificar os valores de variável. Por exemplo, é possível mudar o valor de uma variável, ativar uma planilha diferente ou mesmo abrir uma nova pasta de trabalho. Apenas verifique se o comando inserido é uma declaração VBA válida.

DICA: Você também pode usar a janela Verificação Imediata quando o Excel não está no modo de Interrupção. A janela Verificação Imediata é um ótimo lugar para testar pequenos fragmentos de código antes de incorporá-los em seus procedimentos.

Percorrendo o seu código

Enquanto estiver no modo de Interrupção, você também pode percorrer o código linha a linha. Uma declaração é executada cada vez que F8 é pressionado. No decorrer da execução linha por linha do código, você pode ativar a janela Verificação Imediata em qualquer ocasião para verificar o status de suas variáveis.

DICA: Use o mouse para alterar qual declaração o VBA executará em seguida. Se colocar o cursor do mouse na margem à esquerda da declaração atualmente destacada, o cursor mudará para uma seta para a direita. Simplesmente arraste o mouse para a declaração que quer que seja executada em seguida e veja essa declaração ficar realçada.

Usando a janela Inspeções de Variáveis

Em alguns casos, você pode querer saber se determinada variável ou expressão assume um valor em especial. Suponha que um procedimento faz loops em 1.000 células. Você percebe que houve um problema durante a 900ª iteração do loop. Bem, poderia inserir um ponto de interrupção no loop, mas isso significaria responder a 899 solicitações antes de o código finalmente chegar à iteração que quer ver (e isso fica chato bem depressa). Uma solução mais eficaz envolve configurar uma *expressão de inspeção*.

Por exemplo, você pode criar uma expressão de inspeção que coloca o procedimento no modo de Interrupção sempre que determinada variável assume um valor específico, por exemplo, Contador=900. Para criar uma expressão de inspeção, selecione Depurar ⇨ Adicionar Inspeção de Variáveis para exibir a caixa de diálogo Adicionar Inspeção de Variáveis (veja a Figura 13-7).

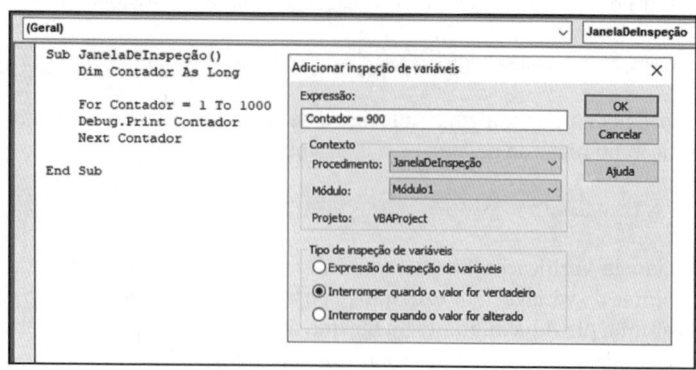

FIGURA 13-7: A caixa de diálogo Adicionar Inspeção de Variáveis permite especificar uma condição que causa uma interrupção.

A caixa de diálogo Adicionar Inspeção de Variáveis tem três partes:

» **Expressão:** Insira uma expressão VBA válida ou uma variável aqui, por exemplo, Contador=900 ou apenas Contador.

» **Contexto:** Selecione o procedimento e o módulo que deseja observar. Veja que é possível selecionar Todos os Procedimentos e Todos os Módulos.

» **Tipo de inspeção de variáveis:** Selecione o tipo de inspeção de variáveis clicando em um botão de opção. A sua escolha aqui depende da expressão fornecida. A primeira opção, Expressão de Inspeção de Variáveis não gera uma interrupção, apenas exibe o valor da expressão quando ocorre uma interrupção.

Execute o procedimento depois de configurar a sua inspeção de variável(eis). As coisas rodam normalmente até que a expressão seja atendida (com base no Tipo de Inspeção especificado). Quando isso acontece, o Excel entra no modo de Interrupção (você configurou o Tipo de Inspeção de Variáveis para Interromper quando o valor for verdadeiro, certo?). A partir daí, poderá percorrer o código ou usar a janela Verificação Imediata para depurar o código.

Quando você cria uma inspeção, o VBE exibe a janela Inspeções de Variáveis mostrada na Figura 13-8. Essa janela mostra o valor de todas as inspeções definidas. Nessa figura, o valor da variável Contador atingiu 900, o que levou o Excel a entrar no modo de Interrupção.

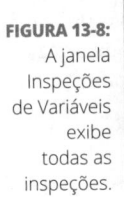

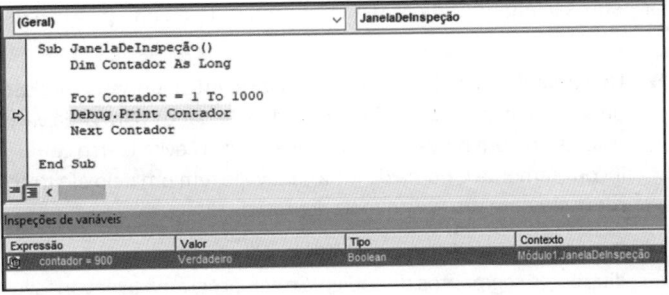

FIGURA 13-8:
A janela Inspeções de Variáveis exibe todas as inspeções.

Para remover uma inspeção, clique nela com o botão direito na janela Inspeções de Variáveis e selecione Excluir Inspeção de Variável no menu de atalho.

A melhor maneira de entender como funciona esse negócio de inspeção é usá-la e testar várias opções. Em pouco tempo, você provavelmente vai imaginar como conseguiu viver sem ela.

Usando a janela Variáveis Locais

Outro recurso útil de depuração é a janela Variáveis Locais. Você pode exibir essa janela escolhendo Exibir ⇨ Janela Variáveis Locais no VBE. Quando estiver no modo de Interrupção, essa janela exibirá uma lista com todas as variáveis que são locais ao procedimento atual (veja a Figura 13-9). Uma coisa boa sobre essa janela é que você não precisa carregar manualmente um monte de inspeções se deseja ver o conteúdo de muitas variáveis. O VBE fez todo o trabalho duro no seu lugar.

FIGURA 13-9: A janela Variáveis Locais exibe todas as variáveis locais e seus conteúdos.

Variáveis locais		
VBAProject.Módulo1.JanelaDeInspeção		
Expressão	Valor	Tipo
⊞ Módulo1		Módulo1/Módulo1
Contador	900	Long

Dicas para Redução de Bugs

Não há um jeito certo de eliminar completamente os bugs de seus programas. Mas estas são algumas dicas para minimizar o máximo possível esses bugs:

» **Use uma declaração Option Explicit no início de seus módulos.** Essa declaração exige que você defina o tipo de dados para cada variável que usa. Isso dá um pouco mais de trabalho, mas evita o erro comum de digitar incorretamente o nome de uma variável e tem um belo efeito colateral: suas rotinas rodam um pouco mais depressa.

» **Formate o seu código com indentação.** Usar indentações ajuda a delinear diferentes segmentos de código. Se seu programa tiver vários loops For-Next aninhados, por exemplo, o uso de indentações ajudará a controlar todos eles.

» **Tenha cuidado com a declaração On Error Resume Next.** Essa declaração leva o Excel a ignorar qualquer erro e continuar a executar a rotina. Em alguns casos, usar essa declaração leva o Excel a ignorar erros que ele não deveria ignorar. O seu código pode ter bugs e você pode nem saber.

» **Use comentários.** Nada é mais frustrante do que rever o código que você escreveu seis meses atrás e não ter ideia de como ele funciona.

Acrescentando alguns comentários para descrever a sua lógica, você pode poupar muito tempo pelo caminho.

» **Mantenha os seus procedimentos Sub e Function simples.** Escrevendo o código em pequenos módulos, cada qual com um único objetivo bem definido, você simplifica o processo de depuração.

» **Use o gravador de macro para ajudar na identificação de propriedades e métodos.** Quando não conseguir lembrar o nome ou a sintaxe de uma propriedade ou método, simplesmente grave uma macro e verifique o código gravado.

» **Entenda o depurador do Excel.** Ainda que de início possa parecer um pouco assustador, o depurador do Excel é uma ferramenta útil. Invista algum tempo para conhecê-lo.

> **NESTE CAPÍTULO**
>
> » Trabalhando com intervalos em seu código VBA
>
> » Alterando configurações Booleanas e não Booleanas
>
> » Manipulando gráficos com VBA
>
> » Fazendo o seu código VBA rodar o mais rápido possível

Capítulo 14
Exemplos de Programação em VBA

Um bom exemplo geralmente comunica um conceito muito melhor do que uma longa descrição da teoria inerente. Nesse espírito, este capítulo apresenta vários exemplos que demonstram técnicas comuns em VBA.

Esses exemplos são organizados nas seguintes categorias:

- » Trabalhando com intervalos
- » Alterando configurações do Excel
- » Trabalhando com gráficos
- » Acelerando o código VBA

Embora você possa usar diretamente alguns desses exemplos, na maioria dos casos deve adaptá-los às suas próprias necessidades.

Trabalhando com Ranges (Intervalos)

Provavelmente, a maior parte de sua programação em VBA envolve intervalos de planilha (para recordar os objetos Range, recorra ao Capítulo 8). Ao trabalhar com objetos Range, lembre-se dos seguintes pontos:

- O seu VBA não precisa *selecionar* um intervalo para trabalhar com ele.
- Se o código seleciona um intervalo, a planilha dele deve estar ativa.
- O gravador de macro nem sempre gera o código mais eficiente. Frequentemente, você pode criar a macro usando o gravador e depois editar o código para torná-lo mais eficaz.
- É uma boa ideia usar intervalos nomeados em seu código VBA. Por exemplo, usar Range("Total") é melhor que usar Range("D45"). Nesse último caso, se você acrescentar uma linha acima da linha 45, precisará modificar a macro para ela usar o endereço de intervalo correto (D46). Note que você nomeia um intervalo de células escolhendo Fórmulas ⇨ Nomes Definidos ⇨ Definir Nome.
- Ao rodar uma macro que trabalha na seleção de intervalo atual, o usuário pode selecionar colunas ou linhas inteiras. Na maioria dos casos, você não quer fazer loop em todas as células da seleção; isso poderia demorar muito. A sua macro deve criar um subconjunto da seleção, consistindo apenas de células que não estão em branco.
- O Excel permite múltiplas seleções. Por exemplo, você pode selecionar um intervalo, pressionar Ctrl e selecionar outro intervalo com o mouse. O seu código pode testar seleções múltiplas e agir adequadamente.

DICA

Os exemplos nesta seção, que estão disponíveis no site da editora [procure pelo título do livro], demonstram esses pontos.

LEMBRE-SE

Se você prefere digitar os exemplos, pressione Alt+F11 para ativar o VBE. Depois, insira um módulo VBA e digite o código. Verifique se a pasta de trabalho está configurada adequadamente. Por exemplo, se o exemplo usar duas planilhas chamadas Plan1 e Plan2, veja se a pasta de trabalho tem as planilhas com esses nomes.

Copiando um intervalo

Uma das atividades em Excel considerada a preferida de todos os tempos é copiar um intervalo. Quando você liga o gravador de macro e copia um intervalo de A1:A5 a B1:B5, obtém esta macro VBA:

```
Sub CopiarIntervalo1()
```

```
    Range("A1:A5").Select
    Selection.Copy
    Range("B1").Select
    ActiveSheet.Paste
    Application.CutCopyMode = False
End Sub
```

Observe a última declaração. Ela foi gerada pressionando Esc, o que cancela o contorno pontilhado que aparece na planilha ao copiar um intervalo.

Essa macro funciona bem, mas você pode copiar um intervalo com mais eficiência. É possível produzir o mesmo resultado com a seguinte macro de uma linha, que não seleciona nenhuma célula (e também não requer a definição de CutCopyMode para False):

```
Sub CopiarIntervalo2()
    Range("A1:A5").Copy Range("B1")
End Sub
```

Esse procedimento tem a vantagem de que o método Copy pode usar um argumento que especifica o destino.

Como alternativa, você tem a opção de incluir o argumento Destination por nome para facilitar a leitura do seu código. Por exemplo:

```
Sub CopiarIntervalo2()
    Range("A1:A5").Copy Destination:=Range("B1")
End Sub
```

Copiando um intervalo de tamanho variável

Em muitos casos, você precisa copiar um intervalo de células, mas não conhece as dimensões exatas de linha e coluna. Por exemplo, pode ter uma pasta de trabalho que controla as vendas semanais. A quantidade de linhas muda quando você acrescenta novos dados.

A Figura 14-1 mostra um intervalo em uma planilha. Esse intervalo consiste em várias linhas, e o número de linhas muda diariamente. Como você não sabe o endereço exato do intervalo em determinado momento, precisa de uma maneira de escrever o código que não use um endereço de intervalo.

	A	B	C	D	E	F
1	Data	Chamadas	Ordens			
2	05/04/2016	452	89			
3	06/04/2016	546	102			
4	07/04/2016	587	132			
5	08/04/2016	443	65			
6	09/04/2016	609	156			
7	10/04/2016	592	92			
8	11/04/2016	487	95			
9	12/04/2016	601	105			
10	13/04/2016	515	133			
11	14/04/2016	540	122			
12						
13						
14						

FIGURA 14-1: Esse intervalo pode consistir em qualquer quantidade de linhas.

A macro a seguir demonstra como copiar esse intervalo de Plan1 para Plan2 (começando na célula A1). Ela usa a propriedade CurrentRegion, que retorna um objeto Range que corresponde ao bloco de células em torno de uma célula em especial. Nesse caso, tal célula é A1.

```
Sub CopiarRegiãoAtual1()
    Range("A1").CurrentRegion.Copy
    Sheets("Plan2").Select
    Range("A1").Select
    ActiveSheet.Paste
    Sheets("Plan1").Select
    Application.CutCopyMode = False
End Sub
```

Usar a propriedade CurrentRegion é equivalente a selecionar Página Inicial ⇨ Edição ⇨ Localizar e Selecionar ⇨ Ir para Especial (que exibe a caixa de diálogo Ir para Especial) e escolher a opção Região Atual. Para ver como funciona, grave as suas ações enquanto executa o comando. Normalmente, CurrentRegion consiste em um bloco retangular de células rodeado por uma ou mais linhas ou colunas em branco.

É possível deixar essa macro ainda mais eficiente não selecionando o destino. A macro a seguir tem a vantagem de que o método Copy pode usar um argumento para o intervalo de destino:

```
Sub CopiarRegiãoAtual2()
    Range("A1").CurrentRegion.Copy Sheets("Plan2").Range("A1")
End Sub
```

DICA

É até um pouco mais fácil se os dados estão em forma de tabela (criada no Excel usando Inserir ⇨ Tabelas ⇨ Tabela). A tabela tem um nome (como Tabela1) e expande automaticamente quando novos dados são adicionados.

```
Sub CopiarTabela()
    Range("Tabela1").Copy Sheets("Plan2").Range("A1")
End Sub
```

Se você tentar, descobrirá que a linha de títulos nas tabelas não é copiada porque o nome Tabela1 não inclui essa linha. Se precisar incluir a linha de títulos, mude a referência da tabela para

```
Range("Tabela1[#All]")
```

Selecionando ao final de uma linha ou uma coluna

Provavelmente você tem o costume de usar combinações de teclas, como Ctrl+Shift+Seta para a direita e Ctrl+Shift+Seta para baixo para selecionar um intervalo que consiste em tudo a partir da célula ativa até o final de uma linha ou uma coluna. Não é nenhuma surpresa que possa escrever macros que executam esses tipos de seleção.

Você pode usar a propriedade CurrentRegion para selecionar um bloco inteiro de células. Mas, e se quiser selecionar, digamos, uma coluna de um bloco de células? Felizmente, o VBA pode aceitar esse tipo de ação. O seguinte procedimento VBA seleciona o intervalo iniciando na célula ativa e se estendendo para baixo até a célula logo acima da primeira célula em branco na coluna. Depois de selecionar o intervalo, você pode fazer o que quiser com ele: copiá-lo, movê-lo, formatá-lo e assim por diante.

```
Sub SeleçãoParaBaixo()
    Range(ActiveCell, ActiveCell.End(xlDown)).Select
End Sub
```

É possível fazer esse tipo de seleção manualmente: escolha a primeira célula, mantenha pressionada a tecla Shift, pressione End, depois pressione a seta para baixo.

Esse exemplo usa o método End do objeto ActiveCell, que retorna um objeto Range. O método End aceita um argumento que pode ser qualquer das constantes a seguir:

» xlUp
» xlDown
» xlToLeft
» xlToRight

Lembre-se de que não é necessário selecionar um intervalo antes de fazer alguma coisa com ele. A seguinte macro aplica a formatação em negrito a um intervalo de tamanho variável (coluna única) sem selecioná-lo:

```
Sub FazerNegrito()
    Range(ActiveCell, ActiveCell.End(xlDown)).Font.Bold = True
End Sub
```

Selecionando uma linha ou uma coluna

O procedimento a seguir demonstra como selecionar a coluna que contém a célula ativa. Ele usa a propriedade EntireColumn, que retorna um objeto Range que consiste em uma coluna inteira:

```
Sub SeleçãoColuna()
    ActiveCell.EntireColumn.Select
End Sub
```

Como se pode esperar, o VBA também oferece uma propriedade EntireRow, que retorna um objeto Range que consiste em uma linha inteira.

Movendo um intervalo

Você move um intervalo recortando-o para a Área de Transferência e colando-o em outra área. Se gravar as suas ações enquanto executa uma operação de mover, o gravador de macro irá gerar um código como o seguinte:

```
Sub MovendoIntervalo()
    Range("A1:C6").Select
    Selection.Cut
    Range("A10").Select
    ActiveSheet.Paste
End Sub
```

Como no exemplo de cópia, anteriormente neste capítulo, essa não é a maneira mais eficiente de mover um intervalo de células. Na verdade, você pode mover um intervalo com uma única declaração VBA, como a seguir:

```
Sub MovendoIntervalo2()
    Range("A1:C6").Cut Range("A10")
End Sub
```

Essa macro tem a vantagem de que o método Cut pode usar um argumento que especifica o destino. Observe ainda que o intervalo não foi selecionado. O indicador de célula permanece em sua posição original.

Fazendo um loop em um intervalo de maneira eficiente

Muitas macros executam uma operação em cada célula de um intervalo ou executam ações selecionadas com base no conteúdo de cada célula. Geralmente, essas células incluem um loop For-Next que processa cada célula no intervalo.

O exemplo a seguir demonstra como fazer loop em um intervalo de células. Nesse caso, o intervalo é a seleção atual. Um objeto variável, chamado Célula, refere-se à célula sendo processada. Dentro do loop For Each-Next, a declaração única avalia a célula e aplica a formatação em negrito, se a célula contém um valor positivo.

```
Sub ProcessarCélulas()
    Dim Célula As Range
    For Each Célula In Selection
        If Célula.Value > 0 Then Célula.Font.Bold = True
    Next Célula
End Sub
```

Esse exemplo funciona, mas e se a seleção consistir em uma coluna ou uma linha inteira? Isso é comum, pois o Excel permite realizar operações em colunas ou linhas inteiras. Em tal caso, a macro parece demorar para sempre, pois faz loops em todas as células (todas as 1.048.576) na coluna, até mesmo nas células em branco. Para que a macro seja mais eficiente, você precisa de uma maneira de processar apenas as que não estão em branco.

A rotina a seguir faz exatamente isso usando o método SpecialCells (consulte o sistema de Ajuda do VBA para ver detalhes específicos sobre seus argumentos). Essa rotina usa a palavra-chave Set para criar dois novos objetos Range: o subconjunto da seleção, que consiste em células com constantes, e o subconjunto da seleção, que consiste em células com fórmulas. A rotina processa cada um dos subconjuntos, pulando todas as células em branco. Bem esperto, não é?

```
Sub IgnorarEmBranco()
    Dim CélulasConstantes As Range
    Dim CélulasFórmulas As Range
    Dim Células As Range
'Ignora erros
    On Error Resume Next

'   Processa as constantes
    Set CélulasConstantes = Selection.SpecialCells(xlConstants)

    For Each Células In CélulasConstantes
        If Células.Value > 0 Then
```

```
            Células.Font.Bold = True
        End If
    Next Células

'   Processa as fórmulas
    Set CélulasFórmulas = Selection.SpecialCells(xlFormulas)
    For Each Células In CélulasFórmulas
        If Células.Value > 0 Then
            Células.Font.Bold = True
        End If
    Next Células
End Sub
```

O procedimento IgnorarEmBranco funciona na mesma velocidade, independentemente do que você seleciona. Por exemplo, é possível selecionar o intervalo, todas as colunas e as linhas do intervalo ou mesmo toda a planilha. É um grande aperfeiçoamento em relação ao procedimento ProcessarCélulas, apresentado anteriormente nesta seção.

Note o uso da seguinte declaração nesse código:

```
On Error Resume Next
```

Essa declaração diz ao Excel para ignorar qualquer erro que ocorra e simplesmente processar a declaração seguinte (veja o Capítulo 12 para uma discussão sobre como lidar com erros). Essa declaração é necessária, porque o método SpecialCells produz um erro se nenhuma das células se qualifica.

Usar o método SpecialCells é equivalente a selecionar Página Inicial ⇨ Edição ⇨ Localizar e Selecionar ⇨ Ir para Especial e escolher a opção Constantes ou Fórmulas. Para ter uma noção de como funciona, grave suas ações enquanto executa o comando e selecione várias opções.

Fazendo um loop em um intervalo de maneira eficiente (Parte II)

E agora, a continuação. Esta seção demonstra outra forma de processar as células de maneira eficiente. Esse método aproveita a propriedade UsedRange (Intervalo Usado), que retorna um objeto Range que consiste apenas na área usada da planilha. Ela também usa o método Intersect, que retorna um objeto Range que consiste nas células que dois intervalos têm em comum.

Eis uma variação do procedimento IgnorarEmBranco da seção anterior:

```
Sub IgnorarEmBranco2()
    Dim FaixaDeTrabalho As Range
    Dim Célula  As Range
    Set FaixaDeTrabalho = Intersect(Selection, ActiveSheet. _
  UsedRange)
    For Each Célula  In FaixaDeTrabalho
        If Célula.Value > 0 Then
            Célula.Font.Bold = True
        End If
    Next Célula
End Sub
```

A variável objeto FaixaDeTrabalho consiste em células que são comuns à seleção do usuário e ao intervalo usado da planilha. Portanto, se toda uma coluna estiver selecionada, FaixaDeTrabalho conterá apenas as células nessa coluna e também dentro da área usada da planilha. Rápido e eficiente, sem tempo desperdiçado no processamento de células que estão fora da área usada na planilha.

Solicitando o valor de uma célula

Conforme mostrado na Figura 14-2, você pode usar a função InputBox do VBA para obter um valor do usuário. Depois, pode inserir esse valor em uma célula. O procedimento a seguir demonstra como pedir um valor ao usuário e colocar o valor na célula A1 da planilha ativa usando apenas uma declaração:

```
Sub ObterValor()
    Range("A1").Value = InputBox( _
        "Insira o valor na célula A1")
End Sub
```

FIGURA 14-2: Use a função InputBox do VBA para obter um valor do usuário.

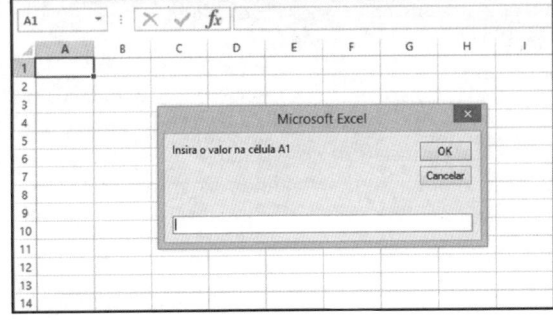

Se experimentar esse exemplo, descobrirá que clicar no botão Cancelar em InputBox apaga o valor atual na célula A1. Apagar os dados do usuário não é uma prática muito boa de programação. Clicar em Cancelar não deveria fazer nada.

A macro a seguir demonstra uma abordagem melhor: usar uma variável (x) para armazenar o valor fornecido pelo usuário. Se o valor não estiver vazio (isto é, se o usuário não clicou em Cancelar), o valor de x será colocado na célula A1. Caso contrário, nada acontecerá.

```
Sub ObterValor2()
    Dim x as Variant
    x = InputBox("Insira o valor na célula A1")
    If x <> "" Then Range("A1").Value = x
End Sub
```

A variável x é definida como um tipo de dado Variant, pois poderia ser um número ou uma string vazia (se o usuário cancelar).

Determinando o tipo de seleção

Se você define a macro para trabalhar com uma seleção de intervalo, ela deve ser capaz de determinar se um intervalo está, de fato, selecionado. Se alguma outra coisa diferente de um intervalo for selecionada (como um gráfico ou uma forma), provavelmente a macro explodirá. O procedimento a seguir usa a função VBA TypeName para exibir o tipo de objeto que está selecionado no momento:

```
MsgBox TypeName(Selection)
```

Se um objeto Range estiver selecionado, a MsgBox exibirá Range. Se a macro só funciona com intervalos, você pode usar uma declaração If para garantir que um intervalo seja selecionado. Este exemplo exibe uma mensagem e sai do procedimento se a seleção atual não é um objeto Range:

```
Sub ChecarSeleção()
    If TypeName(Selection) <> "Range" Then
        MsgBox "Selecione um intervalo."
        Exit Sub
    End If
    '   ... [Outras declarações entram aqui]
End Sub
```

Identificando uma seleção múltipla

Como sabe, o Excel permite múltiplas seleções se pressionar Ctrl enquanto você escolhe objetos ou intervalos. Isso pode causar problemas com algumas macros. Por exemplo, não é possível copiar uma seleção múltipla que consiste em células não adjacentes. Se tentar fazê-lo, o Excel o repreenderá com a mensagem mostrada na Figura 14-3.

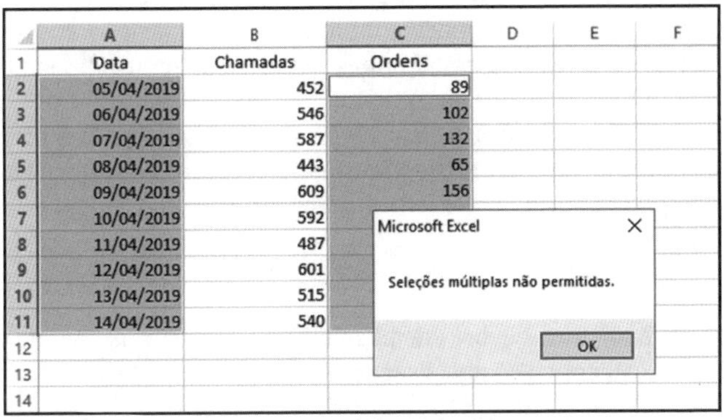

FIGURA 14-3: O Excel não gosta quando você tenta copiar uma seleção múltipla.

A macro a seguir demonstra como determinar se o usuário fez uma seleção múltipla, assim a sua macro pode tomar a atitude adequada:

```
Sub SeleçãoMúltipla()
    If Selection.Areas.Count > 1 Then
        MsgBox "Seleções múltiplas não permitidas."
        Exit Sub
    End If
    '   ... [Outras declarações entram aqui]
End Sub
```

Esse exemplo usa o método Areas, que retorna uma coleção de todos os intervalos na seleção. A propriedade Count retorna o número de objetos na coleção.

Mudando as Configurações do Excel

Algumas das macros mais úteis são procedimentos simples que mudam uma ou mais configurações do Excel. Por exemplo, se você acessa com frequência a caixa de diálogo Opções do Excel para alterar uma configuração, trata-se de uma boa oportunidade para poupar tempo com uma simples macro.

Esta seção apresenta dois exemplos que mostram como mudar as configurações no Excel. Você pode aplicar os princípios gerais demonstrados pelos exemplos em outras operações que alteram as configurações.

Mudando configurações Booleanas

Como um interruptor de luz, uma configuração *Booleana* está ligada ou desligada. Por exemplo, você pode querer criar uma macro que ativa e desativa a exibição de quebra de página da planilha. Depois que você exibe ou visualiza uma planilha, o Excel mostra linhas pontilhadas para indicar as quebras de página. Algumas pessoas acham essas linhas pontilhadas muito desagradáveis. Infelizmente, a única maneira de se livrar da exibição de quebra de página é abrir a caixa de diálogo Opções do Excel, clicar na guia Avançado e rolar para baixo até encontrar a caixa de verificação Mostrar Quebras de Página. Se você ativa o gravador de macro ao mudar essa opção, o Excel gera o código a seguir:

```
ActiveSheet.DisplayPageBreaks = False
```

Por outro lado, se as quebras de página não estão visíveis quando você grava a macro, o Excel gera o código a seguir:

```
ActiveSheet.DisplayPageBreaks = True
```

Isso pode levá-lo a concluir que precisa de duas macros: uma para ativar a exibição de quebra de página e outra para desativar. Não é verdade. O procedimento a seguir usa o operador Not, que transforma True em False e False em True. Executar o procedimento QuebraDePágina é uma maneira simples de mudar a exibição da quebra de página de True para False e de False para True:

```
Sub QuebraDePágina()
    On Error Resume Next
    ActiveSheet.DisplayPageBreaks = Not _
        ActiveSheet.DisplayPageBreaks
End Sub
```

A primeira declaração diz ao Excel para ignorar qualquer erro. Por exemplo, uma planilha de gráfico não exibe quebras de página, então, se você executar a macro quando uma planilha de gráfico estiver ativa, não verá uma mensagem de erro.

É possível usar essa técnica para ativar e desativar qualquer configuração que tenha valores Booleanos (True ou False).

Mudando configurações não Booleanas

É possível usar uma estrutura Select Case para as configurações não Booleanas. Este exemplo alterna o modo de cálculo entre manual e automático, e exibe uma mensagem indicando o modo atual:

```
Sub AlternarModoDeCálculo()
    Select Case Application.Calculation
        Case xlManual
            Application.Calculation = xlCalculationAutomatic
            MsgBox "Modo de cálculo Automático"
        Case xlAutomatic
            Application.Calculation = xlCalculationManual
            MsgBox "Modo de cálculo Manual"
    End Select
End Sub
```

É possível adaptar essa técnica para alterar outras configurações não Booleanas.

Trabalhando com Gráficos

Os gráficos são repletos de objetos diferentes, portanto, manipulá-los com o VBA pode ser um desafio devido às diferenças de versões do Excel.

Por exemplo, imagine que você tenha que gravar uma macro no Excel 2019 enquanto cria um gráfico básico de colunas. Enquanto grava, decide deletar as linhas de grade do gráfico e mudar seu título. Sua macro gravada ficaria parecida com isto:

```
Sub Macro1()
    ActiveSheet.Shapes.AddChart2(201, xlColumnClustered).Select
    ActiveChart.SetSourceData Source:=Range("Plan1!$A$1:$A$3")
    ActiveChart.SetElement
    (msoElementPrimaryValueGridLinesNone)
    ActiveChart.ChartTitle.Select
    ActiveChart.ChartTitle.Text = "Este é o meu gráfico"
End Sub
```

Observe o uso do método AddChart2 (na primeira linha do código); ele foi introduzido no Excel 2013.

Se você tivesse que gravar a mesma macro no Excel 2010, obteria este código:

```
Sub Macro1()
    ActiveSheet.Shapes.AddChart.Select
    ActiveChart.ChartType = xlColumnClustered
    ActiveChart.SetSourceData Source:=Range("Sheet1!$A$1:$A$3")
    ActiveChart.Axes(xlValue).MajorGridlines.Select
    Selection.Delete
    ActiveChart.SetElement (msoElementChartTitleAboveChart)
    ActiveChart.ChartTitle.Text = "Este é o meu gráfico"
End Sub
```

O que significa tudo isso? Significa que a macro gravada no Excel 2013 ou posteriores não funcionará no Excel 2010. Mas a macro gravada no Excel 2010 *funcionará* no Excel 2013 e nas versões posteriores, ou seja, a macro do Excel 2010 exibe uma compatibilidade posterior. A macro do Excel 2013 (e posteriores) não é compatível com as versões anteriores.

CUIDADO

Um usuário Excel típico provavelmente não saberia nada sobre compatibilidade de macro e sua relação com a criação de gráficos. Mas se você compartilhar sua macro com alguém que é usuário de uma versão anterior, descobrirá isso rapidamente. Resumindo? Se você depender do gravador de macro para as macros relacionadas a gráficos, teste as macros com todas as versões do Excel que as executarão.

AddChart versus AddChart2

Esta é a sintaxe oficial do método AddChart (que é compatível com o Excel 2007 e posteriores):

```
.AddChart(Type, Left, Top, Width, Height)
```

Esta é a sintaxe do método AddChart2 (que é compatível apenas com o Excel 2013 e posteriores):

```
.AddChart2 (Style, XlChartType, Left, Top, Width, Height, NewLayout)
```

Como pode ver, o método AddChart2 recebe vários argumentos adicionais — argumentos que especificam estilo, tipo de gráfico e layout. O método AddChart, por outro lado, simplesmente cria um gráfico em branco. As especificações do gráfico devem ser fornecidas em declarações adicionais.

Examinar o código gravado revela algumas coisas que podem ser úteis ao escrever suas próprias macros relacionadas a gráficos. Se estiver curioso, aqui está uma versão feita à mão da macro que cria um gráfico a partir do intervalo selecionado:

```
Sub graf1()
    Dim DadosDoGráfico As Range
    Dim FormaDoGráfico As Shape
    Dim NovoGráfico As Chart

'Cria variáveis objeto
    Set DadosDoGráfico = ActiveWindow.RangeSelection
    Set FormaDoGráfico = ActiveSheet.Shapes.AddChart
    Set NovoGráfico = FormaDoGráfico.Chart

    With NovoGráfico
        .ChartType = xlColumnClustered
        .SetSourceData Source:=Range(DadosDoGráfico.Address)
        .SetElement (msoElementLegendRight)
        .SetElement (msoElementChartTitleAboveChart)
        .ChartTitle.Text = "Este é o meu gráfico"
    End With
End Sub
```

A macro é compatível com o Excel 2007 e posteriores. O gráfico criado é um gráfico de colunas agrupadas com uma legenda e um título. Essa macro de criação de gráficos básicos pode ser facilmente personalizada. Uma maneira de fazer isso é gravar suas próprias ações enquanto modifica o gráfico, então usar o código gravado para guiá-lo.

DICA

A propósito, dê uma olhada na construção With End-With, mais adiante neste capítulo. É uma maneira útil de poupar digitação e facilitar a leitura do código.

Se você precisa escrever macros VBA que manipulam gráficos, deve entender um pouco da terminologia. Um *gráfico incorporado* em uma planilha é um objeto ChartObject. Você pode ativar um ChartObject quase igual a como ativa uma planilha. A declaração a seguir ativa o ChartObject chamado Chart 1:

```
ActiveSheet.ChartObjects("Chart 1").Activate
```

Depois de ativar o gráfico, você pode referir-se a ele em seu código VBA como ActiveChart (gráfico ativo). Se o gráfico estiver em uma página de planilha separada, ele se tornará o gráfico ativo assim que você ativar a planilha de gráfico.

PAPO DE ESPECIALISTA

Um ChartObject é também uma Shape (Forma), o que pode ser um pouco confuso. Na verdade, quando seu código VBA cria um gráfico, ele começa adicionando uma nova Shape. Você também pode ativar o gráfico selecionando o objeto Shape que contém o gráfico:

```
ActiveSheet.Shapes("Chart 1").Select
```

CUIDADO: Quando você clica em um gráfico incorporado, o Excel seleciona, na verdade, um objeto *dentro* do objeto ChartObject. É possível selecionar o próprio ChartObject pressionando Ctrl enquanto clica no gráfico incorporado.

Modificando o tipo de gráfico

Esta é uma afirmação confusa para você: um ChartObject age como um contêiner para um objeto Chart. Leia algumas vezes para poder realmente entender.

Para modificar um gráfico com o VBA, não é preciso ativá-lo. Em vez disso, o método Chart pode retornar o gráfico contido no ChartObject. Você já está bem confuso? Os dois procedimentos a seguir têm o mesmo efeito: eles mudam o gráfico chamado Chart 1 para um gráfico de área. O procedimento inicial primeiro ativa o gráfico e depois trabalha com o gráfico ativo. O segundo procedimento não ativa o gráfico. Pelo contrário, ele usa a propriedade Chart para retornar o objeto Chart contido no objeto ChartObject.

```
Sub ModificarGráfico1()
    ActiveSheet.ChartObjects("Chart 1").Activate
    ActiveChart.Type = xlArea
End Sub


Sub ModifyChart2()
    ActiveSheet.ChartObjects("Chart 1").Chart.Type = xlArea
End Sub
```

Fazendo um loop na coleção ChartObjects

Este exemplo muda o tipo de cada gráfico incorporado na planilha ativa. O procedimento usa um loop For Each-Next para percorrer todos os objetos na coleção ChartObjects, acessar o objeto Chart em cada um e alterar sua propriedade Type.

```
Sub TipoDeGráfico1()
    Dim cht As ChartObject
    For Each cht In ActiveSheet.ChartObjects
        cht.Chart.Type = xlArea
    Next cht
End Sub
```

A macro a seguir executa a mesma função, mas funciona em todas as planilhas de gráfico na pasta de trabalho ativa:

```
Sub TipoDeGráfico2()
    Dim cht As Chart
```

```
        For Each cht In ActiveWorkbook.Charts
            cht.Type = xlArea
        Next cht
    End Sub
```

Modificando as propriedades de gráficos

O exemplo a seguir muda a fonte Legenda em todos os gráficos na planilha ativa. Ele usa um loop For-Next para processar todos os objetos ChartObject:

```
Sub ModLegenda()
    Dim chtObj As ChartObject
    For Each chtObj In ActiveSheet.ChartObjects
        With chtObj.Chart.Legend.Font
            .Name = "Calibri"
            .FontStyle = "Bold"
            .Size = 12
        End With
    Next chtObj
End Sub
```

Observe que o objeto Font está contido no objeto Legend, que está contido no objeto Chart, que está contido na coleção ChartObjects. Agora você entende porque é chamada de *hierarquia de objeto*?

Aplicando a formatação de gráficos

Este exemplo aplica vários tipos diferentes de formatação no gráfico ativo. Novamente, você não precisa saber toda a sintaxe a ser usada como por encanto. Esse procedimento em particular foi criado gravando uma macro, depois, limpando o código gravado para remover toda a sintaxe irrelevante colocada na macro pelo gravador de macro.

```
Sub ModGráfico()
    ActiveChart.Type = xlArea
    ActiveChart.ChartArea.Font.Name = "Calibri"
    ActiveChart.ChartArea.Font.FontStyle = "Regular"
    ActiveChart.ChartArea.Font.Size = 9
    ActiveChart.PlotArea.Interior.ColorIndex = xlNone
    ActiveChart.Axes(xlValue).TickLabels.Font.Bold = True
    ActiveChart.Axes(xlCategory).TickLabels.Font.Bold = True
    ActiveChart.Legend.Position = xlBottom
End Sub
```

Você deve ativar um gráfico antes de executar a macro ModGráfico. Ative um gráfico incorporado clicando nele. Para ativar um gráfico em uma planilha de gráfico, ative a planilha de gráfico.

Para garantir que um gráfico seja selecionado, é possível acrescentar uma declaração para determinar se um gráfico está ativo. Esta é a macro modificada, que exibe uma mensagem (e termina) se um gráfico não está ativo:

```
Sub ModGráfico2()
    If ActiveChart Is Nothing Then
        MsgBox "Ative um gráfico."
        Exit Sub
    End If
    ActiveChart.Type = xlArea
    ActiveChart.ChartArea.Font.Name = "Calibri"
    ActiveChart.ChartArea.Font.FontStyle = "Regular"
    ActiveChart.ChartArea.Font.Size = 9
    ActiveChart.PlotArea.Interior.ColorIndex = xlNone
    ActiveChart.Axes(xlValue).TickLabels.Font.Bold = True
    ActiveChart.Axes(xlCategory).TickLabels.Font.Bold = True
    ActiveChart.Legend.Position = xlBottom
End Sub
```

Esta é uma outra versão que usa a construção With-End With para poupar alguma digitação e deixar o código um pouco mais claro. Folheie algumas páginas para ler sobre a estrutura de With End-With.

```
Sub ModGráfico3()
    If ActiveChart Is Nothing Then
        MsgBox "Ative um gráfico."
        Exit Sub
    End If
    With ActiveChart
        .Type = xlArea
        .ChartArea.Font.Name = "Calibri"
        .ChartArea.Font.FontStyle = "Regular"
        .ChartArea.Font.Size = 9
        .PlotArea.Interior.ColorIndex = xlNone
        .Axes(xlValue).TickLabels.Font.Bold = True
        .Axes(xlCategory).TickLabels.Font.Bold = True
        .Legend.Position = xlBottom
    End With
End Sub
```

Quando se trata de usar VBA para trabalhar com gráficos, esta pequena seção mal toca no assunto. Claro que há muito mais sobre isso, mas pelo menos essa introdução básica irá colocá-lo na direção certa.

Dicas de Velocidade do VBA

O VBA é rápido, mas nem sempre o suficiente (os programas de computador nunca são rápidos o bastante). Esta seção apresenta alguns exemplos de programação que podem ser usados para aumentar a velocidade de suas macros.

Desativando a atualização de tela

Ao executar uma macro, você pode sentar e observar na tela toda a ação que acontece nela. Ainda que fazer isso possa ser instrutivo, depois de fazer a macro funcionar adequadamente, em geral é chato e pode desacelerar muito a performance da macro. Por sorte, você pode desativar a atualização de tela que normalmente acontece quando executa uma macro. Para desativar a atualização de tela, use a seguinte declaração:

```
Application.ScreenUpdating = False
```

Se quiser que o usuário veja o que está acontecendo em qualquer momento durante a macro, use a seguinte declaração para retomar a atualização de tela:

```
Application.ScreenUpdating = True
```

Para demonstrar a diferença na velocidade, execute esta simples macro, que preenche um intervalo com números:

```
Sub PreencherIntervalo()
    Dim r as Long, c As Long
    Dim Número as Long
    Número = 0
    For r = 1 To 50
        For c = 1 To 50
            Número = Número + 1
            Cells(r, c).Select
            Cells(r, c).Value = Número
        Next c
    Next r
End Sub
```

Você vê cada célula sendo selecionada e o valor inserido nelas. Agora, insira a seguinte instrução no início do procedimento e execute novamente:

```
Application.ScreenUpdating = False
```

O intervalo é preenchido muito mais depressa e o resultado final não é visto até que a macro tenha acabado de rodar e a atualização de tela seja (automaticamente) configurada para True.

> **DICA**
> Ao depurar código, de vez em quando a execução do programa termina em algum lugar no meio, sem ter retomado a atualização de tela. Às vezes, isso faz a janela de aplicação do Excel ficar completamente sem resposta. Para sair dessa posição congelada é simples: volte ao VBE e execute a seguinte declaração na janela Verificação Imediata:

```
Application.ScreenUpdating = True
```

Desativando o cálculo automático

Se você tem uma planilha com muitas fórmulas complexas, pode descobrir que é possível agilizar consideravelmente as coisas configurando o modo de cálculo para manual enquanto a macro está em execução. Quando a macro terminar, configure o cálculo de volta para o automático.

A declaração a seguir configura o modo de cálculo do Excel para manual:

```
Application.Calculation = xlCalculationManual
```

Execute a declaração a seguir para configurar o modo de cálculo para automático:

```
Application.Calculation = xlCalculationAutomatic
```

> **CUIDADO**
> Se o código usa células com resultados de fórmulas, lembre-se de que desativar o cálculo significa que as células não serão recalculadas, a menos que você diga explicitamente ao Excel para fazê-lo!

Eliminando aquelas mensagens de alerta inoportunas

Como se sabe, uma macro pode executar automaticamente uma série de ações. Em muitos casos, você pode iniciar uma macro e ir tomar um café enquanto o Excel realiza o trabalho. Entretanto, algumas operações do Excel exibem mensagens que requerem uma resposta humana. Por exemplo, se a sua macro apaga uma planilha que não está vazia, o código faz uma parada brusca enquanto o Excel espera pela sua resposta à mensagem mostrada na Figura 14-4. Esses tipos de mensagem significam que você não pode deixar o Excel sozinho enquanto ele executa a macro, a menos que conheça um truque secreto.

FIGURA 14-4:
Você pode instruir o Excel a não exibir esses tipos de alertas enquanto executa uma macro.

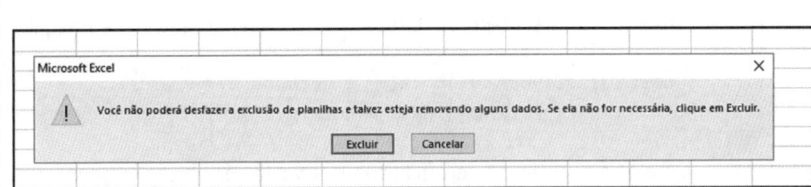

O truque para evitar essas mensagens de alerta é inserir a declaração VBA a seguir em sua macro:

```
Application.DisplayAlerts = False
```

O Excel executa a operação padrão para esses tipos de mensagens. No caso de apagar uma planilha, a operação padrão é Excluir (que é exatamente o que você quer que aconteça). Se não tiver certeza de qual é a operação padrão, faça um teste e veja o que acontece.

Quando o procedimento termina, o Excel reconfigura automaticamente a propriedade DisplayAlerts para True (a sua posição normal). Se você precisar retornar a ativação do alerta antes de o procedimento terminar, use esta declaração:

```
Application.DisplayAlerts = True
```

Simplificando as referências a objetos

Como provavelmente já sabe, as referências a objetos podem se tornar muito longas. Por exemplo, uma referência totalmente qualificada a um objeto Range pode ser assim:

```
Workbooks("MeuArquivo.xlsx").Worksheets("Plan1") _
    .Range("TaxaDeJuros")
```

Se sua macro usa esse intervalo com frequência, você pode querer criar uma variável objeto, usando o comando Set. Por exemplo, a seguinte declaração atribui esse objeto Range a uma variável objeto chamada Taxa:

```
Set Taxa = Workbooks("MeuArquivo.xlsx") _
    .Worksheets("Plan1").Range("TaxaDeJuros")
```

Depois de definir essa variável objeto, você pode usar a variável Taxa no lugar da referência longa. Por exemplo, é possível mudar o valor da célula chamada TaxaDeJuros:

```
Taxa.Value = .085
```

Isso é muito mais fácil de digitar (e entender) do que a seguinte declaração:

```
Workbooks("MeuArquivo.xlsx").Worksheets("Plan1"). _
    Range("TaxaDeJuros") = .085
```

Além de simplificar a codificação, usar variáveis objeto também agiliza muito as suas macros, às vezes com o dobro de velocidade.

Declarando os tipos de variáveis

Normalmente, você não precisa se preocupar com o tipo de dados que atribui a uma variável. O Excel lida com todos os detalhes nos bastidores para você. Por exemplo, se tiver uma variável chamada MinhaVariável, poderá atribuir um número de qualquer tipo a ela. Pode até atribuir uma string de texto mais adiante no procedimento.

LEMBRE-SE

Se quiser que seus procedimentos rodem do modo mais rápido possível (e evitar alguns problemas potencialmente desagradáveis), diga ao Excel qual tipo de dados serão atribuídos a cada uma de suas variáveis. Isso é conhecido como *declarar* um tipo de variável (consulte ao Capítulo 7 para obter detalhes completos). Acostume-se a declarar todas as variáveis que você usa.

Em geral, você deve usar o tipo de dados que requer o menor número de bytes e ainda consegue lidar com todos os dados designados a ele. Quando o VBA trabalha com dados, a velocidade de execução depende do número de bytes que ele tem à sua disposição. Em outras palavras, quanto menos bytes os dados usam, mais depressa o VBA pode acessá-los e manipulá-los. Uma exceção é o tipo de dados Integer. Se a velocidade é importante, use o tipo de dados Long.

Se você usa uma variável objeto (conforme descrito na seção anterior), pode declará-la como um tipo de objeto especial. Veja um exemplo:

```
Dim Taxa As Range
Set Taxa = Workbooks("MeuArquivo.xlsx") _
    .Worksheets("Plan1").Range("TaxaDeJuros")
```

Usando a estrutura With-End With

Precisa configurar um número de propriedades para um objeto? O seu código roda mais depressa se você usa a estrutura With-End With. Um benefício adicional é que o código pode ficar mais fácil de ler.

O código a seguir não usa With-End With:

```
Selection.HorizontalAlignment = xlCenter
Selection.VerticalAlignment = xlCenter
Selection.WrapText = True
Selection.Orientation = 0
Selection.ShrinkToFit = False
Selection.MergeCells = False
```

Veja o mesmo código, reescrito para usar With-End With:

```
With Selection
    .HorizontalAlignment = xlCenter
    .VerticalAlignment = xlCenter
    .WrapText = True
    .Orientation = 0
    .ShrinkToFit = False
    .MergeCells = False
End With
```

Como se pode ver, este código diz ao Excel que as próximas declarações se aplicam ao objeto Selection. É por isso que todas as declarações dentro da estrutura With-End With começam com um ponto. Você está simplesmente evitando referenciar o mesmo objeto repetidas vezes (nesse caso, o objeto Selection). Isso não só significa menos digitação, mas também menos processamento para o Excel.

4 Comunicando-se com Seus Usuários

NESTA PARTE...

Economize tempo de várias maneiras usando alternativas de caixas de diálogo integradas e personalizadas.

Descubra como desenvolver caixas de diálogo personalizadas (também conhecidas como UserForms).

Trabalhe com controles de caixas de diálogo, como botões, caixas de listagem e caixas de seleção.

Descubra várias dicas e truques úteis para criar caixas de diálogo personalizadas.

Modifique a interface de usuário do Excel para facilitar a execução de suas macros.

> **NESTE CAPÍTULO**
>
> » Economizando tempo com uma das várias alternativas para UserForms
>
> » Usando as funções InputBox e MsgBox para obter informações do usuário
>
> » Obtendo um nome de arquivo e caminho do usuário
>
> » Obtendo um nome de pasta do usuário

Capítulo **15**

Caixas de Diálogo Simples

Não é possível usar o Excel por muito tempo sem ser exposto às caixas de diálogo. Elas parecem surgir o tempo todo. O Excel, como a maioria dos programas do Windows, usa caixas de diálogo para obter informações, esclarecer comandos e exibir mensagens. Se você desenvolve macros VBA, pode criar suas próprias caixas de diálogo que funcionam exatamente como aquelas integradas ao Excel. Essas caixas de diálogo personalizadas são chamadas de UserForms (formulários de usuário) em VBA.

Este capítulo não informa nada sobre a criação de UserForms. Em vez disso, descreve algumas técnicas bem úteis que podem ser usadas *no lugar* dos User-Forms. Entretanto, os Capítulos 16 a 18 têm explicações sobre eles.

Alternativas a UserForm

Algumas das macros VBA que você cria se comportam da mesma forma sempre que as executa. Por exemplo, você pode desenvolver uma macro que insere uma lista de seus funcionários em um intervalo de planilha. Essa macro sempre produz o mesmo resultado e não requer dados adicionais do usuário.

No entanto, seria possível desenvolver outras macros que se comportam de maneira diferente sob circunstâncias diversas ou que ofereçam opções ao usuário. Em tais casos, a macro pode se beneficiar de uma caixa de diálogo personalizada. Tal caixa de diálogo fornece uma maneira simples de obter informações do usuário, depois a macro usa as informações para determinar o que fazer.

Os UserForms podem ser bem úteis, mas criá-los requer tempo. Antes de mergulhar no assunto da criação de UserForms no próximo capítulo, você precisa conhecer algumas alternativas que, potencialmente, poupam tempo.

O VBA permite que você exiba vários tipos diferentes de caixas de diálogo que, às vezes, podem ser usadas no lugar de um UserForm feito à mão. É possível personalizar de algumas maneiras essas caixas de diálogo integradas, mas elas certamente não oferecem as opções disponíveis em um UserForm. Porém, em alguns casos, são exatamente o remédio recomendado.

Neste capítulo, você lerá sobre

- A função MsgBox
- A função InputBox
- O método GetOpenFilename
- O método GetSaveAsFilename
- O método FileDialog

Descubra também como usar o VBA para exibir as caixas de diálogo integradas do Excel, ou seja, as caixas que o Excel usa para obter informações suas.

A Função MsgBox

Provavelmente você já está familiarizado com a função MsgBox do VBA; vários exemplos de capítulos anteriores a utilizam. A função MsgBox, que aceita os argumentos mostrados na Tabela 15-1, é útil para exibir informações e obter a entrada simples do usuário. É capaz de obter entradas do usuário porque é uma função. Uma função, como você deve lembrar, retorna um valor. No caso de MsgBox, ela usa uma caixa de diálogo para obter o valor que ela retorna. Continue lendo para ver exatamente como funciona.

TABELA 15-1 Argumentos da Função MsgBox

Argumento	O que Ele Afeta
Aviso (prompt)	O texto que o Excel exibe na caixa de mensagem
Botões (buttons)	Um número que especifica quais botões (e qual ícone) aparece na caixa de mensagem (opcional)
Título (title)	O texto que aparece na barra de título da caixa de mensagem (opcional)

Esta é uma versão simplificada da sintaxe da função MsgBox:

```
MsgBox(prompt[, buttons][, title])
```

Exibindo uma caixa de mensagem simples

A função MsgBox é usada de dois modos:

» **Apenas para mostrar uma mensagem ao usuário:** Nesse caso, você não se preocupa com o resultado retornado pela função.

» **Para obter uma resposta do usuário:** Nesse caso, você se preocupa com o resultado retornado pela função. O resultado depende do botão que o usuário clica.

Se você usar a função MsgBox sozinha, não coloque os argumentos entre parênteses. O exemplo a seguir apenas exibe uma mensagem e não retorna um resultado. Quando a mensagem é exibida, o código é interrompido até o usuário clicar em OK.

```
Sub MsgBoxDemo()
    MsgBox "Clique em OK para iniciar a impressão."
    Sheets("Resultados").PrintOut
End Sub
```

A Figura 15-1 mostra a caixa de mensagem. No caso, a impressão inicia quando o usuário clica em OK. Você notou que não tem como cancelar a impressão? A próxima seção descreve como consertar isso.

Obtendo uma resposta de uma caixa de mensagem

Se você exibir uma caixa de mensagem que tenha mais do que apenas um botão de OK, provavelmente desejará saber em qual botão o usuário clicou. Você está com sorte. A função MsgBox pode retornar um valor que representa qual botão foi clicado. Atribua o resultado da função MsgBox a uma variável.

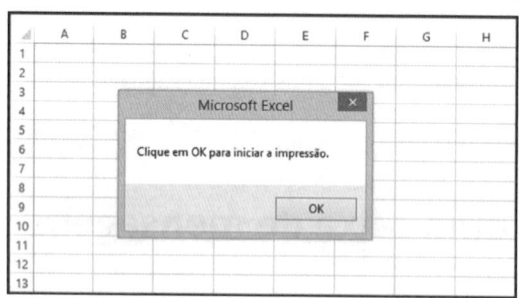

FIGURA 15-1:
Uma caixa de mensagem simples.

O código a seguir usa algumas constantes integradas (descritas na Tabela 15-2), que facilitam trabalhar com os valores retornados por MsgBox:

```
Sub ObterResposta()
    Dim Ans As Long
    Ans = MsgBox("Iniciar a impressão?", vbYesNo)
    Select Case Ans
        Case vbYes
            ActiveSheet.PrintOut
        Case vbNo
            MsgBox "Impressão cancelada"
    End Select
End Sub
```

TABELA 15-2 Constantes Usadas na Função MsgBox

Constante	Valor	O que Ela Faz
vbOKOnly	0	Exibe apenas o botão OK.
vbOKCancel	1	Exibe os botões OK e Cancel.
vbAbortRetryIgnore	2	Exibe os botões Abort, Retry e Ignore.
vbYesNoCancel	3	Exibe os botões Yes, No e Cancel.

Constante	Valor	O que Ela Faz
vbYesNo	4	Exibe os botões Yes e No.
vbRetryCancel	5	Exibe os botões Retry e Cancel.
vbCritical	16	Exibe o ícone Mensagem Crítica.
vbQuestion	32	Exibe o ícone Consulta de Aviso.
vbExclamation	48	Exibe o ícone Mensagem de Aviso.
vbInformation	64	Exibe o ícone Mensagem de Informação.
vbDefaultButton1	0	O botão padrão é o primeiro.
vbDefaultButton2	256	O botão padrão é o segundo.
vbDefaultButton3	512	O botão padrão é o terceiro.
vbDefaultButton4	768	O botão padrão é o quarto.

A Figura 15-2 mostra como fica. Quando você executa esse procedimento, a variável Ans recebe um valor vbYes ou vbNo, dependendo de qual botão o usuário clica. A declaração Select Case usa o valor Ans para determinar qual ação o código deve executar.

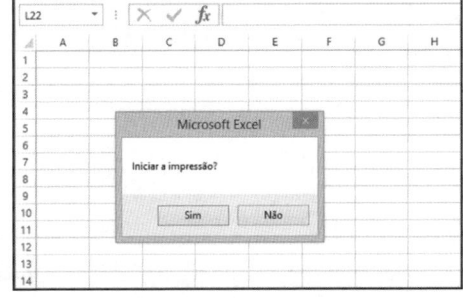

FIGURA 15-2: Uma caixa de mensagem simples com dois botões.

Você também pode usar o resultado da função MsgBox sem usar uma variável, como demonstrado no exemplo a seguir:

```
Sub ObterResposta2()
    If MsgBox("Iniciar a impressão?", vbYesNo) = vbYes Then
'         ...[código se Sim for clicado]...
    Else
'         ...[código se Sim não for clicado]...
    End If
```

```
End Sub
```

Personalizando caixas de mensagem

A flexibilidade dos argumentos de botões facilita a personalização de suas caixas de mensagem. Você pode escolher quais botões exibir, determinar se um ícone aparece e decidir qual botão é o padrão (o botão padrão é "clicado" se o usuário pressiona Enter).

Para usar mais de uma dessas constantes como argumento, basta conectá-las com um operador +. Por exemplo, para exibir uma caixa de mensagem com botões Sim e Não, e um ícone de ponto de exclamação, use a seguinte expressão como o segundo argumento de MsgBox:

```
vbYesNo + vbExclamation
```

Ou, se preferir tornar o código menos compreensível, use um valor de 52 (isto é, 4 + 48).

O exemplo a seguir usa uma combinação de constantes para exibir uma caixa de mensagem com um botão Sim e um botão Não (vbYesNo), assim como um ícone de ponto de interrogação (vbQuestion). A constante vbDefaultButton2 designa o segundo botão (Não) como o botão padrão, isto é, o botão que é clicado se o usuário pressiona Enter. Para simplificar, você pode atribuir essas constantes à variável Config e usar Config como o segundo argumento na função MsgBox:

```
Sub ObterResposta3()
    Dim Config As Long
    Dim Ans As Integer
    Config = vbYesNo + vbQuestion + vbDefaultButton2
    Ans = MsgBox("Emitir o relatório mensal?", Config)
    If Ans = vbYes Then RunReport
End Sub
```

A Figura 15-3 mostra a caixa de mensagem que o Excel exibe quando você executa o procedimento ObterResposta3. Se o usuário clica no botão Sim, a rotina executa o procedimento chamado RunReport (que não é mostrado). Se clica no botão Não (ou pressiona Enter), a rotina termina sem ação. Como o procedimento omite o argumento título na função MsgBox, o Excel usa o título padrão, Microsoft Excel.

FIGURA 15-3:
O argumento de botões da função MsgBox determina o que aparece na caixa de mensagem.

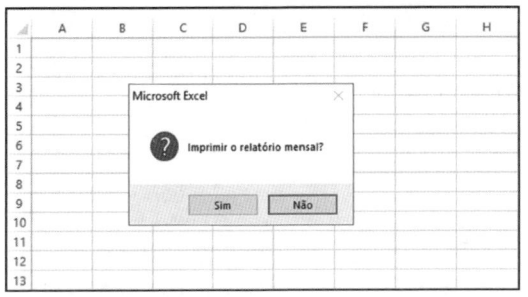

A seguinte rotina oferece outro exemplo de uso da função MsgBox:

```
Sub ObterResposta4()
    Dim Msg As String, Título As String
    Dim Config As Integer, Ans As Integer
    Msg = "Você deseja emitir o relatório mensal?"
    Msg = Msg & vbNewLine & vbNewLine
    Msg = Msg & "O relatório mensal será emitido "
    Msg = Msg & "em aproximadamente 15 minutos. Serão "
    Msg = Msg & "geradas 30 páginas para "
    Msg = Msg & " todos os escritórios de vendas do "
    Msg = Msg & "mês atual."
    Title = "XYZ Marketing Company"
    Config = vbYesNo + vbQuestion
    Ans = MsgBox(Msg, Config, Title)
    If Ans = vbYes Then MsgBox "Relatório emitido!"
End Sub
```

Esse exemplo demonstra uma maneira eficiente de especificar uma mensagem mais longa em uma caixa de mensagem. Aqui, a variável (Msg) e o operador de concatenação (&) montam a mensagem em uma série de declarações. A constante vbNewLine insere um caractere de quebra de linha que inicia uma nova linha (utilizada duas vezes para inserir uma linha em branco). O argumento Título exibe um título diferente na caixa de mensagem.

A Figura 15-4 mostra a caixa de mensagem que o Excel exibe quando você executa esse procedimento.

FIGURA 15-4:
Esta caixa de diálogo, exibida pela função MsgBox, mostra um título, um ícone e dois botões.

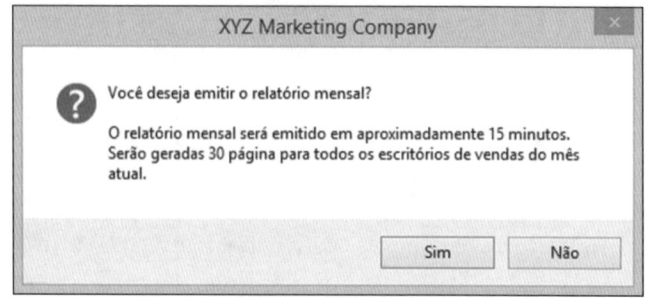

> **XYZ Marketing Company**
>
> ❓ Você deseja emitir o relatório mensal?
>
> O relatório mensal será emitido em aproximadamente 15 minutos. Serão geradas 30 página para todos os escritórios de vendas do mês atual.
>
> [Sim]   [Não]

Os exemplos anteriores usam constantes (como vbYes e vbNo) para o valor retornado de uma função MsgBox. A Tabela 15-3 relaciona algumas outras constantes.

TABELA 15-3 Constantes Usadas como Valores de Retorno da Função MsgBox

Constante	Valor	O que Significa
vbOK	1	O usuário clicou em OK.
vbCancel	2	O usuário clicou em Cancelar.
vbAbort	3	O usuário clicou em Anular.
vbRetry	4	O usuário clicou em Repetir.
vbIgnore	5	O usuário clicou em Ignorar.
vbYes	6	O usuário clicou em Sim.
vbNo	7	O usuário clicou em Não.

E isso é praticamente tudo o que você precisa saber sobre a função MsgBox. Porém, use as caixas de mensagem com cautela. Normalmente, não há motivo para exibi-las sem objetivo. Por exemplo, as pessoas tendem a ficar incomodadas quando veem uma caixa de mensagem diariamente que diz: `Bom dia. Obrigado por carregar a pasta de trabalho de Projeção Orçamentária.`

A Função InputBox

A função InputBox do VBA é útil para obter parte de uma informação digitada pelo usuário. Essa informação poderia ser um valor, uma string de texto ou mesmo o endereço de um intervalo. Essa é uma boa alternativa para desenvolver um UserForm quando você só precisa obter um valor.

Sintaxe da InputBox

Esta é uma versão simplificada da sintaxe da função InputBox:

```
InputBox(prompt[, title][, default])
```

A Tabela 15-4 mostra os principais argumentos da função InputBox.

TABELA 15-4 **Argumentos da Função InputBox**

Argumento	O que Ele Afeta
Aviso (prompt)	O texto exibido na caixa de entrada
Título (title)	O texto exibido na barra de título da caixa de entrada (opcional)
Padrão (default)	O valor padrão da entrada do usuário (opcional)

Um exemplo de InputBox

Veja um exemplo mostrando como você pode usar a função InputBox:

```
Sub ObterNome( )
    Dim SeuNome As String
    SeuNome = InputBox("Qual o seu nome?", "Saudações")
End Sub
```

Quando você executa essa declaração VBA, o Excel exibe a caixa de diálogo mostrada na Figura 15-5. Note que esse exemplo só usa os dois primeiros argumentos e não fornece um valor padrão. Quando o usuário insere um valor e clica em OK, o código atribui o valor à variável SeuNome.

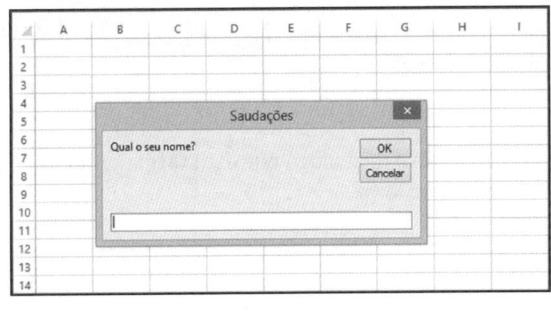

FIGURA 15-5: A função InputBox exibe esta caixa de diálogo.

O exemplo a seguir usa o terceiro argumento e fornece um valor padrão. O valor padrão é o nome de usuário armazenado pelo Excel (a propriedade UserName do objeto Application).

```
Sub ObterNome()
    Dim SeuNome As String
    SeuNome = InputBox("Qual o seu nome?", _
        "Saudações", Application.UserName)
End Sub
```

A caixa de entrada sempre exibe um botão Cancelar. Se o usuário clica em Cancelar, a função InputBox retorna uma string vazia.

LEMBRE-SE

A função InputBox do VBA sempre retorna uma string, portanto, se você precisa obter um valor, o código precisa fazer alguma verificação adicional. O exemplo a seguir usa a função InputBox para obter um número. Ele usa a função IsNumeric para verificar se a string é um número. Se a string contém um número, está tudo bem. Se a entrada do usuário não puder ser interpretada como um número, o código exibirá uma caixa de mensagem.

```
Sub AdicionarPlanilhas()
    Dim JanelaDiálogo As String
    Dim Legenda As String
    Dim ValorPadrão As Long
    Dim NúmeroDePlanilhas As String

    JanelaDiálogo = "Quantas planilhas você deseja adicionar?"
    Legenda = "Diga-me..."
    ValorPadrão = 1
    NúmeroDePlanilhas = InputBox(JanelaDiálogo, Legenda, ValorPadrão)

    If NúmeroDePlanilhas = "" Then Exit Sub 'Cancelado
    If IsNumeric(NúmeroDePlanilhas) Then
        If NúmeroDePlanilhas > 0 Then Sheets.Add Count:=NúmeroDePlanilhas
    Else
        MsgBox "Número inválido"
    End If
```

A Figura 15-6 mostra a caixa de diálogo que essa rotina produz.

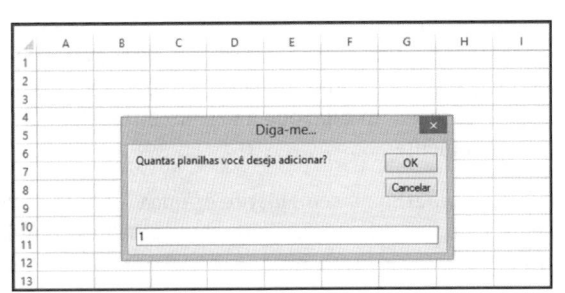

FIGURA 15-6: Outro exemplo de uso da função InputBox.

Outro tipo de InputBox

As informações apresentadas nesta seção aplicam-se à função InputBox do VBA. A Microsoft parece adorar confusões, então você também tem acesso ao *método* InputBox, que é um método do objeto Application.

Uma grande vantagem de usar o método InputBox de Application é que seu código pode solicitar uma seleção de intervalo. Depois, o usuário pode selecionar o intervalo na planilha destacando as células. Veja um exemplo rápido que pede ao usuário a seleção de um intervalo:

```
Sub ObterIntervalo()
    Dim Intervalo As Range
    On Error Resume Next
    Set Intervalo = Application.InputBox _
        (prompt:="Especifique um intervalo:", Type:=8)
    If Intervalo Is Nothing Then Exit Sub
    MsgBox "Você selecionou o intervalo " & Intervalo.Address
End Sub
```

A Figura 15-7 mostra como fica.

FIGURA 15-7: Usando o método InputBox de Application para obter um intervalo.

CAPÍTULO 15 **Caixas de Diálogo Simples**   251

Nesse exemplo simples, o código diz ao usuário o endereço do intervalo que foi selecionado. Na vida real, o código poderia, de fato, fazer algo útil com o intervalo selecionado. Uma coisa boa desse exemplo é que o Excel cuida do tratamento de erros. Se você inserir algo que não é um intervalo, o Excel avisará e deixará que tente novamente.

O método Application.InputBox é semelhante à função InputBox do VBA, mas também apresenta algumas diferenças. Para obter detalhes completos, clique no sistema de Ajuda.

O Método GetOpenFilename

Se seu procedimento VBA precisar pedir ao usuário um nome de arquivo, você *poderá* usar a função InputBox e deixar que ele digite. Entretanto, uma caixa de entrada geralmente não é a melhor ferramenta para esse trabalho, porque a maioria dos usuários acha difícil lembrar caminhos, barras invertidas, nomes de arquivos e extensões de arquivo, ou seja, é muito mais fácil estragar tudo ao digitar um nome de arquivo.

Para uma solução melhor para esse problema, use o método GetOpenFilename do objeto Application, que garante que o seu código consiga um nome de arquivo válido, incluindo o caminho completo. O método GetOpenFilename exibe a conhecida caixa de diálogo Abrir (igual à caixa de diálogo que o Excel mostra quando você escolhe Arquivo ➪ Abrir ➪ Pesquisar).

LEMBRE-SE

Na verdade, o método GetOpenFilename não abre o arquivo especificado, ele apenas retorna o nome de arquivo selecionado pelo usuário como uma string. Depois, você pode escrever um código para fazer o que quiser com o nome de arquivo.

A sintaxe para o método GetOpenFilename

A sintaxe oficial para o método GetOpenFilename é a seguinte:

```
object.GetOpenFilename ([fileFilter], [filterIndex],
    [title],[buttonText], [multiSelect])
```

O método GetOpenFilename recebe os argumentos opcionais mostrados na Tabela 15-5.

TABELA 15-5 Argumentos do Método GetOpenFilename

Argumento	O que Ele Faz
FileFilter	Determina os tipos de arquivos que aparecem na caixa de diálogo (por exemplo, *.TXT). Você pode especificar vários filtros diferentes para o usuário escolher.
FilterIndex	Determina qual dos filtros de arquivo a caixa de diálogo exibe por padrão.
Title	Especifica a legenda para a barra de título da caixa de diálogo.
ButtonText	Ignorado (usado apenas para a versão Macintosh do Excel).
MultiSelect	Se True, o usuário pode selecionar múltiplos arquivos.

Um exemplo de GetOpenFilename

O argumento FileFilter determina o que aparece na lista suspensa Arquivos do Tipo da caixa de diálogo. Esse argumento consiste em pares de strings de filtro de arquivo seguidos pela especificação do filtro de arquivo curinga, com vírgulas separando cada parte e cada par. Se omitido, esse argumento padroniza para o seguinte:

```
All Files (*.*), *.*
```

Observe que essa string consiste em duas partes, separadas por uma vírgula:

```
All Files (*.*)
```

e

```
*.*
```

A primeira parte é o texto exibido na lista suspensa Arquivos do Tipo. A segunda parte determina quais arquivos a caixa de diálogo exibe. Por exemplo, *.* significa *todos os arquivos*.

O código no exemplo a seguir abre uma caixa de diálogo que pede um nome de arquivo ao usuário. O procedimento define cinco filtros de arquivo. Veja que a sequência de continuação de linha do VBA configura a variável Filter; isso ajuda a simplificar esse argumento bem complicado.

```
Sub ObterNomeDoArquivo()
    Dim FiltroInfo As String
    Dim FiltroÍndice As Long
    Dim Título As String
    Dim NomeDoArquivo As Variant
```

```vba
    ' Configura a lista de filtros de arquivos
    FiltroInfo = "Text Files (*.txt),*.txt," & _
        "Lotus files (*.prn),*.prn," & _
        "Comma Separated Files (*.csv),*.csv," & _
        "ASCII Files (*.asc),*.asc," & _
        "All Files (*.*),*.*"

    ' Exibe *.* por padrão
    FiltroÍndice = 5

    ' Configura o título da caixa de diálogo
    Título = "Selecione um arquivo para importar"

    ' Obtém nome do arquivo
    NomeDoArquivo = Application.GetOpenFilename (FiltroInfo, _
        FiltroÍndice, Título)

    ' Lida com a informação que retorna da caixa de diálogo
    If NomeDoArquivo = False Then
        MsgBox "Nenhum arquivo foi selecionado."
    Else
        MsgBox "Você selecionou" & NomeDoArquivo
    End If
End Sub
```

A Figura 15-8 mostra a caixa de diálogo que o Excel exibe quando você executa esse procedimento. A aparência pode variar dependendo da versão do Windows que você usa e das opções de exibição configuradas.

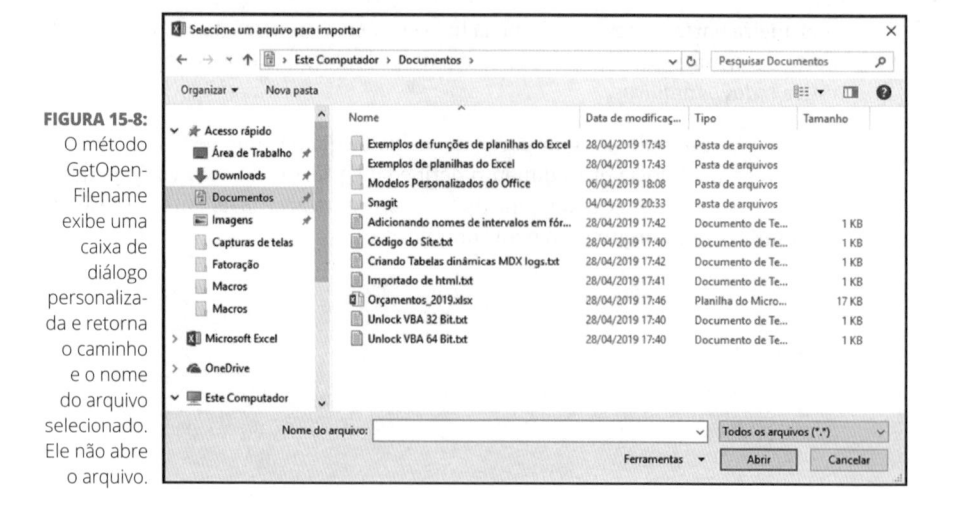

FIGURA 15-8: O método GetOpenFilename exibe uma caixa de diálogo personalizada e retorna o caminho e o nome do arquivo selecionado. Ele não abre o arquivo.

Em uma aplicação real, você faria algo mais significativo com o nome de arquivo. Por exemplo, poderia querer abri-lo usando uma declaração como esta:

```
Workbooks.Open FileName
```

> **PAPO DE ESPECIALISTA**
>
> Observe que a variável NomeDoArquivo é declarada como um tipo de dados Variant. Se o usuário clica em Cancelar, essa variável armazena um valor Booleano (Falso). Caso contrário, NomeDoArquivo é uma string. Portanto, usar um tipo de dados Variant lida com ambas as possibilidades.

O Método GetSaveAsFileName

O método GetSaveAsFilename do Excel funciona exatamente como o método GetOpenFilename, mas exibe a caixa de diálogo Salvar Como do Excel, em vez da caixa de diálogo Abrir. O método GetSaveAsFilename obtém um caminho e nome de arquivo do usuário, mas não faz nada com essa informação. É você quem escreve o código que, de fato, salva o arquivo.

A sintaxe para esse método é apresentada a seguir:

```
object.GetSaveAsFilename ([InitialFilename], [FileFilter],
    [FilterIndex],[Title], [ButtonText])
```

O método GetSaveAsFilename recebe os argumentos da Tabela 15-6, e todos são opcionais.

TABELA 15-6 Argumentos do Método GetSaveAsFilename

Argumento	O que Ele Faz
InitialFileName	Especifica um nome de arquivo padrão que aparece na caixa FileName.
FileFilter	Determina os tipos de arquivos que o Excel exibe na caixa de diálogo (por exemplo, *.TXT). Você pode especificar vários filtros diferentes para o usuário escolher.
FilterIndex	Determina qual dos filtros de arquivo o Excel exibe por padrão.
Title	Define uma legenda para a barra de título da caixa de diálogo.

Obtendo um Nome de Pasta

Às vezes, você não precisa obter um nome de arquivo, só precisa de um nome de pasta. Se esse for o caso, o objeto FileDialog é exatamente o que o médico recomendou.

O procedimento a seguir exibe uma caixa de diálogo que permite ao usuário selecionar um diretório. O nome do diretório selecionado (ou "Cancelado") é exibido pela função MsgBox.

```
Sub ObterNomePasta()
    With Application.FileDialog(msoFileDialogFolderPicker)
        .InitialFileName = Application.DefaultFilePath & "\"
        .Title = "Por favor, selecione um local para o backup"
        .Show
        If .SelectedItems.Count = 0 Then
            MsgBox "Cancelado"
        Else
            MsgBox .SelectedItems(1)
        End If
    End With
End Sub
```

O objeto FileDialog permite especificar o diretório inicial, especificando um valor para a propriedade InitialFileName. Nesse caso, o código usa o caminho de arquivo padrão do Excel como o diretório inicial.

Exibindo as Caixas de Diálogo Integradas do Excel

Uma maneira de ver um VBA é como uma ferramenta que permite imitar os comandos do Excel. Por exemplo, veja esta declaração VBA:

```
Range("A1:A12").Name = "NomesMeses"
```

Executar essa declaração VBA tem o mesmo efeito que escolher Fórmulas ⇨ Nomes Definidos ⇨ Definir Nome para exibir a caixa de diálogo Novo Nome, digitar NomesMeses na caixa Nome e A1:A12 na caixa Refere-se a, e clicar em OK.

Quando você executa a declaração VBA, a caixa de diálogo Novo Nome não aparece. Quase sempre é isso que quer que aconteça; você não quer caixas de diálogo passando na tela enquanto sua macro é executada.

No entanto, em alguns casos você pode querer que o código exiba uma das caixas de diálogo integradas do Excel e permita ao usuário fazer escolhas nelas. Isso pode ser feito usando o VBA para executar um comando da Faixa de Opções. Veja um exemplo que exibe a caixa de diálogo Novo Nome. O endereço na caixa Refere-se a representa o intervalo que está selecionado quando o comando é executado (veja a Figura 15-9).

```
Application.CommandBars.ExecuteMso "NameDefine"
```

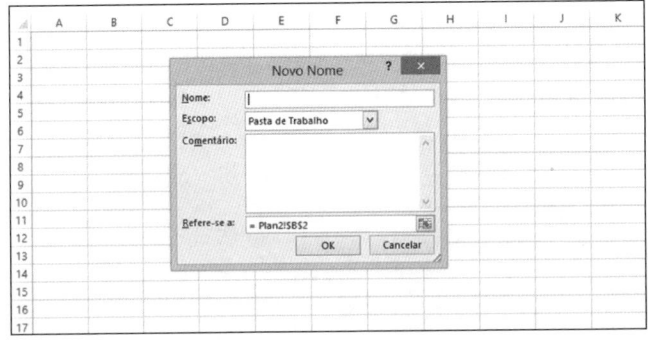

FIGURA 15-9: Exibindo uma das caixas de diálogo do Excel usando o VBA.

LEMBRE-SE O seu código VBA não pode obter nenhuma informação na caixa de diálogo. Por exemplo, se você executar o código para exibir a caixa de diálogo Novo Nome, o código não poderá obter o nome fornecido pelo usuário nem o intervalo sendo nomeado.

ExecuteMso é um método do objeto CommandBars e aceita um argumento: um parâmetro idMso, que representa um controle da Faixa de Opções. Infelizmente, esses parâmetros não estão relacionados no sistema de Ajuda e, como a Faixa de Opções existe há pouco tempo, o código que usa o método ExecuteMso não é compatível com as versões anteriores ao Excel 2007.

Este é outro exemplo de uso do método ExecuteMso. Esta declaração, quando executada, exibe a guia Fonte da caixa de diálogo Formatar Células:

```
Application.CommandBars.ExecuteMso "FormatCellsFontDialog"
```

Se você tentar exibir uma caixa de diálogo integrada em um contexto incorreto, o Excel mostrará uma mensagem de erro. Por exemplo, esta é uma declaração que exibe a caixa de diálogo Formatar Número:

```
Application.CommandBars.ExecuteMso "NumberFormatsDialog"
```

Se você executar essa declaração quando ela não for apropriada (por exemplo, com uma Shape selecionada), o Excel exibirá uma mensagem de erro, pois essa caixa de diálogo só é adequada para células de planilha.

O Excel tem milhares de comandos. Como você pode encontrar o nome daquele de que precisa? Uma maneira é usar a guia Personalizar Faixa de opções da caixa de diálogo Opções do Excel. O modo mais rápido é clicar com o botão direito em qualquer controle da Faixa de opções e escolher Personalizar a Faixa de Opções no menu de atalho. Praticamente todos os comandos disponíveis no Excel estão listados no painel à esquerda. Encontre o comando de que precisa, passe o mouse sobre ele e você verá seu nome secreto de comando na dica da ferramenta (é a parte entre parênteses). A Figura 15-10 mostra um exemplo.

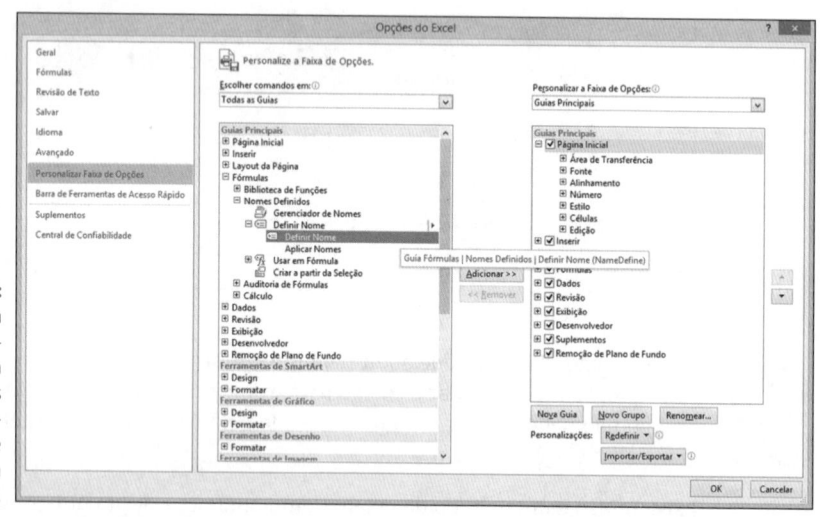

FIGURA 15-10: Usando a guia Personalizar Faixa de Opções para identificar o nome de um comando.

> **NESTE CAPÍTULO**
>
> » Descobrindo quando usar UserForms
>
> » Entendendo os objetos UserForm
>
> » Exibindo um UserForm
>
> » Criando um Userform que funciona com uma macro útil

Capítulo **16**

Princípios Básicos de UserForm

Um UserForm é útil se a macro VBA precisa parar e obter informações de um usuário. Por exemplo, a sua macro pode ter algumas opções que podem ser especificadas em um UserForm. Se forem necessárias apenas algumas partes de informações (por exemplo, uma resposta Sim/Não ou uma string de texto), uma das técnicas descritas no Capítulo 15 poderá dar conta do recado. Porém, se você precisar de mais informações, deve criar um UserForm. É disso que este capítulo trata.

Sabendo Quando Usar um UserForm

Esta seção descreve uma situação em que um UserForm é útil. A macro a seguir muda o texto em cada célula na seleção para letras maiúsculas. Isso é feito usando a função UCase integrada do VBA.

```
Sub AlterarMaiúsculaMinúscula()
    Dim WorkRange As Range, cell As Range
```

```
    '   Sai se um intervalo não for selecionado
        If TypeName(Selection) <> "Range" Then Exit Sub

    '   Processa apenas células de texto, sem fórmulas
        On Error Resume Next
        Set WorkRange = Selection.SpecialCells _
            (xlCellTypeConstants, xlCellTypeConstants)
        For Each cell In WorkRange
            cell.Value = UCase(cell.Value)
        Next cell
    End Sub
```

Você pode tornar essa macro ainda mais útil. Por exemplo, seria interessante se a macro também pudesse alterar o texto nas células para letras minúsculas ou iniciais maiúsculas (colocando em maiúscula a primeira letra de cada palavra). Uma abordagem é criar duas macros adicionais: uma para letras minúsculas e outra para iniciais maiúsculas. Outra abordagem é modificar a macro para lidar com outras opções. Se você usar a segunda abordagem, precisará de algum método para perguntar ao usuário qual tipo de alteração fazer nas células.

A solução é exibir uma caixa de diálogo como a mostrada na Figura 16-1. Você cria essa caixa de diálogo em um UserForm no VBE e a exibe usando uma macro VBA. Na próxima seção, dou instruções passo a passo para criar essa caixa de diálogo.

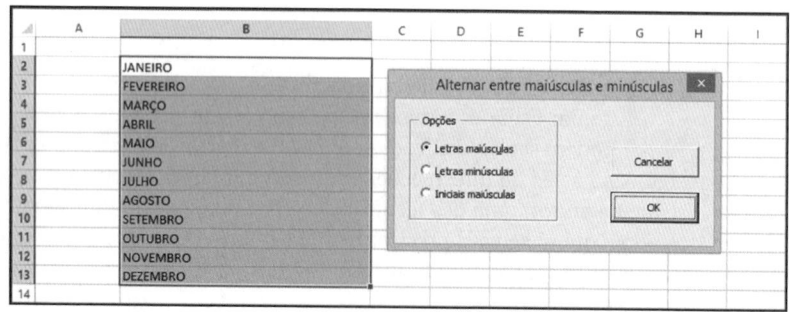

FIGURA 16-1: Você pode obter informações do usuário, exibindo um UserForm.

PAPO DE ESPECIALISTA

No VBA, o nome oficial de uma caixa de diálogo é UserForm. Mas um UserForm é, na verdade, um objeto que contém o que normalmente é conhecido como *caixa de diálogo*. Essa distinção não é importante, portanto, você verá esses termos aqui alternadamente.

Criando UserForms: Uma Visão Geral

Para criar um UserForm, você normalmente segue as seguintes etapas gerais:

1. **Determine como a caixa de diálogo será usada e em que ponto ela será exibida na macro VBA.**

2. **Pressione Alt+F11 para ativar o VBE e insira um novo objeto UserForm.**

   Um objeto UserForm contém um único UserForm.

3. **Acrescente controles ao UserForm.**

   Os controles incluem itens como caixas de texto, botões, caixas de seleção e caixas de listas.

4. **Use a janela Propriedades para modificar as propriedades dos controles ou do próprio UserForm.**

5. **Escreva procedimentos que lidam com os eventos dos controles (por exemplo, uma macro que seja executada quando o usuário clica em um botão na caixa de diálogo).**

   Esses procedimentos são armazenados na janela Código do objeto UserForm.

6. **Escreva um procedimento (armazenado em um módulo VBA) que exiba a caixa de diálogo para o usuário.**

Não se preocupe se algumas dessas etapas parecem estranhas. As próximas seções fornecem mais detalhes, juntamente com instruções passo a passo para criar um UserForm.

Quando você projeta um UserForm, está criando o que os desenvolvedores chamam de Graphical User Interface (GUI — Interface Gráfica de Usuário) para a sua aplicação. GUI também é a sigla de Gambiarras Usadas Indiscriminadamente, mas isso não é relevante aqui.

Reserve um tempo para pensar em como seu formulário deve ficar e como os seus usuários podem querer interagir com os elementos no UserForm. Tente guiá-los pelas etapas que eles precisam passar no formulário, considerando cuidadosamente a organização e as palavras dos controles. Como a maioria das coisas relacionadas ao VBA, quanto mais fizer, mais fácil será.

Trabalhando com UserForms

Cada caixa de diálogo que você cria é armazenada em seu próprio objeto UserForm, com uma caixa de diálogo por UserForm. Você cria e acessa esses UserForms no Visual Basic Editor.

Inserindo um novo UserForm

Insira um objeto UserForm seguindo estes passos:

1. **Ative o VBE pressionando Alt+F11.**
2. **Selecione a pasta de trabalho que conterá o UserForm na janela Projeto.**
3. **Selecione Inserir ⇨ UserForm.**

    O VBE insere um novo objeto UserForm, que contém uma caixa de diálogo vazia.

A Figura 16-2 exibe um UserForm, uma caixa de diálogo vazia. Seu trabalho, se escolher aceitá-lo, é adicionar alguns controles a ele.

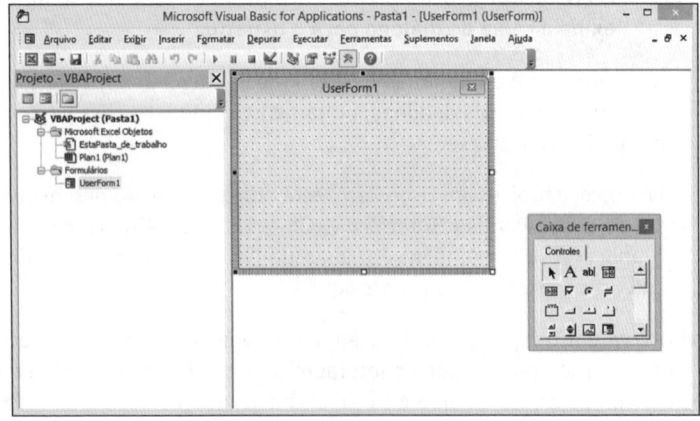

FIGURA 16-2: Um novo objeto UserForm.

Adicionando controles a um UserForm

Quando você ativa um UserForm, o VBE exibe a Caixa de Ferramentas em uma janela flutuante (consulte a Figura 16-2). Você usa as ferramentas na Caixa de Ferramentas para adicionar controles ao seu UserForm. Se, por alguma razão, a

Caixa não aparecer quando o UserForm for ativado, selecione Exibir ⇨ Caixa de Ferramentas.

Para adicionar um controle, basta clicar no controle desejado na Caixa de Ferramentas e arrastar para a caixa de diálogo para criá-lo. Depois de ter adicionado um controle, você pode movê-lo e redimensioná-lo usando as técnicas padrão.

A Tabela 16-1 lista as várias ferramentas, assim como suas capacidades. Para determinar qual ferramenta é qual, passe o cursor do mouse sobre o controle e leia a pequena descrição pop-up.

TABELA 16-1 **Controles da Caixa de Ferramentas**

Controle	O que Ele Faz
Label (Rótulo)	Exibe texto
TextBox (Caixa de texto)	Permite ao usuário inserir texto
ComboBox (Caixa combinações)	Exibe uma listagem suspensa
ListBox (Caixa de listagem)	Exibe uma lista de itens
CheckBox (Caixa de seleção)	Fornece opções como liga/desliga ou sim/não
OptionButton (Botão de Opção)	Permite que o usuário selecione uma dentre várias opções; usado em grupos de dois ou mais
ToggleButton (Botão de ativação)	Permite que o usuário ligue ou desligue um botão
Frame (Quadro)	Contém outros controles
CommandButton (Botão de Comando)	Adiciona um botão clicável
TabStrip	Exibe guias
MultiPage (Multipágina)	Cria um contêiner tabulado para outros objetos
ScrollBar (Barra de rolagem)	Permite ao usuário arrastar uma barra para estabelecer uma configuração
SpinButton (Botão de rotação)	Permite ao usuário clicar em um botão para alterar um valor
Image (Imagem)	Contém uma imagem
RefEdit	Permite ao usuário selecionar um intervalo

Mudando as propriedades em um controle UserForm

Cada controle que você adiciona a um UserForm tem propriedades que determinam como ele se parece e se comporta. Além disso, o próprio UserForm tem seu conjunto de propriedades. Você pode mudar essas propriedades com a janela Propriedades, adequadamente nomeada. A Figura 16-3 mostra a janela Propriedades quando um controle CommandButton está selecionado.

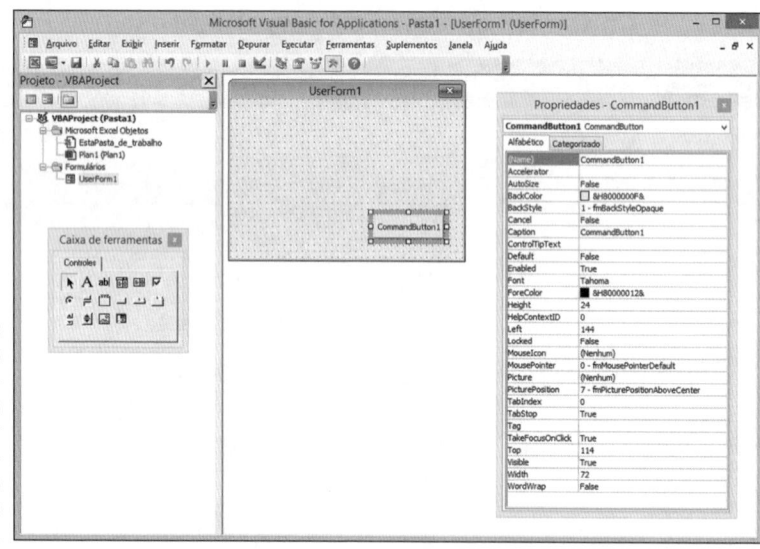

FIGURA 16-3: Use as janelas Propriedades para mudar as propriedades dos controles de UserForm.

A janela Propriedades aparece ao pressionar F4 ou você pode selecionar Exibir ⇨ Janela Propriedades. As propriedades mostradas nessa janela dependem do que é selecionado. Se você seleciona um controle diferente, as propriedades mudam para aquelas apropriadas ao controle. Para ocultar a janela Propriedades e tirá-la do caminho, clique no botão Fechar em sua barra de título. Pressionar F4 sempre a traz de volta quando você precisa.

As propriedades para os controles incluem o seguinte:

- » Nome
- » Largura
- » Altura
- » Valor
- » Legenda

Cada controle tem seu próprio conjunto de propriedades (embora muitos controles tenham algumas propriedades em comum). Para mudar uma propriedade usando a janela Propriedades, siga estes passos:

1. **Verifique se o controle certo está selecionado no UserForm.**
2. **Verifique se a janela Propriedades está visível (se não estiver, pressione F4).**
3. **Na janela Propriedades, clique na propriedade que deseja alterar.**
4. **Faça a alteração na parte direita da janela Propriedades.**

Se você seleciona o próprio UserForm (não um controle no UserForm), pode usar a janela Propriedades para ajustar as propriedades do UserForm.

O Capítulo 17 informa tudo o que precisa saber sobre como trabalhar com os controles da caixa de diálogo.

DICA

Algumas das propriedades de UserForm servem como configurações padrão para os novos controles que você arrasta para o UserForm. Por exemplo, se você mudar a propriedade Font em um UserForm, os controles acrescentados usarão essa mesma fonte. Os controles que já estão no UserForm não são afetados.

Visualizando a janela Código do UserForm

Cada objeto UserForm tem um módulo Código que contém o código VBA (os procedimentos que lidam com eventos), executado quando o usuário trabalha com a caixa de diálogo. Para ver o módulo Código, pressione F7. A janela Código fica vazia até que você adicione alguns procedimentos. Pressione Shift+F7 para retornar ao UserForm.

Esta é outra maneira de alternar entre a janela Código e a exibição do UserForm: use os botões Exibir Código e Exibir Objeto na barra de título da janela Projeto. Ou clique com o botão direito no UserForm e escolha Exibir Código. Se você estiver vendo o código, clique duas vezes no nome UserForm na janela Projeto para voltar ao UserForm.

Exibindo um UserForm

Você exibe um UserForm usando o método Show do UserForm em um procedimento VBA.

LEMBRE-SE

A macro que exibe a caixa de diálogo deve estar em um módulo VBA, não na janela Código do UserForm.

O procedimento a seguir exibe a caixa de diálogo chamada UserForm1:

```
Sub MostrarCaixaDeDiálogo()
    UserForm1.Show
'   Outras declarações entram aqui
End Sub
```

Quando o Excel exibe a caixa de diálogo, a macro MostrarCaixaDeDiálogo é interrompida até o usuário fechar a caixa. Depois, o VBA executa quaisquer declarações restantes no procedimento. Na maior parte do tempo, você não terá mais código no procedimento. Como verá mais adiante, você coloca os procedimentos de lidar com eventos na janela Código do UserForm. Os procedimentos entram em ação quando o usuário trabalha com os controles no UserForm.

Usando informações de um UserForm

O VBE nomeia cada controle que você acrescenta a um UserForm. O nome do controle corresponde à sua propriedade Name. Use esse nome para se referir a um controle específico no código. Por exemplo, se você acrescenta um controle CheckBox a um UserForm nomeado como UserForm1, por padrão, o controle CheckBox é nomeado CheckBox1. É possível usar a caixa Propriedades para fazer esse controle aparecer com uma marca de verificação ou você pode escrever um código para isso:

```
UserForm1.CheckBox1.Value = True
```

Na maioria das vezes, você escreve o código para um UserForm no módulo de código do UserForm. Se esse for o caso, poderá omitir o qualificador de objeto do UserForm e escrever a declaração assim:

```
CheckBox1.Value = True
```

O seu código VBA também pode verificar diversas propriedades dos controles e executar as ações apropriadas. A declaração a seguir executa uma macro chamada ImprimirRelatório se a caixa de seleção (chamada CheckBox1) está marcada:

```
If CheckBox1.Value = True Then Call ImprimirRelatório
```

> **DICA**
> Normalmente é uma boa ideia mudar o nome padrão que o VBE dá aos seus controles para algo mais significativo. Você poderia pensar em nomear a caixa de seleção descrita acima como cbxImprimirRelatório. Note o prefixo de três letras (cbx para *check box* ou caixa de seleção). Não há uma razão técnica para usar cbx como prefixo. É só um exemplo de convenção de nomenclatura para diferenciar os objetos no VBA. O uso de uma convenção como essa facilita a leitura do código. No fim, a convenção escolhida será a que você se sentir mais confortável.

Um Exemplo de UserForm

O exemplo de UserForm desta seção é uma versão melhorada da macro AlterarMaiúsculaMinúscula no início deste capítulo. A versão original dessa macro muda o texto nas células selecionadas para letras maiúsculas. Esta versão modificada usa um UserForm para perguntar ao usuário qual tipo de alteração fazer: letras maiúsculas, letras minúsculas ou iniciais maiúsculas.

Essa caixa de diálogo precisa obter uma informação do usuário: o tipo de mudança a fazer no texto. Como o usuário tem três escolhas, a sua melhor aposta é uma caixa de diálogo com três controles OptionButton. A caixa de diálogo também precisa de mais dois botões: um botão OK e um botão Cancelar. Clicar no OK roda o código que executa o trabalho. Clicar no Cancelar leva a macro a terminar, sem fazer nada.

DICA

Essa pasta de trabalho está disponível no site da editora [procure pelo título do livro]. No entanto, você consegue mais desse exercício se seguir as etapas fornecidas aqui e criá-lo por conta própria.

Criando o UserForm

Estes passos criam o UserForm. Comece com uma pasta de trabalho vazia e siga os passos:

1. **Pressione Alt+F11 para ativar o VBE.**

2. **Se vários projetos estiverem na janela Projeto, selecione aquele que corresponde à pasta de trabalho que está usando.**

3. **Escolha Inserir ⇨ UserForm.**

   O VBE insere um novo objeto UserForm com uma caixa de diálogo vazia.

4. **Pressione F4 para exibir a janela Propriedades.**

5. **Na janela Propriedades, mude a propriedade Caption para Alterar Entre Maiúsculas E Minúsculas.**

6. **(Opcional) A caixa de diálogo é um pouco grande, assim você pode clicar nela e usar as alças de dimensionamento (à direita e embaixo) para diminuí-la.**

   A Etapa 6 também pode ser feita depois que você posiciona todos os controles na caixa de diálogo.

Adicionando Botões de Comando (CommandButtons)

Pronto para acrescentar dois CommandButtons, OK e Cancelar, à caixa de diálogo? Acompanhe o seguinte:

1. **Verifique se a Caixa de Ferramentas está visível; se não estiver, escolha Exibir ⇨ Caixa de Ferramentas.**

2. **Se a janela Propriedades não estiver visível, pressione F4 para exibi-la.**

3. **Na Caixa de Ferramentas, arraste um CommandButton para a caixa de diálogo, para criá-lo.**

   Como você pode ver na caixa Propriedades, o botão tem um nome padrão e a legenda: CommandButton1.

4. **Verifique se o CommandButton está selecionado, depois, ative a janela Propriedades e mude as seguintes propriedades:**

Propriedade	Mudar para
Name	OK_Botão
Caption	OK
Default	True

5. **Acrescente um segundo objeto CommandButton ao UserForm e mude as seguintes propriedades:**

Propriedade	Mudar para
Name	Cancelar_Botão
Caption	Cancelar
Cancel	True

6. **Ajuste o tamanho e a posição dos controles para que a caixa de diálogo se pareça um pouco com a Figura 16-4.**

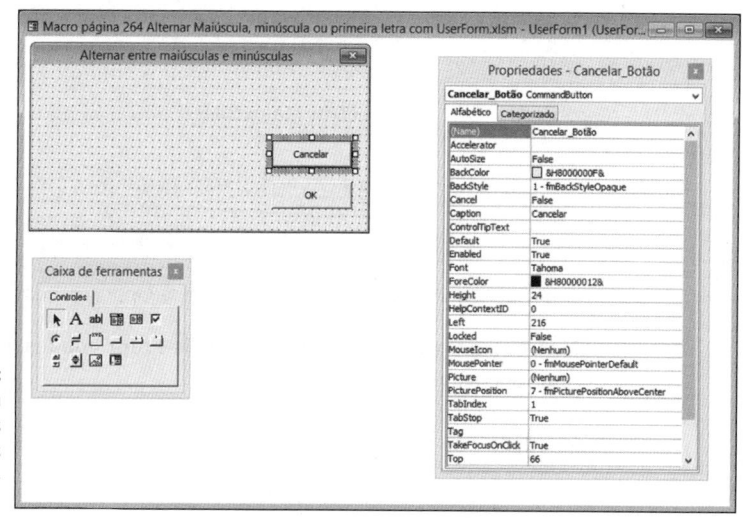

FIGURA 16-4: UserForm com dois controles CommandButton.

Adicionando Botões de Opção (OptionButtons)

Nesta seção, você acrescenta três OptionButtons à caixa de diálogo. Antes de acrescentá-los, adicione um objeto Frame que contém os botões. O Frame não é necessário, mas faz com que a caixa de diálogo pareça mais profissional, assim os usuários não pensam que foi projetada por um amador.

Para adicionar os OptionButtons, siga estes passos:

1. **Na Caixa de Ferramentas, clique na ferramenta Quadro e arraste-a para a caixa de diálogo.**

   Essa etapa cria uma moldura para conter os OptionButtons.

2. **Use a janela Propriedades para mudar a legenda da moldura para Opções.**

3. **Na Caixa de Ferramentas, clique na ferramenta OptionButton e arraste-a para a caixa de diálogo (dentro da moldura).**

   Isso cria um controle OptionButton.

4. **Selecione o OptionButton e use a janela Propriedades para mudar as seguintes propriedades:**

Propriedade	Mudar para
Name	Opção_Maiúsculas
Caption	Letras Maiúsculas
Accelerator	U
Value	True

Definir a propriedade Value para True torna esse OptionButton o padrão.

5. **Adicione outro OptionButton e use a janela Propriedades para alterar as seguintes propriedades:**

Propriedade	Mudar para
Name	Opção_Minúsculas
Caption	Letras Minúsculas
Accelerator	L

6. **Acrescente um terceiro OptionButton e use a janela Propriedades para mudar as seguintes propriedades:**

Propriedade	Mudar para
Name	Opção_Iniciais
Caption	Iniciais Maiúsculas
Accelerator	I

7. **Ajuste o tamanho e a posição dos botões, da moldura e da caixa de diálogo.**

O seu UserForm deve se parecer mais ou menos com a Figura 16-5.

FIGURA 16-5: Este é o UserForm depois do acréscimo dos três OptionButtons dentro de um controle Frame.

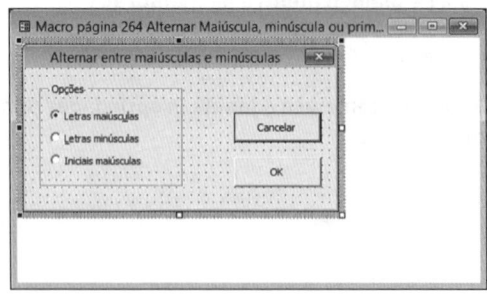

Se quiser ver como o UserForm fica quando for exibido, pressione F5. Nenhum dos controles está funcionando ainda, portanto, você precisa clicar no "X" na barra de título para fechar a caixa de diálogo.

A propriedade Accelerator determina qual letra na legenda é sublinhada, e o mais importante, ela determina qual combinação Alt+tecla seleciona esse controle. Por exemplo, você pode selecionar a opção Letra Minúscula pressionando Alt+L, pois o L está sublinhado. As teclas Accelerator são opcionais, porém alguns usuários preferem usar o teclado para navegar pelas caixas de diálogo.

Você pode estar imaginando por que os OptionButtons têm teclas de aceleração, mas não os CommandButtons. Normalmente os botões OK e Cancelar não têm teclas de aceleração, porque podem ser acessados a partir do teclado. Pressionar Enter é equivalente a clicar em OK, pois a propriedade Default do controle é True. Pressionar Esc é equivalente a clicar em Cancelar, pois a propriedade Cancel do controle é True.

Adicionando procedimentos que lidam com eventos

Chegou a hora de o UserForm realmente fazer alguma coisa. Veja como acrescentar um procedimento que lida com os eventos dos botões Cancelar e OK:

1. **Clique duas vezes no botão Cancelar.**

O VBE ativa a janela Código do UserForm e insere um procedimento vazio:

```
Private Sub Cancelar_Botão_Click()
End Sub
```

O procedimento chamado Cancelar_Botão_Click é executado quando o botão é clicado, mas só quando a caixa de diálogo é exibida, ou seja, clicar no botão Cancelar quando você está projetando a caixa de diálogo não executará o procedimento. Como a propriedade Cancel do botão Cancelar está definida para True, pressionar Esc também dispara o procedimento Cancelar_Botão_Click.

2. **Insira a seguinte declaração no procedimento (antes da declaração End Sub):**

```
Unload UserForm1
```

Essa declaração fecha o UserForm quando o botão Cancelar é clicado.

3. **Pressione Shift+F7 para voltar ao UserForm.**

4. **Clique duas vezes no botão OK.**

O VBE ativa a janela Código do UserForm e insere um procedimento Sub vazio chamado OK_Botão_Click.

Quando o UserForm é exibido, clicar em OK executa esse procedimento. Como o botão tem sua propriedade Default (Padrão) definida para True, pressionar Enter também executa o procedimento OK_Botão_Click.

5. **Insira o código a seguir para que o procedimento se pareça com isso:**

```
Private Sub OK_Botão_Click()
    Dim FaixaDeTrabalho As Range
    Dim Célula As Range

    ' Processa apenas células de texto, sem fórmulas
    On Error Resume Next
    Set FaixaDeTrabalho = Selection.SpecialCells _
        (xlCellTypeConstants, xlCellTypeConstants)

    ' Caixa alta
    If Opção_Maiúsculas Then
        For Each Célula In FaixaDeTrabalho
            Célula.Value = UCase(Célula.Value)
        Next Célula
    End If

    ' Caixa baixa
    If Opção_Minúsculas Then
        For Each Célula In FaixaDeTrabalho
            Célula.Value = LCase(Célula.Value)
        Next Célula
    End If

    ' Primeira maiúscula
    If Opção_Iniciais Then
        For Each Célula In FaixaDeTrabalho
            Célula.Value = Application. _
                WorksheetFunction.Proper(Célula.Value)
        Next Célula
    End If
    Unload UserForm1
End Sub
```

O código anterior é uma versão melhorada da macro AlterarMaiúsculaMinúscula original apresentada no início deste capítulo. A macro consiste em três blocos de código separados. Esse código usa três estruturas If-Then; cada uma tem um loop For Each-Next. Apenas um bloco é executado, determinado pelo OptionButton que o usuário seleciona. A última declaração *fecha* (*unload*) a caixa de diálogo depois que o trabalho é concluído.

Criando uma macro para exibir a caixa de diálogo

Estamos quase terminando este projeto. A única coisa faltando é uma maneira de exibir a caixa de diálogo. Siga estes passos para criar o procedimento que faz a caixa de diálogo aparecer:

1. **Na janela do VBE, selecione Inserir ⇨ Módulo.**

O VBE adiciona um módulo VBA vazio (chamado Módulo1) ao projeto.

2. **Insira o código a seguir:**

```
Sub AlterarMaiúsculaMinúscula()
    If TypeName(Selection) = "Range" Then
        UserForm1.Show
    Else
        MsgBox "Selecione um intervalo.", vbCritical
    End If
End Sub
```

Esse procedimento é bem simples. Ele verifica se um intervalo foi selecionado. Se sim, a caixa de diálogo é exibida (usando o método Show). Então o usuário interage com a caixa de diálogo e o código armazenado no UserForm é executado. Se um intervalo não foi selecionado, o usuário vê uma MsgBox com o texto Selecione um intervalo.

Disponibilizando a macro

A essa altura, tudo deve estar funcionando adequadamente. Mas você ainda precisa de uma maneira fácil de executar a macro. Atribua uma tecla de atalho (Ctrl+Shift+C) que executa a macro AlterarMaiúsculaMinúscula seguindo estes passos:

1. **Ative a janela do Excel pressionando Alt+F11.**

2. **Selecione Desenvolvedor ⇨ Código ⇨ Macros ou pressione Alt+F8.**

3. **Na caixa de diálogo Macros, selecione a macro AlterarMaiúsculaMinúscula.**

4. **Clique no botão Opções.**

O Excel exibe a caixa de diálogo Opções de macro.

5. **Insira a letra maiúscula C como tecla de atalho (veja a Figura 16-6).**

6. Insira uma descrição da macro no campo Descrição.

7. Clique em OK.

8. Clique em Cancelar quando voltar para a caixa de diálogo Macro.

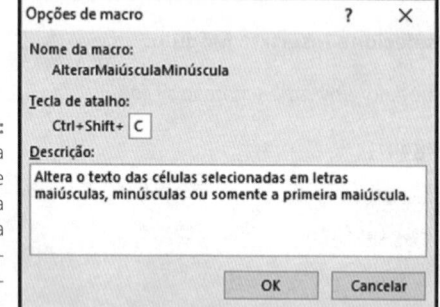

FIGURA 16-6: Atribua uma tecla de atalho para executar a macro AlterarMaiúsculaMinúscula.

Depois de efetuar essa operação, pressionar Ctrl+Shift+C executa a macro AlterarMaiúsculaMinúscula, que exibe o UserForm se um intervalo está selecionado.

Também é possível disponibilizar essa macro a partir da barra de ferramentas Acesso Rápido. Clique com o botão direito na barra de ferramentas Acesso Rápido e escolha Personalizar a Barra de Ferramentas de Acesso Rápido. A caixa de diálogo Opções do Excel aparece e você encontrará a macro AlterarMaiúsculaMinúscula relacionada sob Macros (veja a Figura 16-7).

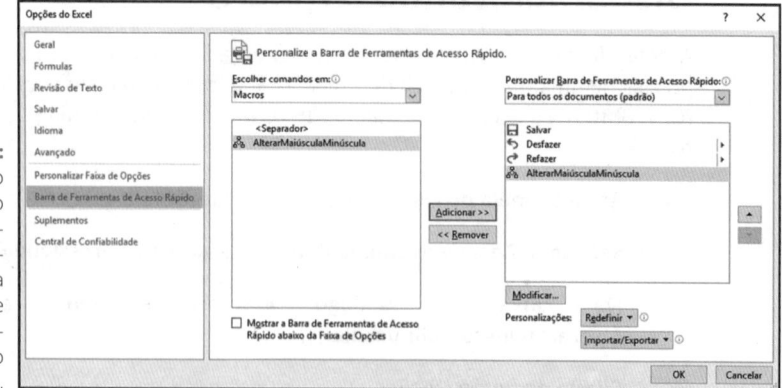

FIGURA 16-7: Adicionando a macro AlterarMaiúsculaMinúscula à barra de ferramentas Acesso Rápido.

Testando a macro

Finalmente, você precisa testar a macro e a caixa de diálogo para ter certeza de que estão funcionando adequadamente, como a seguir:

1. **Ative uma planilha (qualquer planilha em qualquer pasta de trabalho).**

2. **Selecione algumas células com texto.**

    Você pode até selecionar linhas ou colunas inteiras.

3. **Pressione Ctrl+Shift+C.**

    O UserForm aparece. A Figura 16-8 mostra como deve ficar.

4. **Faça a sua escolha e clique em OK.**

    Se você fez tudo certo, a macro faz a mudança especificada no texto das células selecionadas.

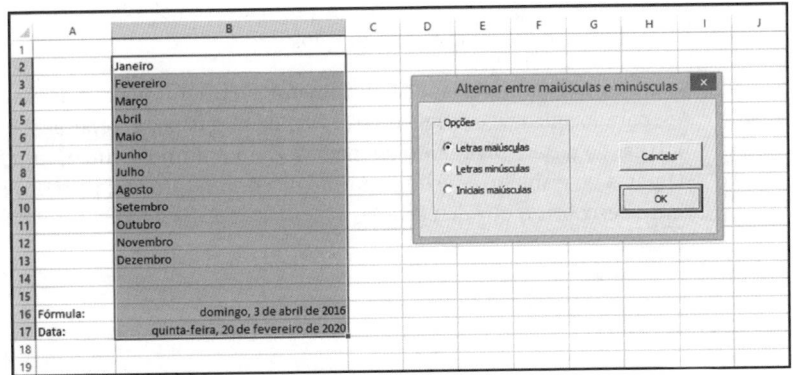

FIGURA 16-8: O UserForm está em ação.

Se você testar esse procedimento quando apenas uma célula estiver selecionada, descobrirá que *todas* as células na planilha são processadas. O comportamento é um subproduto da utilização do método SpecialCells. Se preferir processar apenas uma célula, mude o primeiro bloco de código para o seguinte:

```
If Selection.Count = 1 Then
    Set FaixaDeTrabalho = Selection
Else
    Set FaixaDeTrabalho = Selection.SpecialCells _
        (xlCellTypeConstants, xlCellTypeConstants)
End If
```

A Figura 16-9 mostra a planilha depois de converter o texto em letras maiúsculas. Observe que a fórmula na célula B16 e a data na célula B17 não foram alteradas. A macro só trabalha com células que contenham texto.

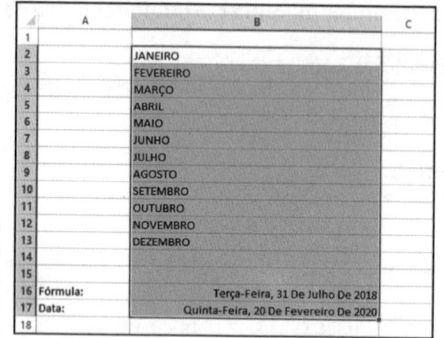

FIGURA 16-9: O texto foi convertido em letras maiúsculas.

	A	B	C
1			
2		JANEIRO	
3		FEVEREIRO	
4		MARÇO	
5		ABRIL	
6		MAIO	
7		JUNHO	
8		JULHO	
9		AGOSTO	
10		SETEMBRO	
11		OUTUBRO	
12		NOVEMBRO	
13		DEZEMBRO	
14			
15			
16	Fórmula:	Terça-Feira, 31 De Julho De 2018	
17	Data:	Quinta-Feira, 20 De Fevereiro De 2020	
18			

Desde que a pasta de trabalho esteja aberta, você pode executar a macro em qualquer outra pasta. Se fechar a pasta de trabalho que contém a macro, Ctrl+Shift+C não terá qualquer função.

Se a macro não funcionar adequadamente, verifique de novo as etapas anteriores para localizar e corrigir o erro. Não se preocupe; a depuração é uma parte normal do desenvolvimento de macros. Como último recurso, faça o download da pasta de trabalho concluída no site da editora [procure pelo título do livro] e tente descobrir o que deu errado.

> **NESTE CAPÍTULO**
>
> » Entendendo cada tipo de controle da caixa de diálogo
>
> » Mudando as propriedades de cada controle
>
> » Manipulando os controles da caixa de diálogo em seu objeto UserForm

Capítulo **17**

Usando os Controles de UserForm

Um usuário responde a uma caixa de diálogo personalizada (também conhecida como *UserForm*) usando os vários controles (botões, caixas de edição, botões de opção e assim por diante) que a caixa de diálogo contém. Depois, o seu código VBA utiliza essas respostas para determinar quais ações tomar. Há muitos controles à sua disposição e este capítulo fala sobre eles.

Se você trabalhou no exemplo prático do Capítulo 16, já tem alguma experiência com os controles de UserForm. Este capítulo preenche algumas lacunas.

Começando com os Controles da Caixa de Diálogo

Nesta seção, falo sobre como acrescentar controles a um UserForm, dar nomes significativos a eles e ajustar algumas de suas propriedades.

LEMBRE-SE Antes de poder fazer qualquer coisa, você deve ter um UserForm, que é obtido escolhendo Inserir ⇨ UserForm no VBE. Quando você adicionar um UserForm, verifique se o projeto certo foi selecionado na janela Projeto (se mais de um projeto estiver disponível).

Adicionando controles

Por incrível que pareça, o VBE não tem um menu de comandos que permite adicionar controles a uma caixa de diálogo. Você deve usar a Caixa de Ferramentas flutuante (descrita no Capítulo 16) para acrescentar controles. Normalmente, a Caixa de Ferramentas aparece automaticamente ao ativar um UserForm no VBE. Se isso não acontecer, você pode exibir a Caixa de Ferramentas escolhendo Exibir ⇨ Caixa de Ferramentas.

Siga estes passos para acrescentar um controle ao UserForm:

1. **Clique na ferramenta da Caixa de Ferramentas que corresponde ao controle que deseja adicionar.**

2. **Clique no UserForm e arraste para dimensionar e posicionar o controle.**

   Alternativamente, você pode simplesmente arrastar um controle da Caixa de Ferramentas para o UserForm para criar um controle com as dimensões padrões. A Figura 17-1 mostra um UserForm que contém alguns controles: dois OptionButtons (dentro de Frame), uma ComboBox, uma CheckBox, uma ScrollBar e um CommandButton.

FIGURA 17-1: Um UserForm com alguns controles acrescentados.

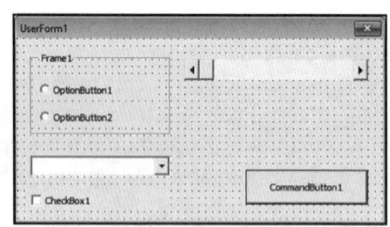

DICA Um UserForm pode conter grades de linhas verticais e horizontais, que ajudam a alinhar os controles que você acrescenta. Quando um controle é adicionado ou movido, ele *muda repentinamente* para a grade. Se você não gostar desse recurso, pode desativar as grades, seguindo estes passos:

1. **Selecione Ferramentas ⇨ Opções no VBE.**

2. **Na caixa de diálogo Opções, selecione a guia Geral.**

3. **Configure as opções desejadas na seção Configurações da Grade do Formulário.**

Introduzindo propriedades de controle

Cada controle que você adiciona a um UserForm tem propriedades que determinam como ele se parece e se comporta. É possível alterar as propriedades de um controle nas duas ocasiões a seguir:

» Durante o projeto — quando você está projetando o UserForm. Isso é feito manualmente, usando a janela Propriedades.

» Durante a execução — enquanto a macro está rodando. Isso é feito escrevendo um código VBA. As mudanças feitas na execução são sempre temporárias; elas são feitas na cópia da caixa de diálogo que você está exibindo, não no objeto UserForm criado.

Quando você acrescenta um controle a um UserForm, quase sempre é necessário fazer alguns ajustes nas propriedades dele durante o design. Essas alterações são feitas na janela Propriedades (para exibir a janela Propriedades, pressione F4). A Figura 17-2 mostra a janela Propriedades, que exibe as propriedades do objeto selecionado no UserForm, que, por acaso, é um controle CheckBox.

FIGURA 17-2: Use a janela Propriedades para fazer alterações nas propriedades de um controle durante o design.

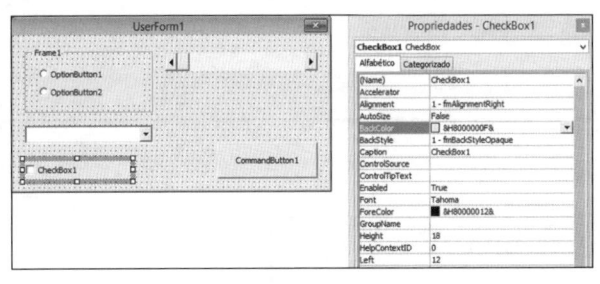

LEMBRE-SE Para mudar as propriedades do controle na execução, você deve escrever um código VBA. Por exemplo, pode querer ocultar um controle em especial quando o usuário clica em uma caixa de seleção. Nesse caso, você escreve um código para alterar a propriedade Visible do controle.

Cada controle tem seu próprio conjunto de propriedades. No entanto, todos os controles compartilham algumas propriedades comuns, como Name (nome), Width (largura) e Height (altura). A Tabela 17-1 relaciona algumas das propriedades comuns disponíveis a muitos controles.

Quando você seleciona um controle, as propriedades dele aparecem na janela Propriedades. Para alterar uma propriedade, basta selecioná-la nessa janela e fazer a mudança. Algumas propriedades oferecem ajuda. Por exemplo, se você precisa mudar a propriedade TextAlign, a janela Propriedades exibe uma lista suspensa que contém todos os valores válidos da propriedade, conforme mostrado na Figura 17-3.

TABELA 17-1   Propriedades Comuns do Controle

Propriedade	O que Ela Afeta
Accelerator	A letra sublinhada na legenda do controle. O usuário pressiona essa tecla junto com a tecla Alt para selecionar o controle.
AutoSize	Se True, o controle se redimensiona automaticamente, com base no texto da legenda.
BackColor	A cor de fundo do controle.
BackStyle	O estilo de fundo (transparente ou opaco).
Caption	O texto que aparece no controle.
Left e Top	Os valores que determinam a posição do controle.
Name	O nome do controle. Por padrão, o nome de um controle é baseado no tipo dele. Você pode mudar o nome para qualquer nome válido, mas cada nome de controle deve ser único dentro da caixa de diálogo.
Picture	Uma imagem gráfica para exibir. A imagem pode ser de um arquivo de gráficos ou você pode selecionar a propriedade picture e colar uma imagem que copiou para a Área de Transferência.
Value	O valor do controle.
Visible	Se False, o controle fica oculto.
Width e Height	Os valores que determinam a largura e a altura do controle.

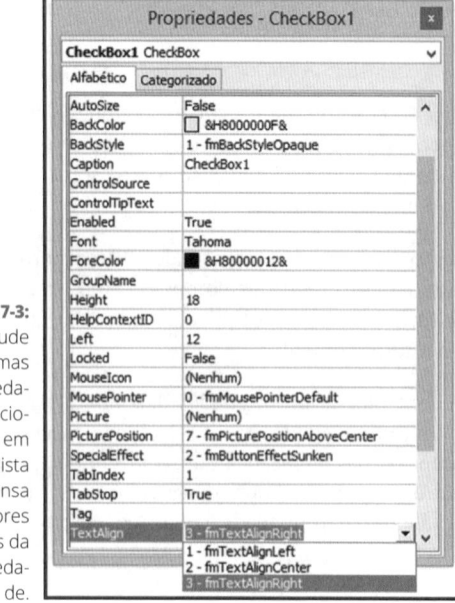

FIGURA 17-3: Mude algumas propriedades selecionando em uma lista suspensa de valores válidos da propriedade.

Controles da Caixa de Diálogo: Os Detalhes

As próximas seções apresentam cada tipo de controle que você pode usar em caixas de diálogo personalizadas e discutem algumas das propriedades mais úteis. Nem todas as propriedades para cada controle estão inclusas, porque isso exigiria um livro quase quatro vezes maior que este (e seria um livro bem chato).

DICA

O sistema de Ajuda para os controles e as propriedades é minucioso. Para encontrar detalhes completos para uma propriedade em especial, selecione a propriedade na janela Propriedades e pressione F1.

Todos os exemplos desta seção estão disponíveis no site da editora [procure pelo título do livro].

Controle Caixa de Seleção (CheckBox)

Um controle CheckBox é útil para obter uma escolha binária: sim ou não, verdadeiro ou falso, ligado ou desligado, e assim por diante. A Figura 17-4 mostra alguns exemplos de controles CheckBox.

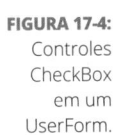

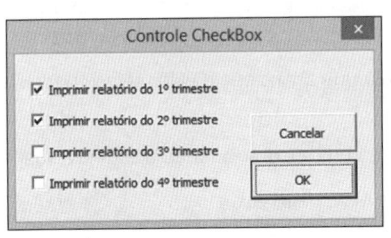

FIGURA 17-4: Controles CheckBox em um UserForm.

A seguir estão as propriedades mais úteis de um controle CheckBox:

» **Accelerator:** Um caractere que permite ao usuário mudar o valor do controle usando o teclado. Por exemplo, se o acelerador é A, pressionar Alt+A altera o valor do controle CheckBox (de marcado para desmarcado ou vice-versa). No exemplo mostrado na Figura 17-4, foram usados números para os accelerators (Alt+1, Alt+2 e assim por diante).

» **ControlSource:** O endereço de uma célula de planilha que está conectada à CheckBox. A célula exibe TRUE (verdadeiro) se o controle está marcado ou FALSE (falso) se o controle não está. Isso é opcional. Na maioria das vezes, uma CheckBox não está ligada a uma célula.

» **Value:** Se True, a CheckBox tem uma marca de verificação. Se False, ela não tem uma marca.

CAPÍTULO 17 **Usando os Controles de UserForm** 281

CUIDADO: Não confunda os controles CheckBox com os controles OptionButton. Eles se parecem, mas são usados para objetivos diferentes.

Controle Caixa de Combinação (ComboBox)

Um controle ComboBox é semelhante a um controle ListBox (descrito mais adiante, na seção "Controle Caixa de Listagem (ListBox)"). Entretanto, uma ComboBox é um controle suspenso. Outra diferença é que o usuário pode ter permissão para inserir um valor que não aparece na lista de itens. A Figura 17-5 mostra dois controles ComboBox. O controle à direita (para o ano) está sendo usado, assim, ele exibe a lista suspensa de opções.

FIGURA 17-5: Controles ComboBox em um UserForm.

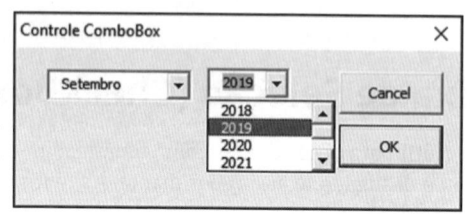

A seguir estão algumas propriedades úteis do controle ComboBox:

» **ControlSource:** Uma célula que armazena o valor selecionado na ComboBox.

» **ListRows:** A quantidade de itens a exibir quando a lista fica suspensa.

» **ListStyle:** A aparência dos itens da lista.

» **RowSource:** Um intervalo de endereço que contém a lista dos itens exibidos na ComboBox.

» **Style:** Determina se o controle age como uma lista suspensa ou uma ComboBox. Uma lista suspensa não permite que o usuário insira um novo valor.

» **Value:** O texto do item selecionado pelo usuário e exibido na ComboBox.

PAPO DE ESPECIALISTA: Se sua lista de itens não estiver em uma planilha, você poderá acrescentar itens a um controle ComboBox usando o método AddItem. Mais informações sobre esse método no Capítulo 18.

Controle Botão de Comando (CommandButton)

CommandButton é apenas um botão comum clicável. Ele não tem utilidade a menos que você forneça um procedimento que lida com eventos para executar quando o botão é clicado. A Figura 17-6 mostra uma caixa de diálogo com nove CommandButtons. Dois desses botões apresentam uma imagem em clipart, que são inseridas copiando o clipart e colando-o no campo Picture na janela Propriedades.

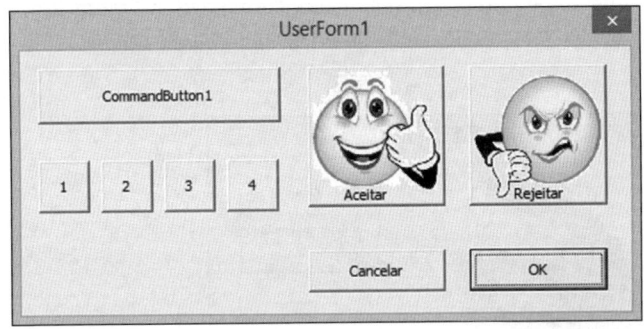

FIGURA 17-6: Controles CommandButton.

Quando um CommandButton é clicado, ele executa um procedimento que lida com eventos com um nome que consiste do nome do CommandButton, um sublinhado e a palavra `Click`. Por exemplo, se um CommandButton se chamar MeuBotão, clicá-lo executará a macro chamada MeuBotão_Click. Essa macro é armazenada na janela Código do UserForm.

A seguir estão algumas propriedades úteis do controle CommandButton:

- » **Cancel:** Se True, pressionar Esc executa a macro anexada ao botão. Apenas um dos botões do formulário deve ter essa opção configurada para True.
- » **Default:** Se True, pressionar Enter executa a macro anexada ao botão. Novamente: apenas um botão deve ter essa opção configurada para True.

Controle Moldura (Frame)

Um controle Frame inclui outros controles. Ele é usado com objetivos estéticos ou para agrupar logicamente um conjunto de controles. Uma frame é especialmente útil quando a caixa de diálogo contém mais de um conjunto de controles OptionButton (veja "Controle Botão de Opção (OptionButton)", mais adiante neste capítulo).

A lista a seguir descreve algumas propriedades úteis do controle Frame:

» **BorderStyle:** A aparência da moldura.

» **Caption:** O texto exibido no alto da moldura. A legenda pode ser uma string vazia se você não quer que o controle exiba uma legenda.

Controle Imagem (Image)

Um controle Image exibe uma imagem. Você pode usá-lo para exibir a logomarca de sua empresa em uma caixa de diálogo. A Figura 17-7 mostra uma caixa de diálogo com um controle Image que exibe a foto de um gatinho lindo.

FIGURA 17-7: Um controle Image exibe uma foto.

A lista a seguir descreve as propriedades mais úteis do controle Image:

» **Picture:** A imagem gráfica que é exibida.

» **PictureSizeMode:** Como a imagem é exibida se o tamanho do controle não combina com o tamanho da imagem.

Ao clicar na propriedade Picture, você é solicitado a fornecer um nome de arquivo. No entanto, a imagem gráfica (depois de recuperada) é armazenada na pasta de trabalho. Assim, se você distribuir sua pasta de trabalho para outra pessoa, não precisará incluir uma cópia do arquivo da imagem.

DICA Em vez de recuperar a imagem de um arquivo, você pode copiar e colar. Para procurar as imagens na web, ative o Excel e escolha Inserir ⇨ Ilustrações ⇨ Imagens Online e escolha uma imagem para colocar na planilha. Depois selecione a imagem e pressione Ctrl+C para copiá-la para a Área de Transferência. Ative o UserForm, clique no controle Image e selecione a propriedade Picture na caixa

Propriedades. Pressione Ctrl+V para colar a imagem copiada. Então, você pode apagar a imagem da planilha.

> **CUIDADO** Algumas imagens gráficas são muito grandes e podem fazer o tamanho da pasta de trabalho aumentar drasticamente. Para ter melhores resultados, use a menor imagem possível.

Controle Rótulo (Label)

Um controle Label simplesmente exibe texto em sua caixa de diálogo. A Figura 17-8 mostra alguns controles Label. Como você pode ver, é possível ter um bom controle na formatação de um controle Label.

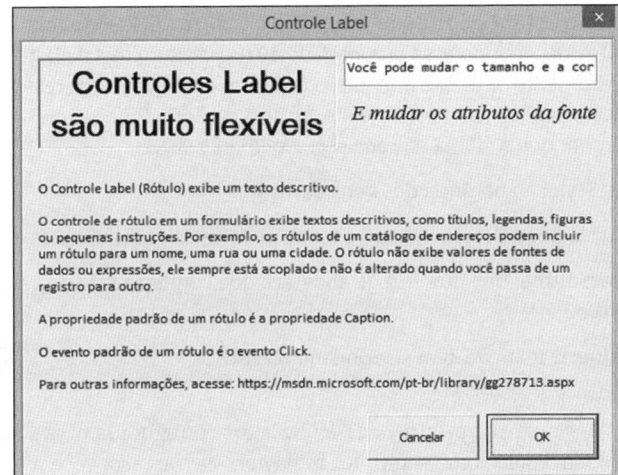

FIGURA 17-8: Os controles Label podem ter vários visuais diferentes.

Controle Caixa de Listagem (ListBox)

O controle ListBox apresenta uma relação de itens, dos quais o usuário pode escolher um ou mais. A Figura 17-9 mostra uma caixa de diálogo com dois controles ListBox.

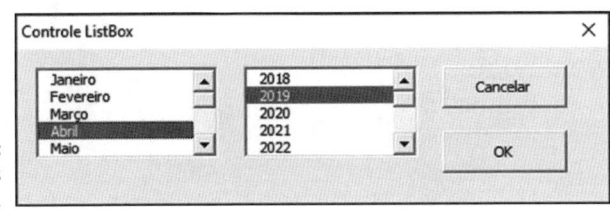

FIGURA 17-9: Controles ListBox.

Os controles ListBox são muito flexíveis. Por exemplo, você pode especificar um intervalo de planilha que contém os itens da ListBox e o intervalo pode consistir de múltiplas colunas ou pode preencher a ListBox com itens usando um código VBA.

Se uma ListBox não é grande o bastante para exibir todos os itens da lista, aparece uma barra de rolagem para que o usuário possa rolar para baixo para ver mais itens.

A lista a seguir é uma descrição das propriedades mais úteis do controle ListBox:

» **ControlSource:** Uma célula que armazena o valor selecionado na ListBox.

» **IntegralHeight:** É True se a altura da ListBox se ajusta automaticamente para exibir linhas inteiras de texto quando a lista é rolada na vertical. Se False, a ListBox pode exibir linhas parciais de texto quando rolada na vertical. Note que, quando essa propriedade é True, a altura real da ListBox pode ser ligeiramente diferente quando o UserForm é mostrado em relação a como você o configurou originalmente, ou seja, a altura pode ser ajustada para garantir que a última entrada seja totalmente visível.

» **ListStyle:** A aparência dos itens da lista.

» **MultiSelect:** Determina se o usuário pode selecionar múltiplos itens da lista.

» **RowSource:** Um intervalo de endereço que contém a lista de itens exibida na ListBox.

» **Value:** O texto do item selecionado na ListBox.

LEMBRE-SE Se a ListBox tiver sua propriedade MultiSelect configurada para 1 ou 2, então o usuário poderá selecionar múltiplos itens nela. Nesse caso, você não pode especificar um ControlSource; é preciso escrever uma macro que determine quais itens são selecionados. O Capítulo 18 mostra como fazer isso.

Controle Multipágina (MultiPage)

Um controle MultiPage permite criar caixas de diálogo com guias, como a caixa de diálogo Formatar Células (a que aparece quando você pressiona Ctrl+1 no Excel). A Figura 17-10 mostra um exemplo de caixa de diálogo personalizada que usa um controle MultiPage. Esse controle, em particular, tem três páginas, ou guias.

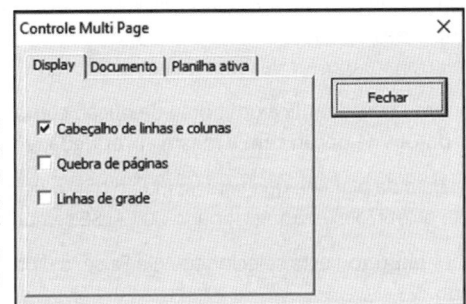

FIGURA 17-10:
Use o controle MultiPage para criar uma caixa de diálogo com guias.

Descrições das propriedades mais úteis do controle MultiPage a seguir:

» **Style:** Determina a aparência do controle. As guias podem aparecer normalmente (no alto), à esquerda, como botões ou ocultas (sem guias; o código VBA determina qual página é exibida).

» **Value:** Determina qual página ou guia é exibida. Um Value 0 exibe a primeira página, um Value 1 exibe a segunda página, e assim por diante.

> **DICA** Por padrão, um controle MultiPage tem duas páginas. Para acrescentar páginas, clique com o botão direito em uma guia e selecione Nova Página no menu de atalho resultante.

Controle Botão de Opção (OptionButton)

Os OptionButtons são úteis quando o usuário precisa selecionar em uma pequena quantidade de itens. Os OptionButtons são sempre usados em grupos de pelo menos dois. A Figura 17-11 mostra dois conjuntos de OptionButtons, e cada conjunto está contido em uma moldura.

FIGURA 17-11:
Dois conjuntos de controles OptionButton, cada um contido em um controle Frame.

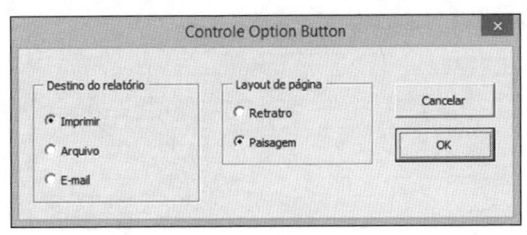

A seguir está uma descrição das propriedades mais úteis do controle OptionButton:

» **Accelerator:** Uma letra que permite ao usuário selecionar a opção usando o teclado. Por exemplo, se o acelerador de um botão de opção for C, então pressionar Alt+C selecionará o controle.

» **GroupName:** Um nome que identifica um botão de opção como sendo associado a outros botões de opção com a mesma propriedade GroupName.

» **ControlSource:** A célula da planilha que está ligada ao botão de opção. A célula exibe TRUE se o controle está selecionado ou FALSE se não está.

» **Value:** Se True, o OptionButton está selecionado. Se False, o OptionButton não está selecionado.

> **LEMBRE-SE** Se a caixa de diálogo contém mais de um conjunto de OptionButtons, você *deve* mudar a propriedade GroupName para todos os OptionButtons em um conjunto específico. Caso contrário, todos os OptionButtons se tornam parte do mesmo conjunto. Como alternativa, você pode colocar cada conjunto de OptionButtons em um controle Frame, que agrupa automaticamente os OptionButtons na moldura.

Controle RefEdit

Em certos casos, você pode precisar que o usuário selecione um intervalo de células para passar um intervalo válido para seu código VBA. Seus procedimentos podem, então, usar o intervalo selecionado para alguma tarefa específica. O controle RefEdit é usado quando você precisa deixar o usuário selecionar um intervalo em uma planilha. A Figura 17-12 mostra um UserForm com dois controles RefEdit. Sua propriedade Value contém o endereço do intervalo selecionado (como uma string de texto).

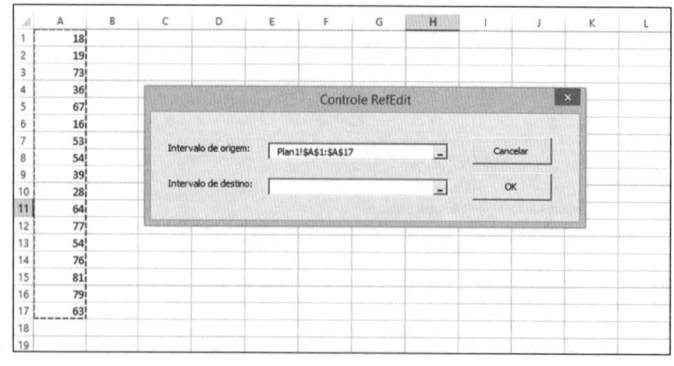

FIGURA 17-12: Dois controles RefEdit.

> **CUIDADO** Às vezes, o controle RefEdit causa problemas nos UserForms mais complexos. Para ter melhores resultados, não coloque um controle RefEdit dentro de um controle Frame ou MultiPage.

Controle Barra de Rolagem (ScrollBar)

Quando você adiciona um controle ScrollBar, pode torná-lo horizontal ou vertical. A ScrollBar é semelhante a um controle SpinButton (descrito mais adiante). A diferença é que o usuário pode arrastar o botão da ScrollBar para mudar o valor do controle em aumentos maiores. Outra diferença é que, quando você clica o botão para cima em uma ScrollBar vertical, o valor diminui, o que é um pouco contraditório. Então, uma ScrollBar nem sempre é uma boa substituta para um SpinButton.

A Figura 17-13 mostra um controle ScrollBar com uma orientação horizontal. A sua propriedade Value é exibida em um controle Label, colocado abaixo do controle ScrollBar.

FIGURA 17-13: Um controle ScrollBar com um Label abaixo dele.

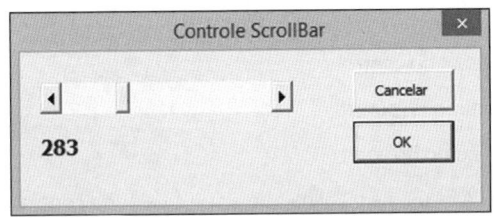

A seguir estão as propriedades mais úteis de um controle ScrollBar:

- **Value:** O valor atual do controle.
- **Min:** O valor mínimo do controle.
- **Max:** O valor máximo do controle.
- **ControlSource:** A célula de planilha que exibe o valor do controle.
- **SmallChange:** Quanto o valor do controle é alterado por um clique.
- **LargeChange:** Quanto o valor do controle é alterado clicando em qualquer lado do botão.

O controle ScrollBar é mais útil para especificar um valor que se estende em um grande intervalo de possíveis valores.

Controle Botão de Rotação (SpinButton)

O controle SpinButton permite ao usuário selecionar um valor clicando no controle, que tem duas setas (uma para aumentar e outra para diminuir o valor). Como um controle ScrollBar, um SpinButton pode ser horizontal ou vertical. A Figura 17-14 mostra uma caixa de diálogo que usa dois controles SpinButton na vertical. Cada controle é ligado ao controle Label à direita (usando os procedimentos VBA).

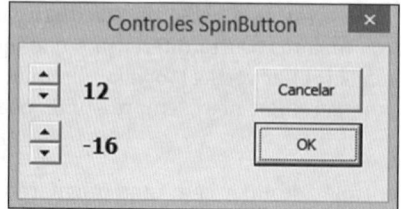

FIGURA 17-14: Controles SpinButton.

As descrições a seguir explicam as propriedades mais úteis de um controle SpinButton:

» **Value:** O valor atual do controle.
» **Min:** O valor mínimo do controle.
» **Max:** O valor máximo do controle.
» **ControlSource:** A célula da planilha que exibe o valor do controle.
» **SmallChange:** Quanto o valor do controle é alterado por um clique. Normalmente, essa propriedade é configurada para 1, mas ela pode ter qualquer valor.

CUIDADO
Se você usa uma ControlSource em um SpinButton, precisa entender que a planilha é recalculada a cada vez que o valor do controle é alterado. Portanto, se o usuário muda o valor de 0 para 12, a planilha é calculada 12 vezes. Se a planilha demorar muito para calcular, você poderá querer não usar uma ControlSource para armazenar o valor.

Controle TabStrip

Um controle TabStrip é projetado para navegar diferentes conjuntos de valores usando uma única página com o mesmo conjunto de controles. Esse controle raramente é usado, já que o controle MultiPage fornece um modo muito mais fácil de conseguir a mesma funcionalidade. Você pode ignorá-lo e usar MultiPage em seu lugar.

Controle Caixa de Texto (TextBox)

Um controle TextBox permite ao usuário inserir texto. A Figura 17-15 mostra uma caixa de diálogo com dois controles TextBox.

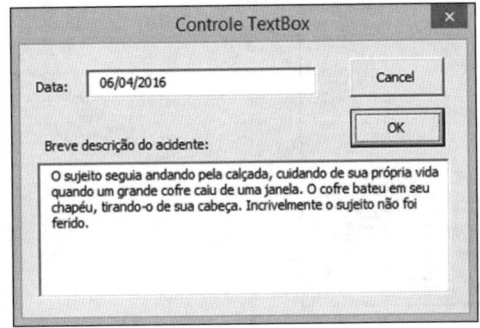

FIGURA 17-15:
Controles TextBox.

A seguir estão as propriedades mais úteis do controle TextBox:

- » **AutoSize:** Se True, o controle ajusta automaticamente o seu tamanho, dependendo da quantidade de texto.
- » **ControlSource:** O endereço de uma célula que contém o texto no TextBox.
- » **IntegralHeight:** Se True, a altura da TextBox se ajusta automaticamente para exibir linhas completas de texto quando a lista é rolada verticalmente. Se False, a TextBox pode exibir linhas parciais de texto quando rolada na vertical.
- » **MaxLength:** O número máximo de caracteres permitido na TextBox. Se 0, o número de caracteres é ilimitado.
- » **MultiLine:** Se True, a TextBox pode exibir mais de uma linha de texto.
- » **TextAlign:** Determina como o texto é alinhado na TextBox.
- » **WordWrap:** Determina se o controle permite quebra de linha.
- » **ScrollBars:** Determina o tipo de barras de rolagem para o controle: horizontal, vertical, ambas ou nenhuma.

DICA

Quando você adiciona um controle TextBox, a propriedade WordWrap é configurada para True e a propriedade MultiLine é configurada para False. O resultado? A quebra de linha não funciona! Então, se quiser quebrar as linhas em um controle TextBox, defina a propriedade MultiLine para True.

Controle ToggleButton

Um controle ToggleButton tem duas posições: on (ativado) e off (desativado). Clicar no botão alterna entre essas duas posições e o botão muda de aparência quando clicado. O valor é True (pressionado) ou False (não pressionado). A Figura 17-16 mostra uma caixa de diálogo com quatro ToggleButtons. O de cima não está pressionado.

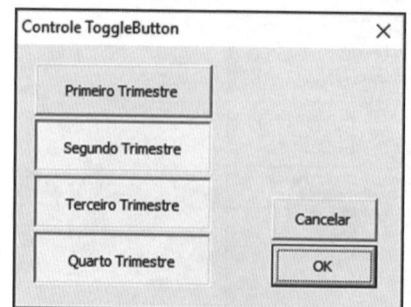

FIGURA 17-16: Controles ToggleButton.

Trabalhando com Controles da Caixa de Diálogo

Esta seção oferece algumas orientações para mover, redimensionar e alinhar os controles da caixa de diálogo para deixar seus UserForms nos trinques.

Movendo e redimensionando controles

Depois de colocar um controle em uma caixa de diálogo, você o move e redimensiona usando as técnicas padrão do mouse. Ou, para definir com precisão, você pode usar a janela Propriedades para inserir um valor para a propriedade Height, Width, Left ou Top do controle.

DICA

É possível selecionar múltiplos controles com Ctrl+clique nos controles ou clicando e arrastando para "laçar" um grupo de controles. Quando múltiplos controles são selecionados, a janela Propriedades exibe apenas as propriedades comuns a todos os selecionados. Você pode mudar essas propriedades comuns, e a alteração será feita em todos os controles selecionados, o que é muito mais rápido do que fazer um de cada vez.

Um controle pode ocultar outro, ou seja, você pode empilhar os controles. A menos que tenha um bom motivo para fazer isso, não sobreponha os controles.

Alinhando e espaçando controles

O menu Formatar na janela VBE oferece diversos comandos para ajudá-lo a alinhar e espaçar com precisão os controles em uma caixa de diálogo. Antes de usar esses comandos, selecione os controles com os quais deseja trabalhar. Esses comandos são autoexplicativos.

A Figura 17-17 mostra uma caixa de diálogo com vários controles CheckBox prontos para serem alinhados.

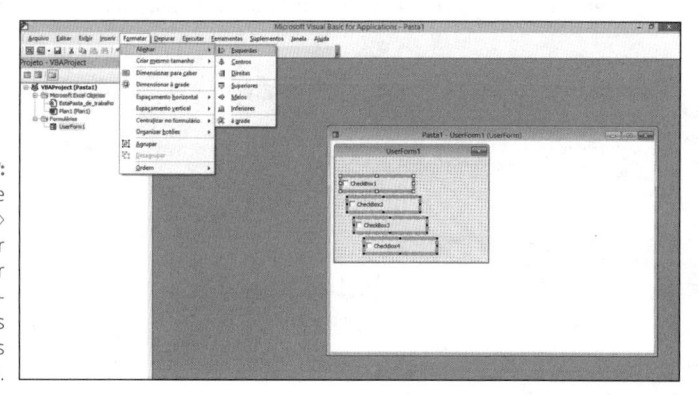

FIGURA 17-17: Selecione Formatar ⇨ Alinhar para mudar o alinhamento dos controles UserForm.

DICA

Quando você seleciona múltiplos controles, o último controle selecionado aparece com alças brancas em vez das alças pretas normais. O controle com alças brancas é a base para alinhar ou redimensionar os outros controles selecionados quando você usa o menu Formatar.

Atendendo os usuários de teclado

Muitos usuários preferem navegar por uma caixa de diálogo usando o teclado: pressionar Tab ou Shift+Tab permite circular pelos controles, enquanto pressionar uma tecla de atalho ativa instantaneamente um controle em particular.

Para ter certeza de que sua caixa de diálogo funciona adequadamente para os usuários de teclado, você deve estar ciente de duas questões:

- » A ordem da tabulação
- » Teclas de aceleração

Mudando a ordem de tabulação

A ordem de tabulação determina a ordem pela qual os controles são ativados quando o usuário pressiona Tab ou Shift+Tab. Ela também determina qual controle tem o *foco* inicial, isto é, qual controle está ativo quando a caixa de diálogo aparece pela primeira vez. Por exemplo, se um usuário está inserindo texto em uma TextBox, esse controle tem o foco. Se o usuário clica em um OptionButton, ele tem o foco. O primeiro controle na ordem de tabulação tem o foco quando o Excel exibe uma caixa de diálogo pela primeira vez.

CAPÍTULO 17 **Usando os Controles de UserForm**   293

Para configurar a ordem de tabulação do controle, selecione Exibir ➪ Ordem de tabulação. Você também pode clicar com o botão direito na caixa de diálogo e selecionar Ordem de tabulação no menu de atalho. Em qualquer caso, o Excel exibe a caixa de diálogo Ordem de tabulação mostrada na Figura 17-18.

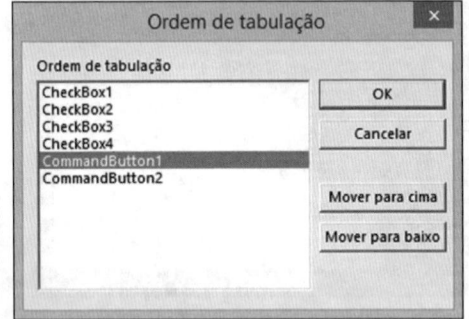

FIGURA 17-18: A caixa de diálogo Ordem de tabulação.

A caixa de diálogo Ordem de tabulação relaciona todos os controles no User-Form. A ordem de tabulação no UserForm corresponde à ordem dos itens na lista. Para mudar a ordem de tabulação de um controle, selecione-o na lista, depois clique nos botões Mover para cima ou Mover para baixo. Você pode escolher mais de um controle (clique enquanto pressiona Shift ou Ctrl) e movê-los todos de uma vez.

DICA

Em vez de usar a caixa de diálogo Ordem de tabulação, você pode configurar a posição de um controle na ordem de tabulação usando a janela Propriedades. O primeiro controle na ordem de tabulação tem uma propriedade TabIndex (índice de tabulação) 0. Se quiser remover um controle da ordem de tabulação, configure a propriedade TabStop (parar tabulação) para False.

LEMBRE-SE

Alguns controles (como os controles Frame ou MultiPage) agem como contêineres para outros controles. Os controles dentro de um contêiner têm sua própria ordem de tabulação. Para configurar a ordem de tabulação para um grupo de OptionButtons dentro de um controle Frame, selecione o controle Frame antes de escolher Exibir ➪ Ordem de tabulação.

Configurando teclas de atalho

Normalmente, você quer atribuir uma tecla de aceleração, ou *hot key* (tecla de atalho), aos controles da caixa de diálogo. Isso pode ser feito inserindo uma letra para a propriedade Accelerator na janela Propriedades. Se um controle não tem uma propriedade Accelerator (uma TextBox, por exemplo), você ainda pode permitir o acesso direto de teclado a ela usando um controle Label, isto é, designando uma tecla de atalho a Label e posicionando Label logo antes da TextBox na ordem de tabulação.

A Figura 17-19 mostra um UserForm com três TextBoxes. Os Labels que as descrevem têm teclas de atalho e cada Label precede sua TextBox correspondente na ordem de tabulação. Pressionar Alt+D, por exemplo, ativa a TextBox próxima ao Label Departamento.

FIGURA 17-19: Use Labels para fornecer acesso direto aos controles que não têm teclas de atalho.

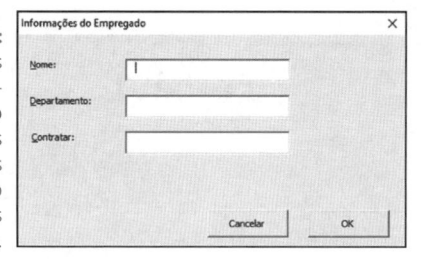

Testando um UserForm

O VBE oferece três maneiras de testar um UserForm sem chamá-lo a partir de um procedimento VBA:

- Selecione Executar ⇨ Executar Sub/UserForm.
- Pressione F5.
- Clique no botão Executar Sub/UserForm na barra de ferramentas Padrão.

Quando uma caixa de diálogo é exibida nesse modo de teste, é possível experimentar a ordem de tabulação e as teclas de atalho.

Estética de Caixa de Diálogo

As caixas de diálogo podem parecer bonitas, feias ou algo em torno disso. Uma caixa de diálogo com boa aparência é agradável aos olhos, tem controles bem dimensionados e alinhados, e sua função é perfeitamente clara para o usuário. As caixas de diálogo feias confundem o usuário, têm controles desalinhados e dão a impressão de que o desenvolvedor não tinha um plano (ou uma ideia).

Tente limitar o número de controles em seu formulário. Se você precisar de muitos controles, geralmente mais de dez, considere usar um controle MultiPage para separar a tarefa que o usuário tem que fazer em etapas lógicas (e menores).

Uma boa regra a seguir é tentar tornar suas caixas de diálogo parecidas com as caixas de diálogo integradas do Excel. Na medida em que adquirir mais experiência com a construção da caixa de diálogo, poderá repetir quase todos os recursos das caixas de diálogo do Excel.

> **NESTE CAPÍTULO**
>
> » Criando uma caixa de diálogo: um exemplo prático
> » Trabalhando com controles ListBox
> » Deixando que o usuário selecione um intervalo em um UserForm
> » Exibindo um indicador de progresso para operações longas
> » Exibindo um gráfico em um UserForm

Capítulo **18**

Técnicas e Truques do UserForm

Os capítulos anteriores mostram como inserir um UserForm (que contém uma caixa de diálogo personalizada), adicionar controles ao UserForm e ajustar algumas propriedades do controle. No entanto, essas habilidades não serão de muita ajuda, a menos que você saiba utilizar UserForms em seu código VBA. Este capítulo oferece esses detalhes que faltam e, no processo, apresenta algumas técnicas e truques úteis.

Usando Caixas de Diálogo

Ao usar uma caixa de diálogo em seu aplicativo, normalmente você escreve um código VBA que faz o seguinte:

- » Inicializa os controles UserForm. Por exemplo, você pode escrever um código que define os valores padrão dos controles.
- » Exibe a caixa de diálogo usando o método Show do objeto UserForm.
- » Responde a eventos que ocorrem para os diversos controles, como clicar em um CommandButton.
- » Valida as informações fornecidas pelo usuário (se o usuário não cancelou a caixa de diálogo). Essa etapa nem sempre é necessária.
- » Executa alguma ação com as informações fornecidas pelo usuário (se as informações forem válidas).
- » Fecha o UserForm usando o método Unload.

Um Exemplo de UserForm

O exemplo a seguir demonstra os pontos descritos na seção anterior. Nele, você usa uma caixa de diálogo para obter duas informações: o nome e o sexo de uma pessoa. A caixa de diálogo usa um controle TextBox para obter o nome e três OptionButtons para obter o sexo (Masculino, Feminino ou Desconhecido). As informações coletadas na caixa de diálogo são então enviadas à próxima linha em branco em uma planilha.

Criando a caixa de diálogo

A Figura 18-1 mostra o UserForm concluído deste exemplo. Para ter melhores resultados, inicie com uma pasta de trabalho nova contendo apenas uma planilha. Depois, siga estes passos:

1. **Pressione Alt+F11 para ativar o VBE.**

2. **Na janela Projeto, selecione a pasta de trabalho vazia e escolha Inserir ⇨ UserForm.**

    Um UserForm vazio é adicionado ao projeto.

3. **Mude a propriedade Caption do UserForm para Obter Nome e Sexo.**

    Se a janela Propriedades não estiver visível, pressione F4.

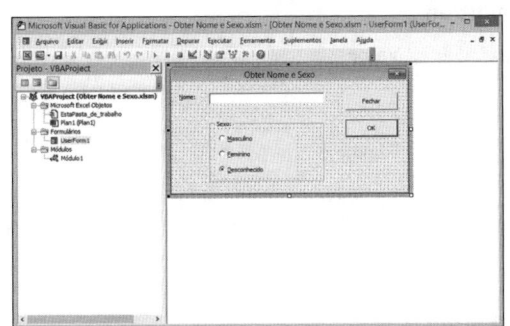

FIGURA 18-1:
Esta caixa de diálogo pede ao usuário para inserir um Nome e escolher um Sexo.

Essa caixa de diálogo tem oito controles com propriedades ajustadas:

» Label

Propriedade	Valor
Accelerator	N
Caption	Nome
TabIndex (Índice de Tabulação)	0

» TextBox

Propriedade	Valor
Name	TextoNome
TabIndex	1

» Objeto Frame

Propriedade	Valor
Caption	Sexo
TabIndex	2

» OptionButton

Propriedade	Valor
Accelerator	M
Caption	Masculino
Name	OpçãoMasculino
TabIndex	0

CAPÍTULO 18 **Técnicas e Truques do UserForm**

» **Outro OptionButton**

Propriedade	Valor
Accelerator	F
Caption	Feminino
Name	OpçãoFeminino
TabIndex	1

» **Outro OptionButton**

Propriedade	Valor
Accelerator	D
Caption	Desconhecido
Name	OpçãoDesconhecido
TabIndex	2
Value (Valor)	True

» **Outro CommandButton**

Propriedade	Valor
Caption	Ok
Default	True
Name	BotãoOk
TabIndex	3

» **Outro CommandButton**

Propriedade	Valor
Caption	Fechar
Cancel (Cancelar)	True
Name	BotãoFechar
TabIndex	4

Se você estiver acompanhando em seu computador (e deveria estar), reserve alguns minutos para criar esse UserForm usando as informações precedentes. Crie o objeto Frame antes de acrescentar os OptionButtons.

Em alguns casos, você pode descobrir que copiar um controle existente é mais fácil do que criar um novo. Para copiar um controle, pressione Ctrl enquanto arrasta o controle.

> **DICA**
>
> Se preferir ir direto ao ponto, pode fazer o download do exemplo no site da editora [procure pelo título do livro].

Escrevendo código para exibir a caixa de diálogo

Depois de ter adicionado os controles ao UserForm, o seu próximo passo é desenvolver um código VBA para exibir essa caixa de diálogo:

1. **Na janela VBE, selecione Inserir ⇨ Módulo para inserir um módulo VBA.**

2. **Insira a macro a seguir:**

```
Sub ObterDados()
    UserForm1.Show
End Sub
```

Este curto procedimento usa o método Show do objeto UserForm para exibir a caixa de diálogo.

Disponibilizando a macro

O conjunto de etapas a seguir dá ao usuário uma maneira fácil de executar o procedimento:

1. **Ative o Excel.**

2. **Selecione Desenvolvedor ⇨ Controles ⇨ Inserir e clique no ícone do Botão na seção Controles de Formulário.**

3. **Arraste na planilha para criar o botão.**

   A caixa de diálogo Atribuir Macro aparece.

4. **Designe a macro ObterDados ao botão.**

5. **Edite a legenda do botão para Entrada de Dados.**

> **DICA**
>
> Se quiser ser muito extravagante, pode acrescentar um ícone à sua barra de ferramentas de Acesso Rápido. Depois, clicar no ícone roda a macro ObterDados. Para configurar isso, clique com o botão direito na barra de ferramentas de Acesso Rápido e escolha Personalizar Barra de Ferramentas de Acesso Rápido, que exibe a guia Barra de Ferramentas de Acesso Rápido da caixa de diálogo Opções do Excel. No menu suspenso Escolher Comandos, selecione Macros.

Então selecione a macro ObterDados e clique em Adicionar. Se quiser, pode clicar no botão Modificar e mudar o ícone. Você também pode tornar o ícone da barra de ferramentas de Acesso Rápido visível apenas quando a pasta de trabalho adequada está ativada. Antes de adicionar a macro, use o controle suspenso no canto superior direito da caixa de diálogo Opções do Excel para especificar o nome da pasta de trabalho, no lugar de Para Todos os Documentos (Padrão).

Testando a sua caixa de diálogo

Siga estes passos para testar a sua caixa de diálogo:

1. **Clique no botão Entrada de Dados na planilha ou no ícone da barra de ferramentas de Acesso Rápido, se configurou um.**

    A caixa de diálogo aparece, conforme mostrado na Figura 18-2.

2. **Insira um texto na caixa de edição.**

3. **Clique em Ok ou Fechar.**

    Nada acontece, o que é compreensível, pois você ainda não criou nenhum procedimento.

4. **Clique no botão X na barra de título da caixa de diálogo para se livrar dela.**

FIGURA 18-2: Executar o procedimento ObterDados exibe a caixa de diálogo.

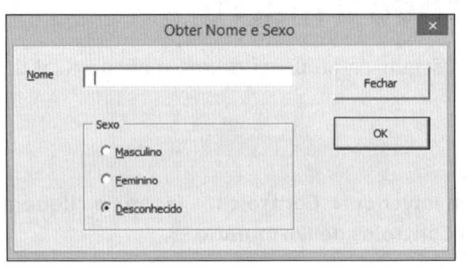

Adicionando procedimentos que lidam com eventos

Muitas vezes você deseja que certos procedimentos sejam iniciados quando determinados eventos ocorrerem nas caixas de diálogo. Por exemplo, você pode querer rodar um procedimento ao abrir uma caixa de diálogo ou talvez queira forçar o Excel a salvar a pasta de trabalho sempre que a caixa de diálogo é fechada.

Esta seção percorre um exemplo de escrita de procedimentos que lidam com os eventos da caixa de diálogo.

Comece seguindo estes passos:

1. **Pressione Alt+F11 para ativar o VBE e verifique se o UserForm é exibido.**
2. **Clique duas vezes no botão Fechar no UserForm.**

   O VBE ativa a janela Código para o UserForm e fornece um procedimento vazio, chamado BotãoFechar_Click.

3. **Modifique o procedimento como a seguir:**

   ```
   Private Sub BotãoFechar_Click()
       Unload UserForm1
   End Sub
   ```

   Esse procedimento, que é executado quando o usuário clica no botão Fechar, simplesmente remove a caixa de diálogo da memória.

4. **Pressione Shift+F7 para reexibir o UserForm1.**
5. **Clique duas vezes no botão Ok e insira o seguinte procedimento:**

   ```
   Private Sub BotãoOk_Click()
       Dim PróximaLinha  As Long
       
   '   Certifica-se de que Plan1 está ativa
       Sheets("Plan1").Activate
       
   '   Determina a próxima linha vazia
       PróximaLinha = Application.WorksheetFunction. _
           CountA(Range("A:A")) + 1
       
   '   Transfere o nome
       Cells(PróximaLinha, 1) = TextoNome.Text
       
   '   Transfere o sexo
       If OpçãoMasculino  Then Cells(PróximaLinha, 2) = "Masculino"
       If OpçãoFeminino  Then Cells(PróximaLinha, 2) = "Feminino"
       If OpçãoDesconhecido  Then Cells(PróximaLinha, 2) = "Desconhecido"
       
   '   Limpa os controles para a próxima entrada
       TextoNome.Text = ""
       OpçãoDesconhecido = True
       TextoNome.SetFocus
   End Sub
   ```

6. Agora, ative o Excel e rode novamente o procedimento clicando no botão Entrada de Dados.

A caixa de diálogo funciona muito bem. A Figura 18-3 mostra como ela fica em ação. A figura mostra os títulos da coluna na linha 1, mas esse passo não é necessário.

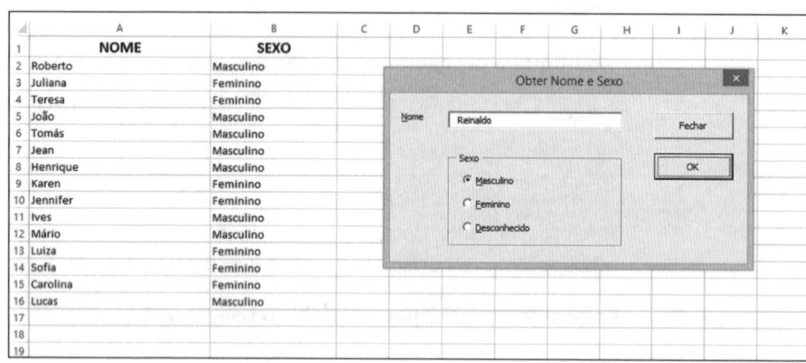

FIGURA 18-3: Use a caixa de diálogo personalizada para a entrada de dados.

Veja como funciona o procedimento BotãoOK_Click:

1. O código garante que a planilha apropriada (Plan1) está ativa.
2. Depois, ele usa a função CountA do Excel para contar o número de entradas na coluna A e determinar a próxima célula em branco na coluna.
3. O procedimento transfere o texto da TextBox para a coluna A.
4. Ele usa uma série de declarações If para determinar qual OptionButton foi selecionado e escreve o texto apropriado (Feminino, Masculino ou Desconhecido) na coluna B.
5. A caixa de diálogo é reconfigurada para deixá-la pronta para a próxima entrada.

Observe que clicar no botão Ok não fecha a caixa de diálogo, pois o usuário pode querer inserir mais dados. Para encerrar a entrada de dados, clique no botão Fechar.

Validando os dados

Pratique um pouco mais com essa rotina e descobrirá que a macro tem um pequeno problema: ela não garante que o usuário insira, de fato, um nome na TextBox. O seguinte código, que é inserido no procedimento BotãoOk_Click antes de transferir o texto para a planilha, garante que o usuário insira algum texto na TextBox. Se ela está vazia, uma mensagem aparece e a rotina é interrompida.

Entretanto, a caixa de diálogo permanece aberta para que o usuário possa corrigir o problema.

```
'   Certifica-se de que um nome é inserido
    If TextoNome.Text = "" Then
        MsgBox "Você deve inserir um nome."
        Exit Sub
    End If
```

Agora a caixa de diálogo funciona

Depois de fazer essas modificações, a caixa de diálogo funciona sem falhas. Na vida real você provavelmente precisaria reunir mais informações do que apenas nome e sexo. No entanto, os mesmos princípios básicos se aplicam. Você só precisa lidar com mais controles UserForm.

Mais uma coisa a lembrar: se os dados não começarem na linha 1 ou se a área de dados contiver qualquer linha em branco, a contagem da variável PróximaLinha estará errada. A função CountA está contando o número de células na coluna A e a suposição é de que não há células em branco acima do último nome na coluna. Veja outra forma de determinar a próxima linha vazia:

```
PróximaLinha = Cells(Rows.Count, 1).End(xlUp).Row + 1
```

A declaração simula ativar a última célula na coluna A, pressionando End, Seta para cima e descendo uma linha. Se você fizer isso manualmente, o indicador da célula estará na próxima célula vazia da coluna A, mesmo se a área de dados não começar na linha 1 e contiver linhas em branco.

Um Exemplo de ListBox

ListBoxes são controles úteis, porém, trabalhar com elas pode ser um pouco complicado. Antes de exibir uma caixa de diálogo que usa uma ListBox, você deve preenchê-la com itens. Depois, quando a caixa de diálogo for fechada, é preciso determinar qual(is) item(ns) o usuário selecionou:

LEMBRE-SE

Ao lidar com ListBoxes, você precisa saber sobre as propriedades e os métodos a seguir:

» **AddItem:** Você usa esse método para acrescentar um item à ListBox.

» **ListCount:** Essa propriedade retorna o número de itens da ListBox.

» **ListIndex:** Essa propriedade retorna o número de índice do item selecionado ou conjuntos de itens que são selecionados (apenas seleções individuais). O primeiro item tem um ListIndex 0 (não 1).

- » **MultiSelect:** Essa propriedade determina se o usuário pode selecionar mais de um item da ListBox.
- » **RemoveAllItems:** Use esse método para remover todos os itens da ListBox.
- » **Selected:** Essa propriedade retorna um array indicando os itens selecionados (aplicável apenas quando são permitidas múltiplas seleções).
- » **Value:** Essa propriedade retorna o item selecionado em uma ListBox.

> **DICA**
> A maioria dos métodos e das propriedades que trabalham com ListBoxes também trabalha com ComboBoxes. Assim, depois de ter descoberto como lidar com as ListBoxes, você pode transferir esse conhecimento para trabalhar com as ComboBoxes.

Preenchendo uma ListBox

Para simplificar as coisas, comece com uma pasta de trabalho vazia. O exemplo nesta seção supõe o seguinte:

- » Você adicionou um UserForm.
- » O UserForm contém um controle ListBox chamado ListBox1.
- » O UserForm tem um CommandButton chamado BotãoOK.
- » O UserForm tem um CommandButton chamado BotãoCancelar, que tem o seguinte procedimento que lida com evento:

```
Private Sub BotãoCancelar_Click()
    Unload UserForm1
End Sub
```

O procedimento a seguir é armazenado no procedimento Initialize do UserForm. Siga estes passos:

1. Selecione o UserForm e pressione F7 para ativar a janela Código.

O VBE exibe a janela Código para o formulário e está pronto para você inserir o código para o evento Initialize.

2. Usando a lista suspensa Procedure no alto da janela Código, escolha Initialize.

3. Adicione o código de inicialização para o formulário:

```
Sub UserForm_Initialize()
'   Preenche a caixa de listagem
    With ListBox1
        .AddItem "Janeiro"
```

```
            .AddItem "Fevereiro"
            .AddItem "Março"
            .AddItem "Abril"
            .AddItem "Maio"
            .AddItem "Junho"
            .AddItem "Julho"
            .AddItem "Agosto"
            .AddItem "Setembro"
            .AddItem "Outubro"
            .AddItem "Novembro"
            .AddItem "Dezembro"
        End With

    '   Seleciona o primeiro item da lista
        ListBox1.ListIndex = 0
    End Sub
```

Essa rotina de inicialização roda automaticamente sempre que o UserForm é carregado. Assim, quando você usa o método Show para o UserForm, o código é executado e a ListBox é preenchida com 12 itens, cada um acrescentado através do método AddItem.

4. **Insira um módulo VBA e digite este curto procedimento Sub para exibir a caixa de diálogo:**

```
Sub ShowList()
    UserForm1.Show
End Sub
```

Determinando o item selecionado

O código anterior simplesmente exibe uma caixa de diálogo com uma ListBox preenchida com nomes de meses. O que está faltando é um procedimento para determinar qual item da ListBox está selecionado.

Clique duas vezes no BotãoOk e acrescente o procedimento a seguir ao BotãoOk_Click:

```
Private Sub BotãoOk_Click()
    Dim Msg As String
    Msg = "Você selecionou o item # "
    Msg = Msg & ListBox1.ListIndex
    Msg = Msg & vbNewLine
    Msg = Msg & ListBox1.Value
    MsgBox Msg
    Unload UserForm1
End Sub
```

Esse procedimento exibe uma caixa de mensagem com o número do item selecionado e o item selecionado.

Se nenhum item da ListBox for selecionado, a propriedade ListIndex retornará −1. No entanto, esse nunca será o caso dessa ListBox em particular, pois o código no procedimento UserForm_Initialize selecionou o primeiro item. É impossível cancelar a seleção de um item sem selecionar outro. Então, *sempre* haverá um item selecionado se o usuário não selecionar um mês.

A Figura 18-4 mostra como funciona.

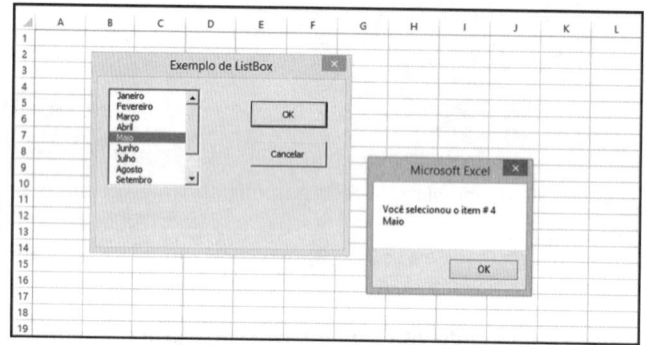

FIGURA 18-4: Determinando qual item em uma ListBox está selecionado.

PAPO DE ESPECIALISTA

O primeiro item de uma ListBox tem um ListIndex 0, não 1 (como você poderia esperar). Esse é sempre o caso, mesmo que você use uma declaração Option Base 1 (Opção de Base 1) para mudar o limite inferior padrão para arrays.

Esse exemplo está disponível no site da editora [procure pelo título do livro].

Determinando seleções múltiplas

Se sua ListBox for configurada para que o usuário possa selecionar mais de um item, você descobrirá que a propriedade ListIndex retorna apenas o *último* item selecionado. Para determinar todos os itens selecionados, é preciso usar a propriedade Selected, que contém um array.

LEMBRE-SE

Para permitir seleções múltiplas em uma ListBox, defina a propriedade MultiSelect para 1 ou 2. Isso pode ser feito durante o design usando a janela Propriedades ou na execução usando uma declaração VBA como esta:

```
UserForm1.ListBox1.MultiSelect = 1
```

A propriedade MultiSelect tem três configurações possíveis. O significado de cada uma é mostrado na Tabela 18-1.

TABELA 18-1 Configurações da Propriedade MultiSelect

Valor	Constante VBA	Significado
0	fmMultiSelectSingle	Apenas um único item pode ser selecionado.
1	fmMultiSelectMulti	Clicar em um item ou pressionar a barra de espaço seleciona ou desfaz a seleção de um item na lista.
2	fmMultiSelectExtended	Os itens são adicionados ou removidos da seleção feita mantendo pressionada a tecla Shift ou Ctrl ao clicar neles.

O procedimento a seguir exibe uma caixa de mensagem que relaciona todos os itens selecionados em uma ListBox. A Figura 18-5 mostra um exemplo.

```
Private Sub BotãoOk_Click()
    Dim Msg As String
    Dim i As Long
    Dim Contador As Long

    Msg = "Você selecionou:" & vbNewLine
    For i = 0 To ListBox1.ListCount - 1
        If ListBox1.Selected(i) Then
            Contador = Contador + 1
            Msg = Msg & ListBox1.List(i) & vbNewLine
        End If
    Next i

    If Contador = 0 Then Msg = Msg & "(nada)"
    MsgBox Msg
    Unload UserForm1
End Sub
```

FIGURA 18-5: Determinando os itens selecionados em uma ListBox que possibilita seleções múltiplas.

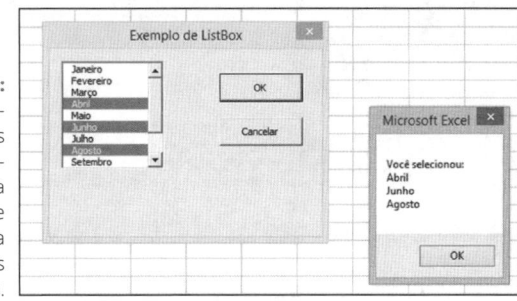

Essa rotina usa um loop For-Next para percorrer todos os itens da ListBox. Observe que o loop inicia com o item 0 (o primeiro item) e termina com o último item (determinado pelo valor da propriedade ListCount menos 1). Se a propriedade Selected de um item é True, significa que o item da lista foi selecionado. O código também usa uma variável (Contador) para controlar quantos itens são selecionados. Uma declaração If-Then modifica a mensagem se nada é selecionado.

> **DICA**
> Esse exemplo está disponível no site da editora [procure pelo título do livro].

Selecionando um Intervalo

Em alguns casos, você pode querer que o usuário selecione um intervalo enquanto uma caixa de diálogo é exibida. Um exemplo dessa escolha acontece na caixa de diálogo Criar Tabela, que é exibida ao selecionar Página Inicial ⇨ Inserir ⇨ Tabelas ⇨ Tabela. A caixa de diálogo Criar Tabela tem um controle seletor de intervalo que contém as suposições do Excel em relação ao intervalo a ser convertido, mas você pode usar esse recurso para mudar o intervalo selecionando as células na planilha.

Para permitir a seleção de intervalo em sua caixa de diálogo, adicione um controle RefEdit. O exemplo a seguir exibe uma caixa de diálogo com o intervalo de endereço da região atual exibido em um controle RefEdit, conforme mostrado na Figura 18-6. A região atual é um bloco de células que não estão vazias e contém a célula ativa. O usuário pode aceitar ou mudar esse intervalo. Quando o usuário clica em Ok, o procedimento muda o intervalo para negrito.

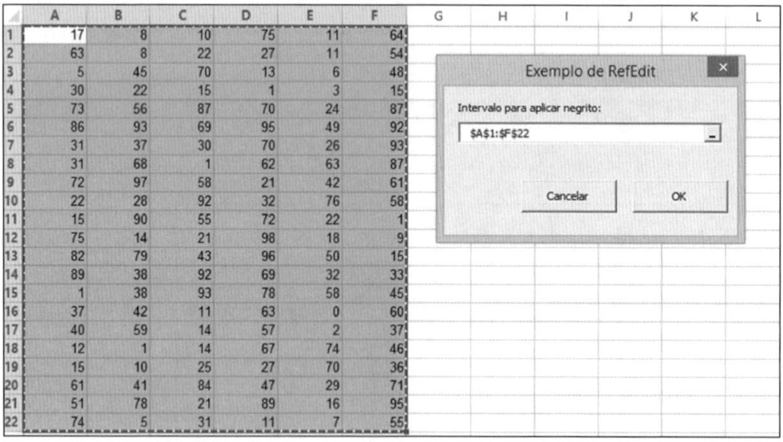

FIGURA 18-6: Esta caixa de diálogo permite que o usuário selecione um intervalo.

O exemplo pressupõe o seguinte:

- Você tem um UserForm chamado UserForm1.
- O UserForm contém um controle CommandButton chamado BotãoOk.
- O UserForm contém um controle CommandButton chamado BotãoCancelar.
- O UserForm contém um controle RefEdit chamado RefEdit1.

O código é armazenado em um módulo VBA e mostrado aqui. Ele faz duas coisas: inicializa a caixa de diálogo, atribuindo o endereço da região atual ao controle RefEdit, e exibe o UserForm.

```
Sub AplicarNegrito()
'   Sai se a planilha não estiver ativa
    If TypeName(ActiveSheet) <> "Worksheet" Then Exit Sub

'   Seleciona a região atual
    ActiveCell.CurrentRegion.Select

'   Inicia o controle RefEdit
    UserForm1.RefEdit1.Text = Selection.Address

'   Exibe a caixa de diálogo
    UserForm1.Show
End Sub
```

O procedimento a seguir é executado quando o botão Ok é clicado. Esse procedimento executa uma simples verificação de erro para garantir que o intervalo especificado no controle RefEdit seja válido.

```
Private Sub BotãoOk_Click()
    On Error GoTo BadRange
    Range(RefEdit1.Text).Font.Bold = True
    Unload UserForm1
    Exit Sub
BadRange:
    MsgBox "O intervalo especificado não é válido."
End Sub
```

Se um erro ocorre (mais provavelmente uma especificação inválida de intervalo no controle RefEdit), o código pula para o rótulo BadRange e uma caixa de mensagem é exibida. A caixa de diálogo permanece aberta para que o usuário possa selecionar outro intervalo.

DICA

Se a *única* função executada pelo UserForm é obter um intervalo selecionado pelo usuário, você pode facilitar usando o método Application InputBox (veja o Capítulo 15).

Usando Múltiplos Conjuntos de OptionButtons

A Figura 18-7 mostra uma caixa de diálogo personalizada com três conjuntos de OptionButtons. Se seu UserForm contém mais de um conjunto de OptionButtons, verifique se cada um trabalha como um grupo. Você pode fazer isso em uma de duas maneiras:

» Organize cada conjunto de OptionButtons em um controle Frame. Essa abordagem é a mais fácil, e também faz a caixa de diálogo parecer mais organizada. É mais fácil acrescentar Frame antes de adicionar os OptionButtons. No entanto, você também pode arrastar OptionButtons existentes para um Frame.

» Verifique se cada conjunto de OptionButtons tem uma propriedade GroupName única (especificada na caixa Propriedades). Se os OptionButtons estiverem em um Frame, você não precisará se preocupar com a propriedade GroupName.

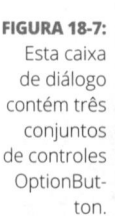

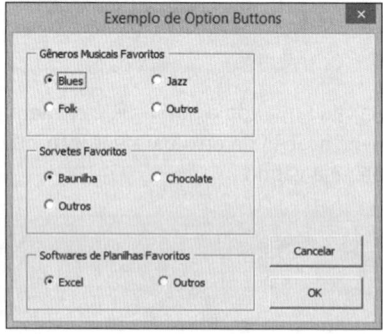

FIGURA 18-7: Esta caixa de diálogo contém três conjuntos de controles OptionButton.

LEMBRE-SE Apenas um OptionButton em um grupo pode ter o valor True. Para especificar uma opção padrão para um conjunto de OptionButtons, basta configurar a propriedade Value no item padrão para True. Isso pode ser feito diretamente na caixa Propriedades ou usando código VBA:

```
UserForm1.OptionButton1.Value = True
```

DICA Este exemplo está disponível no site da editora [procure pelo título do livro]. Ele também contém o código que exibe as opções selecionadas quando o usuário clicar em OK.

Utilizando um SpinButton e uma TextBox

Um controle SpinButton permite que o usuário especifique um número clicando nas setas. Esse controle consiste apenas de setas (sem texto), portanto você quer um método para exibir o número selecionado. Uma opção é usar um controle Label, mas isso tem uma desvantagem: o usuário não pode digitar texto em um Label. Uma escolha melhor é usar uma TextBox.

Um controle SpinButton e um controle TextBox formam um par perfeito e o Excel os usa com frequência. Por exemplo, verifique a caixa de diálogo Configurar Página do Excel para ver alguns exemplos. Idealmente, o SpinButton e sua TextBox estão sempre em sincronia: se o usuário clica no SpinButton, o valor deve aparece na TextBox. E se o usuário insere um valor diretamente na TextBox, o SpinButton deve assumir esse valor. A Figura 18-8 mostra uma caixa de diálogo personalizada com um SpinButton e uma TextBox.

FIGURA 18-8: Um UserForm com um SpinButton e sua companheira, TextBox.

Esse UserForm contém os seguintes controles:

» Um SpinButton chamado SpinButton1, com a propriedade Min configurada para 1 e a propriedade Max configurada para 100

» Uma TextBox chamada TextBox1, posicionada à esquerda do SpinButton

» Um CommandButton chamado BotãoOk

A seguir, o procedimento que lida com eventos do SpinButton. Esse procedimento lida com o evento Change, que é disparado sempre que o valor do SpinButton é alterado. Quando o valor de SpinButton muda (quando clicado), o procedimento atribui seu valor à TextBox. Para criar esse procedimento, clique duas vezes no SpinButton para ativar a janela Código do UserForm. Depois, insira este código:

```
Private Sub SpinButton1_Change()
    TextBox1.Text = SpinButton1.Value
End Sub
```

O manipulador de eventos da TextBox, listado a seguir, é um pouco mais complicado. Para criar esse procedimento, clique duas vezes na TextBox para ativar a janela Código do UserForm. O procedimento é executado sempre que o usuário muda o texto na TextBox.

```
Private Sub TextBox1_Change()
    Dim NovoValor As Long

    NovoValor = Val(TextBox1.Text)
    If NovoValor >= SpinButton1.Min And _
        NovoValor <= SpinButton1.Max Then _
        SpinButton1.Value = NovoValor
End Sub
```

Esse procedimento usa uma variável, que armazena o texto na TextBox (convertido em um valor com a função Val). Depois, ele verifica se o valor está dentro do intervalo adequado. Se assim for, o SpinButton recebe o valor da TextBox. O resultado é que o valor do SpinButton é sempre igual ao valor da TextBox (supondo que o valor do SpinButton esteja no intervalo adequado).

PAPO DE ESPECIALISTA
Se você usar F8 para avançar uma única etapa no código, no modo de depuração, notará que quando a linha SpinButton1.Value = NovoValor é executada, o evento change do SpinButton é disparado imediatamente. Por consequência, o evento SpinButton1_Change configura o valor da TextBox1. Por sorte, isso não dispara o evento TextBox1_Change, pois seu valor não é, de fato, alterado pelo evento SpinButton1_Change. Mas você pode imaginar que esse efeito pode causar resultados surpreendentes em seu UserForm. Confuso? Lembre-se apenas de que se o código mudar o Value de um controle, o evento Change daquele controle será disparado.

DICA
Esse exemplo está disponível no site da editora [procure pelo título do livro]. Há também outros extras que você pode julgar úteis.

Usando um UserForm como um Indicador de Progresso

Se você tem uma macro que leva muito tempo para rodar, pode querer exibir um medidor de progresso para que as pessoas não pensem que o Excel travou. Você pode usar um UserForm para criar um indicador de progresso atraente, como mostrado na Figura 18-9. No entanto, tal uso de caixas de diálogo requer alguns truques.

FIGURA 18-9:
Este UserForm funciona como um indicador de progresso para uma macro longa.

G	H	I	J	K	L	M	N
56	304	173	661	101	510	783	402
728	680	304	179	746	157	529	788
443	820	720	361	99	843	926	167
982	899	328	186	111	31	629	445
156	825	388	927	817	63	266	772
733	562	216	15	778	697	254	828
959	72		Progresso		×	92	233
544	64					360	174
110	50	Inserindo números aleatórios...				266	411
13	82	62%				347	692
768	1					884	521
359	24					992	279
332	42					231	783
559	559	294	74	221	9	894	677
15	51	930	771	495	521	42	122

Criando a caixa de diálogo indicadora de progresso

O primeiro passo é criar o UserForm. Neste exemplo, a caixa de diálogo exibe o progresso enquanto uma macro insere números aleatórios em 100 colunas e 1.000 linhas da planilha ativa. Para criar a caixa de diálogo, siga estes passos:

1. **Ative o VBE e insira um novo UserForm.**

2. **Mude a legenda do UserForm para Progresso.**

3. **Acrescente um objeto Frame e configure as seguintes propriedades:**

Propriedade	Valor
Caption	0%
Name	FrameProgress
SpecialEffect	2 — fmSpecialEffectSunken
Width	204
Height	28

4. **Adicione um objeto Label em Frame e defina as seguintes propriedades:**

Propriedade	Valor
Name	LabelProgress
BackColor	&H0000C000& (verde)
Caption	(sem legenda)
SpecialEffect	1 — fmSpecialEffectRaised
Width	20
Height	13
Top	5
Left	2

5. Acrescente outro Label acima de frame e mude a legenda para Inserindo números aleatórios...

O UserForm deve parecer com a Figura 18-10.

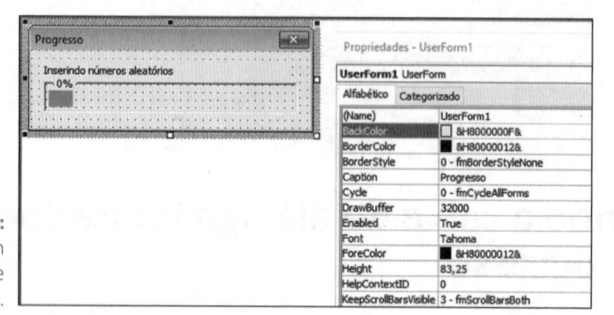

FIGURA 18-10: O UserForm indicador de progresso.

Os procedimentos

Este exemplo usa dois procedimentos e uma variável no nível do módulo.

» **Variável no nível do módulo:** Localizada em um módulo VBA, essa variável contém a cópia do UserForm:

```
Sub Iniciar( )
    UserForm1.LabelProgress.Width = 0
    UserForm1.Show
End Sub
```

» **InserindoNúmerosAleatórios:** Esse procedimento faz todo o trabalho e é executado quando o UserForm é exibido. Observe que ele chama o procedimento *Progresso*, que atualiza o indicador de progresso na caixa de diálogo:

```
Sub InserindoNúmerosAleatórios()
'Insere números aleatórios na planilha ativa
    Dim Contador As Long
    Dim LinhaMax As Long, ColunaMax As Long
    Dim r As Long, c As Long
    Dim PctDone As Single
    
    If TypeName(ActiveSheet) <> "Worksheet" Then
        Unload UserForm1
        Exit Sub
```

```
        End If
'       Insere números aleatórios
        Cells.Clear
        Contador = 1
        LinhaMax = 200
        ColunaMax = 50
        For r = 1 To LinhaMax
            For c = 1 To ColunaMax
                Cells(r, c) = Int(Rnd * 1000)
                Contador = Contador + 1
            Next c
            PctDone = Contador / (LinhaMax * ColunaMax)
            Call Progresso(PctDone)
        Next r
        Unload UserForm1
End Sub
```

» **Progresso:** Esse procedimento aceita um argumento e atualiza o indicador de progresso na caixa de diálogo:

```
Sub Progresso(Pct)
    With UserForm1
        .FrameProgress.Caption = Format(Pct, "0%")
        .LabelProgress.Width = pct * (.FrameProgress
           .Width - 10)
    End With
'   A declaração DoEvents é responsável pela atualização
    do formulário
    DoEvents
End Sub
```

Como esse exemplo funciona

Quando o UserForm (Progresso) é iniciado, o procedimento Activate, contido nele, chama o procedimento InserindoNúmerosAleatórios, com a declaração:

```
Call InserindoNúmerosAleatórios
```

Então, o procedimento InserindoNúmerosAleatórios é executado. Ele configura as variáveis Contador, LinhaMax, ColunaMax r e PctDone, e verifica a página ativa. Se ela não é uma planilha, o UserForm (Progresso) é fechado e o procedimento termina sem ação. Se a página ativa é uma planilha, o procedimento faz o seguinte:

1. Apaga todas as células na planilha ativa.

2. Faz um loop nas linhas e nas colunas (especificadas pelas variáveis LinhaMax e ColunaMax), e insere um número aleatório em cada célula.

3. **Aumenta a variável Contador e calcula a porcentagem completa (que é armazenada na variável PctDone).**

4. **Chama o procedimento Progresso, que exibe a porcentagem completa mudando a largura do rótulo LabelProgress e atualizando a legenda do controle de moldura.**

5. **Fecha o UserForm.**

Claro que usar um indicador de progresso fará a macro rodar um pouco mais lentamente, pois o código está fazendo um trabalho adicional atualizando o UserForm. Se a velocidade for absolutamente crucial, pense duas vezes em usar um indicador de progresso.

LEMBRE-SE Se você adaptar essa técnica para seu próprio uso, precisará descobrir como determinar o progresso da macro, que varia dependendo dela. Depois, chame o procedimento Progresso em intervalos regulares enquanto a macro está em execução.

DICA Este exemplo está disponível no site da editora [procure pelo título do livro].

Criando de uma Caixa de Diálogo sem Modo e com Guias

Caixas de diálogo com guias são úteis, pois elas permitem apresentar informações em pequenas partes e organizadas. A caixa de diálogo Formatar Células do Excel (exibida quando você clica com o botão direito em uma célula e escolhe Formatar Células) é um bom exemplo. A caixa de diálogo neste exemplo usa três guias para ajudar a organizar algumas opções de exibição do Excel.

Criar as suas próprias caixas de diálogo com guias é relativamente fácil, graças ao controle MultiPage. A Figura 18-11 mostra uma caixa de diálogo personalizada que usa um controle MultiPage com três *páginas* ou *guias*. Quando o usuário clica em uma guia, uma nova página é ativada e apenas os controles dessa página são exibidos.

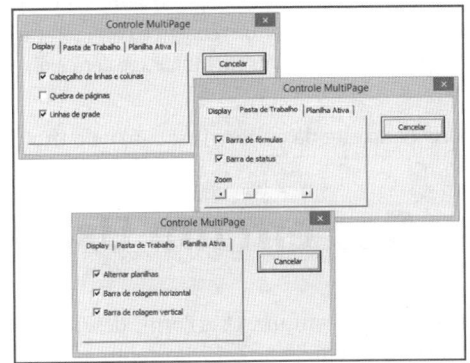

FIGURA 18-11:
Três guias de um controle MultiPage.

Observe que é uma caixa de diálogo sem modo, ou seja, o usuário pode mantê-la visível enquanto trabalha. Cada um dos controles tem um efeito imediato, portanto, não é necessário ter um botão Ok. Este é o procedimento que exibe o UserForm para que fique no topo:

```
Sub ShowDialog()
    UserForm1.Show vbModeless
End Sub
```

LEMBRE-SE

Tenha em mente os seguintes pontos ao usar o controle MultiPage para criar uma caixa de diálogo com guias:

» Use apenas um controle MultiPage por caixa de diálogo.

» Para tornar alguns controles (como os botões Ok, Cancelar ou Fechar) visíveis o tempo todo, coloque esses controles fora do controle MultiPage.

» Clique com o botão direito em uma guia no controle MultiPage para exibir um menu de atalho que permite acrescentar, remover, renomear ou mover uma guia.

» No design, clique em uma guia para ativar a página. Depois que ela estiver ativada, adicione outros controles à página usando os procedimentos normais.

» Para selecionar o próprio controle MultiPage (em vez de uma página no controle), clique na margem do controle MultiPage. Fique de olho na janela Propriedades, que exibe o nome e o tipo do controle selecionado. Você também pode selecionar o controle MultiPage escolhendo seu nome na lista suspensa na janela Propriedades.

» Você pode mudar a aparência do controle MultiPage, alterando as propriedades Style e TabOrientation.

> A propriedade Value de um controle MultiPage determina qual página é exibida. Por exemplo, se você escrever um código e configurar a propriedade Value para 0, a primeira página do controle MultiPage será exibida.

> **DICA** Este exemplo está disponível no site da editora [procure pelo título do livro].

Exibindo um Gráfico em um UserForm

Se você precisar exibir um gráfico em um UserForm, descobrirá que o Excel não oferece nenhuma maneira direta de fazê-lo. Portanto, precisa ser criativo. Esta seção descreve uma técnica que permite exibir um ou mais gráficos em um UserForm.

A Figura 18-12 mostra um exemplo com três gráficos. O UserForm tem um controle Image. O truque é usar o código VBA para salvar o gráfico como um arquivo GIF, depois especificar esse arquivo como a propriedade Picture do controle Image (que carrega a imagem do seu disco). Os botões Anterior e Próximo trocam o gráfico exibido.

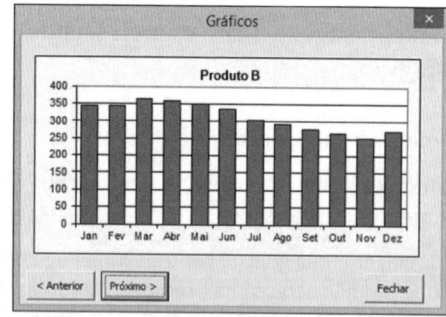

FIGURA 18-12: Exibindo um gráfico em um UserForm.

> **DICA** Neste exemplo, que também está disponível no site da editora [procure pelo título do livro], os três gráficos estão em uma planilha chamada Gráficos. Os botões Anterior e Próximo determinam qual gráfico exibir, e o número desse gráfico é armazenado como uma variável Public chamada ChartNum, que é acessível a todos os procedimentos. Um procedimento chamado MostrarGráficos, que é listado aqui, faz o trabalho de verdade.

```
Private Sub MostrarGráficos()
    Dim GráficoAtual As Chart
    Dim FNome As String
```

```
    Set GráficoAtual = _
       Sheets("Gráficos").ChartObjects(ChartNum).Chart
    GráficoAtual.Parent.Width = 300
    GráficoAtual.Parent.Height = 150

'   Salva o gráfico como GIF
    FNome = ThisWorkbook.Path & "\temp.gif"
    GráficoAtual.Export FileName:=FNome, FilterName:="GIF"

'   Exibe o gráfico
    Image1.Picture = LoadPicture(Fname)
End Sub
```

Esse procedimento determina um nome para o gráfico salvo e usa o método Export para exportar o arquivo GIF. Finalmente, ele usa a função VBA LoadPicture para especificar a propriedade Picture do objeto Image.

Uma Lista de Verificação da Caixa de Diálogo

Lembre-se de que uma caixa de diálogo é basicamente sua única maneira de se comunicar com o usuário final. Afinal de contas, as caixas de diálogo são interfaces do usuário.

Ao começar a projetar suas próprias interfaces de usuário, verifique esta lista para garantir que está criando caixas de diálogo funcionais e intuitivas:

» Os controles estão alinhados entre si?
» Os controles similares têm o mesmo tamanho?
» Os controles estão igualmente espaçados?
» A caixa de diálogo tem uma legenda adequada?
» A caixa de diálogo está muito sobrecarregada? Se estiver, você pode querer usar uma série de caixas de diálogo ou dividi-las em um controle MultiPage.
» O usuário pode acessar cada controle com uma tecla de atalho?
» Há teclas de atalho duplicadas?
» Os controles estão agrupados logicamente, por função?
» A ordem de tabulação está configurada corretamente? O usuário deve ser capaz de percorrer a caixa de diálogo e acessar os controles sequencialmente.

» Se você planeja armazenar a caixa de diálogo em um add-in, ela foi testada com cuidado depois de criar o add-in?

» O seu código VBA agirá de forma adequada se o usuário cancelar a caixa de diálogo, pressionar Esc ou usar o botão Fechar?

» O texto contém erros de ortografia? Infelizmente, o corretor do Excel não funciona com os UserForms, então você está por conta própria quando se trata de escrever corretamente.

» A sua caixa de diálogo caberá na tela na resolução mais baixa usada (normalmente, no modo 1024×768)? Isto é, se você desenvolve sua caixa de diálogo usando um modo de vídeo de alta resolução, a caixa de diálogo pode ser grande demais para caber em uma tela de resolução mais baixa.

» Todos os controles TextBox têm a configuração adequada de validação?

» Se você pretende usar a propriedade WordWrap, a propriedade MultiLine também está configurada para True?

» Todos os ScrollBars e SpinButtons permitem apenas valores válidos?

» Todas as ListBoxes têm sua propriedade MultiSelect configurada adequadamente?

Comece de forma simples e experimente os controles e suas propriedades. E não se esqueça do sistema de Ajuda; ele é a sua melhor fonte de detalhes sobre cada controle e propriedade.

> **NESTE CAPÍTULO**
>
> » Conhecendo maneiras de personalizar a Faixa de Opções
>
> » Adicionando ícones à barra de ferramentas de Acesso Rápido
>
> » Modificando menus de atalho

Capítulo **19**

Acessando Suas Macros Através da Interface de Usuário

Antes do Office 2007, não existia essa coisa de Faixa de Opções. Antigamente, as pessoas usavam menus suspensos e barras de ferramentas. Agora a Faixa de Opções é a interface de usuário do Microsoft Office, e o sucesso da Faixa de Opções até se espalhou para outros softwares, incluindo o Windows.

Você espera conseguir criar comandos personalizados da Faixa de Opções usando o VBA. A notícia ruim é que não pode usá-lo para modificar a Faixa. A boa notícia é que você não está totalmente sem sorte. Este capítulo descreve algumas maneiras de trabalhar com a interface de usuário do Excel.

Personalizando a Faixa de Opções

Esta seção descreve maneiras de personalizar a Faixa de Opções. Você pode modificá-la manualmente, mas não pode fazer mudanças usando o VBA. Triste, mas é verdade. Por exemplo, se você escrever uma aplicação e quiser adicionar alguns botões novos à Faixa de Opções, precisará programar essas mudanças fora do Excel, usando algo chamado RibbonX.

Personalizando a Faixa de Opções manualmente

É fácil fazer alterações na Faixa de Opções manualmente, mas você deve usar o Excel 2010 ou posterior. Se usar o Excel 2007, simplesmente pule esta seção, porque ela não se aplica a você.

É possível personalizar a Faixa de Opções destas maneiras:

» Guias
- Adicionar uma nova guia personalizada.
- Apagar guias personalizadas.
- Adicionar um novo grupo à guia.
- Mudar a ordem das guias.
- Mudar o nome de uma guia.
- Ocultar as guias integradas.

» Grupos
- Adicionar novos grupos personalizados.
- Adicionar comandos a um grupo personalizado.
- Remover comandos dos grupos personalizados.
- Remover grupos de uma guia.
- Mover um grupo para uma guia diferente.
- Mudar a ordem dos grupos dentro de uma guia.
- Mudar o nome de um grupo.

É uma lista bem abrangente de opções de personalização, mas há algumas ações que você *não pode* fazer (não importa o quanto tente):

» Remover guias integradas, mas *pode* ocultá-las.
» Remover comandos dos grupos integrados.
» Mudar a ordem de comandos em um grupo integrado.

Você faz mudanças manuais na Faixa de Opções no painel Personalizar Faixa de Opções da caixa de diálogo Opções do Excel (veja a Figura 19-1). A maneira mais rápida de exibir essa caixa de diálogo é clicar com o botão direito em qualquer lugar na Faixa de Opções e escolher Personalizar Faixa de Opções no menu de atalho.

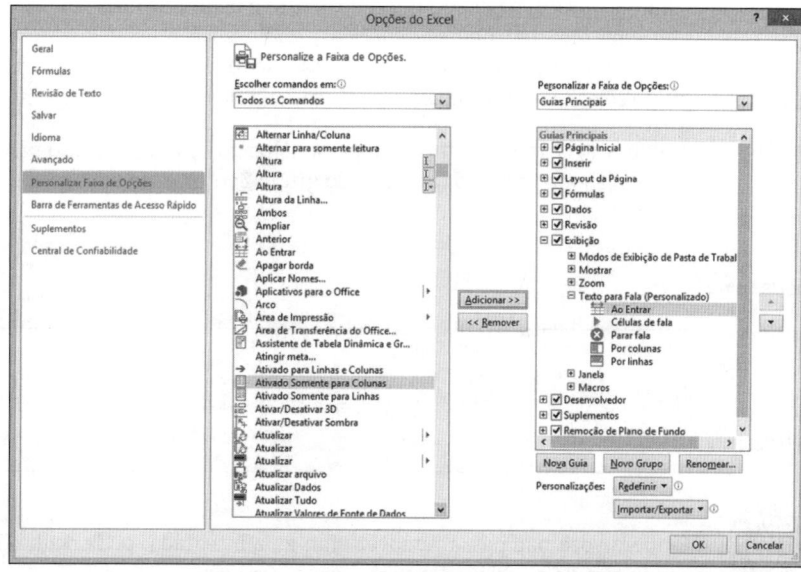

FIGURA 19-1: A guia Personalizar Faixa de Opções da caixa de diálogo Opções do Excel.

O processo de personalizar a Faixa de Opções é muito similar à personalização da barra de ferramentas de Acesso Rápido, que é descrita mais adiante neste capítulo. A única diferença é que você precisa decidir onde colocar o comando dentro da Faixa. Siga este procedimento geral:

1. Use a lista suspensa à esquerda (chamada Escolher comandos em) para exibir vários grupos de comandos.

2. Localize o comando na caixa de listagem à esquerda e selecione-o.

3. **Use a lista suspensa à direita (chamada Personalizar a Faixa de Opções) para escolher um grupo de guias.**

   As guias principais referem-se às guias que estão sempre visíveis; Guias de Ferramentas referem-se às guias de contexto que aparecem quando um objeto em especial é selecionado.

4. **Na caixa de listagem à direita, selecione a guia e o grupo onde gostaria de colocar o comando.**

   Você precisa clicar nos controles de sinal de adição para expandir as listas hierárquicas.

5. **Clique no botão Adicionar para adicionar o comando selecionado à esquerda ao grupo à direita.**

Lembre-se: você pode usar o botão Nova Guia para criar uma nova guia e o botão Novo Grupo para criar um novo grupo dentro de uma guia. As novas guias e grupos recebem nomes genéricos, então você provavelmente desejará dar nomes mais significativos. Use o botão Renomear para renomear a guia ou o grupo selecionado. Também é possível renomear guias e grupos integrados.

A Figura 19-2 mostra um grupo personalizado, chamado Texto para Fala, adicionado à guia Exibição (à direita do grupo Zoom). Esse novo grupo tem quatro comandos.

FIGURA 19-2: A guia Exibição com um novo grupo chamado Texto para Fala.

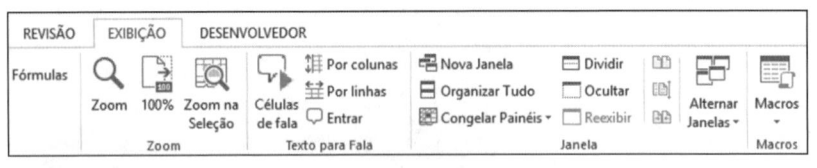

LEMBRE-SE

Embora você não possa remover uma guia integrada, pode ocultá-la desmarcando a caixa de seleção próxima ao seu nome.

Adicionando uma macro à Faixa de Opções

Felizmente, você também pode adicionar macros à Faixa de Opções. Siga as instruções da seção anterior, mas no Passo 1, escolha Macros na lista suspensa à esquerda. Todas as macros disponíveis no momento são listadas, prontas para serem adicionadas à Faixa de Opções. Você só precisa decidir por uma guia e um grupo para a macro.

Se você personalizar a Faixa de Opções para incluir uma macro, o comando de macro na Faixa de Opções ficará visível mesmo quando a pasta de trabalho que contém a macro não estiver aberta. Clicar no comando abre a pasta de trabalho que contém a macro e a executa.

LEMBRE-SE

Se você adicionar um botão à Faixa de Opções que executa uma macro, essa modificação se aplicará apenas à sua cópia do Excel. As modificações da Faixa de Opções não fazem parte da pasta de trabalho. Em outras palavras, se der sua pasta de trabalho a um colega, as personalizações da Faixa de Opções feitas *não* aparecerão no sistema do seu colega.

Personalizando a Faixa de Opções com XML

Em algumas situações, você pode querer modificar automaticamente a Faixa de Opções quando uma pasta de trabalho ou add-in está aberto. Fazer isso facilita ao usuário acessar a sua macro. Isso também elimina a necessidade de o usuário modificar manualmente a Faixa de Opções, usando a caixa de diálogo Opções do Excel.

Você pode fazer alterações automáticas na Faixa de Opções com o Excel 2007 e posteriores, mas não é uma tarefa fácil. Modificar a Faixa de Opções envolve escrever código XML em um editor de texto, copiar esse arquivo XML para o arquivo da pasta de trabalho, editar um monte de arquivos XML (que também estão escondidos dentro do arquivo do Excel, o que, de fato, nada mais é do que um contêiner

OBTENHA O SOFTWARE

Se você quiser acompanhar o exemplo de personalização da Faixa de Opções, precisa fazer o download de um pequeno programa chamado Custom UI Editor (Editor de Interface do Usuário Personalizada) para o Microsoft Office. É um programa gratuito que simplifica muito o processo de personalizar a Faixa de Opções nas aplicações do Microsoft Office. Usar esse software ainda requer muito trabalho, mas é muito mais fácil do que fazer manualmente.

O local de download tende a mudar, então faça uma pesquisa por *"Custom UI Editor for Microsoft Office"* para encontrar o software. É um download pequeno e gratuito.

Explicar todos os detalhes complexos envolvidos na customização da Faixa de Opções está bem além da abrangência deste livro. No entanto, este capítulo explica um exemplo rápido que demonstra os passos requeridos para adicionar um novo grupo da Faixa de Opções à guia Página Inicial. O novo grupo é chamado Excel VBA Para Leigos e contém um botão, rotulado Clique-me. Clicar nesse botão executa uma macro VBA chamada MostrarMensagem.

compactado de arquivos individuais), depois, escrever procedimentos VBA para lidar com o clique dos controles colocados no arquivo XML.

Felizmente, há um software disponível para ajudá-lo com a personalização da Faixa de Opções, mas você ainda precisa estar familiarizado com o XML.

> **DICA**
>
> Você pode fazer o download deste exemplo no site da editora [procure pelo título do livro], que contém a personalização. Se quiser criá-lo sozinho, siga exatamente estes passos:

1. **Crie uma nova pasta de trabalho do Excel.**

2. **Salve a pasta de trabalho e nomeie-a como ribbon modification.xlsm.**

3. **Feche a pasta de trabalho.**

4. **Inicie o Custom UI Editor para Microsoft Office.**

    Se não tiver esse software, precisa encontrá-lo e instalá-lo. Consulte o box "Obtenha o software", anteriormente neste capítulo.

5. **No Custom UI Editor, selecione File (Arquivo) ⇨ Open (Abrir) e encontre a pasta de trabalho que salvou na Etapa 2.**

6. **Selecione Insert (Inserir) ⇨ Office 2007 Custom UI Part (Parte UI Personalizada Office 2007).**

    Escolha esse comando mesmo se estiver usando o Excel 2010 ou uma versão posterior.

7. **Digite o código a seguir no painel de código (chamado customUI.xml), exibido no Custom UI Editor (veja a Figura 19-3):**

    ```xml
    <customUI xmlns='http://schemas.microsoft.com/
       office/2006/01/customui'>
    <ribbon>
    <tabs>
    <tab idMso='TabHome'>
      <group id'Group1' label='Excel VBA Para Leigos'>
        <button id='Button1'
            label='Clique-me'
            size='large'
            onAction=''MostrarMensagem''
            imageMso='FileStartWorkflow'/>
      </group>
    </tab>
    </tabs>
    </ribbon>
    </customUI>
    ```

8. **Clique no botão Validate (validar) na barra de ferramentas.**

   Se o código tiver qualquer erro de sintaxe, você receberá uma mensagem que descreve o problema. Se qualquer erro for identificado, será preciso corrigi-lo.

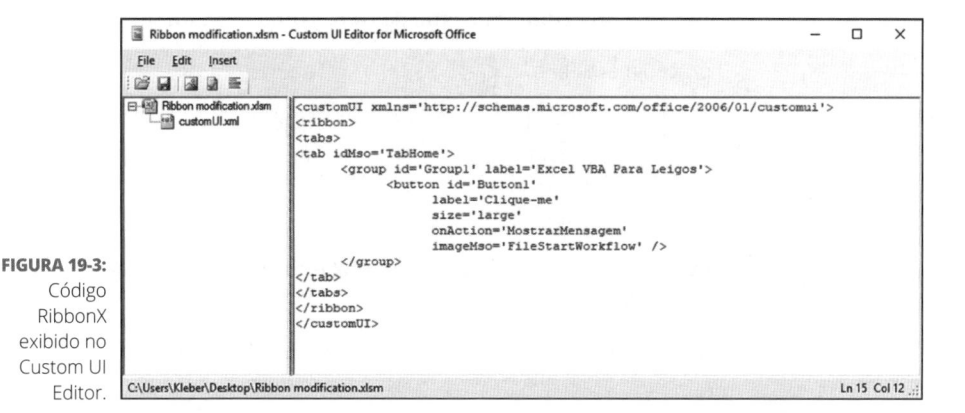

FIGURA 19-3: Código RibbonX exibido no Custom UI Editor.

```
<customUI xmlns='http://schemas.microsoft.com/office/2006/01/customui'>
<ribbon>
<tabs>
<tab idMso='TabHome'>
    <group id='Group1' label='Excel VBA Para Leigos'>
        <button id='Button1'
            label='Clique-me'
            size='large'
            onAction='MostrarMensagem'
            imageMso='FileStartWorkflow' />
    </group>
</tab>
</tabs>
</ribbon>
</customUI>
```

9. **Clique no botão Generate Callback (Gerar Retorno).**

   O CustonUI Editor cria um procedimento VBA Sub que é executado quando o botão é clicado (veja a Figura 19-4). Esse procedimento não é realmente inserido na pasta de trabalho, então você precisa copiá-lo para um uso posterior (ou memorizá-lo, se tiver uma boa memória).

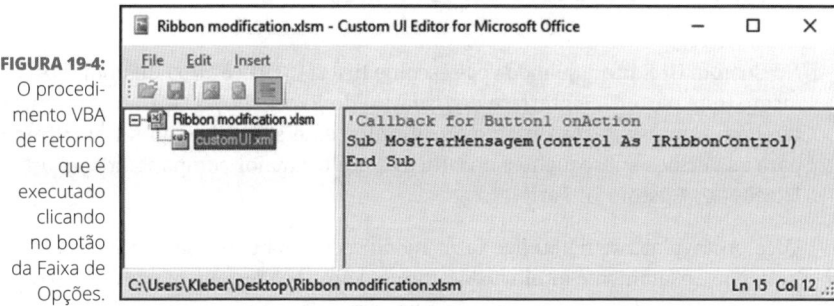

FIGURA 19-4: O procedimento VBA de retorno que é executado clicando no botão da Faixa de Opções.

```
'Callback for Button1 onAction
Sub MostrarMensagem(control As IRibbonControl)
End Sub
```

10. **Volte para o módulo customUI.xml e selecione File (Arquivo) ⇨ Save (Salvar) (ou clique no ícone Save na barra de ferramentas).**

11. **Feche o arquivo usando o comando File (Arquivo) ⇨ Close (Fechar).**

12. **Abra a pasta de trabalho no Excel e clique na guia Página Inicial.**

Você deverá ver um novo grupo na Faixa de Opções e um botão. Mas ele ainda não funciona.

13. Pressione Alt+F11 para ativar o VBE.

14. Insira um novo módulo VBA, cole (ou digite) o procedimento de retorno que foi gerado na Etapa 9 e acrescente uma declaração MsgBox, para saber se o procedimento está, de fato, sendo executado.

O procedimento é

```
Sub MostrarMensagem(control As IRibbonControl)
    MsgBox "Parabéns. Você encontrou o novo comando da
    Faixa de Opções."
End Sub
```

15. Pressione Alt+F11 para voltar ao Excel e clicar no novo botão da Faixa de Opções.

Se tudo correu bem, você verá a MsgBox mostrada na Figura 19-5.

FIGURA 19-5: Uma prova de que adicionar um novo comando à Faixa de Opções usando o XML é realmente possível.

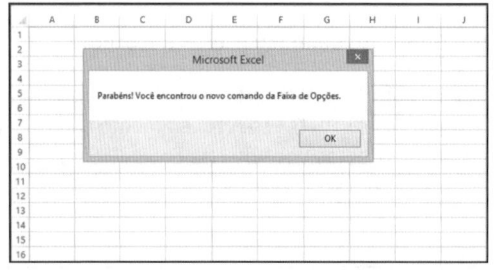

LEMBRE-SE No Custom UI Editor, quando você escolhe Insert ⇨ Office 2007 Custom UI Part, insere uma parte UI (Interface de Usuário) do Excel 2007. O Custom UI Editor também tem essa opção para o Excel 2010 (esse software não foi atualizado para as versões subsequentes do Office). Para ter maior compatibilidade, use o Excel 2007 Custom UI Part.

Você provavelmente notou que fazer modificações na Faixa de Opções usando o XML não é exatamente intuitivo. Mesmo com uma boa ferramenta de ajuda (como o Custom UI Editor), ainda é preciso entender o XML. Se isso lhe parece atraente, procure na web ou encontre um livro dedicado exclusivamente à personalização da interface da Faixa de Opções do Microsoft Office. Este livro não é um deles.

Como essa coisa de XML é complexa demais para o programador VBA iniciante, o restante deste capítulo aborda a personalização da UI usando o método *antigo* (apenas VBA): especificamente, como personalizar os menus de atalho. Não é tão impressionante quanto a Faixa de Opções, mas é muito mais fácil e ainda oferece acesso rápido às suas macros.

ADICIONANDO UM BOTÃO À BARRA DE FERRAMENTAS DE ACESSO RÁPIDO

Se você criar uma macro que usa com frequência, pode querer acrescentar um novo botão à barra de ferramentas de Acesso Rápido. Fazer isso é fácil, mas você deve fazê-lo manualmente. A barra de ferramentas de Acesso Rápido destina-se a ser personalizada apenas pelos usuários finais, não pelos programadores. Veja como:

16. Clique com o botão direito na barra de ferramentas de Acesso Rápido e selecione Personalizar Barra de Ferramentas de Acesso Rápido no menu de atalho para exibir a guia Barra de Ferramentas de Acesso Rápido na caixa de diálogo Opções do Excel.
17. Na lista suspensa chamada Escolher Comandos Em, selecione Macros.
18. Selecione sua macro na lista.
19. Clique no botão Adicionar para adicionar a macro à lista da barra de ferramentas de Acesso Rápido, à direita.
20. Se quiser, clique no botão Modificar para mudar o ícone e (opcionalmente) o nome de exibição.

Ao clicar em um botão de macro na barra de ferramentas de Acesso Rápido, a pasta de trabalho que contém a macro é aberta (se estiver fechada) e a macro pode ser executada quando qualquer pasta de trabalho está aberta.

Você também encontrará uma opção para exibir o botão da barra de ferramentas de Acesso Rápido apenas quando uma pasta de trabalho em especial estiver aberta. Antes de acrescentar a macro, use o controle suspenso do canto superior direito da caixa de diálogo Opções do Excel e especifique o nome da pasta de trabalho, em vez de Para Todos os Documentos (padrão).

Se você tiver macros que são úteis para muitas pastas de trabalho, uma boa ideia é armazená-las em sua Pasta de Trabalho de Macro Pessoal (Personal Macro Workbook).

Personalizando Menus de Atalho

Antes do Excel 2007, os programadores de VBA usavam o objeto CommandBar para criar menus, barras de ferramentas e menus de atalho (clicados com o botão direito) personalizados.

Começando com o Excel 2007, o objeto CommandBar está em uma posição bastante estranha. Se você escrever código para personalizar um menu ou uma barra de ferramentas, o Excel intercepta esse código e ignora muitos dos seus comandos. Em vez de exibir suas melhorias de interface bem pensadas, o Excel 2007 (assim como as versões posteriores) simplesmente joga seus menus e barras de ferramenta personalizados em uma guia generalizada da Faixa de Opções chamada Add-Ins (Suplementos).

As personalizações dos menus e das barras de ferramentas acabam em Add-Ins ⇨ Menu Commands (Comandos de Menu) ou no grupo Add-Ins ⇨ Custom Toolbars (Barras de Ferramentas Personalizadas). Mas personalizar menus de atalho (o que também usa o objeto CommandBar) ainda funciona como sempre — bem, mais ou menos. Veja "O que há de diferente desde o Excel 2007?", mais adiante neste capítulo.

Resumindo? O objeto CommandBar não é mais muito útil, mas continua sendo a única maneira de personalizar os menus de atalho.

Adicionando um novo item ao menu de atalho Célula

Esta seção contém um código de amostra que adiciona um novo item ao menu de atalho que aparece quando você clica com o botão direito em uma célula. Embora os detalhes técnicos estejam fora do escopo deste livro, você deve conseguir adaptar esses exemplos às suas necessidades.

O Capítulo 16 descreve o utilitário AlterarMaiúsculaMinúscula. Você pode aperfeiçoar um pouco esse utilitário, disponibilizando-o no menu de atalho Célula.

DICA

Este exemplo está disponível no site da editora [procure pelo título do livro].

O procedimento AdicionaAtalho acrescenta um novo item ao menu de atalho Célula. Você pode adaptá-lo para apontar para suas próprias macros mudando as propriedades Caption e OnAction do objeto chamado NovoControle.

```
Sub AdicionaAtalho()
    Dim Bar As CommandBar
    Dim NovoControle As CommandBarButton
    DeletarAtalho
    Set Bar = Application.CommandBars("Célula")
    Set NovoControle = Bar.Controls.Add _
        (Type:=msoControlButton, ID:=1, _
        temporary:=True)
    With NovoControle
        .Caption = "&Alterar Maiúscula Minúscula"
        .OnAction = "AlterarMaiúsculaMinúscula"
        .Style = msoButtonIconAndCaption
    End With
End Sub
```

LEMBRE-SE Quando você modifica um menu de atalho, essa modificação tem efeito até reiniciar o Excel, ou seja, os menus de atalho modificados não se reconfiguram quando você fecha a pasta de trabalho que contém o código VBA. Portanto, se escrever um código para modificar um menu de atalho, quase sempre escreverá um código para reverter o efeito de sua modificação.

O procedimento DeletarAtalho remove o novo item de menu do menu de atalho Célula:

```
Sub DeletarAtalho()
    On Error Resume Next
    Application.CommandBars("Célula").Controls _
        ("&Alterar Maiúscula Minúscula").Delete
End Sub
```

A Figura 19-6 mostra o novo item do menu exibido depois de clicar uma célula com o botão direito.

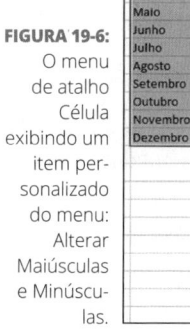

FIGURA 19-6: O menu de atalho Célula exibindo um item personalizado do menu: Alterar Maiúsculas e Minúsculas.

O primeiro comando real depois da declaração de um par de variáveis chama o procedimento DeletarAtalho. Essa declaração garante que apenas um item Alterar Maiúsculas e Minúsculas apareça no menu de atalho Célula. Tente comentar essa linha (coloque um apóstrofo no início dela) e rode o procedimento algumas vezes, mas não se entusiasme! Clique em uma célula com o botão direito e poderá ver múltiplas cópias do item de menu Alterar Maiúsculas e Minúsculas. Livre-se de todas as entradas executando DeletarAtalho várias vezes (uma vez para cada item extra do menu).

Por fim, você precisa de uma maneira de acrescentar o item do menu de atalho quando a pasta de trabalho é aberta e apagar o item de menu quando ela é fechada. Fazer isso é fácil... se leu o Capítulo 11. Basta adicionar estes dois procedimentos de evento ao módulo de código EstaPasta_de_trabalho:

```
Private Sub Workbook_Open()
    Call AdicionarAtalho
End Sub

Private Sub Workbook_BeforeClose(Cancel As Boolean)
    Call DeletarAtalho
End Sub
```

O procedimento Workbook_Open é executado quando a pasta de trabalho está aberta e o procedimento Workbook_BeforeClose é executado antes da pasta de trabalho ser fechada. Exatamente como o médico recomendou.

O que há de diferente desde o Excel 2007?

Se você já usou o VBA para trabalhar com menus de atalho no Excel 2007 ou anterior, precisa estar ciente de uma mudança significativa.

No passado, se seu código modificava um menu de atalho, essa modificação tinha efeito para todas as pastas de trabalho. Por exemplo, se você adicionasse um novo item ao menu Célula clicado com o botão direito, esse novo item apareceria ao clicar com o botão direito em uma célula de *qualquer* pasta de trabalho (além de outras pastas de trabalho abertas mais tarde). Em outras palavras, as modificações do menu de atalho eram feitas no nível da *aplicação*.

O Excel 2013 e as versões posteriores usam uma interface de documento único e isso afeta os menus de atalho. As mudanças feitas nos menus de atalho afetam apenas a janela da pasta de trabalho ativa. Quando o código que modifica o menu de atalho é executado, o menu de atalho das janelas diferentes da ativa não é alterado. Essa é uma mudança radical de como as coisas funcionavam antes.

Outra diferença: se o usuário abre uma pasta de trabalho (ou cria uma nova pasta de trabalho) quando a janela ativa exibe o menu de atalho modificado, a nova pasta de trabalho também exibe o menu modificado, ou seja, as janelas novas exibem os mesmos menus de atalho da janela ativa quando as novas janelas foram abertas.

Resumindo: no passado, se você abrisse uma pasta de trabalho ou add-in que modificasse os menus de atalho, tinha certeza de que os menus de atalho modificados estariam disponíveis para todas as pastas. Agora não tem mais essa certeza.

5 Juntando Tudo

NESTA PARTE . . .

Descubra por que você talvez queira criar funções de planilha personalizadas.

Faça suas funções personalizadas funcionarem da mesma forma que as funções integradas do Excel.

Descubra os add-ins do Excel.

Crie add-ins simples.

> **NESTE CAPÍTULO**
>
> » Sabendo por que as funções personalizadas de planilha são tão úteis
>
> » Entendendo o básico das funções de planilha personalizadas
>
> » Escrevendo suas próprias funções
>
> » Explorando as funções que usam vários tipos de argumentos
>
> » Examinando exemplos de funções
>
> » Entendendo a caixa de diálogo Inserir Função

Capítulo **20**

Criando Funções de Planilha — E Sobrevivendo para Contar a História

Para muitos especialistas em macro, o principal atrativo do VBA é a capacidade de criar funções personalizadas de planilha, isto é, funções que parecem e funcionam exatamente como aquelas que a Microsoft integrou no Excel. Uma *função personalizada* oferece a vantagem adicional de trabalhar exatamente como você quer (porque *você* a escreveu). O Capítulo 5 introduz o conceito de funções personalizadas. Neste capítulo, você mergulha fundo em alguns exemplos reais.

Por que Criar Funções Personalizadas?

Sem dúvida você está familiarizado com as funções de planilha do Excel; mesmo os iniciantes em Excel sabem como usar as funções comuns de planilha, como SOMA, MÉDIA e SE. O Excel contém mais de 450 funções de planilha predefinidas. E se isso não for suficiente, é possível criar funções usando o VBA.

Com todas as funções disponíveis em Excel e VBA, você pode imaginar por que precisaria criar funções. A resposta: para simplificar o seu trabalho. Com um pouco de planejamento, as funções personalizadas são muito úteis em fórmulas de planilha e procedimentos VBA. Por exemplo, muitas vezes você pode encurtar muito uma fórmula criando uma função personalizada. Afinal, fórmulas mais curtas são mais legíveis e fáceis para trabalhar.

O QUE AS FUNÇÕES DE PLANILHA PERSONALIZADAS NÃO CONSEGUEM FAZER

Ao desenvolver funções personalizadas para usar em suas fórmulas de planilha, é importante que você entenda um ponto-chave. O procedimento Function da planilha VBA é basicamente *passivo*. Por exemplo, o código dentro de um procedimento Function não pode manipular intervalos, mudar a formatação ou fazer muitas das outras coisas possíveis com um procedimento Sub. Um exemplo pode ajudar.

Pode ser útil criar uma função que muda a cor do texto em uma célula com base no valor da célula. Contudo, não importa o quanto você tenta, não é possível escrever tal função. Ela sempre retorna um valor de erro.

Lembre-se: uma função usada em uma fórmula de planilha retorna um valor. Ela não realiza ações com objetos.

Dito isso, essa regra tem algumas exceções. Por exemplo, este é um procedimento Function que muda o texto em um comentário de célula:

```
Function MudarComentário(cell, NewText)
    cell.Comment.Text NewText
End Function
```

E aqui está uma fórmula que usa a função. Ela só funcionará se a célula A1 já tiver um comentário. Quando a fórmula é calculada, o comentário é alterado.

```
=MudarComentário(A1,"Eu mudei o comentário!")
```

Não está claro se isso foi falta de atenção ou é um recurso. Mas é um exemplo raro de uma função VBA que muda algo em uma planilha.

Entendendo os Princípios Básicos da Função VBA

Uma *função* VBA é um procedimento armazenado em um módulo VBA. Você pode usar essas funções em outros procedimentos VBA ou em suas fórmulas de planilha. As fórmulas personalizadas não podem ser criadas com o gravador de macro, embora o gravador possa ajudá-lo a identificar as propriedades e os métodos relevantes.

Um *módulo* pode conter qualquer quantidade de funções. Você pode usar uma função personalizada em uma fórmula exatamente como se ela fosse uma função integrada. Mas se a função for definida em uma pasta de trabalho diferente, você deverá preceder o nome da função com o nome da pasta de trabalho. Suponha que tenha desenvolvido uma função chamada PreçoComDesconto (que tem um argumento) e a função está armazenada em uma pasta de trabalho chamada preços.xlsm.

Para usar essa função na pasta de trabalho preços.xlsm, insira uma fórmula como esta:

```
=PreçosComDesconto(A1)
```

Se quiser usar essa função em uma pasta de trabalho *diferente*, insira uma fórmula como esta (e verifique se o arquivo preços.xlsm está aberto):

```
=preços.xlsm!PreçoComDesconto(A1)
```

> **DICA:** Se a função personalizada estiver armazenada em um add-in, não será preciso preceder o nome da função com o nome da pasta de trabalho. O Capítulo 21 fornece uma visão geral dos add-ins.

As funções personalizadas aparecem na caixa de diálogo Inserir Função, na categoria Definido pelo Usuário. Pressionar Shift+F3 é uma maneira de exibir a caixa de diálogo Inserir Função.

Escrevendo Funções

Lembre-se de que o nome de uma função age como uma variável. O valor final dessa variável é o valor retornado pela função. Para demonstrar, examine a função a seguir, que retorna o primeiro nome do usuário:

```
Function PrimeiroNome()
    Dim NomeCompleto As String
```

```
    Dim PrimeiroEspaço As Long
    NomeCompleto = Application.UserName
    PrimeiroEspaço = InStr(NomeCompleto, " ")
    If PrimeiroEspaço = 0 Then
        PrimeiroNome = NomeCompleto
    Else
        PrimeiroNome = Left(NomeCompleto, PrimeiroEspaço - 1)
    End If
End Function
```

Essa função começa atribuindo a propriedade UserName do objeto Application a uma variável chamada NomeCompleto. Em seguida, usa a função VBA InStr para localizar a posição do primeiro espaço no nome. Se não houver espaço, PrimeiroEspaço será igual a 0 e PrimeiroNome será igual ao nome inteiro. Se NomeCompleto *tiver* um espaço, a função Left extrairá o texto do lado esquerdo do espaço e o atribuirá a PrimeiroNome.

Observe que PrimeiroNome é o nome da função e também é usado como um nome variável *na* função. O valor final de PrimeiroNome é o valor retornado pela função. Vários cálculos intermediários podem estar acontecendo na função, porém, ela sempre retorna o último valor atribuído à variável, que é igual ao nome da função.

DICA
Todos os exemplos deste capítulo estão disponíveis no site da editora [procure pelo título do livro].

Trabalhando com Argumentos de Função

Para trabalhar com funções, você precisa entender como trabalhar com argumentos. Um argumento não é um desentendimento entre variáveis. Em vez disso, são informações passadas à função e usadas por ela para fazer seu trabalho.

Os pontos a seguir se aplicam aos argumentos para funções de planilha do Excel e funções VBA personalizadas:

» *Argumentos* podem ser referências a células, variáveis (incluindo arrays), constantes, valores literais ou expressões.

» Algumas funções não têm argumentos.

» Algumas funções têm um número fixo de argumentos exigidos.

» Algumas funções têm uma combinação de argumentos obrigatórios e opcionais.

Os exemplos nesta seção demonstram como trabalhar com vários tipos de argumentos.

Uma função sem argumentos

Algumas funções não usam nenhum argumento. Por exemplo, o Excel tem algumas funções de planilha integradas que não usam argumentos, incluindo ALEATÓRIO, HOJE e AGORA.

Este é um exemplo de uma função personalizada sem argumentos. A função a seguir retorna a propriedade UserName do objeto Application. Esse nome aparece na guia Geral da caixa de diálogo Opções do Excel. Este exemplo simples, mas útil, mostra a única maneira como você pode conseguir que o nome do usuário apareça em uma célula de planilha:

```
Function Usuário()
'    Retorna o nome do usuário atual
    Usuário = Application.UserName
End Function
```

Ao inserir a seguinte fórmula em uma célula de planilha, a célula exibe o nome do usuário atual:

```
=Usuário()
```

Tal como acontece com as funções integradas do Excel, você deve incluir parênteses vazios ao usar uma função sem argumentos. Caso contrário, o Excel tenta interpretar a função como um intervalo nomeado.

Uma função com um argumento

A função de argumento único nesta seção destina-se aos gerentes de vendas que precisam calcular as comissões de seus vendedores. A taxa de comissão depende do volume mensal de vendas; aqueles que vendem mais ganham uma taxa mais alta de comissão. A função retorna o valor da comissão com base nas vendas mensais (que é o único argumento da função, um argumento obrigatório). Os cálculos neste exemplo são baseados na Tabela 20-1.

TABELA 20-1   Taxas de Comissão por Vendas

Vendas Mensais	Taxa de Comissão
R$0 - $9.999,99	8,0%
R$10.000,00 - $19.999,99	10,5%
R$20.000,00 - $39.999,99	12,0%
R$40.000,00 +	14,0%

É possível usar várias abordagens para calcular as comissões para os valores de vendas inseridos em uma planilha. Você *poderia* escrever uma fórmula de planilha longa como esta:

```
=SE(E(A1>=0;A1<=9999,99);A1*0,08;SE(E(A1>=10000;
A1<=19999,99);A15*0,105;SE(E(20000;A15<=39999,99);
A1*0,12,SE(A1>=40000;A1*0,14))))
```

Várias razões tornam isso uma péssima abordagem. Primeiro, a fórmula é excessivamente complexa. Segundo, os valores são codificados na fórmula, tornando-a difícil de modificar caso a estrutura de comissão mude.

Uma abordagem melhor é criar uma tabela de valores de comissão e usar a função de tabela PROCV para calcular as comissões:

```
=PROCV(A1;Tabela;2)*A1
```

Outra abordagem, que não requer uma tabela de comissões, é criar uma função personalizada:

```
Function Comissão(Vendas)
'   Calcula comissão de vendas
    Const Taxa1 As Double = 0.08
    Const Taxa2 As Double = 0.105
    Const Taxa3 As Double = 0.12
    Const Taxa4 As Double = 0.14
    Select Case Sales
        Case 0 To 9999.99: Comissão = Vendas * Taxa1
        Case 10000 To 19999.99: Comissão = Vendas * Taxa2
        Case 20000 To 39999.99: Comissão = Vendas * Taxa3
        Case Is >= 40000: Comissão = Vendas * Taxa4
    End Select
    Comissão = Round(Comissão, 2)
End Function
```

Observe que as quatro taxas de comissão são declaradas como constantes, em vez de codificadas nas declarações. Isso facilita muito modificar a função se as taxas de comissão mudarem.

Depois de definir essa função em um módulo VBA, você pode usá-la em uma fórmula de planilha. Inserir a fórmula a seguir em uma célula produz 3.000 como resultado. A quantia de 25.000 qualifica-se para uma taxa de comissão de 12%:

```
=Comissão(25000)
```

A Figura 20-1 mostra uma planilha que usa a função Comissão nas fórmulas na coluna C.

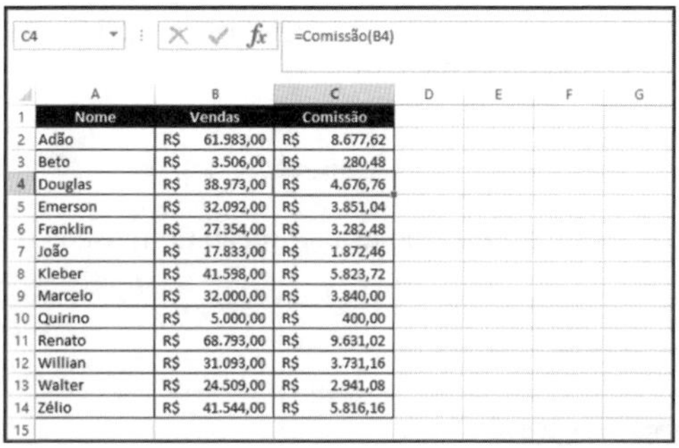

Nome	Vendas	Comissão
Adão	R$ 61.983,00	R$ 8.677,62
Beto	R$ 3.506,00	R$ 280,48
Douglas	R$ 38.973,00	R$ 4.676,76
Emerson	R$ 32.092,00	R$ 3.851,04
Franklin	R$ 27.354,00	R$ 3.282,48
João	R$ 17.833,00	R$ 1.872,46
Kleber	R$ 41.598,00	R$ 5.823,72
Marcelo	R$ 32.000,00	R$ 3.840,00
Quirino	R$ 5.000,00	R$ 400,00
Renato	R$ 68.793,00	R$ 9.631,02
Willian	R$ 31.093,00	R$ 3.731,16
Walter	R$ 24.509,00	R$ 2.941,08
Zélio	R$ 41.544,00	R$ 5.816,16

FIGURA 20-1: Usando a função Comissão em uma planilha.

Uma função com dois argumentos

O próximo exemplo se baseia no anterior. Imagine que o gerente de vendas implemente uma nova política para recompensar os funcionários antigos: a comissão total paga é aumentada em 1% por cada ano em que o vendedor está na empresa.

Você pode modificar a função personalizada Comissão (definida na seção anterior) para que ela tenha dois argumentos, sendo que ambos são argumentos obrigatórios. Chame a nova função de Comissão2:

```
Function Comissão2(Vendas, Anos)
'   Calcula as comissões de vendas com base nos anos de
   serviço
    Const Taxa1 As Double = 0.08
    Const Taxa2 As Double = 0.105
    Const Taxa3 As Double = 0.12
    Const Taxa4 As Double = 0.14
    Select Case Vendas
```

```
        Case 0 To 9999.99: Comissão2 = Vendas * Taxa1
        Case 10000 To 19999.99: Comissão2 = Vendas * Taxa2
        Case 20000 To 39999.99: Comissão2 = Vendas * Taxa3
        Case Is >= 40000: Comissão2 = Vendas * Taxa4
        End Select
    Comissão2 = Comissão2 + (Comissão2 * Anos / 100)
    Comissão2 = Round(Comissão2, 2)
End Function
```

O procedimento apenas adiciona o segundo argumento (Anos) à declaração Function e inclui um cálculo adicional que ajusta a comissão antes de encerrar a função. Esse cálculo multiplica a comissão original pelo número de anos de serviços, divide por 100 e acrescenta o resultado ao cálculo original.

Veja um exemplo de como é possível escrever uma fórmula usando essa função. (Ela supõe que a quantia de vendas está na célula A1; a célula B1 especifica o número de anos que o vendedor trabalhou.)

```
=Comissão2(A1;B1)
```

A Figura 20-2 mostra uma planilha que usa a função Comissão2.

D5 =Comissão2(B5;C5)

Nome	Vendas	Anos	Comissão2
Adão	R$ 61.983,00	4	R$ 9.024,72
Beto	R$ 3.506,00	3	R$ 288,89
Douglas	R$ 38.973,00	2	R$ 4.770,30
Emerson	R$ 32.092,00	1	R$ 3.889,55
Franklin	R$ 27.354,00	8	R$ 3.545,08
João	R$ 17.833,00	3	R$ 1.928,64
Kleber	R$ 41.598,00	2	R$ 5.940,19
Marcelo	R$ 32.000,00	1	R$ 3.878,40
Quirino	R$ 5.000,00	1	R$ 404,00
Renato	R$ 68.793,00	4	R$ 10.016,26
Willian	R$ 31.093,00	2	R$ 3.805,78
Walter	R$ 24.509,00	2	R$ 2.999,90
Zélio	R$ 41.544,00	3	R$ 5.990,64

FIGURA 20-2: Usando a função Comissão2, que tem dois argumentos.

Uma função com um argumento range

Usar um intervalo de planilha como um argumento não é tão complicado; o Excel cuida dos detalhes internos.

Veja uma função simples, mas útil, que concatena os conteúdos de um intervalo. Ela tem dois argumentos: Intervalo (o intervalo da planilha a ser concatenado) e Delim (um ou mais caracteres delimitadores a serem inseridos entre as células).

```
Function UnirTexto(Intervalo, Delim)
```

```
    Dim Célula As Range
    For Each Célula In Intervalo
        UnirTexto = UnirTexto & Célula.Value & Delim
    Next Célula
    UnirTexto = Left(UnirTexto, Len(UnirTexto) - Len(Delim))
End Function
```

Ela usa uma construção For Each-Next para fazer um loop em todas as células em um intervalo. Ela concatena os conteúdos das células, seguido pelo(s) caracter(es) Delim. A última declaração remove o delimitador final, que não é necessário porque não existem mais itens.

A Figura 20-3 mostra um exemplo. O segundo argumento é uma string de dois caracteres (uma vírgula seguida de um espaço).

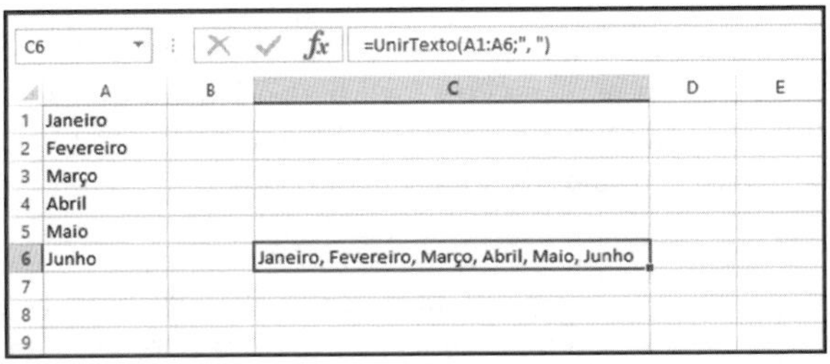

FIGURA 20-3: Usando a função Unir-Texto para concatenar células.

Outro exemplo de uma função que usa um argumento range. Suponha que você queira calcular a média dos cinco maiores valores em um intervalo chamado Dados. O Excel não tem uma função que pode fazer isso, então você provavelmente escreveria uma fórmula:

```
=(MAIOR(Dados;1)+MAIOR(Dados;2)+MAIOR(Dados;3)+
MAIOR(Dados;4)+MAIOR(Dados;5))/5
```

Essa fórmula usa a função MAIOR do Excel, que retorna o *enésimo* valor mais alto em um intervalo. A fórmula soma os cinco maiores valores no intervalo chamado Dados e divide o resultado por 5. A fórmula funciona bem, mas é bem chata. E se você decidir que precisa calcular a média dos seis maiores valores? Precisaria reescrever a fórmula, e atualizar todas as cópias da fórmula.

Não seria mais fácil se o Excel tivesse uma função chamada MédiaMaisAlta? Assim, você poderia calcular a média usando a função (inexistente) a seguir:

```
=MédiaMaisAlta(Dados;5)
```

Este exemplo mostra uma situação em que uma função personalizada pode facilitar muito as coisas. A função VBA personalizada a seguir, chamada MédiaMaisAlta, retorna a média dos N maiores valores em um intervalo:

```
Function MédiaMaisAlta(Intervalo, N)
'   Retorna a média dos N valores mais altos em Intervalo
    Dim Soma As Double
    Dim i As Long
    Soma = 0
    For i = 1 To N
      Soma = Soma + WorksheetFunction.Large(Intervalo, i)
    Next i
    MédiaMaisAlta = Soma / N
End Function
```

Essa função tem dois argumentos: Intervalo (que é um intervalo da planilha) e N (o número de valores para tirar a média). Ela começa inicializando a variável Soma em 0. Depois, usa um loop For-Next para calcular a soma dos N maiores valores no intervalo. Observe a função MAIOR do Excel dentro do loop. Por fim, MédiaMaisAlta recebe o valor da Soma dividido por N.

> **DICA**
> Você pode usar todas as funções de planilha do Excel em seus procedimentos VBA, *exceto* aqueles que têm equivalentes no VBA. Por exemplo, o VBA tem uma função Rnd, que retorna um número aleatório. Portanto, você não pode usar a função ALEATÓRIO (RAND) do Excel em um procedimento VBA.

Uma função com um argumento opcional

Muitas funções de planilha integradas do Excel usam argumentos opcionais. Um exemplo é a função ESQUERDA, que retorna os caracteres no lado esquerdo de uma string. A seguir, a sua sintaxe oficial:

```
ESQUERDA(texto[;núm_caract])
```

O primeiro argumento é obrigatório, mas o segundo (entre colchetes) é opcional. Se você omite o argumento opcional, o Excel supõe o valor 1. Portanto, as seguintes fórmulas retornam o mesmo resultado:

```
=ESQUERDA(A1;1)
=ESQUERDA(A1)
```

As funções personalizadas desenvolvidas no VBA também podem ter argumentos opcionais. Você especifica um argumento opcional precedendo o nome do argumento com a palavra-chave Optional. O nome do argumento é então seguido por um sinal de igual e pelo valor padrão. Se o argumento opcional não existir, o código usará o valor padrão.

LEMBRE-SE

Um aviso: se usar argumentos opcionais, eles devem sempre ser os últimos na lista de argumentos.

O exemplo a seguir mostra uma função personalizada que usa um argumento opcional:

```
Function EscolherUm(Intervalo, Optional Recalc = 0)
'    Escolhe uma célula aleatória de um intervalo

    Randomize
'   Torna a função volátil se Recalc for 1
    If Recalc = 1 Then Application.Volatile True

'   Determina uma célula aleatória
    EscolherUm = Intervalo(Int((Intervalo.Count) * Rnd + 1))
End Function
```

DEPURANDO FUNÇÕES PERSONALIZADAS

Depurar um procedimento Function pode ser um pouco mais desafiador do que depurar um procedimento Sub. Se você desenvolver uma função para usar em fórmulas de planilha, descobrirá que um erro no procedimento Function simplesmente resulta em um erro exibido na célula da fórmula (normalmente #VALOR!), ou seja, você não recebe uma mensagem normal de erro durante a execução que o ajuda a localizar a declaração afetada.

Você pode escolher entre três métodos para depurar as funções personalizadas:

- Coloque as funções MsgBox em lugares estratégicos para monitorar o valor de variáveis específicas. Felizmente, as caixas de mensagem nos procedimentos Function aparecem quando você executa o procedimento. Verifique apenas se uma fórmula na planilha usa a sua função. Caso contrário, as caixas de mensagem aparecerão em cada fórmula que for avaliada, o que pode ser bem desagradável.

- Teste o procedimento, chamando-o a partir de um procedimento Sub. Os erros de execução normalmente aparecem em uma janela pop-up e você pode corrigir o problema (se souber) ou ir direto para o depurador.

- Configure um ponto de interrupção na função e use o depurador do Excel para percorrer a função. Depois, você pode acessar todas as ferramentas habituais do depurador. Consulte o Capítulo 13 para ter mais detalhes sobre o depurador.

Essa função escolhe aleatoriamente uma célula em um intervalo de entrada. O intervalo passado como argumento é, na verdade, um array e a função seleciona, aleatoriamente, um item do array (veja o Capítulo 7 para fazer uma revisão sobre arrays). Se o segundo argumento é 1, o valor selecionado muda sempre que a planilha é recalculada (a função se torna *volátil*). Se o segundo argumento é 0 (ou é omitido), a função não é recalculada, a menos que uma das células no intervalo de entrada seja modificada.

Eu uso a declaração Randomize para garantir que um número aleatório "inicial" diferente seja escolhido cada vez que a pasta de trabalho é aberta. Sem essa declaração, os mesmos números aleatórios serão gerados sempre que a pasta de trabalho é aberta.

Você pode usar essa função para escolher números da loteria, selecionar um vencedor em uma lista de nomes, e assim por diante.

Introduzindo Funções Wrapper

Esta seção contém algumas funções wrapper simples que podem ser úteis em várias tarefas.

Funções wrapper consistem em um código integrado (*wrapped*) nos elementos VBA intrínsecos, isto é, permitem que você use funções VBA em fórmulas de planilha.

A seção "Uma função sem argumentos", anteriormente neste capítulo, mostra um exemplo de função wrapper:

```
Function Usuário()
'   Retorna o nome do usuário atual
    Usuário = Application.UserName
End Function
```

Essa função basicamente permite que suas fórmulas acessem a propriedade UserName do objeto Application.

O restante desta seção contém algumas funções wrapper adicionais.

A função FormatoNumérico

Essa função simplesmente exibe o formato numérico de uma célula. Ela pode ser útil se você precisa garantir que um grupo de células tenha o mesmo formato numérico.

```
Function FormatoNumérico(Célula)
'   Retorna o formato numérico de uma célula
    FormatoNumérico = Célula(1).NumberFormat
End Function
```

Notou o uso de `Célula(1)`? Se um intervalo multicélulas é usado como um argumento, apenas a primeira célula é usada.

Você pode facilmente escrever funções similares que retornam a cor do texto, a cor de fundo, a fonte de uma célula etc.

A função ExtrairElemento

Essa função retorna uma substring de uma string de texto que contém múltiplos elementos, divididos por um caractere separador. Por exemplo, esta fórmula retorna `vaca`, que é o terceiro elemento em uma string que usa um espaço como separador. Os argumentos, claro, poderiam ser referências de células.

```
=ExtrairElemento("cachorro cavalo vaca gato"); 3; " ")
```

Este é o código, que é um wrapper para a função Split do VBA:

```
Function ExtrairElemento(Txt, n, Sep)
'   Retorna o enésimo elemento de uma string de texto em que
'   os elementos são separados por um caractere separador
  específico
    ExtrairElemento  = Split(Application.Trim(Txt), Sep)(n - 1)
End Function
```

A Figura 20-4 mostra a função ExtrairElemento usada em fórmulas de planilha. A Coluna A contém a string de texto, a Coluna B contém o número do elemento a ser extraído e a Coluna C contém o delimitador (as células que parecem estar em branco contêm um caractere de espaço).

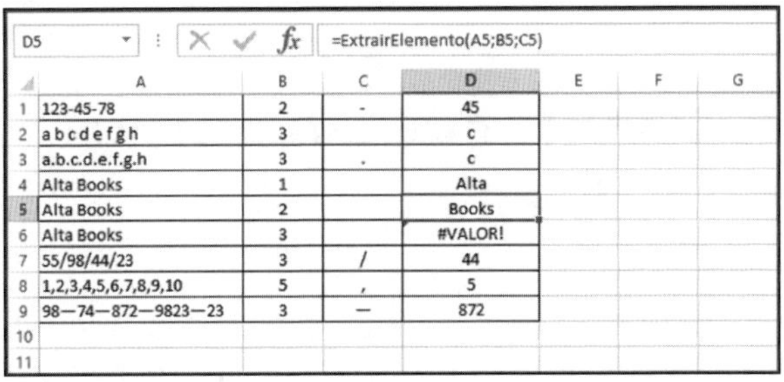

D5 =ExtrairElemento(A5;B5;C5)

	A	B	C	D	E	F	G
1	123-45-78	2	-	45			
2	a b c d e f g h	3		c			
3	a.b.c.d.e.f.g.h	3	.	c			
4	Alta Books	1		Alta			
5	Alta Books	2		Books			
6	Alta Books	3		#VALOR!			
7	55/98/44/23	3	/	44			
8	1,2,3,4,5,6,7,8,9,10	5	,	5			
9	98—74—872—9823—23	3	—	872			
10							
11							

FIGURA 20-4: Usando a função ExtrairElemento para retornar um elemento de uma string.

A função Diga

Esta função simples é um wrapper para o método Speak do objeto Application.Speech. Ela usa uma voz sintetizada para "falar" o argumento.

```
Function Diga(txt)
'   Fala o argumento
    Application.Speech.Speak txt, True
End Function
```

Veja um exemplo:

```
=SE(A1>10000,Diga("Acima do orçamento"); "OK")
```

A fórmula verifica a célula A1. Se o valor é maior que 10.000, a função fala o texto: "Acima do orçamento". Se o valor é menor que 10.000, ela exibe o texto OK (e não diz nada).

Use com moderação. Se você usar essa função mais de uma vez, poderá ficar muito confuso. Além disso, lembre-se de que essa função é avaliada cada vez que a planilha é calculada, então a voz pode ficar muito incômoda se você estiver fazendo muitas mudanças. Provavelmente essa função é mais adequada tendo a diversão como objetivo.

A função ÉComo

O operador Like do VBA é uma maneira muito flexível de comparar strings de texto. Confira-o no sistema de Ajuda do VBA. Esta função dá poder para suas fórmulas de planilha:

```
Function ÉComo (texto, padrão)
'   Retorna VERDADEIRO se o primeiro argumento for como o
    segundo
    ÉComo = texto Like padrão
End Function
```

Trabalhando com Funções que Retornam um Array

As fórmulas de array são um dos recursos mais poderosos do Excel. Se você está familiarizado com as fórmulas de array, ficará feliz em saber que pode criar funções VBA que retornam um array.

Retornando um array de nomes de meses

Um exemplo simples de array é a função NomesDosMeses. Ela retorna um array de 12 elementos de — você adivinhou — nomes de meses.

```
Function NomesDosMeses()
    NomesDosMeses = Array("Janeiro", "Fevereiro", "Março", _
        "Abril", "Maio", "Junho", "Julho", "Agosto", _
        "Setembro", "Outubro", "Novembro", "Dezembro")
End Function
```

Para usar a função NomesDosMeses em uma planilha, você deve inseri-la como uma fórmula de array de 12 células. Por exemplo, selecione o intervalo A2:L2 e insira **=NomesDosMeses()**. Depois, pressione Ctrl+Shift+Enter para inserir a fórmula de array em todas as 12 células selecionadas. A Figura 20-5 mostra o resultado.

FIGURA 20-5: Usando a função NomesDos-Meses para retornar um array de 12 elementos.

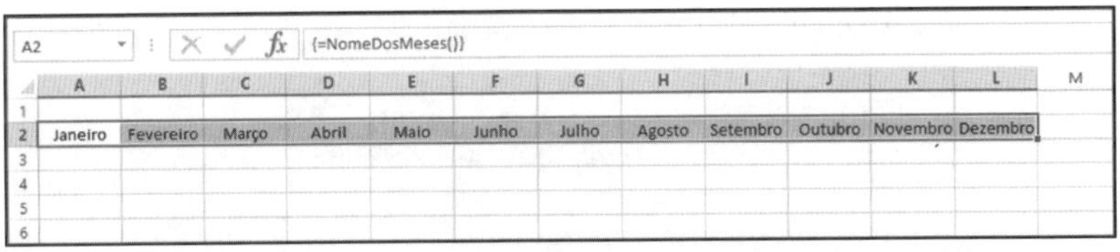

Se quiser exibir os nomes de meses em uma coluna, selecione 12 células em uma coluna e use esta fórmula de array (não se esqueça de inseri-la pressionando Ctrl+Shift+Enter):

```
=TRANSPOR(NomesDosMeses())
```

Também é possível escolher um único mês do array. Veja a fórmula (não uma fórmula de array) que exibe o quarto elemento do array: Abril.

```
=ÍNDICE(NomesDosMeses(),4)
```

Retornando uma lista classificada

Suponha que você tenha uma lista de nomes que deseja mostrar em ordem classificada em outro intervalo de células. Não seria ótimo ter uma função de planilha para fazer isso?

A função personalizada nesta seção faz exatamente isso: ela obtém um intervalo de células de coluna única como seu argumento e retorna um array dessas células classificadas. A Figura 20-6 mostra como funciona. O intervalo A2:A13 contém alguns nomes. O intervalo C2:C13 contém essa fórmula de array de múltiplas células (lembre-se, a fórmula deve ser inserida pressionando Ctrl+Shift+Enter).

```
=Classificar(A2:A13)
```

FIGURA 20-6: Usando uma função personalizada para retornar um intervalo classificado.

	A	B	C
1	Sem classificação		Classificado
2	Karina		Abigail
3	Franklin		Ana
4	Jaqueline		Denis
5	Gomes		Franklin
6	Ana		Gomes
7	Luiza		Jaqueline
8	Zélia		Karina
9	Olga		Luiza
10	Rafael		Maria
11	Maria		Olga
12	Abigail		Rafael
13	Denis		Zélia

Este é o código da função Classificar:

```
Function Classificar(Rng As Range)
    Dim ClassificarDados() As Variant
    Dim Célula As Range
    Dim Temp As Variant, i As Long, j As Long
    Dim NãoVazia As Long

'   Transfere dados para ClassificarDados
    For Each Célula In Rng
        If Not IsEmpty(Célula) Then
            NãoVazia = NãoVazia + 1
            ReDim Preserve ClassificarDados(1 To NãoVazia)
            ClassificarDados(NãoVazia) = Célula.Value
        End If
    Next Célula
'   Classifica o array
    For i = 1 To NãoVazia
        For j = i + 1 To NãoVazia
            If ClassificarDados(i) > ClassificarDados(j) Then
                Temp = ClassificarDados(j)
                ClassificarDados(j) = ClassificarDados(i)
                ClassificarDados(i) = Temp
            End If
        Next j
    Next i
```

```
' Transpõe e retorna o array
    Classificar = Application.Transpose(ClassificarDados)
End Function
```

A função Classificar começa criando um array chamado ClassificarDados. Esse array contém todos os valores que não estão em branco no intervalo de argumentos. Em seguida, o array ClassificarDados é classificado, usando um algoritmo do tipo bolha. Como o array é horizontal, ele deve ser transposto antes de ser retornado pela função.

A função Classificar trabalha com um intervalo de qualquer tamanho, desde que esteja em uma coluna ou linha única. Se os dados não classificados estiverem em uma linha, a fórmula precisará usar a função TRANSPOR do Excel para exibir horizontalmente os dados classificados. Por exemplo:

```
=TRANSPOR(Classificar(A16:L16))
```

Usando a Caixa de Diálogo Inserir Função

A caixa de diálogo Inserir Função do Excel é uma ferramenta útil que permite escolher uma função de planilha em uma lista e solicita que você insira os argumentos da função. Como visto anteriormente neste capítulo, as suas funções personalizadas de planilha também aparecem na caixa de diálogo Inserir Função. As funções personalizadas aparecem na categoria Definido pelo Usuário.

DICA

Os procedimentos Function definidos com a palavra-chave Private não aparecem na caixa de diálogo Inserir Função. Portanto, se você escrever um procedimento Function que se destina a ser usado apenas por outros procedimentos VBA (mas não em fórmulas), deve declará-lo como Private.

Exibindo a descrição da função

A caixa de diálogo Inserir Função exibe uma descrição de cada função integrada. Mas como você pode ver na Figura 20-7, uma função personalizada mostra o seguinte texto como sua descrição: Não há ajuda disponível.

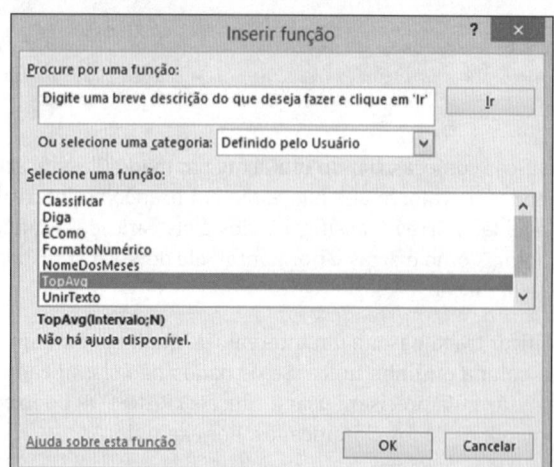

FIGURA 20-7:
Por padrão, a caixa de diálogo Inserir Função não oferece uma descrição para as funções personalizadas.

Para exibir uma descrição significativa de sua função personalizada na caixa de diálogo Inserir Função, execute algumas etapas adicionais (complexas):

1. **Ative uma planilha na pasta de trabalho que contenha a função personalizada.**

2. **Selecione Desenvolvedor ➪ Código ➪ Macros (ou pressione Alt+F8).**

    A caixa de diálogo Macro aparece.

3. **No campo Nome de Macro, digite o nome da função.**

    Observe que a função não aparece na lista de macros; você deve digitar o nome.

4. **Clique no botão Opções.**

    A caixa de diálogo Opções de Macro aparece.

5. **No campo Descrição, digite uma descrição da função.**

6. **Clique em OK.**

7. **Clique em Cancelar.**

Agora, a caixa de diálogo Inserir Função exibe a descrição da função (veja a Figura 20-8).

DICA

Por padrão, as funções personalizadas são listadas na categoria Definido pelo Usuário. Para adicionar uma função a uma categoria diferente, é preciso usar o VBA. Essa declaração, quando executada, adiciona a função MédiaMaisAlta à categoria Matemática e Trigonometria (que é a categoria 3):

```
Application.MacroOptions Macro:="MédiaMaisAlta", Category:=3
```

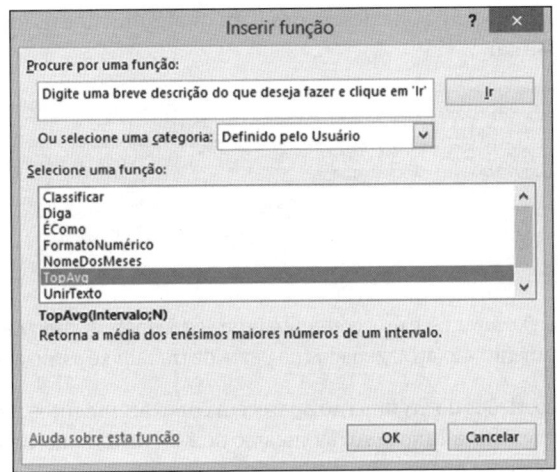

FIGURA 20-8:
A função personalizada agora exibe uma descrição.

Consulte o sistema de Ajuda para ver os números das outras categorias.

LEMBRE-SE

Você só precisa executar essa declaração uma vez. Depois de executá-la (e salvar a pasta de trabalho), o número da categoria é permanentemente atribuído à função.

Adicionando descrições de argumento

Ao acessar uma função integrada a partir da caixa de diálogo Inserir Função, a caixa de diálogo Argumentos da Função exibe uma descrição de cada argumento (veja a Figura 20-9).

FIGURA 20-9:
Por padrão, a caixa de diálogo Argumentos da função exibe descrições do argumento da função apenas para as funções integradas.

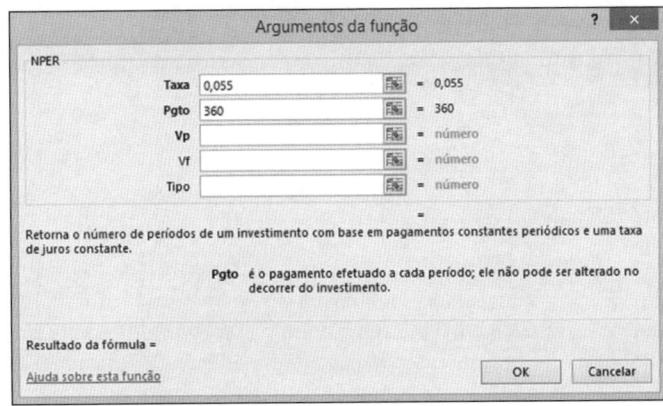

CAPÍTULO 20 **Criando Funções de Planilha — E Sobrevivendo...** 355

No passado, não era possível adicionar descrições de argumentos. Mas, começando com o Excel 2010, a Microsoft finalmente implementou esse recurso. Você fornece descrições de argumentos usando o método MacroOptions. Aqui está um exemplo que adiciona descrições para os argumentos usados pela função MédiaMaisAlta:

```
Sub AdicionaDescriçãoDosArgumentos()
    Application.MacroOptions Macro:="MédiaMaisAlta", _
        ArgumentDescriptions:= _
        Array("Intervalo que contém os valores", _
            "Número de valores para tirar a média")
End Sub
```

Você só precisa executar esse procedimento uma vez. Depois de executá-lo, as descrições do argumento são armazenadas na pasta de trabalho e associadas à função.

Note que as descrições do argumento aparecem como argumentos para a função Array. Você deve usar a função Array mesmo se está atribuindo uma descrição para uma função com apenas um argumento.

Este capítulo dá muitas informações sobre a criação de funções de planilha personalizadas. Use esses exemplos como modelos quando criar funções para seu próprio trabalho. Como sempre, a ajuda online fornece detalhes adicionais. Vá para o Capítulo 21 se quiser descobrir como tornar suas funções personalizadas mais acessíveis, armazenando-as em um add-in.

> **NESTE CAPÍTULO**
>
> » Usando add-ins: Que conceito!
> » Sabendo por que você talvez queira criar seus próprios add-ins
> » Criando add-ins personalizados
> » Revendo um exemplo de add-in

Capítulo **21**

Criando Add-Ins do Excel

Um dos recursos mais engenhosos do Excel é a capacidade de criar add--ins. Os add-ins do Excel possibilitam empacotar seus procedimentos VBA e torná-los parte da sua interface do Excel. E o melhor de tudo: você pode compartilhar esses pacotes com outras pessoas para que obtenham os benefícios de suas proezas em VBA.

Neste capítulo, você explora como criar add-ins usando apenas as ferramentas integradas no Excel.

Certo... Então, O que É Add-In?

Que bom que perguntou. Um *add-in* (suplemento) do Excel é algo que você acrescenta para aperfeiçoar a funcionalidade do programa. Alguns add-ins oferecem novas funções de planilha que você pode usar em fórmulas; outros fornecem novos comandos ou utilitários. Se o add-in for projetado adequadamente, os novos recursos irão se misturar bem com a interface original, até que pareçam fazer parte do programa.

DICA

O Excel vem com vários add-ins, incluindo o Pacote de Ferramentas de Análise e o Solver. Você também pode conseguir add-ins do Excel de fornecedores terceirizados ou como shareware.

Qualquer usuário com conhecimento pode criar add-ins, mas são exigidas habilidades de programação em VBA. Um add-in do Excel é, basicamente, uma forma diferente de arquivo da pasta de trabalho XLSM. Mais especificamente, um add-in é uma pasta de trabalho XLSM normal, com as seguintes diferenças:

» A propriedade IsAddin do objeto Workbook é True.

» A janela da pasta de trabalho é oculta e não pode ser exibida selecionando Exibir ⇨ Janela ⇨ Reexibir janela.

» A pasta de trabalho não é um membro da coleção Workbooks. Em vez disso, ela está na coleção AddIns.

Você pode converter qualquer arquivo da pasta de trabalho em um add-in, mas nem todas as pastas de trabalho são boas candidatas. Como os add-ins estão sempre ocultos, não se pode exibir planilhas ou planilhas de gráficos contidas nele. No entanto, você pode acessar os procedimentos Sub e Function VBA de um add-in e exibir as caixas de diálogo contidas nos UserForms.

LEMBRE-SE

Normalmente, os add-ins do Excel têm uma extensão de arquivo XLAM para distingui-los dos arquivos de planilha XLSM. Os add-ins de versões anteriores a 2007 do Excel têm uma extensão XLA.

Por que Criar Add-Ins?

Você poderia resolver converter a sua aplicação de Excel em um add-in por qualquer uma das seguintes razões:

» **Dificultar o acesso ao seu código.** Quando você distribui uma aplicação como um add-in (e protege seu projeto VBA), os usuários normais não podem ver as planilhas na pasta de trabalho. Se usa técnicas proprietárias em seu código VBA, pode dificultar que outros copiem o código. No entanto, os recursos de proteção do Excel não são perfeitos e utilitários de invasão de senha estão disponíveis.

» **Evitar confusão.** Se um usuário carrega a aplicação como um add-in, o arquivo fica invisível e, portanto, menos passível de confundir os iniciantes ou atrapalhar. Diferentemente de uma pasta de trabalho oculta, o conteúdo de um add-in não pode ser revelado.

- » **Simplificar o acesso a funções de planilha.** As funções de planilha personalizadas que você armazena em um add-in não requerem o nome qualificador da pasta de trabalho. Por exemplo, se você armazena uma função personalizada chamada MOVAVG em uma pasta de trabalho chamada NOVAFUNC.XLSM, deve usar uma sintaxe como a seguinte para usar a função em uma pasta de trabalho diferente:

    ```
    =NOVAFUNC.XLSM!MOVAVG(A1:A50)
    ```

    Mas se essa função estiver armazenada em um arquivo add-in aberto, poderá usar uma sintaxe muito mais simples, pois não precisa incluir uma referência ao arquivo:

    ```
    =MOVAVG(A1:A50)
    ```

- » **Fornecer acesso mais fácil aos usuários.** Depois de identificar a localização do seu add-in, ele aparece na caixa de diálogo Add-Ins, com um nome fácil e uma descrição do que faz. O usuário pode ativar ou desativar o add-in facilmente.

- » **Obter mais controle no carregamento.** Os add-ins podem ser abertos automaticamente quando o Excel inicia, independentemente do diretório em que estão armazenados.

- » **Evitar exibir solicitações ao descarregar.** Quando um add-in é fechado, o usuário nunca vê a caixa de diálogo que aparece pedindo para salvar as mudanças no arquivo.

Trabalhando com Add-Ins

Você carrega e descarrega add-ins usando a caixa de diálogo Suplementos (Add--Ins). Para exibir essa caixa, selecione Arquivo⇨Opções ⇨Suplementos. Depois, selecione Suplementos do Excel na lista suspensa na parte inferior dessa caixa de diálogo e clique em Ir. Ou pegue o caminho mais rápido e escolha Desenvolvedor ⇨Suplementos ⇨Suplementos. Porém, o método mais fácil é simplesmente pressionar Alt+LH (o antigo atalho de teclado do Excel 2003).

Qualquer um desses métodos exibe a caixa de diálogo Suplementos, mostrada na Figura 21-1. A caixa de listagem contém os nomes de todos os suplementos que o Excel conhece. Nessa lista, as marcas de verificação identificam os add-ins abertos no momento. Você pode abrir e fechar add-ins a partir da caixa de diálogo Suplementos, selecionando ou desfazendo a seleção das caixas de seleção.

Para adicionar um novo add-in à lista, clique em Procurar e localize o arquivo XLAM.

CUIDADO — Você também pode abrir a maioria dos arquivos de add-in (como se fossem arquivos de pasta de trabalho) selecionando Arquivo ⇨ Abrir ⇨ Pesquisar. Um add-in aberto dessa maneira não aparece na caixa de diálogo Suplementos. Além disso, se o add-in for aberto usando o comando Abrir, você não poderá fechá-lo escolhendo Arquivo ⇨ Fechar. Só poderá remover o add-in saindo e reiniciando o Excel ou escrevendo uma macro para fechá-lo.

Quando você abre um add-in, pode ou não notar alguma coisa diferente. No entanto, em muitos casos, a Faixa de Opções muda de alguma maneira; o Excel exibe uma nova guia ou um ou mais novos grupos em uma guia existente. Por exemplo, abrir o add-in Ferramentas de Análise dá a você um novo item na guia Dados: Análise ⇨ Análise de Dados. Se o add-in só contiver funções de planilha, as novas funções aparecerão na caixa de diálogo Inserir Função e você não verá alteração na interface de usuário do Excel.

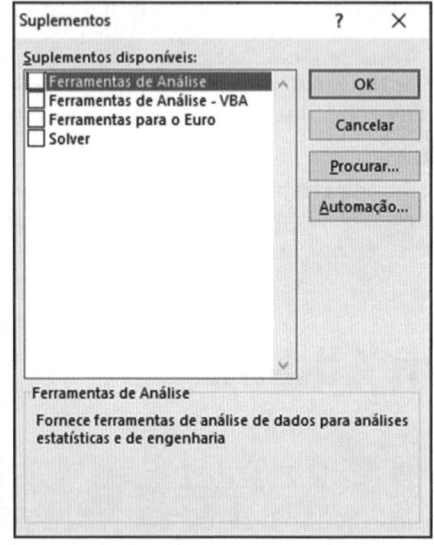

FIGURA 21-1: A caixa de diálogo Suplementos relaciona todos os add-ins conhecidos pelo Excel.

Entendendo o Básico do Add-In

Embora você possa converter qualquer pasta de trabalho em um add-in, nem todas as pastas de trabalho aproveitam essa conversão. Uma pasta de trabalho sem macros se torna um add-in inútil. Na verdade, os únicos tipos de pastas de trabalho que se beneficiam de serem convertidos em um add-in são os que contêm macros. Por exemplo, uma pasta de trabalho que consiste em macros gerais (procedimentos Sub e Function) é um add-in ideal.

Criar um add-in não é difícil, mas exige um pouco de trabalho extra. Siga as etapas a seguir para criar um add-in a partir de um arquivo normal da pasta de trabalho:

1. **Desenvolva a sua aplicação e verifique se tudo funciona adequadamente.**

   Não se esqueça de incluir um método para executar a macro ou macros. Você pode querer definir uma tecla de atalho ou personalizar, de alguma maneira, a interface de usuário (veja o Capítulo 19). Se o add-in consistir apenas em funções, não há necessidade de incluir um método para executá-las, pois elas aparecerão na caixa de diálogo Inserir Função.

2. **Teste a aplicação, executando-a quando uma pasta de trabalho *diferente* estiver ativa.**

   Fazer isso simula o comportamento do aplicativo quando ele é usado como um add-in, pois um add-in nunca é a pasta de trabalho ativa.

3. **Ative o VBE e selecione a pasta de trabalho na janela Projeto; escolha Ferramentas ⇨ Propriedade de *VBAProject* e clique na guia Proteção; marque a caixa de seleção Bloquear Projeto Para Exibição e insira uma senha (duas vezes); depois clique em OK.**

   Essa etapa só é necessária se você quer evitar que outras pessoas vejam ou modifiquem suas macros ou UserForms.

4. **De volta ao Excel, escolha Arquivo ⇨ Informações e selecione Mostrar Todas as Propriedades na parte inferior do painel direito.**

   O Excel expande a lista de propriedades exibidas.

5. **Insira um título descritivo curto no campo Título e uma descrição mais longa no campo Comentários.**

   As Etapas 4 e 5 não são obrigatórias, mas facilitam o uso do add-in, porque as descrições fornecidas aparecem na caixa de diálogo Add-Ins quando seu add-in é selecionado.

6. **Ainda nos bastidores, clique em Salvar Como no painel esquerdo.**

7. **Clique em Procurar na tela Salvar Como. Na caixa de diálogo Salvar Como, selecione Excel Add-In (*.xlam) na lista suspensa Salvar Como Tipo.**

8. **Especifique a pasta que armazenará o add-in.**

   O Excel propõe uma pasta de add-ins padrão (chamada AddIns), mas você pode salvar o arquivo em qualquer pasta que quiser.

9. Clique em Salvar.

Uma cópia da sua pasta de trabalho é convertida em um add-in e é salva com a extensão XLAM. A sua pasta de trabalho original permanece aberta.

Observando um Exemplo de Add-In

Esta seção discute as etapas básicas envolvidas na criação de um add-in útil. O exemplo é baseado no utilitário de conversão de texto AlterarMaiúsculaMinúscula, descrito no Capítulo 16.

> **DICA**
>
> A versão XLSM desse exemplo está disponível no site da editora [procure pelo título do livro]. Você pode criar um acessório a partir dessa pasta de trabalho.

Configurando a pasta de trabalho

A pasta de trabalho consiste em uma planilha em branco, um módulo VBA e um UserForm. O Capítulo 19 mostra como implementar o código que adiciona um novo item ao menu de atalho Célula.

A versão original do utilitário inclui opções para letra maiúscula, letra minúscula e iniciais maiúsculas. A versão de add-in inclui duas opções para o UserForm, para que ele tenha as mesmas opções da ferramenta integrada no Microsoft Word:

» **Iniciais maiúsculas em sentença:** Torna a primeira letra maiúscula e todas as outras letras minúsculas.

» **Letras invertidas:** Todos os caracteres em maiúsculo são convertidos em minúsculos, e vice-versa.

A Figura 21-2 mostra o UserForm1. Os cinco controles OptionButton estão dentro de um controle Frame. Além disso, o UserForm tem um botão Cancelar (chamado BotãoCancelar) e um botão OK (chamado BotãoOk).

FIGURA 21-2: O UserForm para o add--in Alternar Maiúsculas Minúsculas.

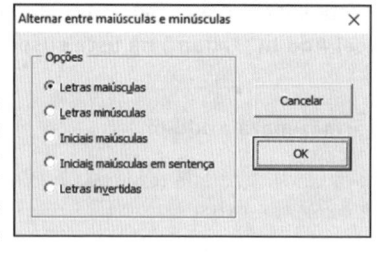

O código executado quando clicamos no botão Cancelar é muito simples. Esse procedimento descarrega o UserForm sem ação:

```
Private Sub BotãoCancelar_Click()
    Unload UserForm1
End Sub
```

A seguir, o código que é executado quando o botão OK é clicado. Este código faz todo o trabalho:

```
Private Sub Ok_Botão_Click()
    Dim CélulasDeTexto As Range
    Dim Célula As Range
    Dim Texto As String
    Dim i As Long

'Cria um objeto apenas com constantes de texto
    On Error Resume Next
    Set CélulasDeTexto = Selection.SpecialCells(xlConstants,
   xlTextValues)

'Desliga a atualização de tela
    Application.ScreenUpdating = False

'Faz loop pelas células
    For Each Célula In CélulasDeTexto
        Texto = Célula.Value
        Select Case True
        Case Opção_Minúsculas  'caixa baixa
            Célula.Value = LCase(Célula.Value)
        Case Opção_Maiúsculas  'Caixa alta
            Célula.Value = UCase(Célula.Value)
        Case Opção_Iniciais   'Iniciais maiúsculas
            Célula.Value = WorksheetFunction.Proper(Célula.
   Value)
        Case Opção_Sentença 'Maiúsculas em sentença
            Texto = UCase(Left(Célula.Value, 1))
            Texto = Texto & LCase(Mid(Célula.Value, 2,
   Len(Célula.Value)))
            Célula.Value = Texto
        Case Opção_Invertidas    'Letras invertidas
            For i = 1 To Len(Texto)
                If Mid(Texto , i, 1) Like "[A-Z]" Then
                    Mid(Texto , i, 1) = LCase(Mid(Texto, i, 1))
                Else
```

```
                    Mid(Texto , i, 1) = UCase(Mid(Texto, i, 1))
              End If
          Next i
          Célula.Value = Texto
      End Select
    Next

'Descarrega a caixa de diálogo
    Unload UserForm1
End Sub
```

Além das duas novas opções, essa versão do utilitário AlterarMaiúsculaMinúscula difere da versão no Capítulo 16 de outras duas maneiras:

» O método SpecialCells cria um objeto variável que consiste nas células da seleção que contêm uma constante de texto (não uma fórmula). Essa técnica faz a rotina rodar um pouco mais depressa se a seleção contém muitas células de fórmula. Veja o Capítulo 14 para ter mais informações sobre essa técnica.

» Por causa do item de menu AlterarMaiúsculaMinúscula no menu de atalho Linha e Coluna, agora você pode executar o utilitário clicando com o botão direito em uma seleção de intervalo, uma seleção de linha inteira ou uma seleção de coluna inteira. Cada uma dessas ações exibe o item AlterarMaiúsculaMinúscula no menu de atalho.

Testando a pasta de trabalho

Teste o add-in antes de converter essa pasta de trabalho. Para simular o que acontece quando a pasta de trabalho é um add-in, você deve testá-la quando uma pasta de trabalho diferente está ativa. Como o add-in nunca é uma planilha ou pasta de trabalho ativa, testá-lo quando uma pasta de trabalho diferente está aberta pode ajudá-lo a identificar alguns erros em potencial.

1. **Abra uma nova pasta de trabalho e insira informações em algumas células.**

    Para testar, insira vários tipos de informações, incluindo texto, valores e fórmulas. Ou apenas abra uma pasta de trabalho existente e use-a em seus testes. Lembre-se de que qualquer mudança na pasta de trabalho não pode ser desfeita, portanto, o ideal é usar uma cópia.

2. **Selecione uma ou mais células (ou linhas e colunas inteiras).**

3. **Execute a macro AlterarMaiúsculaMinúscula escolhendo o novo comando Alterar Maiúscula Minúscula no menu de atalho da Célula (Linha ou Coluna).**

LEMBRE-SE Se o comando Alterar Maiúscula Minúscula não aparecer no menu de atalho, o motivo mais provável é que você não ativou as macros quando abriu a pasta de trabalho AlterarMaiúsculaMinúscula.xlsm. Feche a pasta de trabalho e reabra; ative as macros.

Adicionando informações descritivas

Embora não seja necessário, é considerado uma boa prática inserir uma descrição de seu add-in. Siga estes passos para adicionar uma descrição:

1. **Ative a pasta de trabalho AlterarMaiúsculaMinúscula.xlsm.**

2. **Escolha Arquivo ➪ Informações e clique em Exibir Todas as Propriedades no canto direito inferior.**

   O Excel expande a lista Propriedades.

3. **Insira um título para o add-in no campo Título.**

   Esse texto aparece na lista de add-ins na caixa de diálogo Add-Ins. Para esse exemplo, insira AlterarMaiúsculaMinúscula.

4. **No campo Comentários, adicione uma descrição.**

   Essas informações aparecem na parte de baixo da caixa de diálogo Suplementos quando o add-in é selecionado. Para esse exemplo, insira **Altera a caixa de texto em células selecionadas.** Acesse o utilitário usando o menu de atalho.

A Figura 21-3 exibe a seção Propriedades com os campos Título e Comentários preenchidos.

FIGURA 21-3: Use a seção Propriedades para inserir informações descritivas sobre seu add-in.

Propriedades ▼	
Tamanho	21,0KB
Título	AlterarMaiúsculasMinú
Marcas	Adicionar marca
Comentários	Altera a caixa de texto em células selecionadas.
Modelo	
Status	Adicionar texto
Categorias	Adicionar categoria
Assunto	Especificar o assunto
Base do Hiperlink	Adicionar texto
Empresa	Especificar a empresa

Protegendo o código VBA

Se você quiser adicionar uma senha para evitar que os outros vejam o código VBA, siga estes passos:

1. Ative o VBE e selecione a pasta de trabalho AlterarMaiúsculaMinúscula.xlsm na janela Projeto.

2. Escolha Ferramentas ⇨ Propriedades de VBAProject e clique na guia Proteção da caixa de diálogo que aparece.

3. Marque a caixa de seleção Bloquear Projeto para Exibição e insira uma senha (duas vezes).

4. Clique em OK.

5. Salve a pasta de trabalho escolhendo Arquivo ⇨ Salvar no menu do VBE ou voltando à janela do Excel e escolhendo Arquivo ⇨ Salvar.

Criando o add-in

A essa altura, você já testou o arquivo AlterarMaiúsculaMinúscula.xlsm e ele está funcionando corretamente. A próxima etapa é criar o add-in. Siga estes passos:

1. Se necessário, reative o Excel.

2. Ative a pasta de trabalho AlterarMaiúsculaMinúscula.xlsm e escolha Arquivo ⇨ Salvar Como ⇨ Pesquisar.

    O Excel exibe a caixa de diálogo Salvar Como.

3. No menu suspenso Salvar Como Tipo, selecione Suplemento do Excel (*.xlam).

4. Especifique o local e clique em Salvar.

    Um novo arquivo add-in (com uma extensão `.xlam`) é criado e a versão original em XLSM permanece aberta.

Abrindo o add-in

Para evitar confusão, feche a pasta de trabalho XLSM antes de abrir o add-in criado a partir dela.

Abra o add-in seguindo estes passos:

1. Escolha Desenvolvedor ⇨ Add-Ins (Suplementos) ⇨ Add-Ins (ou pressione Alt+LH).

    O Excel exibe a caixa de diálogo Suplementos.

2. **Clique no botão Procurar.**

3. **Localize e selecione o add-in que você acabou de criar.**

4. **Clique em OK para fechar a caixa de diálogo Procurar.**

   Depois de encontrar o novo add-in, a caixa de diálogo Suplementos irá listá-lo. Conforme mostrado na Figura 21-4, essa caixa de diálogo também exibe as informações descritivas que você forneceu no painel Propriedades de Documentos.

5. **Verifique se o novo add-in está selecionado na caixa de diálogo Suplementos.**

6. **Clique em OK para fechar a caixa de diálogo.**

   O Excel abre o add-in. Agora, você pode usá-lo com todas as suas planilhas. Contanto que esteja selecionado na caixa de diálogo Suplementos, o add-in é aberto sempre que o Excel inicia.

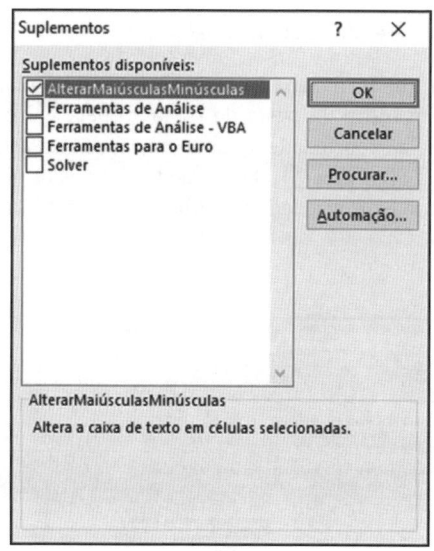

FIGURA 21-4: A caixa de diálogo Suplementos tem o novo suplemento selecionado.

Distribuindo o add-in

Se você estiver se sentindo generoso, pode distribuir esse add-in para outros usuários do Excel simplesmente dando a eles uma cópia do arquivo XLAM (eles não precisam da versão XLSM). Quando abrirem o suplemento, o novo comando AlterarMaiúsculaMinúscula aparecerá no menu de atalho ao selecionarem um intervalo, uma ou mais linhas ou colunas. Se você bloqueou o projeto VBA com uma senha, outros usuários não poderão ver o código de macro, a menos que conheçam a senha.

Modificando o add-in

Um add-in pode ser editado assim como qualquer outra pasta de trabalho. Você pode editar o arquivo XLAM diretamente (não é necessário trabalhar na versão XLSM original) seguindo estes passos:

1. **Abra o arquivo XLAM se ele já não estiver aberto.**

2. **Ative o VBE.**

3. **Clique duas vezes no nome do projeto na janela Projeto.**

   Se você protegeu o projeto, a senha é solicitada.

4. **Insira a senha e clique em OK.**

5. **Faça as alterações no código.**

6. **Salve o arquivo escolhendo Arquivo ⇨ Salvar.**

DICA

Se você criou um add-in que armazena informações em uma planilha, deve configurar a propriedade IsAddIn da pasta de trabalho para False para ver a pasta. Você faz isso na janela Propriedade, quando o objeto EstaPasta_de_trabalho é selecionado (veja a Figura 21-5). Depois de ter feito suas alterações na pasta de trabalho, configure a propriedade IsAddIn de volta para True antes de salvar o arquivo.

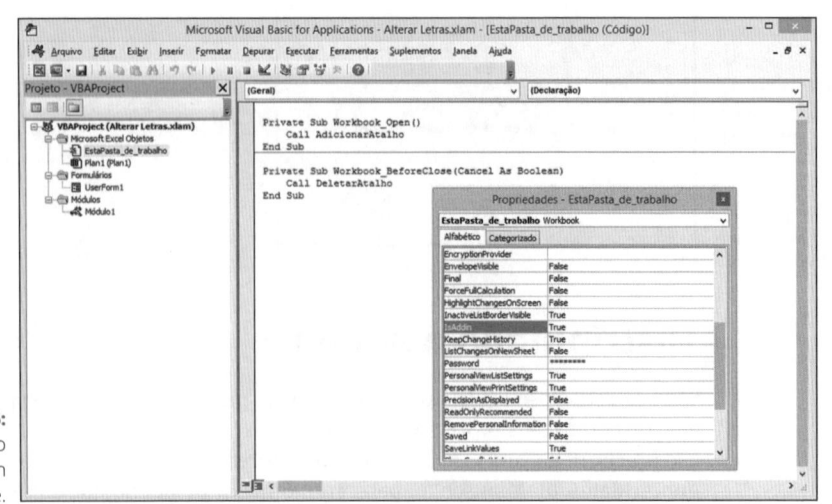

FIGURA 21-5: Definindo um add-in para False.

6

A Parte dos Dez

NESTA PARTE . . .

Descobrindo dicas sobre o uso do VBE.

Expandindo seu conhecimento com recursos do Excel.

Descobrindo o que você deve e não deve fazer no Excel VBA.

> **NESTE CAPÍTULO**
>
> » Comentando em bloco
> » Usando módulos e procedimentos
> » Verificando automaticamente a sintaxe

Capítulo 22
Dez Dicas Úteis do Visual Basic Editor

Se você vai passar algum tempo trabalhando no Visual Basic Editor, então por que não aproveitar algumas das ferramentas incorporadas que podem facilitar o seu trabalho? Seja você um analista recém-chegado ao mundo da programação ou um veterano calejado que vive de refrigerante e sementes de girassol, estas dicas podem melhorar muito sua experiência de programação de macros.

Aplicando Comentários em Bloco

Colocar um único apóstrofo na frente de qualquer declaração diz efetivamente ao Excel para pular essa declaração. Isso é chamado de retirar código por comentário. Você também pode usar apóstrofos únicos para criar comentários ou notas em seu código (veja a Figura 22-1).

Às vezes é bom retirar por comentário várias linhas de código. Assim, você pode testar certas linhas de código enquanto diz ao Excel para ignorar as linhas comentadas.

```
'Declaração de variáveis
    Dim Plan As Worksheet

'Evitar erros se nenhuma fórmula for encontrada
    On Error Resume Next

'Inicia loop na planilha
    For Each Plan In ActiveWorkbook.Worksheets

'Seleciona célula e a realça
        With Plan.Cells.SpecialCells(xlCellTypeFormulas).Interior.ColorIndex = 36

        End If

'Obter próxima planilha
    Next Plan
```

FIGURA 22-1: Um apóstrofo único na frente de qualquer linha transforma essa linha em um comentário.

Em vez de perder tempo comentando linha por linha, você pode usar a barra de ferramentas Editar para retirar blocos inteiros de código.

É possível ativar a barra de ferramentas Editar selecionando Exibir➪ Barras de Ferramentas➪ Editar.

Selecione as linhas do código que quer retirar por comentário e clique no ícone Comentar Bloco na barra de ferramentas Editar (veja a Figura 22-2).

FIGURA 22-2: A barra de ferramentas Editar permite selecionar blocos inteiros de código e aplicar comentários em todas as linhas de uma só vez.

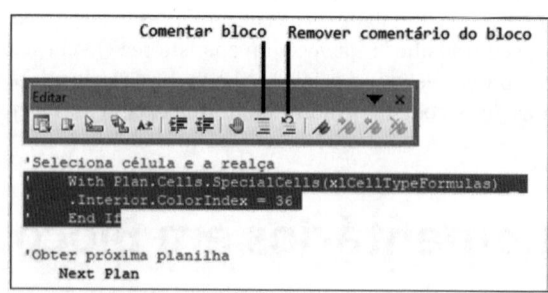

DICA

Você pode garantir que a barra de ferramenta Editar fique sempre visível arrastando-a para a barra de menu do VBE. Ela se fixa sozinha ao local escolhido.

Copiando Várias Linhas de Código de Uma Só Vez

Você pode copiar blocos inteiros de código destacando as linhas que precisa e segurando a tecla Ctrl no teclado enquanto arrasta o bloco para onde quer. Esse é um velho truque do Windows que funciona mesmo quando você arrasta entre módulos.

Você sabe que está arrastando uma cópia quando o ponteiro do mouse mostra um sinal de adição do lado, como na Figura 22-3.

FIGURA 22-3: Segurar a tecla Ctrl enquanto arrasta o código cria uma cópia desse código.

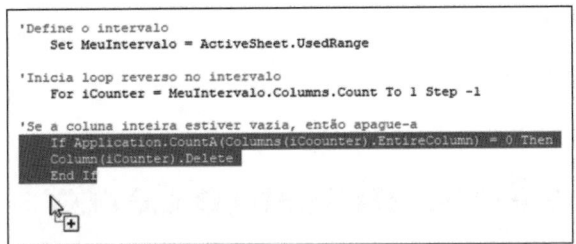

```
'Define o intervalo
    Set MeuIntervalo = ActiveSheet.UsedRange

'Inicia loop reverso no intervalo
    For iCounter = MeuIntervalo.Columns.Count To 1 Step -1

'Se a coluna inteira estiver vazia, então apague-a
    If Application.CountA(Columns(iCoounter).EntireColumn) = 0 Then
    Column(iCounter).Delete
    End If
```

Pulando entre Módulos e Procedimentos

Depois que seu cache de código macro começa a crescer, pode ser muito complicado mover-se rapidamente entre módulos e procedimentos. Você pode facilitar isso usando alguns atalhos:

» Pressione Ctrl+Tab para se mover rapidamente entre os módulos.

» Pressione Ctrl+Page Up e Ctrl+Page Down para se mover entre os procedimentos dentro de um módulo.

Teleportando para Suas Funções

Ao revisar uma macro, você pode encontrar um nome de variável ou função que obviamente está apontando para algum outro pedaço de código. Em vez de vasculhar todos os módulos para encontrar de onde vem esse nome de função ou variável, você pode simplesmente colocar o cursor sobre o nome dessa função/módulo e pressionar Shift+F2.

Como a Figura 22-4 mostra, você é instantaneamente teleportado para a origem desse nome de função ou variável.

Pressionar Ctrl+Shift+F2 o leva de volta para onde estava.

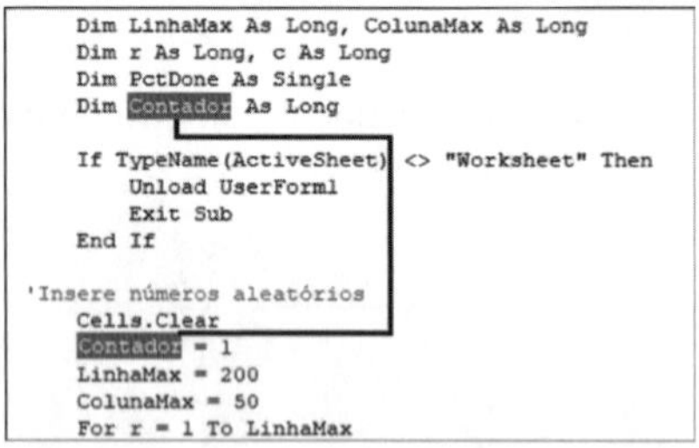

FIGURA 22-4: Pressionar Shift+F2 com seu cursor em um nome de função ou variável o leva até ele.

Ficando no Procedimento Certo

Quando seus módulos contêm vários procedimentos, pode ser difícil percorrer um procedimento específico sem entrar sem querer em outro procedimento. Muitas vezes você sobe e desce a tela tentando voltar para a parte certa do código.

Para evitar essa loucura, pode clicar no botão Procedure View (Visualizar Procedimento) no canto inferior esquerdo do VBE (veja a Figura 22-5). Clicar nesse botão limita a rolagem apenas para o procedimento em que você está.

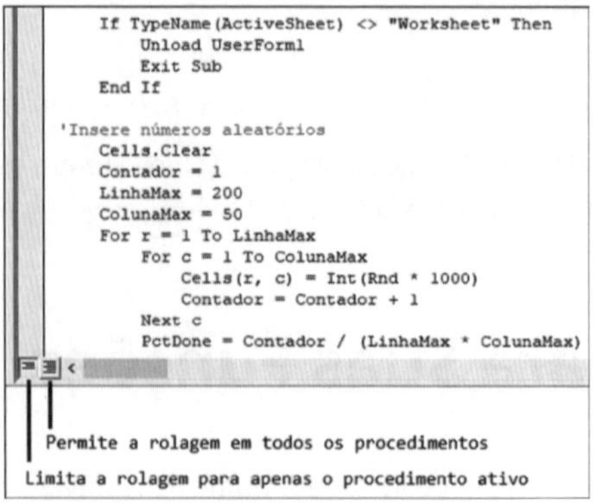

FIGURA 22-5: Clique no botão Procedure View para limitar a rolagem apenas para o procedimento ativo.

Percorrendo Seu Código

O VBA oferece várias ferramentas para ajudá-lo a "depurar" seu código. Na programação, *depurar* significa encontrar e corrigir possíveis erros no código.

Uma das ferramentas de depuração mais úteis é a habilidade de percorrer o código uma linha de cada vez. Quando você percorre seu código, está literalmente vendo cada linha ser executada.

Para tanto, coloque cursor em qualquer lugar da macro e pressione F8. Sua macro entrará no modo de depuração.

A primeira linha do código é destacada e uma pequena seta aparece na margem esquerda da janela Código (veja a Figura 22-6). Pressione F8 novamente para executar a linha destacada do código e seguir para a próxima linha. Você pode continuar pressionando F8 para ver cada linha ser executada até o final da macro.

Como bônus, enquanto percorre o código, pode passar o mouse por qualquer string ou variável integer para ver o valor atual dessa variável.

Para sair do modo de depuração, selecione Debug(Depuração) ⇨ Step Out (Sair).

FIGURA 22-6: Pressione F8 para percorrer cada linha da macro em seu próprio ritmo.

```
Cells.Clear
Contador = 1
LinhaMax = 200
ColunaMax = 50
For r = 1 To LinhaMax
    For c = 1 To ColunaMax
        Cells(r, c) = Int(Rnd * 1000)
        Contador = Contador + 1
    Ne[Contador = 12]
    PctDone = Contador / (LinhaMax * ColunaMax)
    Call Progresso(PctDone)
Next r
Unload UserForm1
End Sub
```

> **DICA**
> Vá ao Capítulo 13 para observar detalhadamente as vantagens e as desvantagens da depuração de seu código VBA.

Indo para uma Linha Específica em Seu Código

A última seção mostrou como você pode percorrer seu código colocando o cursor em qualquer lugar dentro da macro e pressionando F8.

Isso é ótimo, mas e se quiser começar a percorrer seu código em uma linha específica? Bem, pode fazer isso simplesmente movendo a seta!

Quando uma linha de código é destacada no modo de depuração, você pode clicar e arrastar a seta na margem esquerda da janela Código para cima e para baixo, largando-a em qualquer linha que deseja executar em seguida (veja a Figura 22-7).

FIGURA 22-7: Você pode clicar e arrastar a seta enquanto percorre seu código.

```
    Cells.Clear
    Contador = 1
    LinhaMax = 200
    ColunaMax = 50
    For r = 1 To LinhaMax
        For c = 1 To ColunaMax
            Cells(r, c) = Int(Rnd * 1000)
            Contador = Contador + 1
        Next c
        PctDone = Contador / (LinhaMax * ColunaMax)
        Call Progresso(PctDone)
    Next r
    Unload UserForm1
End Sub
```

Parando Seu Código em um Ponto Predefinido

Outra ferramenta útil de depuração é a habilidade de configurar um ponto de interrupção em seu código. Quando você configura um ponto de interrupção, seu código roda como sempre e para na linha de código em que o ponto foi definido.

Essa técnica de depuração é útil quando você quer rodar testes em pequenos blocos de código de cada vez. Por exemplo, se suspeita que há um erro na macro, mas sabe que a maioria dela roda sem nenhum problema, pode configurar um ponto de interrupção começando na linha de código suspeita, então executar a macro. Quando a macro alcançar seu ponto de interrupção, a execução será interrompida. Nesse ponto, você pode pressionar F8 para observar a macro rodar uma linha de cada vez.

Para configurar um ponto de interrupção no código, coloque o cursor onde quer que ele comece e pressione F9. Como mostra a Figura 22-9, o VBA marca claramente o ponto de interrupção com um ponto na margem esquerda da janela Código e a linha de código fica sombreada.

FIGURA 22-8: Um ponto de interrupção é marcado por um ponto na margem esquerda junto ao texto sombreado.

```
Cells.Clear
Contador = 1
LinhaMax = 200
ColunaMax = 50
For r = 1 To LinhaMax
    For c = 1 To ColunaMax
        Cells(r, c) = Int(Rnd * 1000)
        Contador = Contador + 1
    Next c
    PctDone = Contador / (LinhaMax * ColunaMax)
    Call Progresso(PctDone)
Next r
Unload UserForm1
End Sub
```

LEMBRE-SE

Quando a macro alcança um ponto de interrupção, ela está efetivamente no modo de depuração. Para sair dele, selecione Debug (Depuração) ➪ Step Out (Sair).

Vendo o Começo e o Fim dos Valores de Variáveis

Se você passar o mouse sobre uma string ou uma variável integer no VBA enquanto está no modo de depuração, poderá ver o valor dessa variável em uma dica. É possível ver os valores que são passados de uma variável para a outra — muito útil.

Contudo, essas dicas podem conter apenas 77 caracteres (incluindo o nome da variável). Basicamente, isso significa que, se o valor da sua variável for longo demais, ele será cortado.

Para ver os últimos 77 caracteres, pressione a tecla Ctrl enquanto passa o mouse sobre a variável.

A Figura 22-9 mostra como é a dica quando você passa o mouse sobre a variável no modo de depuração.

FIGURA 22-9: Exibindo os caracteres iniciais e finais em uma dica de variável.

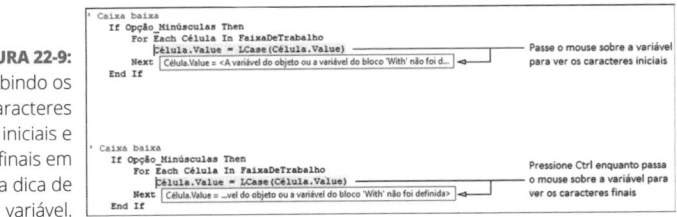

CAPÍTULO 22 **Dez Dicas Úteis do Visual Basic Editor** 377

Desligando a Opção Autoverificar Sintaxe

Muitas vezes, enquanto trabalhamos em um código, descobrimos que é preciso ir a outra linha para copiar alguma coisa. Você ainda não terminou a linha, só quer sair dela por um segundo. Mas o VBE o impede imediatamente com uma mensagem de erro, parecida com a mostrada na Figura 22-10, avisando-o de algo que você já sabe.

Essas caixas de mensagem o forçam a parar o que está fazendo para reconhecer o erro clicando em OK. Depois da metade de um dia com essas caixas de mensagens surgindo abruptamente, você estará pronto para jogar seu computador contra a parede.

FIGURA 22-10: Deixar uma linha inacabada de código, mesmo por um segundo, resulta em uma mensagem de erro irritante.

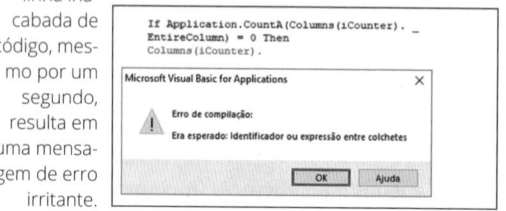

Bem, você pode salvar seu computador e sua sanidade desligando a opção Autoverificar Sintaxe selecionando Ferramentas ⇨ Opções.

Na guia Editor da caixa de diálogo Opções, desmarque a opção Autoverificar Sintaxe para interromper essas mensagens de erro irritantes. Veja a Figura 22-11.

FIGURA 22-11: Desmarque a opção Autoverificar Sintaxe para evitar mensagens de aviso durante a codificação.

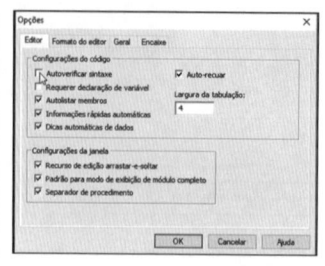

Não se preocupe se não perceber um erro legítimo. Seu código ainda sinalizará se você cometer um erro, fornecendo uma indicação visual se algo der errado.

NESTE CAPÍTULO

» Escrevendo código com o Excel

» Obtendo ajuda VBA

» Consultando fóruns

» Treinando com o YouTube

Capítulo **23**

Recursos para Ajuda VBA

Ninguém se torna especialista em VBA em um dia. VBA é uma jornada de tempo e prática. A boa notícia é que existem muitos recursos por aí que podem ajudá-lo no seu caminho. Neste capítulo, você descobre dez dos locais mais úteis para recorrer quando precisar de um empurrãozinho extra na direção certa.

Deixando o Excel Escrever Código Para Você

Um dos melhores lugares para obter ajuda para macro é no gravador de macro no Excel. Ao gravar uma macro com o gravador, o Excel escreve o VBA inerente para você. Depois de gravar, você pode revisar o código, ver o que o gravador fez e tentar transformar o código em algo mais adequado às suas necessidades.

Por exemplo, digamos que você precise de uma macro que atualiza todas as tabelas dinâmicas em sua pasta de trabalho e limpe todos os filtros em cada uma delas. Escrever essa macro do zero pode ser uma tarefa assustadora. Em vez disso, pode iniciar o gravador de macro e gravar você mesmo atualizando todas as tabelas dinâmicas e limpando todos os filtros. Depois de parar de gravar, pode revisar a macro e fazer as mudanças que julgar necessárias.

> **DICA:** Precisa de uma revisão sobre o gravador de macros? Vá ao Capítulo 6, onde poderá encontrar um panorama detalhado.

Para um usuário Excel novo, o sistema de Ajuda pode parecer um add-in desajeitado que retorna uma lista confusa de tópicos que não têm nada a ver com o assunto original sendo buscado. Mas a verdade é que, depois que você aprende a usar o sistema de Ajuda do Excel com eficiência, muitas vezes é a maneira mais fácil e rápida de obter ajuda extra sobre um tópico.

É preciso lembrar dois princípios básicos do sistema de Ajuda do Excel:

» **A localização é importante ao pedir ajuda.** Na verdade, o Excel tem dois sistemas de Ajuda: um que fornece ajuda sobre recursos do Excel e outro sobre tópicos de programação VBA. Em vez de fazer uma pesquisa global com seu critério, o Excel só joga seu critério de busca no sistema de Ajuda relevante ao seu local atual. Basicamente, isso significa que a ajuda que você recebe é determinada pela área do Excel na qual está trabalhando. Então, se você precisa de ajuda sobre um tópico que envolve macros e programação VBA, precisa estar no VBE enquanto realiza sua pesquisa. Isso garante que sua busca de palavra-chave seja realizada no sistema de Ajuda correto.

» **A ajuda online é melhor do que a offline.** Ao buscar ajuda sobre um tópico, o Excel verifica se você está conectado à internet. Se estiver, ele retornará os resultados de ajuda com base no conteúdo online do site da Microsoft. Se não, o Excel usará os arquivos de Ajuda armazenados localmente com o Microsoft Office. A ajuda online geralmente é melhor, pois o conteúdo muitas vezes é mais detalhado e inclui informações atualizadas, bem como links para outros recursos indisponíveis offline.

Furtando Código na Internet

O maior segredo da programação na era da internet é que não há mais código original. Toda a sintaxe de macro necessária já foi documentada em algum lugar da internet. De muitas formas, a programação se tornou menos uma questão de código que você escreve do zero e mais sobre como pegar um código existente e aplicá-lo com criatividade em um cenário específico.

Se você estiver empacado tentando criar uma macro para uma tarefa específica, descreva a tarefa que está tentando realizar em seu mecanismo de busca preferido. Para ter resultados melhores, insira "Excel VBA" antes da descrição.

Por exemplo, se estiver tentando escrever uma macro que exclui todas as linhas em branco de uma planilha, procure por "Excel VBA deletar linhas em branco em uma planilha". Você pode apostar dois meses de salário que alguém lidou com o mesmo problema e postou um exemplo de código que lhe dá conselhos e informações necessários para ter ideias para construir sua própria macro.

Aproveitando os Fóruns de Usuários

Se estiver em um dilema, poste sua pergunta em um fórum para obter orientação personalizada com base em seu cenário.

Os fóruns de usuários são comunidades online que giram em torno de um tópico específico. Neles, você pode postar perguntas e obter conselhos de especialistas sobre como resolver problemas específicos. As pessoas que respondem às perguntas normalmente são voluntários que adoram ajudar a comunidade a resolver desafios reais.

Muitos fóruns são dedicados a tudo sobre o Excel. Para encontrar um fórum de Excel, digite "Fórum Excel" em seu mecanismo de busca preferido.

Aqui estão algumas dicas para aproveitar os fóruns de usuário ao máximo:

» **Sempre leia e siga as regras do fórum antes de começar.** Essas regras geralmente incluem conselhos para postar perguntas e orientações de etiqueta da comunidade.

» **Verifique se sua pergunta já foi feita e respondida.** Por que não economizar tempo aproveitando o arquivo de perguntas do fórum? Faça uma pesquisa no fórum para ver se sua pergunta já foi feita antes.

> **Use títulos concisos e precisos para suas perguntas.** Não crie perguntas com títulos abstratos como: Preciso de conselhos ou Ajudem-me, por favor.

> **Limite ao máximo o escopo de suas perguntas.** Não faça perguntas como: Como construo uma macro de faturamento no Excel?

> **Tenha paciência.** Lembre-se de que as pessoas que respondem às suas perguntas são voluntários que normalmente têm empregos diurnos. Dê um tempo à comunidade para responder à pergunta.

> **Volte com frequência.** Depois de postar sua pergunta, você pode receber pedidos de mais detalhes sobre seu cenário. Faça um favor a todos e retorne ao seu post para ver as respostas ou responder às perguntas de acompanhamento.

> **Agradeça ao especialista que respondeu sua pergunta.** Se você receber uma resposta útil, reserve um momento para postar um agradecimento ao especialista que o ajudou.

Visitando Blogs de Especialistas

Há alguns Gurus do Excel dedicados que compartilham seus conhecimentos por meio de blogs. Esses blogs muitas vezes são coleções valiosas de dicas e truques, oferecendo conselhos que podem ajudar a melhorar suas habilidades. E o melhor de tudo: são de graça!

Embora esses blogs não tratem necessariamente de suas necessidades específicas, eles oferecem artigos que melhoram seu conhecimento de Excel e podem até dar orientações gerais sobre como aplicar o Excel em situações práticas de negócios.

Veja uma lista de alguns dos melhores blogs atuais de Excel (todos com conteúdo em inglês):

> **ExcelGuru:** Ken Puls é um Microsoft Excel MVP que compartilha seu conhecimento em seu blog, http://www.excelguru.ca/blog. Além do blog, Ken oferece vários recursos de aprendizado para melhorar seu conhecimento de Excel.

> **Chandoo.org:** Purna "Chandoo" Duggirala é um Microsoft Excel MVP indiano, que surgiu em 2007. Seu blog inovador (http://chandoo.org/) oferece muitos templates e artigos gratuitos voltados para "torná-lo incrível em Excel".

> **Contextures:** Debra Dalgleish é uma Microsoft Excel MVP e dona de um site de Excel popular, http://www.contextures.com. Com uma lista em ordem

alfabética de mais de 350 tópicos de Excel, você certamente encontrará algo que o interesse.

» **DailyDose:** Dick Kusleika é o dono do blog de Excel mais antigo, `http://www.dailydoseofexcel.com`. Ele é o blogueiro-rei de Excel VBA com mais de dez anos de artigos e exemplos.

» **MrExcel:** Bill Jelen é o embaixador de Excel mais memorável. Esse antigo Excel MVP oferece mais de mil vídeos gratuitos e uma biblioteca enorme de recursos de treinamento em seu site, `http://www.mrexcel.com`.

Procurando Treinamento em Vídeo no YouTube

Se você acha que absorve treinamento em vídeo melhor do que com artigos, considere procurar no YouTube. Dezenas de canais são produzidos por pessoas incríveis que têm paixão em compartilhar conhecimento. Você ficará surpreso com quantos tutoriais em vídeo de alta qualidade e gratuitos poderá encontrar.

Visite `www.youtube.com` e procure por "Excel VBA".

Fazendo Aulas de Treinamento Presenciais e Online

Eventos de treinamento presenciais e online são uma maneira incrível de absorver conhecimento de Excel de um grupo diverso de pessoas. O instrutor não está apenas lhe transmitindo técnicas, mas as discussões animadas durante as aulas são repletas de ideias e novas dicas que você poderia nunca ter pensado. Se gosta da energia de eventos de treinamento presenciais, considere procurar aulas de Excel.

Aqui estão alguns sites que dão cursos excelentes de Excel conduzidos por instrutores [todos com conteúdo em inglês]:

» `http://academy.excelhero.com/excel-hero-academy-tuition`

» `http://chandoo.org/wp/vba-classes`

» `https://exceljet.net`

Aprendendo com o Centro de Desenvolvimento do Microsoft Office

O Centro de Desenvolvimento do Microsoft Office é dedicado a ajudar novos desenvolvedores a começarem rapidamente a programar com produtos Office. Você pode chegar à parte do site que fala sobre Excel visitando https://docs.microsoft.com/pt-br/office/client-developer/excel/excel-home.

Embora o site possa ser um pouco difícil de navegar, vale a pena visitar para ver todos os recursos gratuitos, incluindo exemplos de código, ferramentas, instruções passo a passo e muito mais.

Dissecando os Outros Arquivos Excel em Sua Organização

Como encontrar ouro no jardim de casa, os arquivos existentes em sua organização muitas vezes são uma coleção valiosa de aprendizado. Considere abrir os arquivos Excel que contêm macros e dar uma olhada no que está escondido. Veja como outras pessoas em sua organização usam as macros. Tente percorrer as macros linha a linha e ver se consegue identificar novas técnicas.

Você poderia encontrar alguns truques nos quais nunca pensaria. Pode até tropeçar em blocos inteiros de código útil que você pode copiar e implementar em suas próprias pastas de trabalho.

Perguntando ao Seu Guru de Excel Local

Você tem um gênio do Excel em sua empresa, departamento, organização ou comunidade? Faça amizade com essa pessoa hoje mesmo. Ele é seu próprio fórum pessoal de Excel.

A maioria dos especialistas em Excel adora compartilhar conhecimento. Então não tenha medo de abordar seu Guru de Excel para fazer perguntas ou buscar conselhos sobre como lidar com certos problemas de macros.

> **NESTE CAPÍTULO**
>
> » Descobrindo cinco coisas relacionadas ao VBA que você deve fazer
>
> » Descobrindo cinco coisas relacionadas ao VBA que você não deve fazer

Capítulo **24**

Dez Coisas para Fazer e Não Fazer no VBA

Se você estiver lendo este capítulo final, provavelmente leu a maioria do conteúdo deste livro e está familiarizado com o Excel VBA. Ou talvez apenas tenha pulado para o final porque quer ver se o mordomo é realmente o culpado.

Este capítulo lhe dá alguns conselhos que você deve levar em consideração quando começar a desenvolver suas próprias soluções em VBA. Seguir essas diretrizes não é nenhuma panaceia para mantê-lo longe de problemas (de programação), mas pode ajudá-lo a evitar armadilhas nas quais outros já caíram.

Declare Todas as Variáveis

Como é conveniente: simplesmente começar a digitar seu código VBA sem ter que passar pela tarefa tediosa de declarar cada uma das variáveis que você quer usar. Embora o Excel permita que use variáveis não declaradas, fazer isso é simplesmente pedir para ter problemas.

O primeiro mandamento da programação VBA deveria ser este:

> Tu deverás declarar toda variável.

Se você não tem autodisciplina suficiente, adicione uma declaração "Option Explicit" no topo de seus módulos. Dessa maneira, seu código nem rodará se incluir uma ou mais variáveis não declaradas. Não declarar todas as variáveis só tem uma vantagem: você economiza alguns segundos. Mas usar variáveis não declaradas eventualmente se voltará contra você e o assombrará. E você levará mais do que apenas alguns segundos para descobrir o problema.

Não Confunda Senhas com Segurança

Você passa meses criando um app excepcional de Excel, com algumas macros incríveis. Está pronto para lançá-lo ao mundo, mas não quer que outros vejam sua incrível programação de macro. É só proteger o projeto VBA com senha e estará seguro, certo? Errado.

Usar uma senha VBA pode evitar que a maioria dos usuários normais veja o seu código. Mas se alguém *realmente* quiser conferi-lo, essa pessoa descobrirá como encontrar a senha.

Resumindo? Se você absoluta e positivamente precisa manter seu código em segredo, o Excel não é a melhor escolha de plataforma de desenvolvimento.

Limpe Seu Código

Depois que sua aplicação estiver funcionando à sua satisfação, você deve limpá-la. Tarefas de faxina de código incluem o seguinte:

- » Verifique se toda variável está declarada.
- » Verifique se todas as linhas estão recuadas adequadamente para que a estrutura do código esteja aparente.

- » Remova qualquer recurso de depuração, como declarações MsgBox de declarações Debug.Print.

- » Renomeie qualquer nome ruim de variável. Por exemplo, se você usar a variável MinhaVariável, há uma grande chance de deixar o nome dela mais descritivo. Você se agradecerá depois.

- » Seus módulos provavelmente têm alguns procedimentos de "teste" que você escreveu enquanto tentava descobrir alguma coisa. Eles já não têm mais serventia, então delete-os.

- » Adicione comentários para que entenda como o código funciona quando revisitá-lo daqui a seis meses.

- » Verifique se tudo está escrito corretamente, sobretudo o texto nos UserForms e nas caixas de mensagem.

- » Procure por código redundante. Se você tem dois ou mais procedimentos com blocos de códigos idênticos, considere criar um novo procedimento que outros procedimentos possam chamar.

Não Inclua Tudo em Um Procedimento

Quer criar um programa ininteligível? Uma maneira eficiente de conseguir isso é colocando todo o seu código dentro de um procedimento grande e bonito. Se você algum dia revisitar esse programa para fazer mudanças, estará sujeito a cometer erros e introduzir alguns bugs bem bonitos.

Consegue ver o problema? A solução é o código modular. Divida seu programa em partes menores, com cada parte projetada a realizar uma tarefa específica. Depois que adquirir esse hábito, descobrirá que escrever um código sem bugs nunca foi tão fácil.

Considere Outros Softwares

O Excel é um programa incrivelmente versátil, mas não é adequado para tudo. Quando você estiver pronto para iniciar um novo projeto, reserve um tempo para considerar todas as opções. Parafraseando um antigo ditado, "Quando tudo o que você conhece é Excel VBA, tudo se parece com uma macro VBA."

Não Suponha que Todo Mundo Habilita Macros

Como você sabe, o Excel permite abrir uma pasta de trabalho com suas macros desabilitadas. Na verdade, é quase como se os designers das versões recentes do Excel *quisessem* que os usuários desabilitassem as macros.

Habilitar macros quando você abre uma pasta de trabalho de uma fonte desconhecida não é uma boa ideia, claro. Então é preciso conhecer seus usuários. Em alguns ambientes corporativos, todas as macros do Microsoft Office são desabilitadas e o usuário não tem escolha quanto isso.

Uma coisa a considerar é adicionar uma assinatura digital às pastas de trabalho que você distribui para os outros. Dessa maneira, o usuário pode assegurar-se de que as pastas de trabalho realmente vêm de você e que não foram alteradas. Consulte o sistema de Ajuda para ter mais informações sobre as assinaturas digitais.

Tenha o Hábito de Experimentar

Ao trabalhar em um projeto Excel de larga escala, passo algum tempo escrevendo pequenos "experimentos" VBA. Por exemplo, se estiver tentando descobrir sobre um novo objeto, método ou propriedade, escreva um procedimento Sub simples e lide com ele até estar satisfeito de que tem um entendimento completo de como ele funciona, e dos problemas em potencial.

Configurar experimentos simples é quase sempre muito mais eficiente do que incorporar uma ideia nova em um código existente sem entender o que esses experimentos causam.

Não Suponha que Seu Código Funcionará em Outras Versões do Excel

Quando você cria um app do Excel, não tem nenhuma garantia de que funcionará sem falhas nas versões anteriores (ou nas versões futuras). Em alguns casos, as incompatibilidades serão óbvias. Por exemplo, se seu código se refere a um novo recurso introduzido no Excel 2019, você sabe que ele não funcionará nas versões anteriores. Mas também descobrirá que as coisas que deveriam funcionar em uma versão anterior não funcionam.

O Excel inclui um verificador de compatibilidade útil (selecione Arquivo ➪ Informações ➪ Verificar Problemas➪ Verificar Compatibilidade), mas ele só verifica a pasta de trabalho e ignora o código VBA. A única maneira de ter certeza de que a sua aplicação funciona nas versões diferentes da que você criou é testá-la nessas versões.

Tenha Seus Usuários em Mente

As aplicações do Excel têm duas categorias principais: aquelas que você desenvolve para si mesmo e aquelas que desenvolve para outras pessoas usarem. Se você desenvolve apps para outros, seu trabalho é muito mais difícil, porque não pode fazer os mesmos tipos de suposições. Por exemplo, você pode ser mais relaxado ao lidar com erros se for o único usuário. Se um erro surge, você tem uma boa ideia de onde procurar para consertá-lo. Se outra pessoa estiver usando seu app e o mesmo erro aparecer, ela estará sem sorte. E quando você trabalha com sua própria aplicação, normalmente pode seguir sem instruções.

Você precisa entender o nível de habilidade daqueles que usarão suas pastas de trabalho e tentar antecipar os problemas que essas pessoas poderiam ter. Tente imaginar a si mesmo como um novo usuário da sua aplicação e identifique todas as áreas que possam causar confusão ou problemas.

Não Se Esqueça dos Backups

Nada é mais desencorajador do que uma falha no disco rígido sem um backup. Se estiver trabalhando em um projeto importante, faça a si mesmo a seguinte pergunta simples: "Se meu computador morrer hoje, o que eu terei perdido?" Se sua resposta for mais do que algumas horas de trabalho, precisará dar uma olhada mais de perto em seu procedimento de backup de dados. Você tem um procedimento de backup de dados, certo?

Índice

A

add-in, 357–368
    abrir, 366
    adicionar descrição, 365
    criar, 361–362
    distribuir, 367
    editar, 368
    senha, 366
ajuda, 380–384
Analysis ToolPak, 12
aninhar, 149
argumento, 340–348
    descrição, 355
    FileFilter, 253
    função com dois, 343
    função com opcional, 346
    função sem, 341
    range, 345
array, 111–113
    declarar, 111
    dinâmico, 113–114
    multidimensionais, 112
assinatura digital, 388
ativação e desativação, 177
atualização de tela
    desativar, 233–234
automatizar, 10
aviso de segurança, 26

B

backup, 389
barra de ferramentas
    Acesso Rápido, 12
blogs
    especialistas, 382
botões de comando, 268
bug, 201–214
    categorias, 202
    erros de sintaxe, 202
    identificar, 203
    minimizar, 212

C

caixa de diálogo, 260–276
    criar, 298
    estética, 295–296
    exibir, 301
    lista de verificação, 321
    Macro, 71
    testar, 302
    UserForm, 259–276
Caixa de Ferramentas, 263
caixas de diálogo, 241–258
    integradas, 256–258
    resposta, 244
    UserForms, 241–258
célula
    valor, 223–224
centro de desenvolvimento, 384
cláusula
    Else, 149–150
código
    limpeza, 386
    modular, 387
    sublinhado, 40
coleção, 53–54
    Charts, 54
    Sheets, 54
comando
    personalizado, 12
    Set, 235
comentário, 93–95
    apóstrofo
        ', 94
    dicas, 95
    retirar, 372
compilação
    erro, 41
concatenação, 110
    operador, 42
configurações de segurança, 3
configurações do Excel, 225–227
    Booleana, 226–227
constante, 104–106
    escopo, 105
    integrada

vbNewLine, 204
vbDefaultButton2, 246
contêineres, 14
controle
    CheckBox, 266
    ComboBox, 282
    CommandButton, 264
    Frame, 283
    Image, 284
    Label, 285
    ListBox, 285–286
    MultiPage, 286–287
    OptionButton, 267
    RefEdit, 288
    ScrollBar, 289
    SpinButton, 313–315
    TabStrip, 290
    TextBox, 290
    ToggleButton, 291
cores de tema, 125
Custom UI Editor, 327

D
declaração
    Const, 104–105
    Debug.Print, 206
    Dim, 100–101
        dimensão, 101
    Exit For, 158
    Exit Sub, 194
    GoTo, 146–147
    MsgBox, 150
    On Error, 192–194
    On Error Resume Next, 197
    Option Explicit, 99
    Resume, 194–197
declaração de atribuição, 108–110
declarar tipo de variável, 236
delimitador, 345
depurar, 202–211
    dica, 377
    funções, 347

E
eferência totalmente qualificada, 55
Entomologia Básica, 201
erros, 187–200
    específico, 197–199

identificar e lidar, 192–194
intencional, 199–200
recuperação, 194–196
tipos, 187–188
estrutura
    ElseIf, 150
    If-Then, 190
    With-End With, 237
evento, 165–168
    ativação, 176–179
    BeforeClose, 174
    BeforeDoubleClick, 179
    BeforeRightClick, 180
    BeforeSave, 175–176
    Change, 180
    Deactivate, 176
    manipuladores, 168
    OnKey, 185
    OnTime, 182–184
    Open, 171–174
expressão, 108
    inspeção, 210
extensão
    XLSM, 24

F
Faixa de Opções
    personalizar, 324–331
fluxo, 145–164
fonte
    largura fixa, 49
fórum, 381
função, 131–144
    Date, 132
    Diga, 350
    ÉComo, 350
    ExtrairElemento, 349
    FileLen, 134
    FormatoNumérico, 348
    GetSetting, 173
    InputBox, 248–252
    IsNumeric, 190
    LARGE, 139
    Len, 133
    MAX, 139
    MIN, 139
    Month, 133
    MonthName, 133

MsgBox, 204–205
MultiDois, 143
Now, 132
personalizada, 337–356
PMT, 140
SaveSetting, 173
Time, 132
TimeValue, 183
TypeName, 134
UCase, 259
VLOOKUP, 140
WeekDay, 173
WorkbookIsOpen, 200
wrapper, 348–350

G
gráficos, 227–233
    incorporado, 229
gravador de macro, 79–90
GUI, 261
    Interface Gráfica de Usuário, 261
guia
    Desenvolvedor, 17
    Editor, 45–48
    Encaixe, 50
    Formato do Editor, 48–49
    Geral, 49–50

H
hierarquia de objeto, 231
hot key, 294

I
indentação, 212
indicador de progresso, 314
instrução
    Option Explicit, 99
IntelliSense, 46
interface de usuário, 323–334
internet
    buscar código, 381
intervalo, 216–225
    InputArea, 181
    InputRange, 182
    loop For Each-Next, 221
    loop For-Next, 221
    mover, 220
    selecionar, 310–312

J
janela
    Código, 37–45
    Projeto, 33–37
        sinal de adição, 34
        sinal de subtração, 34
    Verificação Imediata, 33

L
ListBox
    determinar item selecionado, 307
    propriedades e métodos, 305
locais confiáveis, 26
loop, 155–161
    Do-Until, 161–162
    Do-While, 161
    externo, 159
    For Each-Next, 162–164
    For-Next, 156–157
    interno, 158

M
macro, 18–28
    armazenar, 87
    comentários descritivos, 87
    gravação absoluta, 82–83
    gravação relativa, 83–84
    gravar, 19–21
    habilitada, 24
    nome, 86
    segurança, 25–27
    tecla de atalho, 44
    testar, 21
manipulador de eventos, 313
mensagens de erro, 189
método, 16
    Add, 61
    AddChart, 228
    AddChart2, 228
    AddItem, 282
    Areas, 225
    Clear, 128
    ClearContents, 60
    ClearFormats, 128
    Copy, 217
    Copy e Paste, 127
    Delete, 129
    End, 219

ExecuteMso, 257
GetOpenFilename, 252-255
GetSaveAsFilename, 255-256
GoTo, 127
InputBox, 251
Intersect, 222
Select, 127
Show, 265
SpecialCells, 221
Undo, 182
Microsoft, 9
modelo de objeto, 15
modo de Interrupção, 208
módulo, 339
    tipos de código, 38
módulos e procedimentos
    mover, 373

N
nome de pasta, 256

O
objeto
    Application, 52
    CommandBar, 331
    CommandBars, 257
    Error, 197
        Err, 197
    eventos, 61
    exportar, 36
    FileDialog, 256
    hierarquia, 52-53
    importar, 37
    método, 59-61
    propriedades, 56-59
    Range, 115-130
        célula, 56
        referência, 117-119
    referência, 54-56
operador
    +, 246
    Like, 350
    lógico, 110
    Not, 226
    ponto, 55
operador de concatenação
    &, 204
operadores, 109-110

OptionButtons
    botões de opção, 269-271

P
Pacote de Ferramentas de Análise, 358
palavra-chave, 100
    Call, 75
    Case, 153
    Function, 66
    Optional, 346
    Preserve, 113
    Private, 353
    Public, 103
    Set, 177
    Static, 103
    Stop, 208
    Sub, 66
    To, 111
palavras reservadas, 96
Pesquisador de Objeto, 63-64
planilha, 179-182
ponto de interrogação
    ?, 106
ponto de interrupção, 207
POO, 51-64
    programação orientada a objeto, 51-64
procedimento, 170-171
    AtualizarRelógio, 183
    ChamarSub, 76
    Function, 65-78
    Initialize, 306-322
    nomear, 67-78
    PararRelógio, 184
    RunReport, 246
    Sub, 65-78
programa, 10
programação estruturada, 147
projetos
    nó, 35
propriedade
    Accelerator, 271
    Address, 122
    AutoSize, 291
    Bold, 123
    BorderStyle, 284
    Cancel, 283
    Caption, 284
    Cells, 117-118

Color, 124-125
Column e Row, 121
ControlSource, 281
Count, 121
CurrentRegion, 218
Default, 283
Description, 197
EntireColumn, 220
EntireRow, 220
Err.Number, 200
Font, 123
Formula, 125-126
GroupName, 288
HasFormula, 122-123
IntegralHeight, 286
Interior, 124-125
LargeChange, 289
ListRows, 282
ListStyle, 282
Max, 289
MaxLength, 291
Min, 289
MultiLine, 291
MultiSelect, 286
Number, 197
NumberFormat, 126
Offset, 118-119
Picture, 284
PictureSizeMode, 284
RowSource, 282
ScrollBars, 291
SmallChange, 289
Style, 282
Text, 121
TextAlign, 279
Value, 120-121
WordWrap, 291
propriedades de controle, 279-280

R
referências a objetos, 235-236
RibbonX, 324
rótulo, 114
    EntradaErrada, 194
    ManipuladorDeErros, 199

S
seleção, 219-220

múltipla, 225
tipo, 224
seleções múltiplas, 308
separador, 349
sistema de Ajuda, 62
Solver, 358
string, 106-107
    extensão fixa, 106
    extensão variável, 106
Sub
    instrução VBA, 23

T
Tab
    recuar texto, 39
tabulação
    ordem, 293
tipo de dados, 97-98
    Variant, 98
tomada de decisões, 148-155
    estrutura
        If-Then, 148-152
        Select Case, 152-155
treinamentos presenciais e online, 383

U
UserForm
    controles, 277-296
    gráfico, 320
    técnicas, 297-322
utilitário
    AlterarMaiúsculaMinúscula, 332

V
validação de dados, 181
valor
    Step, 156-157
variável, 95-97
    Cnt, 156
    ContagemDeCélulas, 204
    Date, 107
    declarar, 98-101
    ÍndiceDeLoop, 204
    módulo, 102
    Msg, 150
    nomes, 96
    objeto, 235
    procedimento, 101-102

remover, 104
Static, 103
VBA, 9-16
  adicionar módulo, 35
  desvantagens, 13
  elementos, 93-114
  inserir código, 39
  mandamento, 386
  personalização, 45-50
  remover módulo, 36
  resumo, 14-16
  técnicas comuns, 215-238
  vantagens, 13
  Visual Basic for Applications, 9

VBE, 31-50
  ativar, 32
  barra de ferramentas, 33
  barra de menu, 33
  copiar, 373
  Visual Basic Editor, 31-50
velocidade, 233-238

X
XML
  código, 327-331

Y
YouTube, 383